시남집

이 책은 2020년도 정부(교육부)의 재원으로 한국고전번역원의 지원을 받아
수행된 '권역별거점연구소협동번역사업'의 결과물임.

This work was supported by Institute for the Translation of Korean Classics - Grant funded by the Korean Government.

한국고전번역원 한국문집번역총서 / 충남대학교 한자문화연구소

시남집 3

市南集

유계 지음
兪棨

오승준 이재숙 옮김
이상수 황교은

일러두기

1. 이 책의 번역 대본은 한국고전번역원에서 간행한 한국문집총간 117집 소재 《시남집(市南集)》으로 하였다. 번역 대본의 원문 텍스트와 원문 이미지는 한국고전종합DB(https : //db.itkc.or.kr)에서 확인할 수 있다.
2. 내용이 간단한 역주는 간주(間註)로, 긴 역주는 각주(脚註)로 처리하였다.
3. 한자는 필요한 경우 이해를 돕기 위하여 넣었으며, 운문(韻文)은 원문을 병기하였다.
4. 맞춤법과 띄어쓰기는 한글 맞춤법과 표준어 규정을 따랐다.
5. 이 책에서 사용한 부호는 다음과 같다.
   ( ) : 번역문과 음이 같은 한자를 묶는다.
   〔 〕: 번역문과 뜻은 같으나 음이 다른 한자를 묶는다.
   " " : 대화 등의 인용문을 묶는다.
   ' ' : " " 안의 재인용 또는 강조 문구를 묶는다.
   「 」: ' ' 안의 재인용을 묶는다.
   『 』: 「 」 안의 재인용을 묶는다.
   《 》: 책명 및 각주의 전거(典據)를 묶는다.
   〈 〉: 책의 편명 및 운문·산문의 제목을 묶는다.

차례

시남집 제9권

소疏

시남집 제10권

차箚

시남집 제11권

차箚

계啓

시남집 제12권

서書

시남집 제13권

서書

시남집 제14권

잡저雜著

책문제策問題

통문通文

시남집 제15권

잡저雜著

시남집

제9권

소疏

문학을 사직하는 상소[1] 무술년(1658, 효종9)

辭文學疏 戊戌

삼가 아룁니다. 견마(犬馬)처럼 미천한 신은 타고난 성품이 어리석고 거친 데다 혼미하고 다급하여 하는 일마다 잘못되었습니다. 예전에 죽을죄를 지은 것도 의리에 어두운 식견에서 비롯되어 저 자신도 모르는 사이에 천지의 큰 분수를 범해 용서받을 수 없는 죄목에 빠진 것이었습니다. 신의 죄는 만 번 죽더라도 부족한데, 하늘처럼 넓은 도량을 지닌 성상(聖上)께서 형벌을 내리지 않았을 뿐만 아니라 곡진히 용서하여 목숨을 부지하게 해 주신 지 지금 10년이 지났습니다. 신이 늘 스스로 신하로서 보잘것없어 결과를 예측할 수 없는 죄를 스스로 초래하였지만 끝내 하늘의 해와 같은 전하께 충정(衷情)을 스스로 아뢰지 못해 서글픈 나머지, 몸과 마음을 어루만지고 허물을 돌이켜 살펴보니 피눈물을 흘리며 두려워 죽으려 해도 죽지 못하고 있습니다.

그런데 뜻밖에도 이번에 거듭 은혜를 입어 춘방(春坊 세자시강원)의 벼슬을 차지하게 되었습니다. 신이 전하의 명을 듣고 놀랍고 두려워 감격의 눈물이 가슴을 적시니 더욱 몸 둘 바를 모르겠습니다. 신이 법을 어긴 것은 이미 사면 받을 만한 사소한 잘못이 아니었는데 이번에 제수된 직책이 또 보통의 대수롭지 않은 자리가 아니었습니다. 죄를

1 문학(文學)을 사직하는 상소 : 《효종실록》 9년 9월 12일 기사에 유계를 세자시강원(世子侍講院) 문학에 임명한 기록이 실려 있다.

지은 몸으로 은혜를 탐내고 마땅히 죽어야 하는데 영광을 얻었으니, 조심스럽고 두려운 마음을 죽음으로도 감당할 수 없습니다. 더군다나 신은 본디 어리석은 데다 거듭 죄를 지어 혼은 흩어지고 정력은 떨어졌습니다. 보고 듣는 것도 거의 어두워져 죽기를 각오하고 스스로 포기하여 보통 사람의 축에도 끼지 못하는데 경연(經筵)에 참여하는 신하가 다만 신의 생애를 불쌍히 여겨 변명을 올렸으니, 그 칭송한 바가 절대로 근사하지 않은 점이 있습니다. 밝으신 성상께서 잘못 듣고서 마른 나무와 썩은 뿌리에도 혹여 조금이나마 취할 만한 점이 있을까 생각하여 번번이 절대로 감당할 수 없는 임무를 주셨습니다. 신은 이미 죽어야 할 죄를 지었으나 밝으신 성상께서 이미 끊어진 목숨을 살려주고 이미 마른 뼈에 살을 붙여 주셨으니, 지금 이후로 하루라도 남은 목숨은 모두 밝으신 성상께서 다시 살아나게 하신 것입니다. 몸이 문드러지고 뼈가 부서지며 끓는 물에 뛰어들고 불을 밟아도 동서남북으로 명에 따라 달려갈 것이니, 이는 진실로 미천한 신의 직분 상 감히 사양하거나 피할 수 없습니다.

그러나 생각건대 지은 죄는 지극히 크고 관직은 지극히 중요합니다. 신이 영화와 은총을 탐내어 분수를 범하고 함부로 차지한다면 죽을죄를 지은 가운데 거듭 죽을죄를 짓는 것입니다. 신이 이에 온갖 생각이 끊임없이 일어나 끝내 스스로 멈추지 않았습니다. 감히 심혈을 기울여 소장을 올리고 공손히 엄명을 기다립니다. 삼가 바라건대 천지 부모와 같은 전하께서 신의 황망하게 망극한 사정을 살펴 특별히 신의 직임을 체차하여 미천한 분수를 편안하게 해 주십시오.

겸필선을 사직하는 상소[2]

辭兼弼善疏

삼가 아룁니다. 보잘것없는 소신은 만 번 죽어야 할 죄는 있고 조금도 기록할 만한 장점은 없습니다. 단지 하늘처럼 인자함으로 덮어주는 전하께서 곡진하게 목숨을 살려주고 허물까지 씻어낸 뒤에 발탁하여 측근에 두셨습니다. 신은 진실로 감격하고 황송하여 흐르는 눈물이 가슴을 적시니, 오직 뼈가 가루가 되고 몸이 부서질지언정 만에 하나라도 갚을 것을 생각하고 있습니다. 그런데 신이 삼가 생각해 보니 군신과 부자의 의리는 이 세상에서 피할 곳이 없습니다. 신하와 자식으로서 임금과 부모께 진실로 터럭만큼이라도 인정받지 못하는 점이 있어 하늘의 해 아래에서 스스로 밝히지 못한다면 이는 진실로 자식과 신하가 되어서 하루라도 천지 사이에 설 수 없을 것입니다. 하물며 감히 은총에 힘입어 영리(榮利)를 훔쳐 자신의 편안을 탐내면서 본디 지니고 있던 것처럼 여긴다면 그 죄가 어떠하겠습니까? 신은 삼가 구구하고 절박한 충정을 지녀 마침내 감히 밝으신 성상께 거듭 호소하지 않을 수 없으니, 바라건대 천지와 부모처럼 살펴 주십시오.

신이 어리석고 무식하여 천지의 큰 분수와 천만 번 죽어 마땅한 죄를 범하였습니다. 신은 감히 다시금 자신의 죄를 나열함으로써 변명하는 죄에 거듭 빠지지는 않았습니다만, 신의 죄로 말하면 곧바로 형벌을

2 겸필선(兼弼善)을 사직하는 상소 : 《효종실록》 9년 12월 22일 기사에 유계를 겸필선으로 임명한 기록이 실려 있다.

받아 마땅한데 10년 동안 편히 쉬며 지나치게 은택을 받았습니다. 그런데 참으로 뜻밖에도 다시 궁궐에 들어가 거듭 전하를 뵙게 되었고, 춘방(春坊 세자시강원)의 직위를 차지하여 서연(書筵)에 출입하게 되리라고는 더더욱 꿈에도 생각하지 못했습니다. 신은 진실로 두렵고 절박하여 어쩔 줄 몰라 피를 토하며 하소연하여 공손히 처벌을 기다리고 있습니다. 성자(聖慈)의 하늘 같은 은혜로 신의 파면을 허락하지 않으시니, 신은 이에 마음을 다해 호소하여 두 번 세 번에 걸쳐 청반(淸班)에서 이름을 삭제하고 죄인 명부[3]에 올려주시기를 바랍니다. 이것은 진실로 미천한 신이 도리 상 그만두지 못하는 일입니다.

신이 이에 죄를 부끄러워하면서도 총애와 영화를 탐내어 묵묵히 직무를 수행하면서 외람되게 반열을 더럽히다 보니 세월이 흘러 지위가 높아져 화려한 벼슬을 두루 거쳤습니다. 죄에서 풀려나 실로 승진 발탁된 자와 같음이 있으니 신은 삼가 마음속으로 깜짝 놀라서 오정(五情)을 진정시키지 못하고 곧장 땅을 뚫고 들어가거나 심장을 갈라 밝히고 싶었습니다. 그러나 그럴 방도가 없어 밥상을 대하고도 먹는 것을 잊고 잠자리에 들어서도 잠을 이루지 못해 눈은 놀라 휘둥그레지고 발은 부들부들 떨리니 거의 실성하여 넋 빠진 사람 같습니다. 이런데도 감히 관직을 맡아 계획을 세우고 일처리를 생각하여 조금이나마 바치기를 꾀하겠습니까.

신의 죄상(罪狀)과 정상(情狀)은 대략 진술한 바와 같습니다. 밝으신 성상께서 혹 오랫동안 버려둔 것을 가엾게 여겨 말단 벼슬로 거두신다면 문지기나 순라꾼처럼 분주하게 일하는 자리도 신의 도리에 있어

3 죄인 명부 : 원문의 단서(丹書)는 죄인의 범죄 사실을 붉은 글씨로 기록한 문서이다.

오히려 감당할 수 없습니다. 더군다나 이번에 겸필선(兼弼善)에 임명하셨습니다. 그 자리가 얼마나 화려한 관직인데 죄과가 있는 미천한 신이 어찌 감히 잠깐이라도 스스로 편안하게 여기겠습니까. 죽을죄를 지은 신은 실로 터럭만큼도 꾸미거나 덮어 스스로 군신과 부자 사이의 도리에 어긋나게 할 수 없기에 번거롭고 참람하여 저도 모르게 죽을죄를 거듭 지었으니, 신의 정세는 궁박하고도 애절하다고 할 수 있겠습니다. 삼가 바라건대 밝으신 성상께서는 신의 깊은 충정을 살핀 뒤에 특별히 명하여 신의 본직 및 겸하고 있는 관직을 깎아 나라의 관직을 소중히 여기고 미천한 신의 분수를 편안하게 해 주십시오. 신은 하늘을 우러러보고 성상을 바라보며 황공하고 절박한 마음을 감당할 수가 없습니다.

병조 참지를 사직하는 상소[4] 기해년(1659, 효종10)

辭兵曹參知疏 己亥

삼가 아룁니다. 죄지은 신이 요행히 형벌을 면했는데도 외람되이 탐낸 총애가 본분에 넘치기에 거듭 혈소(血疏)를 아뢰어 전하께 슬피 호소하였습니다. 그런데 도리어 온화한 비답을 받들어 직임을 살필 것을 허락하시니, 신은 진실로 황공하고 두려워 어쩔 줄 모르겠습니다. 숨죽인 채 따라 행했지만 떨리고 두근거리는 마음이 진정되지 않아 단지 허물이 빨리 드러나서 다시 죄인 명부에 올라 미천한 분수에 편안해지기를 바랐습니다. 그런데 꿈에서도 생각하지 못하게 거듭 뛰어넘어 발탁하는 명을 받아 대부의 반열로 승진하여 서전(西銓 병조(兵曹))의 임무를 보좌하게 되었습니다.

신이 명을 듣고 놀라고 두려우면서도 감격하여 눈물을 흘리며 반복하여 생각해 보았는데 끝내 이렇게 된 까닭을 알지 못했습니다. 곧장 미친 듯이 달아나 스스로 감당하지 못하는 의리를 드러내려고 하였으나 어찌할 도리가 없어 감히 간절한 정성을 다시 펼치고 스스로 죄상(罪狀)을 나열한 다음 삼가 천지와 같은 전하께서 밝게 살펴 주시기를 기다리고 있습니다.

신은 기질이 천박하고 재식(才識)이 비루하여 다만 어리석은 보통

4 병조 참지(兵曹參知)를 사직하는 상소 : 《효종실록》 10년 1월 8일 기사에 "유계를 병조 참지로 특별히 임명하였다. 앞서 송시열과 송준길이 유계의 재주와 학식을 들어 힘껏 추천하였기 때문에 이런 제수가 있었다."라고 기록되어 있다.

사내일 뿐입니다. 실로 기록할 만한 작은 선행이나 취할 만한 조금의 장점도 없이 단지 우매하고 어긋나서 지팡이로 땅을 더듬어 어둠 속을 헤쳐 나가는 정도입니다.[5] 지난번 성이 포위당했던 날에도 모호하게 일을 논하여 마땅히 죽을죄에 걸렸는데 선대왕(先大王)의 넓은 도량과 성대한 덕을 만나 곡진히 불쌍히 여기는 마음을 베풀어 곧바로 거두어 주심을 입었습니다. 개미처럼 미천한 목숨에 생성(生成)해주는 은혜를 많이 받았으니 몸이 문드러지고 뼈가 가루가 되더라도 만분의 일도 보답하지 못할 것입니다. 그런데도 보잘것없는 신자(臣子)가 되어 하늘을 업신여기고 성상을 비난하는 죄를 스스로 초래하였습니다. 어리석은 사람이 지은 죄이니 죽일 가치도 없다고 하겠지만, 그 사람됨이 흐리멍덩하고 일을 그르쳐서 다시 사람 축에 낄 수도 없는 존재라는 사실은 단지 이 한 가지 일만으로도 판가름할 수 있습니다.

게다가 신은 죽을죄를 지은 뒤로 지금까지 10년이 지나도록 잘못을 뉘우치며 스스로 슬퍼하느라 정신과 혼이 빠졌으며 보고 듣는 것이 흐릿하고 손발이 저려 사람의 형체는 있으나 사람의 마음은 없으니 아침저녁으로 헐떡거리며 먼저 죽기를 기다릴 뿐입니다. 여러 신하들이 칭찬하며 추천을 논한 것은 궁하게 늙어 감을 가엾게 여겨 서둘러 풀어준 데에 지나지 않습니다. 혹 경계하고 뉘우치는 나머지에 더러 조금이라도 진보한 것이 있다고 생각하여 차례대로 추대되어 잘못 보

5 지팡이로……정도입니다 : 원문의 적치명행(擿埴冥行)은 학문을 닦음에 정확한 길을 알지 못하고 헤맨다는 말이다. 한(漢)나라 양웅(揚雄)이 "맹인(盲人)이 지팡이로 땅을 짚으면서 길을 찾을 적에 비록 대낮이라도 밤과 다를 것이 없다."라고 하였다. 《法言 修身》

태어 진달하여 위로 성상께 착오를 일으키심이 이 지경에 이르렀습니다. 아, 예나 지금이나 천하에 신하 된 자로서 어찌 신과 같이 죄를 저지른 데다 신과 같이 보잘것없는데도 구차하게 탐내고 도둑질하여 이처럼 평범하지 않은 남다른 은총을 감당하는 자가 있겠습니까.

또 신이 듣건대 관작과 포상은 성스러운 임금이 하늘을 대신하여 덕 있는 자에게 명하여 세상을 권면하고 우둔한 사람을 연마하는 도구입니다. 위에서 이것을 적임자가 아닌 사람에게 주면 지나친 상이라고 말하고, 아래에서 이것을 군주로부터 받으면 분에 넘치는 은혜라고 말합니다. 지나친 상을 주는 폐단은 능력 있는 자로 하여금 맥이 풀리게 하여 온갖 직무를 버리게 하는 것이고, 분에 넘치게 은혜를 입는 폐단은 사대부로 하여금 탐욕을 부려 염치를 잃어버리게 하는 것입니다. 지금 일개 보잘것없는 소신으로 인해 위에서는 능력 있는 자가 맥이 풀려 하늘의 일이 폐해질 것이고, 아래에서는 사대부의 기풍이 무너져 사유(四維 예의염치(禮義廉恥))가 사라질 것이니, 관계된 바가 실로 적지 않습니다.

신이 비록 죄받기를 꺼리고 영화로움을 탐내며 차지해서는 안 될 자리를 함부로 훔치고자 한다면 나라의 체통을 어찌하겠으며 여러 사람의 의론을 어찌하겠습니까? 신이 이에 더욱 두려워하며 감히 잠시도 편안하지 못하니 다시 전하의 존엄을 범하더라도 허둥대며 호소하지 않을 수 없습니다. 삼가 바라건대 천지 부모와 같은 전하께서는 신의 두렵고 떨리는 지극한 심정을 살펴 새로 임명한 직명(職名) 및 더해진 자급(資級)을 모두 깎아내어 나라의 관직을 소중히 여기고 사사로운 분수를 편안하게 해 주십시오. 신은 하늘을 우러르고 해를 바라보며 지극히 절실하고 간절한 마음을 금할 수 없습니다.

병조 참지를 사직하는 상소 두 번째 상소
辭兵曹參知疏 再疏

삼가 아룁니다. 신이 어제 죽음을 무릅쓰고 스스로 죄를 열거하여 속마음을 쏟아내어 거의 남은 것이 없었기에 부디 전하께서 잘 살펴서 특별히 면직하여 죄를 짊어진 미천한 신이 소원을 이룰 수 있으리라 생각했습니다. 그런대 반대로 온화한 비답을 받들어 직임을 살피게 하셨으니 등용할 만한 인재를 선발하여 우선 시험 삼아 보는 것 같았습니다. 신은 진실로 황송하고 감격스러우며 더욱 두렵습니다. 죄를 입고 살아가야 할 몸이 외람되이 이처럼 남다른 은총을 입었으니 진실로 명을 받들어 힘을 다해 죽기를 기약해야 하지만 일의 본질을 돌아보면 끝내 불안한 점이 있습니다. 이에 감히 다시 만 번 죽음을 무릅쓰고 간략히 말씀을 드리겠습니다.

신이 듣건대 옛날 밝은 임금은 세상을 다스릴 때 모두 관작과 상을 소중히 여기고 감히 함부로 베풀지 않아 반드시 능력 있는 사람을 드러나게 발탁하고 노둔한 사람을 물러나게 했으며 재주에 걸맞게 임무를 헤아려 일의 경중(輕重)이 어긋나지 않게 하였습니다. 그러므로 관직에 적임자를 얻어 다스림이 평안해졌으니 군신(君臣)과 상하(上下)가 고루 복을 누렸습니다. 가령 못난 자가 윗자리에 오르고 무능한 자가 현달하며 벌을 받아 마땅한데 상을 주고 내쫓아야 하는데 도리어 승진시킨다면 본말이 전도된 것이니, 이를 일러 어긋나게 시행한다고 합니다. 어긋나게 시행하는 나라는 그 정사가 어지러워지니, 관작과 상을 주는 도리는 관계된 중요함이 이와 같습니다.

미천한 신은 기질이 노둔하고[6] 재학(才學)이 거친 데다 죄는 중형을 받을 만하지만 공적은 조금도 없습니다. 새로 죄인 명부에서 이름을 지우고 조정으로 돌아온 지 얼마 안 되어 대번에 자급을 뛰어넘고 관직을 번갈아 바꾸었는데 직무를 다하지 못한다는 풍자가 일어나고 분수에 맞지 않게 행동하여 재앙을 불러일으킬 것입니다. 상을 위에서 과분하게 주면 죄가 아래에 쌓여 인사 행정의 체통에서 찾아보더라도 모든 일이 어그러질 것입니다. 신이 비록 보잘것없지만 분수와 의리를 대강 알고 있으니, 이 때문에 놀라고 두려워 달아나다가 죽을지라도 감히 맡지 못하는 것입니다.

아, 따뜻한 봄에 덕을 펼치면 만물이 되살아나니 조물주의 은택이 미물일지라도 미치지 않는 것이 없습니다. 가령 꿈틀거리는 벌레가 등에 언덕을 짊어져 결국 문드러져 죽게 된다면 또한 어찌 하늘과 땅처럼 처음부터 끝까지 지극히 인자한 마음이겠습니까. 공적인 논의가 이미 엄중하기에 사사로운 정이 몹시 슬퍼 고개를 들고 애달프게 호소하면서 감히 전하를 번거롭게 하는 죄를 피하지 못합니다. 삼가 바라건대 천지 부모와 같은 전하께서 미천한 신의 정성을 굽어살펴 새로 제수한 직명(職名) 및 더해진 자급을 서둘러 삭제하여 공적인 관직을 중시하고 사적인 분수를 편안케 해주십시오. 신은 하늘의 해와 같은 전하를 바라보고 눈물을 흘리는 간절함을 견디지 못하여 삼가 죽기를 무릅쓰고 아룁니다.

6 기질이 노둔하고 : 대본에는 '質魯氣騣'로 되어 있는데, 문맥을 고려하여 '騣'을 '駁'으로 바로잡아 번역하였다.

비변사 유사당상을 사직하는 상소

辭備邊司有司堂上疏

삼가 아룁니다. 마음이 밝지 못하고 천한 신은 만 번 죽을죄를 지었는데 조정으로 돌아온 지 얼마 안 되어 거듭 총애를 입고 발탁되어 외람되이 고관의 반열에 오르게 되었으니, 이는 진실로 세상에 드문 남다른 은총입니다. 갑자기 꿈에서도 생각지 못한 일이 일어났는데 신이 감히 끝내 사양하지 않고 함부로 공무를 행한 것은 실로 전하의 은혜에 감격하여 번거롭게 말씀드리는 것을 두려워했기 때문입니다. 그런데 넋이 놀라 온종일 안정되지 않았는데 뜻밖에 비변사(備邊司)에 임명하는 명령이 외람되이 어울리지 않는 몸에 미쳤습니다.

아, 묘당(廟堂)의 계책에 참여하여 듣는 일이 얼마나 중대한 직임인데 어리석고 용렬하여 보통 사람 축에도 끼지 못하는 자가 이 반열에 낄 수 있겠습니까. 이는 실로 맑은 조정의 수치입니다. 모기떼가 산을 짊어지다 결국 문드러져 죽는 격[7]이며 또한 사사로운 분수로도 결단코 감당하지 못하는 일입니다. 신은 진실로 놀랍고 두렵기 그지없어 죽음을 무릅쓰고 애달프게 간청합니다.

삼가 바라건대 천지 부모와 같은 전하께서 작은 충정을 굽어 살펴 신을 비변사 부제조(副提調)에 임명한 명을 서둘러 체직하여 관직을

7 모기떼가……격 : 힘이 약해 중임(重任)을 감당하기 어렵다는 말이다. 《장자(莊子)》〈응제왕(應帝王)〉에 "그러한 방법으로 천하를 다스리는 것은 바다를 건너고 강을 파헤치며 모기에게 산을 짊어지게 하는 짓이다."라고 하였다.

중시하고 미천한 분수를 편안케 해 주십시오. 신은 하늘의 해와 같은 전하를 바라보며 황송하고 절박함을 견디지 못합니다.

대사간을 사직하는 상소[8]

辭大司諫疏

삼가 아룁니다. 보잘것없는 미천한 신이 분에 넘치게 천지와 같은 전하의 생성해주는 은택을 입어 죽을죄를 씻고 거듭 발탁되었는데, 전후로 임명된 직임이 모두 감당할 만한 자리가 아니었습니다. 다만 전하의 은혜에 감격하자 한 마음이 황공하여 감히 끝내 사양하지 못하고 지금까지 자리를 차지한 채 있습니다만 터럭만큼도 보답하지 못했습니다. 신이 매번 스스로 생각건대 밤낮으로 걱정하고 두려워하며 거의 먹고 자는 것을 다 잊을 지경입니다. 그런데 뜻밖에 이번에 새로운 명을 또 내려 사간원(司諫院)의 장관을 맡기셨습니다. 신이 이에 더욱 놀랍고 두려워하며 감격의 눈물을 쏟았습니다.

간대부(諫大夫)의 직임은 그 지위와 명망이 맑디맑아야 하는 것은 따질 것도 없으니 신처럼 더러운 사람이 감히 맡을 자리가 아닙니다. 더욱이 절대로 감당하지 못하는 점이 있습니다. 신이 그윽이 생각건대 임금이 관직을 만들고 배치하여 재질과 기량에 따라 부릴 적에 비록 완벽하게 갖추기를 요구할 수는 없지만 각각 장점을 따라서 서로 어긋나지 않아야 합니다. 그러므로 사람은 능력을 다 쏟을 것을 생각하고 나라에는 자리만 차지하는 관리가 없어지는 것입니다. 옛날의 밝은 임금이 허물이 있거나 죄지은 자를 부려 한때에 효과를 거둔 일이 있었

8 대사간(大司諫)을 사직하는 상소 : 《효종실록》 10년 3월 25일 기사에 유계를 사간원(司諫院) 대사간에 임명한 기록이 실려 있다.

다면 이러한 방도를 쓰지 않을 자가 없을 것입니다. 만약 그렇지 않아 전에 일을 그르친 자로 하여금 그 지위에 그대로 있게 하고 부족한 점에 곤란해 하는 자로 하여금 일을 이어가게 한다면, 이는 뜨거운 것을 두려워하면서도 불길을 키우고 습한 것을 싫어하면서 물을 붓는 것과 같습니다. 어찌 윗사람의 밝음을 해치고 아랫사람의 죄를 초래하는 것이 아니겠습니까.

신이 본디 어리석고 무식하다 보니 큰 분수를 저촉하여 말 한 마디를 잘못한 죄는 만 번 죽더라도 남음이 있고 사리에 벗어나 뒤죽박죽 어지러워 조리가 없으니 천하 고금에 신보다 말을 못하는 자는 없습니다. 밝으신 성상께서 정신을 가다듬어 치세(治世)를 도모하여 눈을 밝게 뜨고 귀를 밝게 여는 이날에 말이 터무니없고 분수와 의리에 죄를 지은 자에게 언책(言責)의 수장(首長)을 맡기셨습니다. 비록 성상의 덕이 하늘처럼 두루 덮어주어 차마 물건 하나라도 끝내 버리지 않으시지만 관직은 지극히 중요하고 여론은 지극히 엄정하니, 이것이 신이 두렵고 떨려 죽더라도 감당하지 못하는 까닭입니다.

또 신이 평소 질병을 앓고 있었는데 근래 감기에 걸려 더욱 심해져 숨넘어가는 사람처럼 헐떡거립니다. 신이 비록 어리석음을 무릅쓰고 따라 행하고자 할지라도 또한 반드시 그럴 수 없는 형세가 있어 어쩔 수 없이 정성을 다해 애절하게 호소합니다. 삼가 바라건대 천지 부모와 같은 전하께서는 신의 허둥대고 절박해하는 지극한 정성을 살펴 서둘러 신에게 새로 임명한 직명을 체차하여 관직을 중시하고 미천한 분수를 편안하게 해 주십시오. 신은 하늘의 해와 같은 전하를 바라보며 황공함과 절박함을 견디지 못합니다.

경연에 입시하라는 명을 사양하는 상소

辭經筵入侍之命疏

삼가 아뢰닙니다. 신은 천성이 어리석고 기질이 어두워 평상시 하는 일들이 모두 남에게 미치지 못합니다. 성리서(性理書)를 강론하는 방법에는 더욱 귀머거리나 장님이 보고 듣는 것 같을 뿐만 아니니 스스로 절대 근사하지 못함을 안 지 오래되었습니다. 신이 큰 은혜를 받아 분에 넘치는 자리를 차지하기에는 실로 감당할 수 없는 것이 있습니다. 신이 진실로 두렵고 떨려 용납되지 못할 듯하니, 평소 등대(登對)하던 날보다 위축되는 마음이 갑절이나 간절합니다.

지난번 유사(有司)의 말직을 따라 외람되이 경서(經書)를 잡는 뒷자리에 끼었을 때 전하를 가까이 모시면서 충정(衷情)이 넘쳐 한 마디 말이 주제넘었으니 죄는 진실로 죽어 마땅했습니다. 그런데 뜻밖에 경연에 참여하는 신하가 잘못 아뢴 것을 밝으신 성상께서 잘못 들어 티끌처럼 천한 신으로 하여금 관례대로 경연에서 강론하는 대열에 참여하게 하셨습니다. 신이 이에 놀라고 떨려 곧바로 땅을 파고 들어가고 싶었지만 그럴 수 없어 집으로 물러 나와 밤새도록 마음이 편치 않았습니다.

아, 이것이 얼마나 비상하고 중대한 임무이며 세상에 없는 남다른 은총인데 신처럼 어리석은 자가 함부로 받아 차지할 수 있겠습니까. 그것은 조정의 사체(事體)에 실로 큰 손실이며 미천한 신의 사사로운 분수에 있어 마침내 만 번 죽더라도 감히 맡을 수 없는 것이니, 죽을죄를 지은 신이 어찌 감히 조금이라도 말을 꾸며 하늘 같은 전하를 속이는 죄를 거듭 범하겠습니까.

신의 형편이 매우 애절하니 삼가 바라건대 천지 부모와 같은 전하께서 신의 황망하기가 끝이 없는 사정을 살펴 서둘러 소대(召對)할 때에 입시(入侍)하라는 명을 거두어 나라의 체통을 온전하게 하고 미천한 신의 분수를 편안하게 해 주십시오. 신은 하늘의 해를 바라보며 황공하고 절박함을 견디지 못합니다.

군정을 변통하는 일을 논하는 상소[9]

論變通軍政疏

삼가 아룁니다. 썩은 흙처럼 천한 신은 어리석고 망녕되어 스스로 베임을 받아 살아남기를 바란 적이 없었는데 외람되이 천지 같은 전하의 망극한 은혜를 입어 차가운 골짜기에 봄이 돌아오고 마른 뼈에 살이 붙게 되었습니다. 얼마 동안 남다른 은총을 거듭 입어 병조(兵曹)의 자리에 끼고 묘당(廟堂)의 계책에 참여하게 되어 전하를 가까이에서 모시며 옥음(玉音)을 친히 받들게 되니 신이 진실로 황공하고 감격하면서도 두렵고 절박합니다.

신이 하루라도 관직에 있었으니 마땅히 하루의 책임을 다해야 하는데 엉성한 자신을 돌아보니 조금도 도울 것이 없습니다. 신이 이에 더욱 두려워 먹고 자는 것을 모두 잊은 채 번번이 구구한 얕은 식견으로 등대(登對)하는 날에 화제를 제기해 보지만 말이 졸렬하고 서툴러 뜻을 전달하지 못했습니다. 밤늦도록 마음이 불안하여 그만두려 했으나 그러지 못해, 이에 감히 전날에 다 말씀드리지 못한 내용을 대략 펼치고 삼가 밝으신 성상께서 헤아려 선택해 주시기를 기다립니다.

신이 삼가 보건대 오늘날 군정(軍政)의 폐단은 백성에게 고질이 되어 실로 눈물을 흘리고 마음을 상할 만한 점이 있지만 신이 감히 일일이 상세히 아뢰어 거듭 전하의 마음을 아프게 할 수 없습니다. 그러나 오직 군포(軍布)는 너무나도 지나쳐 백성의 고혈(膏血)을 이미 다 짜

9 군정(軍政)을……상소 : 《효종실록》 10년 2월 11일 기사에 실려 있다.

낸 데다 노약자와 도망가거나 죽은 자에 대해 견감과 구휼을 받지 못해 그들의 족속이나 이웃까지 아울러 혹독한 피해를 입고 있으니, 이는 진실로 고금 천하에 없었던 큰 폐해입니다. 오늘날의 방식을 따르기만 하고 이 폐단을 바꾸지 않는다면 몇 년 지나지 않아 나라에 양민 장정이 없을 것이니, 비록 백만 명의 이름이 적힌 허위 장부가 있을지라도 백성의 원망과 노여움만 쌓여 결코 급할 때에 하루의 희망도 없을 것입니다. 더군다나 올해는 심한 흉년을 당해 굶어죽은 시체가 길에 널려 있어 국가에서 진휼하여 구제해주는 것에 최선을 다하지 않는 것이 없지만 군포 한 가지 일에는 견감해주라는 명령이 내리지 않고 있으니, 이것이 어찌 어진 정사에 하나의 큰 흠결이 아니겠습니까.

삼가 바라건대 밝으신 성상께서 속히 묘당에 명하여 상의한 다음 팔도에 알리게 하십시오. 군정(軍丁)으로서 도망간 자, 죽은 자, 늙은 이, 어린이에게서 군포를 거두는 것은 전체를 면제하고, 보병(步兵)이 납부해야 하는 2필(匹)은 특별히 1필을 면제해 주어 큰 은혜를 베풀고 큰 믿음을 세우십시오. 끊어져가는 백성의 목숨을 이어 끊어지지 않게 하고 이미 흩어진 인심을 굳게 결속하여 흩어지지 않게 한 뒤에야 앞으로 정돈하는 일이 이에 힘입어 기본이 되고 국가의 명맥이 끝내 부지될 것입니다. 이는 진실로 지금 세상의 급선무이며 조금도 늦추어서는 안 되는 일입니다.

지금 유사(有司)가 된 자들은 반드시 군포를 크게 줄이면 국가의 재정이 부족해져 곤란하다고 할 텐데 이는 그렇지 않습니다. 백성은 나라의 근본으로 근본이 튼튼해야 나라가 평안하니, 예로부터 백성이 없는데 그 나라가 홀로 보존된 적이 없었습니다. 설령 국가가 씀씀이가 반으로 줄어 거의 형태를 이루지 못할지언정 차마 남은 백성의 고혈을 짜내어 나라가 없어지고 마는 데에 이르게 할 수는 없습니다. 더군다나 많은 곳에서 덜어내어 적은 곳에 보태주고 물건을 저울질하여 공평하게 베푸는 방도가 있으니, 꼭 시행할 만하고 의심할 만한 일이 없는 경우이겠습니까.

옛날 조종(祖宗)의 세대에는 사대부의 자제 및 서자와 측실의 자식으로서 남정(男丁)이 된 자는 귀천을 따질 것 없이 모두가 각각 위(衛)에 소속되어 백성의 뜻이 안정되고 백성의 부역이 균등했습니다. 몇 세대가 지난 뒤로 나라의 기강이 해이해지자 사람들이 제 한 몸 편한 것을 생각하다 보니 사대부의 자제는 다시 제위(諸衛)에 이름을 소속시키지 않았습니다. 사대부만 그런 것이 아니라 아무리 외진 시골 한미한 가문의 서자와 측실의 자식일지라도 한번 이름이 위에 소속되면 큰 수치로 여기지 않는 자가 없습니다. 그러므로 오늘날 이른바 유청(有廳)의 제위(諸衛)에 소속된 사람[10]은 모두 잡인과 천민 부류이니, 조종의 옛 제도가 온통 문란해졌습니다.

우리나라는 땅이 좁고 백성이 적어 아무리 국민의 힘을 쏟아 군사를 양성하더라도 오히려 부족하여 걱정인데, 더구나 인구가 적은 가운데 유별로 구분하여 놀기만 하고 게으른 자가 열 중에 여덟아홉이나 되고 남은 양민에게만 군역을 부담시키고 있습니다. 공자께서 말씀하기를 "백성이 적은 것을 근심하지 않고 고르지 못한 것을 근심하며, 가난한

10 유청(有廳)의……사람 : 유청은 상인(常人)으로서 출신(出身)한 사람의 자손 등으로 구성된 충순위(忠順衛), 원종공신(原從功臣)의 지자(支子)의 자손 등으로 구성된 충찬위(忠贊衛), 전망인(戰亡人)과 군공인(軍功人)의 자손으로 구성된 충장위(忠壯衛)를 통칭하는 말이다. 《典律通補 兵典 屬衛》

것을 걱정하지 않고 편안하지 못한 것을 근심하니, 대체로 고르면 백성이 가난할 리 없고 화목하면 백성이 적을 리 없고 편안하면 나라가 위태로울 리 없다."라고 하였습니다.[11] 지금 장정의 군역이 고르지 못한 것이 하나같이 이 지경에 이르렀으니 어떻게 민중의 마음을 화합시켜 나라가 기울어 엎어지지 않게 할 수 있겠습니까.

지금 일체의 논의하는 내용은 '군적(軍籍)을 속히 정리하여 나라 안의 의관을 갖추어 입는 계층도 모두 예속시켜 조종의 옛 제도를 회복해야 한다.'라는 것입니다. 이 말은 진실로 그러하지만 또한 변통하지 않을 수 없는 것이 있으니, 대체로 선비가 안일함을 탐하고 길들여져 속박당하지 않은 지 백 년에 이르다 보니 잘못된 습관이 이미 굳어졌습니다. 지금 하루아침에 바로잡으려 하면 놀라 근심하고 원망하는 것은 필연한 형세이니, 이 점을 진실로 염려하지 않을 수 없습니다.

의관을 갖추어 입는 선비가 군적에 이름을 올리기 싫어하는 것은 정군(定軍)이라는 명칭이 있기 때문입니다. 지금이라도 전하께서 친히 명쾌한 유지를 내려 똑같이 하늘이 낸 백성이니 홀로 편안함을 누릴 수 없다는 이치와 소진되는 양인 장정이 치우쳐 고통 받아서는 안 되는 상황임을 시원하게 깨우치고 타일러 주십시오. 위로 조정의 백관으로부터 전직 관원과 생원·진사가 앞장서서 군포를 내고 유학(幼學), 품관(品官)과 서얼로서 허통(許通)된 자로 일체 정역(定役)에 합당하지 않은 자들까지 나이 60세 이하로 아내가 있는 사람 이상은 무명 1필을 납부하게 하고, 이후로는 군적에 대한 일이 있더라도 영원히 다시는 제위(諸衛)에 속하지 않게 하십시오. 그밖에 허통되지 못한

11 공자께서……하였습니다 : 《논어》 〈계씨(季氏)〉에 보인다.

서얼 및 지방의 정원 외 교생(校生)과 정군(正軍)의 자손들이 규정을 어기고 납부하는 일은 일절 허락하지 마십시오. 그리하여 중앙과 지방 사람들로 하여금 국가에서 시행하는 이 일의 목적이 장정을 늘리는 데에 있지 않고 군역을 고르게 하는 데에 있으며, 나라 재정을 부유하게 하는 데에 있지 않고 시급한 일을 구제하는 데에 있으며, 사족(士族)을 착취하는 데에 있지 않고 군역 면제를 영원히 허락하는 데에 있음을 분명히 알게 하십시오. 납부해야 하는 자는 다투어 납부하게 하고 규정을 어기고 납부하려는 자는 그런 희망이 끊어지게 하면 이는 이른바 군역을 면제한다는 명목이 있으면서 군역을 고르게 하는 실제 효과를 얻는 것입니다. 이 명령이 시행된 뒤에 현재 거두어들인 군포의 수량을 헤아려 많고 적음을 비교하여 제색(諸色) 군졸에게서 거둔 군포는 반을 줄여주기도 하고 전부를 줄여주기도 하여 번(番)에 오른 첨방군(添防軍)과 군역을 융통성 있게 시행하여 차이가 없게 한다면 군역의 괴로움이 옛날에 비해 반이나 감소할 것이니, 단지 노인, 어린이, 도망간 자, 죽은 자에게 한때 은혜를 베푸는 바탕에 그칠 뿐만이 아닐 것입니다.

비록 그렇지만 이 법을 진실로 시행하지 않을 수 없으나 또한 즉시 시행할 수 없습니다. 지금 백성들이 굶주려 위아래가 허둥대는데 또 어찌 차마 이 일을 궁핍한 사족에게 추궁하겠습니까. 반드시 가을걷이가 대강 이루어지고 새 무명이 생산되기를 기다린 뒤에야 징수하여 봄여름에 감면해 준 수량을 보충할 수 있습니다.

어떤 사람은 다시 추하(秋夏)에 당장 쓸 경비가 부족하다는 이유로 곤란하다고 하는데 이 점에 대해서도 드릴 말씀이 있습니다. 신이 삼가 듣건대 양남(兩南)의 감영(監營)과 평안도·황해도의 감영·병영(兵營) 및 통영(統營) 등 여러 곳에서 보관하고 있는 무명은 그 수량이 매우 많다고 합니다. 신이 비록 그 명목과 수량을 감히 알지 못하지만 논의하는 자들이 모두 수백 수천 동의 무명을 거두어 모으기는 어렵지 않다고 말합니다. 국가에서 이와 같은 물건을 경비 외의 쓸모없는 데에 쌓아두고 지키기를 남의 창고지기 된 자가 얽매여 감히 꺼내어 쓰지 못하고 감히 운용하지 못하는 것처럼 하면서 경비가 바닥나는 것을 좌시하고 보태주지 못하니 천하에 어찌 이런 이치가 있습니까. 또한 묘당에서 상의하여 확정하게 하되 먼저 각 도의 각 영에 물어 실제 수량을 파악한 뒤에 그 반을 가져다 써서 군포로 변통하여 인심을 위로하고 기쁘게 할 바탕으로 삼는다면 매우 다행스럽겠습니다.

신은 반평생 동안 시골구석에서 지내면서 군역의 참혹함을 직접 보았는데, 지금 밝으신 성상의 물으심을 받들어 감히 소견을 대략 아뢰지 않을 수 없습니다. 신은 진실로 이 말을 한 번 꺼내면 반드시 뭇사람의 손가락질에 죽겠지만 신 또한 감히 피하지 않겠습니다. 지금 군정의 폐단이 아뢸 만한 것이 너무 많아 시중드는 사람을 바꾸어 가며 다 말씀드릴 수 없으며, 신 또한 감히 한때에 나란히 아뢰어 전하를 번거롭게 할 수 없었습니다. 신이 감격스럽고 두려운 마음을 견딜 수 없습니다.

대사성을 사직하는 상소[12]

辭大司成疏

삼가 아룁니다. 미천한 신은 타고난 자질이 노둔하고 식견이 어리석은데다 언행이 터무니없어 조금도 보답하지는 못하고 다만 죄만 쌓고 있습니다. 외람되게도 대행대왕(大行大王)께 천지와 같은 망극한 은혜를 입어 만 번 죽을 상황에서 발탁되어 차례를 밟지 않고 등용되었습니다. 1년도 안 되는 사이에 화려한 관직을 두루 맡아 끝내 외람되이 크고 넓은 벼슬을 차지하고 가까이에서 모시면서 은총과 영예가 밝게 빛나 본분에 넘쳤습니다. 신은 항상 감격하여 눈물을 흘리면서 황공하고 두려워 몸이 문드러지고 뼈가 부서지더라도 보답할 길이 없습니다. 그런데 하늘이 보살펴주지 않아 대행대왕께서 신선의 수레를 타고 승하(昇遐)하셔서 울부짖어도 미칠 수 없으니 오장(五臟)이 찢어질 듯한데, 그저 한스럽게도 목숨이 너무 모질어 숨이 아직도 붙어 있습니다.

뜻밖에 첫 번째 정사에서 새로운 은택을 거듭 입어 국자감(國子監)의 수장으로 삼아 성균관의 책임을 맡기시니, 신이 이에 더욱 두렵고 놀라워 몸 둘 바를 모르겠습니다. 태학(太學)은 본보기가 되는 곳이고, 자제를 가르치는 것은 정치와 교화를 펼칠 적에 먼저 할 일에 해당됩니다. 그러므로 명유(名儒)와 숙덕(宿德)으로서 명망과 실제가 본디 드

12 대사성(大司成)을 사직하는 상소 : 《현종실록》 즉위년 6월 5일 기사에 유계를 대사성에 임명한 기록이 실려 있다.

러난 사람도 오히려 그 직임을 어렵게 여겨 감히 경솔히 받지 않습니다. 신이 얼마나 마음이 밝지 못하고 얼마나 졸렬하며 거칠고 허술하여 전혀 학술이 없어 절대로 근사하지 않은 사람인데 하루아침에 현관(賢關 성균관) 수장의 자리를 차지하여 많은 선비의 모범이 될 수 있겠습니까. 신이 아무리 뻔뻔할지라도 남들이 실로 무어라고 생각하겠습니까. 혹시라도 유생 무리가 손가락질하고 비웃으며 말하기를 "이런 사람도 이 직임을 맡는구나."라고 한다면 미천한 신이 구차하게 탐낸 죄는 진실로 말할 것이 없으나, 어찌 거듭 맑은 조정에 욕을 보이고 새로운 교화에 누를 끼치지 않겠습니까.

신의 형편이 매우 절박하여 전하께서 상중(喪中)의 여막에서 슬퍼하고 계신데 번거롭게 하였으니 신의 죄는 만 번 죽어 마땅합니다. 신은 진실로 질박하고 어리석어 감히 부질없는 말로 꾸며 하늘의 해와 같은 전하를 속이지 못합니다. 삼가 바라건대 천지 부모와 같은 전하께서는 신의 황망하고 근심스러운 정성을 살펴 특별히 신의 직임을 체차하여 미천한 분수를 편안하게 해 주십시오. 신은 황공하고 두려운 마음을 견디지 못합니다.

부제학을 사직하는 상소[13]

辭副提學疏

삼가 아룁니다. 신은 용렬하고 비루하여 변변한 게 없고 다만 입으로 글이나 읽어 외람되게 과거에 급제하는 것으로 녹(祿)을 구하는 계책으로 삼았지, 실로 자신의 수양을 위해 학문에 힘쓰는 공부는 없었습니다. 중년에는 더욱 게으르고 방종한데다가 질병까지 걸려 기꺼이 자포자기한 사람이 되었습니다. 백발의 노인이 되자 의지가 꺾이고 정신이 노쇠하여 종전에 말하고 들은 것까지 모조리 잃어버렸으니, 못난 자질마저 텅 비어 다만 한 명의 바보 멍청이가 되었습니다. 그런데도 외람되이 선대왕(先大王)의 천지와 같은 망극한 은혜를 입어 잘못을 씻어내고 은총을 받아 발탁되었으니 본분에 지나치게 넘칩니다.

전하께서 새로이 교화를 펼치는 초기에 거듭 남다른 은혜를 받아 두루 화려한 관직에 올랐는데, 임용하는 명이 한 번씩 내릴 때마다 신은 항상 놀랍고 두려워 용납되지 못할 듯했습니다. 이번에 새로운 명이 또 꿈에서도 생각지 못하게 내려지니 신은 더욱 두려워 어찌할 바를 모르겠습니다.

유악(帷幄)의 자리와 논사(論思)의 장관이 어떠한 지위와 명망이며 어떠한 책임입니까. 그런데 허술하고 어긋나며 병들고 썩은 평범한

13 부제학(副提學)을 사직하는 상소 : 《승정원일기》 현종 즉위년 7월 20일 기사에 유계를 홍문관(弘文館) 부제학에 임명한 기록이 실려 있다.

한 사내로 하여금 하루아침에 뭇 선비들을 뛰어넘어 갑자기 맡아서는 안 될 자리를 차지하게 하시니 사사로운 마음에 부끄러우며 여론이 밖으로 들끓습니다. 신이 아무리 영화와 총애를 탐내어 슬그머니 지위를 훔치려 할지라도 끝내 감히 못하는 점이 있으니, 신이 감히 부질없는 말을 꾸며 옛 관례를 따르는 것이 아닙니다. 작은 충정이 간절하여 엄려(嚴廬)에서 슬퍼하고 계신 전하께 호소하지 않을 수 없습니다.

신의 죄가 만 번 죽어 마땅하오니, 삼가 바라건대 밝으신 성상께서 미천한 정성을 굽어살펴 특별히 새로 임명된 신의 직명을 체차하여 관직을 무겁게 여기고 사사로운 분수를 편안하게 해 주십시오. 신은 절박하고 두려운 마음을 견디지 못하고 삼가 죽음을 무릅쓰고 아뢰옵니다.

부제학과 비변사 부제조와 승문원 부제조를 사직하면서 경연에 특별히 입시하라는 명의 환수를 청하는 상소[14]

경자년(1660, 현종1)

辭副提學備邊司副提調承文院副提調 請還收經筵別入侍之命疏 庚子

삼가 아룁니다. 신은 여러 신하들 가운데 가장 어리석고 용렬합니다. 그런데도 외람되게 전하의 은혜를 받아 경악(經幄)의 장관이 되었습니다. 그 자리에 적합하지 않고 보잘것없음을 신이 실로 스스로 매우 분명하게 알고 있으나 영화와 총애를 탐내어 죽을 각오로 면직되지 못하고 어쩔 줄 몰라 하며 헤맨 지 거의 1년이 되었으니 신의 죄는 만 번 죽어 마땅합니다.

일찍이 미천한 신의 위독한 병세로 인해 전후로 빈번하게 소장(疏章)을 올리고 단자(單子)를 제출하였으나 번번이 격식을 벗어난 은혜로운 휴가를 받은 것이 서너 번이나 됩니다. 신이 어떤 사람인데 외람되이 분수에 맞지 않는 남다른 은총을 받는 것이 한결같이 이 지경에 이르렀습니까. 신은 진실로 감격하여 눈물을 흘리며 단지 분주하게 있는 힘을 다하다가 엎어져 쓰러질 것을 한계로 삼았기에, 사대부의 반듯한 절개와 미천한 신의 본분에 넘치는 것은 모두 돌아볼 겨를이 없었습니다.

지금 신의 질병이 불행히도 갑자기 심해졌으니, 종기가 앉는 부위에 생겨 피고름이 안으로 곪아 침을 맞고 약을 먹어도 효험이 없습니다.

14 부제학과……상소 : 《현종개수실록》 1년 5월 20일 기사에 보인다.

몸을 뒤척일 때에 사람의 도움이 필요하고 숨을 헐떡일 때에 정신이 혼미해져 삶과 죽음의 경계를 넘나들고 있습니다. 이러한 상황을 같은 조정 신하들이 함께 보아 알고 있으니, 신이 감히 말을 꾸며 사사로운 편의를 바라지 못합니다. 신의 병세를 헤아려 보면 결코 열흘에서 보름만에 조리하여 고칠 수 있는 것이 아닙니다. 그런데 신이 겸임한 직명이 모두 한가하거나 보잘것없는 자리가 아니므로 오랫동안 비워두어서는 안 됩니다. 삼가 바라건대 밝으신 성상께서는 미천한 정성을 굽어 살펴 신의 본직 및 겸임한 비변사 부제조(備邊司副提調)와 승문원 부제조(承文院副提調)의 직임을 서둘러 체차하여 죽음을 앞두고 남은 숨을 몰아쉬는 신으로 하여금 편안한 마음으로 조리하고 고쳐 부디 살아날 길을 찾게 해주신다면 매우 다행이겠습니다.

또 신이 별도로 구구하고 궁박한 간절함이 있어 죽음을 무릅쓰고 다 말씀드리지 않을 수 없습니다. 신이 지금 들어보니 전날 경연(經筵)에 참여하는 신하가 외람되이 어리석은 신의 성명을 거론하며 실정보다 지나치게 칭찬하여 잘못 전하께 진달한 탓에 경연을 여는 날 특별히 입시하게 하라는 명이 있게 되었다고 합니다.[15] 신이 소식을 듣고 놀랍고 두려워 스스로 진정하지 못했습니다. 신이 비록 보잘것없지만 이미 그 직임을 맡고 있으니 직명(職名)에 의거하여 입시하는 것은 오히려

15 전날……합니다 : 1660년 5월 교리(校理) 김만기(金萬基)가 현종(顯宗)에게 아뢰기를 "부제학 유계는 문학(文學)이 모두 훌륭하니 입시하게 하지 않을 수 없습니다. 상규(常規)에 부제학의 입시는 으레 상번(上番)으로서 진강하게 되어 있습니다만, 유계는 비국(備局)의 겸임이 있고 또 질병이 많습니다. 따라서 상하번(上下番)은 전례에 의거하여 진강하게 하되 유계는 특별히 입시하게 하여 문의(文義)를 진달하게 하는 것이 온당할 것 같습니다."라고 하였다. 《顯宗改修實錄 1年 5月 13日》

부끄러움을 머금고 억지로 할 수 있겠습니다마는, 규정에서 벗어나 특별히 입시하여 유현(儒賢)을 인접(引接)하는 예(例)와 같게 한다면 듣는 사람들을 놀라게 하고 일의 체통을 상하게 함이 이보다 심한 것이 없습니다. 지금 논사(論思)를 맡는 장관에 적합하며 명망과 실제가 본디 넉넉한 자가 없지 않은데 끝내 신처럼 용렬한 자가 주제넘게 맡아 구차하게 숫자만 채워 유사(儒士)의 빠진 자리를 충당하게 하신다면, 유사가 된 자는 모두 깊이 부끄러워하고 맥이 풀릴 것이며 많은 사람들이 비웃고 조롱하여 조정에 치욕을 거듭 끼치게 될 것이니 작은 일이 아닙니다.

신은 더욱 두려운 나머지 죽더라도 감당하지 못합니다. 다시 바라건대 밝으신 성상께서 시종 가엾게 여겨 경연 때에 특별히 입시하라는 명을 환수하여 일의 체통을 무겁게 여기고 미천한 분수를 편안케 해 주십시오. 신은 떨리고 간절한 마음을 견디지 못합니다.

비변사 부제조와 구관청 당상을 사직하는 상소[16]
辭備邊司副提調句管廳堂上疏

삼가 아룁니다. 신은 용렬하고 비루하여 모든 것이 변변치 못하니 꼭 죽어야 할 죄는 있지만 조금이라도 기록할 만한 장점은 없습니다. 세 조정에서 천지와 같은 은택을 입어 죽다가 살아났고 죄인으로서 영광을 더하여 화려한 관직을 두루 역임하고 외람되이 비변사(備邊司)의 관직을 맡았습니다.

신은 항상 감격스러우면서도 걱정스럽고 두려워 어찌할 바를 모르겠습니다. 신하 된 도리로서 마땅히 처음에는 분수를 헤아리고 마지막에는 역량을 헤아려야 하기에 죽기를 각오하고 사직을 청하여 죄를 더욱 가중시키는 데에 이르지 않기를 바랄 뿐입니다. 그러나 신이 어리석고 나약하며 하는 짓이 분에 넘치는 탓에 스스로를 헤아리지 못하고 은혜로운 명을 어겨서는 안 되는 줄만 알았습니다.

신의 직임에 밤낮으로 분주하게 최선을 다하여 세월이 두 해가 지났지만 쓸모없고 둔한 재목을 몰아쳐 부리는 것이 적합하지 못함을 전혀 헤아리지 못해 관청을 해롭게 하고 직임을 해친 것을 다 아뢰기 어려울 정도입니다. 게다가 가을을 바라보는 갯버들처럼 이미 심하게 늙어버려[17] 정신이 떨어지고 생기가 다 사라졌으며 앞에서 본 것을 뒤에서

16 비변사(備邊司)……상소 : 《현종개수실록》 1년 9월 21일 기사에 유계를 진휼 재생 구관 당상(賑恤裁省句管堂上)에 임명한 기록이 실려 있다.

17 가을을……늙어버려 : 《세설신어(世說新語)》 〈언어(言語)〉에 "갯버들의 연약한 자질은 가을에 들자마자 잎이 지고, 소나무와 측백나무의 자질은 서리를 맞을수록 무성

잊어버리고 한 가지를 기억하느라 열 가지를 놓쳐버리니, 하나의 걸어 다니는 시체이며 뛰어다니는 고깃덩이일 뿐이어서[18] 신은 항상 개탄하며 스스로 슬퍼하였습니다. 충성을 다하려는 정성에 힘을 쏟은 효과가 조금도 없으니 끝내 아무런 자취도 없이 죽을 것입니다. 근래에 외람되이 전하를 가까이 모시는 관직을 맡아 밤낮으로 직임을 수행하다 보니 몽매하고 해이해졌음을 더욱 느끼고 할 일을 제대로 하지 못해 같은 반열의 사람 모두가 쇠한 병을 가련히 여기면서도 그만두지 못하는 것을 비웃습니다. 이는 전하께서 이미 굽어 살피셨을 것이니 신이 감히 말을 꾸며 기만하는 죄를 거듭할 수 없습니다.

그런데 뜻밖에 대신(大臣)이 진계(陳啓)하자 전하께서는 신을 비국(備局) 유사(有司)의 직임에 복직시켜 세금을 견감하고 백성을 진휼하는 일을 관할하는 논의에 참여하게 하셨는데, 죽음의 문턱에서 얼마 남지 않은 목숨인지라 더욱 두렵고 떨려 몸 둘 바를 모르겠습니다. 신의 병약하여 직무를 수행하지 못하는 형편을 대략 진달하였으니 굳이 다시 아뢰지 않겠습니다만 오직 지려(智慮)와 심사(心思)만은 끝내 억지로 나가 힘쓰지 못하는 점이 있습니다. 짧은 두레박줄로 깊은 우물의 물을 길을 수 없고 작은 주머니에 큰 물건을 담을 수 없음[19]은 신이

해진다."라고 하였다.

18 하나의……뿐이어서 : 후한(後漢)의 임말(任末)이 스승의 상을 당해 달려가다가 길에서 죽었는데, 임종할 적에 조카에게 자신의 시신을 스승의 집까지 데려다 달라고 부탁하면서 "사람이 학문을 좋아하면 몸은 비록 죽더라도 영혼은 살아 있는 것과 같은데, 학문을 하지 않으면 몸은 살아 있더라도 걸어 다니는 시체이고 뛰어다니는 고깃덩어리라고 할 것이다."라고 하였다. 《後漢書 卷109 儒林列傳 任末》《拾遺記 卷6》

19 짧은……없음 : 재능이나 식견이 부족해서 일을 감당할 능력이 없다는 말이다.

스스로 매우 분명하게 알고 있을 뿐만 아니라 비변사의 낮은 관리들도 눈짓으로 슬며시 웃으며 몰래 의논하지 않는 자가 없습니다. 신이 진실로 감히 다시 차지해서는 안 될 자리를 탐내어 거듭 관직을 욕보이겠습니까.

게다가 세금을 견감하고 백성을 구휼하는 일을 관할하는 일은 오늘날의 급선무이고 백성에 대한 걱정과 나라를 위한 계책은 관계된 바가 지극히 중요한데, 신처럼 허술하고 졸렬한 자가 외람되이 그 사이에 참여하여 계책을 말하는 것은 옳지 못하고 자칫하면 서로 어긋나게 됩니다. 심지어 일의 마땅함을 헤아리지 않고 지나치게 감축하려 하여 아래에 보탬이 되지도 못하면서 위를 덜어내기만 하여 몸은 죽고 나라는 쇠할 것이니 죄를 피할 수 없습니다. 이것이 신이 죽음을 무릅쓰고 애처롭게 호소하고 결단코 감히 받들어 감당하지 못하는 까닭입니다.

신의 병세와 정세가 매우 절박합니다. 삼가 바라건대 천지 부모와 같은 전하께서는 특별히 불쌍히 여겨 서둘러 신의 비변사 부제조(備邊司副提調) 직임을 체차하고 구관당상(句管堂上)을 겸직하라는 명을 환수하여 공적으로나 사적으로나 편안하게 해 주시면 매우 다행이겠습니다. 신은 황송하고 간절한 마음을 견딜 수 없습니다.

《장자(莊子)》 〈지락(至樂)〉에 "주머니가 작으면 큰 물건을 담을 수가 없고, 두레박줄이 짧으면 깊은 우물의 물을 길을 수가 없다."라고 하였다.

사직하면서 진구청에서 아이들에게 군병 수포를 발매하는 일을 논한 상소 신축년(1661, 현종2)

辭職 仍論賑救廳發賣兒弱軍兵收布事疏 辛丑

삼가 아룁니다. 신은 성품이 본래 서툴고 우활하며 식견이 어둡고 재능이 모자란 데다 사무(事務)에 있어서는 더욱 심하게 몽매하니 실로 콩새가 좁쌀을 쪼아 먹는 것과 같습니다.[20] 얼마 전에 구관소 당상(句管所堂上)의 직임을 살피라는 명을 받들고 신이 스스로 결코 감당할 수 없음을 알아 사정을 아뢰고 면직을 청했지만 윤허를 받지 못해 마지못해 진휼을 논의하는 여러 신하들의 뒤를 따랐습니다. 그런데 계책을 말하면 어그러지고 걸핏하면 인정(人情)에 어긋나 부끄럽고 황공함이 더욱 깊어졌으나 인피(引避)하려 해도 방법이 없어 항상 스스로 두려워할 뿐이었습니다.

어제 병조 판서(兵曹判書) 홍명하(洪命夏)의 차자(箚子)를 보고서 비로소 스스로 시기를 틈타 이익을 꾀하다가 국가의 체통을 손상시킨 죄에 빠졌음을 깨달았습니다.[21] 신은 더욱 놀랍고 두려워 물러가 죄를

20 콩새가……같습니다 : 원문의 상호(桑扈)는 콩새의 별명으로, 좁쌀을 쪼아 먹지 않는다고 한다. 송나라 주희(朱熹)의 《회암집(晦庵集)》 권72에 "옛 제왕은 모두 성인이다. 선을 행하기를 마치 물이 반드시 차갑고 불이 반드시 뜨거운 것처럼 하였고, 선하지 않은 일을 저지르지 않음은 마치 추우(騶虞)가 살상을 하지 않고 콩새가 좁쌀을 먹지 않듯이 하였다."라고 하였다.

21 홍명하(洪命夏)의……깨달았습니다 : 홍명하(1607~1667)의 본관은 남양(南陽), 자는 대이(大而), 호는 기천(沂川), 시호는 문간(文簡)이다. 《현종실록》 2년 1월 23일 기사에 "상이 어영청미(御營廳米) 2백 섬을 시중에 나누어 주어 복설(復設) 문제

기다리는 데에 겨를이 없어야 하는데, 다만 생각건대 군신과 부자간에 진실로 소회가 있으면 감히 몸에 죄가 있다고 해서 아뢰지 않을 수 없으니 신이 청컨대 그 대강을 간략히 말씀드리겠습니다.

이번에 발매(發賣)하는 일은 실로 국가에서 축적해 둔 것이 텅 비었기 때문에 굶주린 백성에게 무상으로 지급할 수 없습니다. 그러므로 조적(糶糴)의 값을 내리는 설을 꺼내는 것은 어쩔 수 없는 상황에서 나온 것이지 애당초 이익을 꾀하려는 계책이 아닙니다. 홍명하가 이에 선혜청(宣惠廳)에서 값을 정하는 일만 못하다고 하여 이익을 꾀하는 일을 물리쳤습니다. 신은 진실로 두려움을 견딜 수 없고, 또한 홍명하가 미처 깊이 생각하지 못한 것을 이상하게 여깁니다. 홍명하는 선혜청을 주관하는 사람으로서 각 사(司)에서 공물(貢物) 주인에게 대금을 지급할 적에 단지 은(銀) 1냥 반을 쌀 한 섬 값으로 환산하였습니다. 지금 시장의 쌀값이 뛰어 비싸니, 쌀 한 섬 값이 은 2냥 남짓 된다고 합니다. 선혜청에서 한 냥 반으로 값을 깎는 것은 아래에 보태주는 도리가 절대 아니니 공물 주인들이 억울함을 호소하는 것은 진실로 당연한 일입니다.

이번에 진구청(賑救廳)에서 발매하면서 값을 정할 때 쌀 한 섬을 1냥 7전으로 매겼으니 선혜청에서 나누어줄 때 정한 액수와 비교해 보면 비록 증가하였지만 지금 시장의 값으로 계산해 보면 백성들에게

를 강구하는 동안 사사로이 매매하게 하였다. 조복양(趙復陽)과 유계가 홍명하의 차자 중에 '틈을 타서 이익을 꾀했다'라는 말이 있다고 하여 잇달아 소를 올려 사면을 청하니, 상이 유계와 조복양에게 이것을 개의하지 말고 협심하여 국사를 의논하라 하였다."라는 기록이 실려 있다.

돌아간 이익은 오히려 4, 5분의 1입니다. 이로 말미암아 말해보면 선혜청에서 은을 줄인 것이 비록 평상시 값인 듯하지만 이익은 공가(公家)에 돌아갔고, 진구청에서 은을 늘린 것이 비록 값을 올린 듯하지만 이익은 일반 백성들에게 돌아갔습니다. 신은 모르겠습니다만 이것이 백성들을 이롭게 하는 일입니까? 저것이 백성을 이롭게 하는 일입니까? 명분과 실제가 거꾸로 되었으니 가소로울 뿐입니다.

비록 그렇지만 홍명하가 발매를 과중하게 했다고 말한 것은 실로 위에서 덜어 아래에 보태주려는 뜻에서 나왔으니 비록 줄이고 또 줄여 태반에 이를지라도 불가할 것은 없습니다. 홍명하가 원래 무관한 사람이 아니니 값을 과중하게 정하는 것을 미안하게 여겨 한자리에 모인 사람들에게 말을 했다면 신 등도 틀림없이 옷깃을 여미고 따랐을 것이니, 어찌 이런 분분한 일이 있었겠습니까.

신이 삼가 홍명하를 위해 애석하게 여기고 또 신이 깊이 개탄하는 바가 있습니다. 국가가 수십 수백 년 전부터 이후로 군정(軍政)이 문란해져 으레 포대기에 싸인 어린아이를 군액(軍額)에 보충하여 정하고 그 가포(價布)를 거두었는데, 한 집안에서 포를 거둔 것이 네다섯에 이르기도 합니다. 이는 실로 고금 천하에 없었던 잘못된 정사입니다.

나라가 군대를 두는 것은 장차 그 힘을 쓰는 데에 의지하려는 까닭입니다. 지금 젖먹이 갓난아이까지 아울러 군액에 보충하는데 평상시에 포를 받고 고역(雇役)하는 것은 오히려 말할 수 있습니다. 설령 나라에 위급한 일이 있을 때 고립(雇立)한 자는 틀림없이 정규군이 되지 않고 가포는 산더미처럼 쌓이겠지만 또한 대오를 편성하는 데에 무슨 보탬이 되겠습니까. 이 이치는 매우 분명하니 지혜로운 자를 기다리지 않더라도 알 수 있습니다. 유사(有司)를 맡은 신하는 단지 거둔 포가 감축

되는 것이 염려스러운 줄은 알면서 백성들의 원망이 뼈에 사무치는 줄은 생각하지 않으니, 그 또한 생각하지 못함이 심합니다. 더군다나 각 진포(鎭浦)의 입방(入防)하는 곳은 국가에서 이미 명령을 내려 각 영(營)에서 저장한 무명을 그 수대로 갚아주게 했습니다. 신은 모르겠습니다만 관청에서 베를 지급하면 바닷가 방비가 허술해져 반드시 백성의 고혈을 짜내야 하니, 백성들로 하여금 모두 반기를 들 마음을 품게 한 뒤에 바다 방어가 완벽히 견고해지겠습니까. 신이 함부로 군포 줄이는 것을 의논하다가 변방 방비가 허술해질 염려가 있게 된 탓에 신의 죄가 여기에 이르렀으니 더욱 도망할 수가 없습니다.

신은 다 죽어가는 나이에 심사(心思)가 어수선하고 정신이 떨어져 힘을 기울여 충성을 다하기에는 다시 가망이 없으나, 오직 사대부로서의 염치 한 가지는 무너뜨릴 수 없습니다. 삼가 바라건대 천지 부모와 같은 전하께서 굽어 불쌍히 여겨 서둘러 신의 본직 및 비변사 부제조(備邊司副提調)와 구관소 당상(句管所堂上)의 직임을 체차하여 주십시오. 이어 시기를 틈타 이익을 구하여 나라의 체통을 손상시키고 아약 군병의 수포를 견감시킨 죄를 다스림으로써 사람들의 말에 답하여 공적으로나 사적으로나 편안하게 해 주시면 매우 다행이겠습니다. 신은 황공하고 떨리는 마음을 견딜 수 없습니다.

조경을 논하고 이어 사직하는 상소[22]

論趙絅 仍辭職疏

삼가 아룁니다. 마음이 맑지 못하고 미천한 신이 분에 넘치게 큰 은혜를 입어 외람되이 차지해서는 안 될 자리에 오른 지 이미 여러 해가 지났으니 사사로운 마음이 걱정스럽고 두려워 밤낮으로 떨고 있습니다. 그러나 전하의 은혜를 그리워하고 영화를 탐내느라 아직도 물러날 줄 모르니 신의 죄는 만 번 죽어 마땅합니다.

방금 전(前) 판중추부사(判中樞府事) 조경(趙絅)이 올린 소장을 보니 오로지 윤선도(尹善道)[23]를 구호(救護)하는 내용이었습니다. 소장을 불태운 죄를 극렬하게 논하면서 국가를 공민왕(恭愍王)과 혼조(昏朝 광해군(光海君)) 때에 견주기까지 하였으니,[24] 보고 있노라면 사람으

22 조경(趙絅)을……상소 : 조경(1586~1669)의 본관은 한양(漢陽), 자는 일장(日章), 호는 용주(龍洲)·주봉(柱峯), 시호는 문간(文簡)이다. 저서로 《용주유고(龍洲遺稿)》 등이 전한다. 1661년 4월 21일에 부사직(副司直)으로 있으면서 〈응지소(應旨疏)〉를 올려 1659년 기해예송(己亥禮訟)으로 삼수(三水)에 유배된 윤선도(尹善道)의 심리를 주장하였다. 《龍洲遺稿 卷9》

23 윤선도(尹善道) : 1587~1671. 본관은 해남(海南), 자는 약이(約而), 호는 고산(孤山)·해옹(海翁), 시호는 충헌(忠憲)이다. 저서로 《고산유고(孤山遺稿)》가 전한다. 1660년 4월 〈논예소(論禮疏)〉를 올려 자의대비(慈懿大妃) 복제(服制)의 삼년설을 주장하고 송시열(宋時烈)이 종통(宗統)을 부인한 죄와 산릉(山陵)을 잘못 쓴 죄를 논하였다. 《孤山遺稿 卷3》《顯宗實錄 1年 4月 18日》

24 소장을……하였으니 : 유계는 윤선도가 올린 〈논예소〉를 대신들이 돌려본 다음 불태울 것을 청하여 불태웠다. 《顯宗實錄 1年 4月 24日》 조경은 〈응지소〉에서 유계가 나라를 어지럽히고 망하게 하는 방향으로 임금을 인도한다고 논박하면서 고려 공민왕

로 하여금 마음을 싸늘하게 하고 뼈가 저리게 하여 절로 진정할 수 없었습니다. 신이 몇 해 전에 외람되이 본직을 맡고 있을 때 윤선도가 흉악한 상소를 올려 재앙의 실마리를 얽어 만드는 것을 직접 보았습니다. 맨 먼저 유배 보내자는 논의를 꺼내고 그의 소장을 불사를 것을 청하게 된 것은 대체로 국가가 몹시 미워하고 통렬히 배척하는 뜻을 드러내고자 함이었습니다.

지금 조경은 오로지 이 일을 가지고 죄를 조정에 돌리면서 '몸소 멍에를 메어 나라를 어지럽히고 망하게 한 전철(前轍)을 따른다.'라고 말하기까지 하였습니다. 아, 이존오(李存吾)가 요망한 중을 공척(攻斥)하고[25] 정온(鄭蘊)이 논의에 항거하여 윤리를 부지한 일[26]은 실로 천지 사이의 바른 기운으로서 일월(日月)과 밝음을 겨룰 만합니다. 그런데 지금 조경은 몰래 해치고 재앙을 얽는 윤선도의 상소를 가지고 비교하였습니다. 일찍이 조경을 선대 조정의 노성한 신하로서 조금 인망이 있는 자라고 생각했는데 옳고 그름이 어긋난 것이 이처럼 극에

(恭愍王)과 광해군(光海君) 때에 소장을 불태운 일을 언급하였다.

25 이존오(李存吾)가……공척(攻斥)하고 : 이존오(1341~1371)의 본관은 경주(慶州), 자는 순경(順卿), 호는 석탄(石灘)·고산(孤山)이다. 1366년 정추(鄭樞)와 함께 공민왕에게 글을 올려 신돈(辛旽)을 탄핵하자 공민왕은 절반도 읽지 않고 불에 태워버리라고 명령하였다. 《高麗史 卷112 李存吾列傳》《石灘集 上 論辛旽疏》

26 정온(鄭蘊)이……일 : 정온(1569~1641)의 본관은 초계(草溪), 자는 휘원(輝遠), 호는 동계(桐溪)·고고자(鼓鼓子), 시호는 문간(文簡)이다. 1614년 2월 20일 〈갑인봉사(甲寅封事)〉를 올려 영창대군(永昌大君)을 죽인 정항(鄭沆)을 목 베고 영창대군의 위호(位號)를 추복(追復)하라고 주장했다가, 그해 7월 광해군의 친국(親鞫)을 받고 제주도 대정현(大靜縣)에 위리안치(圍籬安置)되었으며, 9월에 궐문 밖에서 상소가 불태워졌다. 《桐溪集 卷3, 年譜》

달했으니 세도(世道)와 인심(人心)이 참으로 해괴합니다.

보잘것없는 신 때문에 조정이 욕을 받게 하였으니 결코 하루도 관직에 있을 수 없습니다. 삼가 바라건대 서둘러 신의 본직 및 비변사 부제조와 승문원 부제조의 직임을 체차하여 사람들의 말에 답하십시오. 신은 하늘의 해와 같은 전하를 바라보며 절박하고 떨리는 마음을 견딜 수 없습니다.

거두어들이지 못한 적곡을 면제하여 민심을 위로할 것을 청하는 상소
請免捧未收糴穀以慰民心疏

삼가 아룁니다. 국가에 불행하게도 기근이 거듭 잇따라 해가 갈수록 더욱 심해지더니 올해에 이르러 극에 달했습니다. 슬프게도 우리 억만 생령의 목숨이 거의 죽어가자 조정에서는 불쌍히 여기고 어루만지면서 지극한 방법을 쓰지 않은 것이 없습니다. 예컨대 각 도의 각 읍에서 곡물을 조적(糶糴)할 적에 해조(該曹)에서 재해를 입은 정도를 헤아려 등급을 나누어 수량을 정해 다 바치지는 말게 한 것이니, 그 의도가 대체로 곡진합니다.

그러나 최근 몇 년 동안 연이어 흉년을 당했기 때문에 포흠(逋欠)한 것이 매우 많았으니, 평년에 견주어 보면 그 수량이 증가하였습니다. 수령으로 있는 자는 장부를 살펴 재촉하여 받아내는 일을 면치 못하고 있습니다. 지금 농사일을 거의 마쳤는데 백성의 힘은 이미 바닥났습니다. 전해 들으니 지방에서는 여전히 엄격하게 독촉하여 귀신처럼 남루한 백성들이 감옥에 가득 갇혀 있고 마을은 소란스러울 정도로 떠돌아다니는 이들이 길에 가득하여 원망하고 울부짖는 소리가 하늘에 사무쳐 차마 들을 수 없다고 합니다.

국가에서 환곡을 거두는 것은 앞으로 진휼곡(賑恤穀)을 분급하는 밑천으로 삼으려는 것인데 죽어가는 남은 백성들로 하여금 먼저 그 해를 입게 하니, 이 어찌 왕도를 펴는 정치에서 차마 할 수 있는 일이겠습니까. 나라의 곡식을 갚지 않고 미루는 일은 진실로 권문세가의 사나운 무리에게 있고, 이처럼 궁박한 처지에 몰려 갇혀서 매질을 당해도 마련하여 납부할 수 없는 자는 대부분 헐벗어 죽어가는 사람들입니다. 아, 나라의 근본은 백성에게 달려 있는데 백성이 고통스러워 원망하는 것이 하나같이 이 지경에 이르렀습니다. 만약 황지(潢池)와 녹림(綠林)의 변고[27]가 창졸간에 일어난다면 나라가 장차 어떻게 되겠습니까.

근래 하늘이 기뻐하지 않아 별자리가 경고를 보이고 있으니 예기치 못한 재앙이 어디에 숨어 있을지 알 수 없습니다. 기왓장이 깨지고 흙이 무너지는 일로는 그 위태로움을 비유하기에 부족하니, 진실로 서둘러 명쾌한 유지를 내려 애통해하고 측은해하는 마음을 보이셔야 합니다. 재해를 입은 삼남(三南)·경기·해서(海西)의 고을에 우심(尤甚)과 지차(之次)의 등급[28]을 논할 것 없이 거두어들이지 못한 모든 적곡 일체를 면제하여 살아남은 백성의 가슴 찢어지는 고통을 조금이

27 황지(潢池)와 녹림(綠林)의 변고 : 백성들이 생활고에 시달리고 수령들의 압박을 견디다 못해 일으킨 반란을 의미한다. 황지는 물이 가득 찬 못을 뜻한다. 한 선제(漢宣帝) 때 발해군(渤海郡)에서 도적떼가 일어나자 선제가 공수(龔遂)를 태수로 보내어 진정시키게 하며 말하기를 "발해에 난리가 일어나 짐이 몹시 근심하고 있다. 그대는 어떻게 도적을 진압하여 짐의 뜻에 부응하겠는가?"라고 하자, 공수가 "발해는 멀고 외진 지역이라 백성들이 굶주림과 추위에 시달리고 있는데도 관리들이 구휼하지 않기 때문에 적자(赤子)인 백성들이 황지에서 폐하의 병력을 가지고 논 것일 뿐입니다."라고 답하였다.《漢書 卷89 循吏傳 龔遂》 녹림은 중국 호북성(湖北省)에 있는 산 이름으로, 왕망(王莽)이 한나라를 찬탈하자 이에 대항하는 무리들이 이 산을 근거로 왕망의 관군(官軍)에 대항하였다.

28 우심(尤甚)과 지차(之次)의 등급 : 흉년이 들어 고을의 원이 감사(監司)에게 재해를 보고하면, 감사는 재해의 정도가 심한 순서대로 각 고을을 우심·지차·초실(稍實)로 등급을 판정한 뒤, 조정에 보고하여 조세 감면 대상으로 배정받은 급재결수(給災結數)를 다시 각 고을에 할당하였다.

나마 위로하십시오. 또 봄에 거두어들이는 쌀의 수량을 견감할 것을 의논하여 인심을 수습하고 하늘의 경고에 답하는 데에 먼저 힘쓰게 하십시오.

신이 보잘것없는 몸으로 비변사의 직임을 맡고 있어 진실로 소회가 있으면 전하께 곧장 아뢸 수 있었으나, 근래에 성상의 건강이 편치 못하여 등대(登對)를 오랫동안 멈추었는데 이 일은 날로 하루가 급하니 잠시라도 늦출 수 없습니다. 이에 감히 소회를 대략 아뢰오니, 삼가 바라건대 밝으신 성상께서는 서둘러 지휘해 주시면 매우 다행이겠습니다.

이조 참의를 사직하는 상소[29] 임인년(1662, 현종3)

辭吏曹參議疏 壬寅

삼가 아룁니다. 신이 듣건대 윗사람이 사람을 가리지 않고 직임을 맡기는 것을 허수(虛授)라 하고, 아랫사람이 분수를 헤아리지 않고 명을 받드는 것을 모수(冒受)라고 한답니다. 허수의 해로움은 끝내 하늘의 일이 폐해지고 능력 있는 자가 맥이 풀어지는 것이며, 모수의 해로움은 끝내 선비의 절개가 장려되지 못하고 염치의 도를 잃어버리는 것입니다. 예로부터 정사를 어지럽히고 교화를 더럽히는 것은 오직 이로 말미암은 것입니다. 더군다나 공적이 없는데도 함부로 관직에 나아가고 죄를 지었는데도 다시 승진하여 어긋나고 뒤바뀌어 민심을 크게 거스르는 것은 그로 인한 폐단을 또 어찌하겠습니까.

신은 성품이 본래 어리석고 졸렬하여 모든 것이 남보다 못한데 밝으신 성상을 만나 화려한 관직을 두루 역임하였습니다. 신이 비록 완고하고 아둔할지라도 매우 실상에 가깝지 못함을 어찌 스스로 모르겠습니까. 다만 죄가 부끄럽고 은혜를 잊지 못해 불안하면서도 감격스러워 거의 작은 정성을 쏟고 죽을 각오로 목숨을 바쳐 혹 털끝만큼이라도 책임을 다해 밝으신 성상의 알아주심을 완전히 저버리지는 않으려고 했습니다. 쓸모없는 나무가 끝내 좋은 재목이 될 수 없고 난쟁이는 무거운 짐을 들 수 없음을 전혀 알지 못하면서 유악(帷幄)에 들어오고

29 이조 참의(吏曹參議)를 사직하는 상소 : 《현종실록》 3년 1월 2일 기사에 유계를 이조 참의에 임명한 기록이 실려 있다.

묘당(廟堂)에 참여한 지 이제 몇 년이 흘렀습니다. 일찍이 성상의 덕을 돕고 성상의 치세를 도울 수 있는 한 마디 말과 한 가지 일도 없이 관직을 소홀히 한 죄가 쌓여만 가는 것을 신 스스로 매우 익히 알 뿐만이 아니며, 여론이 모두 불가한 줄 알고 성상께서도 이미 밝게 살피셨을 것입니다. 신의 죄과를 신으로 하여금 스스로 말하게 하신다면 진실로 이루 다 거론할 수 없지만 단지 최근에 있었던 한 가지 일을 말씀드리겠습니다.

어린 군사에게서 군포(軍布)를 거두는 것은 실로 왕도를 펴는 정치에서 차마 할 수 있는 일이 아닙니다. 신이 일찍이 이러한 뜻을 외람되이 탑전(榻前)에서 아뢰자 선대왕(先大王)께서 측은하고 불쌍하게 여겨 특별히 군포를 견감하게 하셨는데, 성상의 은택이 성대하여 사람들의 마음이 고무되었습니다. 불행히도 해마다 거듭 기근이 들어 국력이 고갈되었고 끝내 어린아이들에게 다시 징수하는 일을 면치 못했는데, 신이 비변사(備邊司)의 자리를 맡고 있으면서 기획하여 국가가 신의를 잃는 일을 구제하지 못했습니다. 신이 이미 처음에 깊게 헤아리지 못했고 또 나중에도 잘 도모하지 못한 탓에 선왕의 성대한 덕이 끝까지 베풀어지지 못하고 수만 명의 백성들이 원망을 조정에 돌렸습니다. 신의 죄상이 여기에 이르렀으니 만 번 죽어 마땅합니다.

흉년을 진휼하는 정사에 이르러서는 공가에서나 사가에서 모두 탕진하여 억조의 백성이 도랑에 나뒹구는 이러한 때를 당하였으니 비록 일처리를 잘하는 사람이 맡을지라도 또한 어찌할 수 없는데, 하물며 신처럼 허술한 자가 잘못 그 직임을 차지하였으니 어찌 일을 그르치고 망치지 않았겠습니까. 여러 사람의 논의가 떠들썩하여 오래될수록 심하니, 이것이 신이 용납되지 못할 것처럼 더욱 두려워하는 까닭입니다.

신의 죄가 이미 아뢴 바와 같으니 신이 비록 구차하게 하루라도 자리를 차지하려 할지라도 조정의 사체(事體)로 볼 때 마땅히 책임을 묻고 퇴출시켜 관부(官府)의 형벌을 바로잡고 자리만 채운 관료를 경계시켜야 합니다. 그런데 바로 이러한 때에 도리어 새로운 은총을 입었습니다. 인사 행정을 담당하는 자리가 중요하다는 것은 말할 것도 없으니 신처럼 흐리멍덩한 자가 감히 받들어 감당할 수 있는 일이 아닙니다. 국가에서 관직을 만들어 사람을 뽑고 명분을 살펴 실제를 책임지게 하는 도리에 어찌 크게 어긋나지 않겠습니까. 능력 있는 자의 맥을 빠지게 하고 사대부의 절개를 무너뜨려 당세에 조롱을 받고 조정에 욕을 끼치는 것은 작은 일이 아닙니다.

또 신은 질병이 날로 점점 고질이 되어 쓰러져 죽을 날이 머지않았으니, 이것도 동료들 간에 함께 보아 알고 가련하게 여기는 것입니다. 신이 비록 보잘것없지만 어찌 감히 하늘의 해와 같은 성상의 아래에서 털끝만큼이라도 꾸미겠습니까. 삼가 바라건대 천지 부모와 같은 전하께서 작은 정성을 굽어살펴 특별히 신의 새로 임명된 본직 및 겸임한 비변사 부제조(備邊司副提調)와 진휼청 당상(賑恤廳堂上)의 직임을 체차하여 주십시오. 이어서 신이 직임을 맡아 형편없이 수행한 죄를 다스리신다면 매우 다행이겠습니다.

사직하면서 이어 박세견에게 형벌을 가해 추고하라는 명의 환수를 청하는 상소[30]

辭職 仍請還收朴世堅刑推之命疏

삼가 아룁니다. 마음이 밝지 못하고 미천한 신이 망극한 은혜를 받아 외람되이 유악(帷幄)의 직책을 맡고 묘당(廟堂)에 따라 참석하였습니다. 신이 항상 안팎으로 살피고 돌아보지만 밤낮으로 두렵고 부끄러웠습니다. 분의(分義)로 헤아려 보면 마땅히 힘껏 물러나서 감히 하루라도 자리에 있어서는 안 됩니다. 다만 은택을 그리워하여 침묵한 채 자리만 차지하고 녹만 받아먹으면서 털끝만큼도 도움이 되지 못해 비방이 산더미처럼 쌓인 지 한 해 두 해가 지나고 지금 3년이 되었으니, 신의 죄가 여기에 이르러 도망할 곳이 없습니다.

더군다나 신의 질병은 날로 점점 고질이 되었습니다. 답답한 증세는 아무 때나 발작하고 다리 아래로는 부기가 점점 심해졌는데, 의원이 말하기를 "이는 틀림없이 죽을 증상이다."라고 합니다. 오른쪽 눈에는 붉게 백태가 끼어 다시 사물을 볼 수 없습니다. 이러한 여러 가지 위태롭게 악화된 병 때문에 결코 힘을 다해 근무할 가망이 없습니다. 이러한 신의 병세를 조정 신료들이 직접 보고 함께 걱정해주고 있으니, 신이 감히 털끝만큼도 거짓으로 꾸며 스스로를 속이거나 하늘을 속이

30 사직하면서……상소 : 박세견(朴世堅, 1619~1683)이 종묘 영(宗廟令)으로 있으면서 대례(大禮)가 끝난 뒤에 즉시 문을 닫지 않았다는 이유로 형신(刑訊)을 받게 되자 유계가 1661년 7월에 지은 소장이다. 《顯宗實錄 2年 7月 20日》 박세견의 본관은 반남(潘南), 자는 중고(仲固), 호는 단애(湍厓)이다. 《西溪集 卷10 仲兄承旨公墓誌銘》

지 않았습니다. 얼마 전 나라에 대례(大禮)가 있었는데 신이 감히 이때에 병을 말씀드리지 못하고 죽음을 무릅쓰며 분주히 일했습니다.

마침내 병세가 더욱 심해져 제멋대로 사직하는 단자(單子)를 바친 다음 체직되는 은혜를 받아 어쩌면 얼마 남지 않은 목숨을 늘려 주시기를 바랐습니다. 그런데 뜻밖에 엄중한 성상의 전교로 환급하게 하시니 신이 진실로 황송하고 낭패스러워 어찌할 줄을 모르겠습니다. 며칠 만에 여러 증세가 갑자기 심해져 삶과 죽음, 사람과 귀신의 경계를 오가며 안정을 찾지 못하고 있습니다. 신이 만약 이 위태롭고 절박한 마음을 품고 전하의 위엄을 두려워하여 끝내 스스로 전하께 아뢰지 않는다면 또한 신하가 임금을 부모처럼 섬기는 의리가 아닐 것입니다. 이에 감히 전하를 번거롭게 하는 죄를 피하지 않고 다시 이렇게 피를 토하는 심정으로 애달프게 호소합니다. 삼가 바라건대 천지 부모와 같은 전하께서는 신의 작은 정성을 굽어살펴 서둘러 신의 본직 및 겸임한 비변사 부제조(備邊司副提調)의 직임을 체차하여 죽음의 문턱에서 얼마 남지 않은 목숨이 죽음을 재촉하는 데에 이르지 않게 해 주십시오. 그러면 다시 살게 해 주신 은혜를 몸이 가루가 되더라도 어찌 갚겠습니까.

신이 이미 다급함을 호소하며 살려주시기를 청하였으니 진실로 감히 다시 아뢸 것이 있어서는 안 되지만, 다만 신이 이미 하루라도 직임을 맡았으니 또한 감히 소회가 있는데도 입 다물어 죄를 무겁게 할 수 없습니다. 신이 삼가 듣건대 어제 박세견에게 형벌을 가하여 추고하라는 명이 내려졌다고 합니다. 박세견의 죄상은 신 또한 들어서 모르지 않으니, 누군들 박세견에게 죄를 줄 만하다고 말하지 않겠습니까. 다만 생각건대 국가에서 형벌을 적용할 적에 마땅히 실정을 살펴 형벌을 정해야 합니다. 이른바 형벌을 가해 추고하는 것은 바로 허튼소리로 실정을 숨겨 사실을 털어놓지 않는 자에게 시행하는 규율입니다. 신이 실로 박세견이 진술한 내용이 과연 어떠한지 미처 보지 못했지만 그가 이미 지은 죄를 자복하겠다고 하였으니 실정을 털어놓고 죄를 인정했다고 말할 수 있습니다. 대소(大小)와 경중(輕重)에 따라 각각 죄에 합당한 형벌이 있는데 또 어찌 다시 형신(刑訊)을 가하여 별도로 끝까지 캐물을 필요가 있겠습니까. 담당 관리가 형벌을 요청한 것은 관례를 따르는 데서 나왔겠지만 성상께서 윤허하신 것은 너무 급작스러움을 면치 못합니다.

신이 본디 알고 있기로는 성상의 뜻이 게으른 관리를 몹시 미워하여 지극히 공경해야 할 곳에 정성을 다하지 못하면 반드시 통렬히 징계하고 무겁게 다스리려 하십니다. 그러나 법을 집행하면서 중도를 잃을까 걱정스러우니, 그 관계된 바가 하찮은 것이 아닙니다. 국가에서 사대부를 대할 적에 악역(惡逆)과 장오(贓汚)의 죄[31]를 제외하면 경솔하게 형신을 시행한 적이 없습니다. 박세견의 죄명이 아무리 무거울지라도 또한 관리로서 시종신(侍從臣)의 반열에 있습니다. 사람들의 말을 삼가 들어보니 지나치게 무겁다고 말하지 않는 자가 없습니다. 신이 비록 보잘것없지만 어찌 감히 하찮은 한 죄인을 위해 구원하는 일이 있겠습니까. 실로 성상의 조정이 이 일로 인해 성상의 직무에 작은 흠이라도 생길까 두렵습니다. 이에 감히 죽음을 무릅쓰고 아울러 아뢰니 밝으신

31 악역(惡逆)과 장오(贓汚)의 죄 : 악역은 중죄로 다스리던 십악(十惡)의 하나로 부모 및 조부모를 구타하거나 죽인 죄를 이르고, 장오는 불법으로 뇌물을 받거나 직권을 남용하여 재물을 탐하는 것을 말한다.

성상께서는 차분한 마음으로 살펴주십시오. 신은 황공하고 떨리는 마음을 견디지 못하여 삼가 죽음을 무릅쓰고 아뢰옵니다.

예문관 제학을 사직하는 상소[32]

辭藝文館提學疏

삼가 아뢰옵니다. 신은 노둔한 자질로 아무런 능력이 없이 다만 구두(口讀)나 뗄 줄 아는 실력으로 외람되이 과거에 급제하였고, 문장이나 짓는 하찮은 재주에 이르러서도 남에게 미치지 못합니다. 몇 년 동안 역임한 화려한 관직은 모두 본분 밖의 일이어서 평소에 늘 부끄럽고 두려웠으며 자리만 차지하고 녹만 받아먹는다는 기롱을 거듭 받았습니다. 그런데 뜻밖에 이번에 잘못 남다른 은총을 받아 이경(貳卿)의 반열에 발탁되어 승진하고 관각(館閣)의 직책을 맡았으니, 신이 진실로 놀랍고 두려워 더욱 몸 둘 곳이 없습니다.

윗사람이 사람을 가리지 않고 직책에 임명하는 것을 허수(虛授)라 하고, 아랫사람이 재질을 헤아리지 않고 임무를 받는 것을 모수(冒受)라 합니다. 허수의 폐단은 장차 능력 있는 자로 하여금 맥이 풀어지게 하며, 모수의 해로움은 반드시 염치가 사라지게 합니다. 윗사람과 아랫사람이 서로 덮어주어 관직을 병들게 하고 풍속을 해치면 이것이 어찌 밝은 조정의 큰 누가 아니겠습니까. 관직은 지극히 중요하고 공론은 매우 준엄합니다. 신이 이에 비록 은총과 영화를 탐내어 맡아서는 안 될 자리를 차지하려 할지라도 그것이 나라의 체통을 손상시키고 크게

32 예문관 제학(藝文館提學)을 사직하는 상소 : 《현종실록》 3년 11월 27일 기사에 "유계를 예문관 제학으로 삼고 가선대부(嘉善大夫)로 승진시켰다. 유계는 시망(時望)이 있었으므로 이조 판서 홍명하(洪命夏)가 탑전에서 진달하여 당상(堂上)으로 의망한 결과 초배(超拜)된 것이다."라는 기록이 실려 있다.

물의를 초래하는 것을 어찌하겠습니까.

더군다나 신의 질병은 해마다 깊어지고 고질이 되어 여름과 가을부터 침식(寢食)을 거의 폐하였고 위태로운 증세는 발작이 잦아졌습니다. 최근에 형제의 상을 당한 데다 역류하여 답답한 증세까지 더해져 힘을 기울여 직무를 수행할 가망이 단연코 없으니, 신의 정세와 병세가 십분 절박하다고 이를 만합니다.

삼가 바라건대 천지 부모와 같은 전하께서는 더욱 불쌍히 여기고 살펴 새로 내려준 가자(加資)와 겸직한 예문관 제학(藝文館提學)의 임무를 환수하여 관직을 무겁게 여기고 미천한 분수를 편안케 해 주십시오. 신은 두렵고 절박한 마음을 감당할 수 없습니다.

대사헌을 사직하는 상소[33]

辭大司憲疏

삼가 아룁니다. 신은 용렬한 하품(下品)의 자질로 이미 심하게 상하여 모든 일이 남보다 못하고 취할 만한 것이 하나도 없는데도 잘못 은혜롭게 발탁되어 화려한 관직을 두루 맡았습니다. 신이 용납되지 못할 것처럼 항상 걱정하고 두려워하였는데 이번에 새로운 명이 또 꿈에서도 생각하지 못하게 내려져 더욱 놀라 몸 둘 바를 모르겠습니다.

국가가 사람에게 벼슬을 주는 것은 그릇에 따라 물건을 걸맞게 쓰는 것과 같습니다. 혹 크고 작은 것을 바꾸어 헤아리거나 가볍고 무거운 것을 거꾸로 달아놓는다면 뒤집어지고 망하는 데에 이르지 않음이 드물리라는 것을 매우 어리석은 사람일지라도 스스로는 분명히 알 것입니다. 더군다나 신처럼 용렬하고 무능하여 이미 시험해보아 공효가 없는 자는 굳이 신 스스로 알려고 하지 않아도 온 조정 신료들이 함께 알고 있으니, 밝으신 성상께서도 반드시 살펴 주십시오. 관직을 욕보이고 직무를 그르치리라는 것은 점치지 않더라도 믿을 만하므로 신의 죄는 돌아볼 겨를도 없지만 나라의 체통은 어찌하겠습니까.

사헌부(司憲府)의 장관은 나라의 풍기(風氣)와 헌장(憲章)을 담당하고 백관을 규찰하는 자리이니, 명망이 본디 무겁고 말하기 전에 믿음이 있는 사람이 아니라면 결코 함부로 이 직임을 맡을 수 없습니다.

33 대사헌(大司憲)을 사직하는 상소 : 《현종실록》 3년 12월 30일 기사에 유계를 사헌부 대사헌에 임명한 기록이 실려 있다.

게다가 이렇게 나라의 기강이 무너져 이미 극에 달한 때에 어리석은 평범한 한 사내가 차례를 뛰어넘어 맡는다면 보고 듣는 이들을 크게 놀라게 하고 성상의 안목을 거듭 상하게 할 것입니다. 이것이 신이 진실한 마음으로 애달프게 하소연하여 끝내 감히 함부로 나서지 못하는 까닭입니다.

게다가 천한 질병이 해마다 깊어지고 고질이 되었는데 막 형제의 상을 겪으면서 더욱 쇠약한 상황에 이르렀으니 살고 싶은 마음은 이미 사라지고 죽을 날은 다가옵니다. 법을 받들어 직임을 살피는 것은 논할 것도 없이 분주히 따라다니는 것도 스스로 힘쓸 수가 없습니다. 신이 어찌 감히 터럭만큼이라도 꾸며서 성상의 아래에서 스스로를 속이겠습니까. 신의 정세가 너무도 위급하오니, 삼가 바라건대 천지 부모와 같은 전하께서 굽어 불쌍히 여기고 살펴 특별히 신에게 새로 내려준 직명을 거두어 관직을 중히 여기고 미천한 분수를 편안하게 해 주십시오. 신은 황송하고 간절한 마음을 견딜 수 없습니다.

겸 대사성을 사직하는 상소[34]

辭兼大司成疏

삼가 아룁니다. 신은 평범한 말품(末品)의 자질로 외람되이 전하의 은총을 받아 몇 달 동안 분수에 맞지 않는 자리를 두루 거쳤으니, 비유하자면 부판(負版)이라는 벌레가 힘으로 아주 무거운 물건을 지는 것[35]과 같습니다. 복이 지나쳐 생기는 재앙은 과연 기약이나 한 듯이 비위(脾胃)가 손상되어 먹고 마시는 것을 전폐하였으며 정신이 어지럽고 사지(四肢)가 마비되어 거의 수습하지 못할 정도가 되었으니, 결코 힘을 기울여 직무에 이바지할 희망이 없습니다. 그런데 뜻밖에 성균관(成均館)을 겸하여 맡으라는 명이 이때에 또 내려지니, 신은 용납되지 못할 것처럼 더욱 두렵고 놀랐습니다.

신의 노둔함과 불초함은 신 스스로 매우 분명히 알고 있을 뿐만 아니라 밝으신 성상께서도 틀림없이 환히 알고 계실 것이니, 신이 굳이 감히 다시 번거롭게 하지 않겠습니다. 그러나 성균관의 장관은 다른 직책과 절로 구별됩니다. 더군다나 다른 관직까지 겸대하면서 오래도

34 겸 대사성(兼大司成)을 사직하는 상소 : 《현종개수실록》 4년 1월 27일 기사에 "이조(吏曹)에서 대사성의 임무가 막중하므로 아무 사람이나 할 수 있는 바가 아니라고 하며, 인조(仁祖) 때의 고사와 같이 명망이 높은 자를 엄선하여 겸임시키고 오랫동안 맡게 하여 성취를 책임지우자고 청했다. 그래서 이때 와서 유계를 임명한 것이다."라는 기록이 실려 있다.

35 부판(負版)이라는……것 : 부판은 만나는 것마다 등에 짊어진다는 가상의 벌레로, 부판(蝜蝂)으로도 표기한다. 흔히 욕심이 많은 사람을 비유한다. 《柳河東集 卷17 蝜蝂傳》

록 맡아서 성취를 책임지우고자 하신다면 그 선발하는 것이 더욱 중요하니 아무 사람에게나 무릅쓰고 맡겨서는 안 됩니다. 계해년(1623, 인조1) 이후로 이 선발에 응한 사람은 몇 명에 불과하니, 모두 선배와 구덕(舊德)으로 명망과 실질이 본디 높았던 자들입니다. 그런데도 오히려 직책에 걸맞지 않을까 두려워하였습니다. 신이 얼마나 하찮은 사람인데 갑자기 이 직책을 감당할 수 있겠습니까. 신이 아무리 은총과 영화를 탐내려 할지라도 여러 사람의 의논을 어찌하겠습니까. 만약 유생 무리가 모여서 보고 속으로 의논하여 말하기를 '이 사람도 이 직임을 맡는구나.'라고 한다면 신의 몸이야 본디 아까울 것이 없겠지만 어찌 거듭 국가의 수치가 되지 않겠습니까.

비록 신의 병세가 조금 나아질지라도 오히려 함부로 나아갈 수 없는데 천한 질병이 마침 위독해졌으니 이것이 신이 죽을 때까지 애달프게 울면서 전하께서 밝게 보아주시기를 바라는 까닭입니다. 삼가 바라건대 밝으신 성상께서 작은 충정을 굽어 살펴 서둘러 신의 본직 및 겸임한 대사성의 벼슬을 체차하여 어리석은 신으로 하여금 곤경에 처하지 않게 하며 죽음을 앞두고 남은 목숨을 조금 연장시켜 주신다면 매우 다행이겠습니다. 신은 황공하고 절박한 마음을 견딜 수 없어 삼가 죽음을 무릅쓰고 아룁니다.

조복양과 함께 연명하여 재해를 그치고 굶주린 백성을 진휼할 방책을 아뢴 다음 납부하지 못한 세금을 탕감해 줄 것을 청하는 상소[36]

與趙復陽聯名陳弭災賑饑之方 請蕩滌逋負疏

삼가 아룁니다. 하늘이 국가를 보살펴주지 않아 해마다 큰 흉년이 들더니 백성들이 몹시 곤궁해지고 굶어죽은 시체가 길에 널렸습니다. 관가와 사가의 창고가 텅 비어 구원할 계책도 다하였는데 황급한 상황을 차마 말씀드릴 수 없었습니다. 지금 봄철이 끝나가서 농사일이 한창 급하지만 비가 내리지 않은 지 한 달이 다 되어 한창 무성해야 할 보리는 많이 말라버렸고 아직 뿌리지 않은 씨앗은 땅에 심을 계획을 잡지 못하니, 농부는 밭 갈기를 그만두어 더욱 생기가 없습니다. 구름이 어둡게 깔려 해와 달이 빛을 잃었으며 서늘한 바람이 날로 불어와 늦가을처럼 싸늘하니 기상이 처참하고 사람들의 마음이 근심스럽습니다. 비 올 기미는 날로 또 막연하고 가뭄은 더욱 심한 데에 이르렀습니다. 백성들이 머지않아 먹기를 바라는 것은 단지 밀과 보리인데 지금 며칠 동안 비가 내리지 않아 보리 싹이 다 말라죽으면 백성들의 목숨은 이제 끊어지게 됩니다. 추수할 걱정은 말할 겨를도 없으니, 사람이 사람답지 못하고 나라가 나라답지 못하리라는 것을 훤

36 조복양(趙復陽)과……상소 : 조복양(1609~1671)의 본관은 풍양(豐壤), 자는 중초(仲初), 호는 송곡(松谷), 시호는 문간(文簡)이다. 저서에 《송곡집(松谷集)》이 전한다. 《明齋遺稿 卷45 吏曹判書松谷趙公行狀》《송곡집》 권4에도 〈이한재언사소(以旱災言事疏)〉라는 이름으로 실려 있다.

히 볼 수 있습니다. 모르겠습니다만 하늘의 마음은 장차 우리 인류를 다 없애려는 것입니까. 국가에 무슨 허물이 있어 하늘에게 죄를 얻었기에 하늘이 재해를 내리는 것이 하나같이 이토록 참혹한 데에 이르렀습니까.

신 등이 반복해 생각해 보아도 속이 타들어가는 것 같은데 전하의 근심은 또 어떠하시겠습니까. 오늘날 비가 오기를 바라는 도리는 다른 데에 있지 않고 오직 성상께서 두려워하며 경계하여 한 마음으로 수양하고 살펴 아래로 민심을 위로하고 위로 하늘을 감동시켜 단비의 감응을 얻는 데에 있으니, 결코 전례에 따른 형식적인 조치로 감동시켜 되돌릴 수 있는 일이 아닙니다.

또 기우제를 지내는 한 가지 일을 말해 보겠습니다. 매번 일반적인 규례에 따라 절기가 늦은 뒤에 차례대로 행하는데 형식적인 말 가운데 더욱 실제에 맞지 않음이 있습니다. 지금 절목(節目)을 없애고 급급하게 시행하여 고통 받는 자가 하늘에 호소하는 것처럼 해야지, 기다려가며 지체할 수 없습니다. 옛날 우리 선왕께서는 비가 오지 않는 것을 걱정하여 친히 기도하면 번번이 단비가 내렸으니 하늘과 사람이 감응하는 이치가 매우 밝다고 말할 수 있습니다. 이것을 진실로 전하께서 오늘날 본받아야 할 것입니다.

죄수를 심리(審理)하여 원통하고 억울한 기운을 없애는 것은 바로 재해를 당했을 때의 떳떳한 제도이지, 또한 평상시 옥사를 논의하면서 가벼운 범죄를 저지른 사람을 너그럽게 석방하여 그치게 할 만한 일은 아닙니다. 지난해에 심리한 일은 특별히 사면한 것이라고 말할 수 있습니다. 예컨대 변방으로 이주시키는 일 이상으로 죄명이 조금 무거운 자의 경우 거론하지 않은 것이 많으니 그 수가 천 건에 가깝습니다.

그 뒤 1년 동안 법을 어겨 갇히거나 유배된 자는 또 얼마인지 모르는데, 죄가 있고 없고는 논할 것도 없이 억울함을 호소하고 있으니 모두 화기(和氣)를 상할 수 있습니다. 자주 사면하는 것을 소인의 다행이라고 말할지라도[37] 이번에 범상치 않은 변고를 당했으니 파격적으로 크게 사면하는 은전을 강구하지 않을 수 없습니다. 신속히 의논하여 행해야 합니다.

지금 기근의 참혹함은 남쪽 지방이 가장 심하지만 도성 안의 백성들도 매우 곤궁합니다. 두 지역에서 진휼을 개시하여 죽을 먹인 수가 이미 2천이 넘는데 궁한 늙은이와 고아와 과부 중에 스스로 진소(賑所)에 가지 못하는 자들도 혹 있습니다. 사족(士族) 중에도 진휼하는 죽을 가서 먹지 못하는 무리로서 굶주려 양식이 끊어진 자들이 또한 많아 따로 더 구휼하지 않을 수 없으니 해부(該府)에 명령을 내려 명백하게 기록하고 사람 수대로 양식을 헤아려 지급하여 굶어죽지 않게 하십시오. 이 또한 진휼하는 정사로서 서둘러야 하는 일입니다.

옛사람은 온화한 봄철이 되면 으레 관대한 명령을 내려 조세를 견감하는 은혜를 베풀었으니, 이것이 바로 왕자(王者)가 하늘을 본받아 인(仁)을 행하는 도리입니다. 더군다나 이처럼 흉년이 연거푸 일어나고 재해가 거듭되는 날에는 더욱 조금이라도 늦출 수 없습니다. 지방에서 세금을 내지 못하는 것은 혹 주호(主戶)가 사망하거나 흩어진 탓이지만 허위 장부를 기록한 것이 걸핏하면 십수 년이 넘었는데 해마다 늘어나 침해가 이웃이나 친족에까지 미치는 일이 매우 많습니다. 이러

37 사면하는……말할지라도 : 당 태종(唐太宗)이 시신(侍臣)에게 이르기를 "무릇 죄를 사면하는 것은 소인의 다행이요, 군자의 불행이다."라고 하였다. 《資治通鑑 卷192》

한 일들이 끝내 징수하는 실지도 없으면서 원망과 고통의 응어리가 되었습니다. 또한 감사와 수령에게 명령을 내려 10년 이전부터 떠돌면서 바치지 않은 조세로 징수할 곳이 없는 것은 명확히 조사하여 모두 탕감하게 하여 멀리 떠난 백성으로 하여금 진휼하려는 조정의 덕스러운 마음을 알게 하십시오. 이 또한 민심을 위로하는 한 가지 일입니다.

신 등이 외람되이 흉년을 진휼하는 직임을 맡았는데 가뭄으로 건조한 재해를 만나서 간과 쓸개가 떨어질 듯 밤낮으로 걱정하고 애태우다가 구구한 생각을 탑전(榻前)에 아뢰고자 하였지만 며칠 동안 등대(登對)하지 못하여 이에 감히 우려되는 것을 대략 아뢰오니, 삼가 바라건대 밝으신 성상께서는 굽어 살펴 서둘러 묘당(廟堂)에서 상의하여 시행하게 해 주시면 매우 다행이겠습니다.

이조 참판과 겸대한 여러 직임을 사직하고 이어 소회를 아뢴 상소[38] 계묘년(1663, 현종4)

辭吏曹參判兼帶諸職 仍陳所懷疏 癸卯

삼가 아뢰옵니다. 신은 엉성하고 허황되어 보통 사람에 미치지 못하는데 분에 넘치는 은총이 차례로 더해졌습니다. 요행으로 얻은 복이 너무 지나친 나머지 재앙이 마침내 생겨났는데 위태롭고 고약한 질병이 해를 지날수록 더욱 심해져 지금은 먹는 것도 제대로 못하고 정신도 혼미하여 힘을 기울여 직무를 수행하는 것은 이미 가망이 없습니다.

얼마 전에 올린 짧은 소장에 미천한 정성을 대략 펼쳐 전하께서 밝게 살펴주시기를 바랐는데 외람되게도 은혜로운 비답을 받아 물러나는 것을 허락받지 못했으니, 신은 진실로 황송하고 걱정스러워 어찌할 바를 모르겠습니다. 미천한 신이 우러러 나라의 은혜에 보답하는 것은 구구한 체력에 달려 있을 뿐인데, 사람과 관직이 걸맞지 않아 많은 비방을 초래하는 데에 이르러서는 돌아볼 겨를이 없습니다. 병의 증상이 여기에 이르러 죽을 날이 다가오기에, 여러 번 사직 단자를 올렸지만 승정원(承政院)에 막혔고 아픈 몸을 부축 받아 사은숙배하는 것도 제때에 하지 못하니 태만하고 공경하지 않은 죄는 만 번 죽더라도 달아

38 이조 참판(吏曹參判)과……상소 : 《현종실록》 4년 3월 3일 기사에 유계를 이조 참판에 임명한 기록이 실려 있고, 《현종실록》 4년 3월 20일 기사에 유계의 소장이 실려 있다.

날 수 없습니다.

삼가 바라건대 천지 부모와 같은 전하께서 끝까지 불쌍히 여겨 서둘러 신의 본직 및 겸대한 비변사 당상, 의금부 동지사, 성균관 대사성, 예문관 제학 등의 직임을 체차하여 관직을 중히 여기고 미천한 분수를 편안하게 하여 마음을 다해 치료하여 얼마 남지 않은 목숨을 연장하게 해 주신다면 매우 다행이겠습니다.

또 신이 구구한 회포가 있어 감히 병으로 누워 있다고 하여 그 말씀을 다 드리지 않을 수 없습니다. 전하께서 보위(寶位)에 오른 지 이제 4년이 지났는데, 위로는 하늘이 기뻐하지 않아 홍수와 가뭄이 거듭 이어지고 아래로는 세도(世道)가 더욱 나빠져 그릇된 말이 크게 일어나고 있습니다. 청명(淸明)하고 강대(剛大)한 기운은 날로 사라지고 임시로 안일을 추구하는 습성은 더욱 늘어나니 충성스럽고 뜻있는 선비가 개연히 탄식하고 안타까워하는 것이 여기에 있지 않은 적이 없습니다. 신은 모르겠습니다만 밝으신 성상께서 선왕이 이룩한 기업(基業)을 받들어 단지 팔짱 끼고 하는 일이 없어도 오래도록 세월을 보낼 수 있다고 생각하십니까? 천하의 일은 진보하지 않으면 퇴보하게 되고 안정되지 않으면 어지러워지는 법입니다. 신은 앞으로 우려할 만한 실마리가 날마다 달마다 증가하여 오늘날에 그칠 뿐만이 아닌 것이 걱정됩니다. 어찌 두려워할 만하지 않겠습니까.

송시열(宋時烈) 등은 선대 조정에서 세상에 드문 대우를 받았으니 오늘날에 충성을 바치려 생각하는 것이 어찌 끝이 있겠습니까. 비록 세상길이 막혀 있어 감히 조정에서 편안히 지내지 못할지라도 임금을 사랑하고 나라를 걱정하는 그의 정성은 어찌 내외와 원근에 따라 차이가 있겠습니까. 전날에 연명(聯名)하여 올린 소장에 대체로 전하를 보필하는 지극한 정성이 드러나 있습니다만 성상께서는 비답으로 온화한 유지만을 내리시고 끝내 한 가지 일도 윤허함이 없으셨으니, 어찌 그 말이 실제에 맞지 않아 모두 쓰이기에 적합하지 않아서입니까. 아마도 옛 성왕(聖王)이 자리를 비워두고 현인(賢人)을 기다려 순순히 간언을 따르는 성대한 뜻[39]은 아닌 듯합니다.

이유태(李惟泰)가 소장에서 아뢴 말들[40]은 모두 옛 현인이 강구한 바이며 나라의 법전에 실려 있는 내용입니다. 아무리 옛날과 지금에 마땅함이 달라 더하거나 줄어들지 않을 수 없는 것이 있을지라도 그 생각은 스스로 매우 좋으니, 전하께서 부르신 것도 이 때문이고 이유태가 과감히 조정에 나온 것도 이 때문입니다. 한 가지라도 가부(可否)를 회의하여 시행할지 폐지할지 정하는 것에 불가함이 없지만 마침 성상의 건강이 좋지 않고 국가에 일이 많은 까닭에 아직도 지시를 내리지 않으시니, 떠도는 말이 이미 분분하기 그지없습니다.

패초(牌招)에 나오지 않은 일로 인해 으레 추감하는 명을 내린 것은 더욱 뭇사람의 정서에 맞지 않습니다. 왜냐하면 이유태가 이번에 조정에 나온 것은 그 뜻이 애초에 관직에 응해 직책을 수행하는 데에 있지

39 옛……뜻 : 《후한서(後漢書)》 권3 〈장제기(章帝紀)〉에 "짐이 정직한 선비를 생각하며 기다리느라 옆으로 앉아 특별한 소식을 듣는다."라고 하였다. 이현(李賢)의 주(注)에 "측석(側席)은 반듯하게 앉지 않는 것이니, 현명하고 어진 사람을 기다리기 때문이다."라고 하였다.

40 이유태(李惟泰)가……말들 : 이유태(1607~1684)의 본관은 경주(慶州), 자는 태지(泰之), 호는 초려(草廬), 시호는 문헌(文憲)이다. 1659년(효종10) 효종의 북벌과 내치를 염두에 두고 〈기해봉사(己亥封事)〉와 〈향약책(鄉約冊)〉을 지었는데 효종이 승하하여 올리지 못하고 1660년 현종(顯宗)이 즉위한 뒤에 올렸다.

않기에 임명이 내려져도 감히 받들지 못할 것이니, 이는 진실로 산야에 묻혀 지내는 사람의 떳떳한 정서로서 깊은 책망은 마땅치 않습니다. 지금 다시 태만한 죄로 처벌하고 유사(有司)로 하여금 마땅한지 논의하게 한다면 이 또한 어찌 성대한 조정에서 현사를 예우하는 도리이겠습니까.

이 몇 가지 일을 생각해 보면 관계된 바가 실로 작지 않습니다. 진언하는 자로 하여금 말한 것을 뉘우치게 하고 부름에 달려온 자로 하여금 나온 것을 후회하게 하시니, 이것이 어찌 멀고 가까운 곳에 알려지게 할 수 있겠습니까. 신은 병으로 누워 있는 위태로운 목숨이니 진실로 감히 조정의 일에 간여할 수 없지만 소회가 있으면서 감히 끝까지 입 다물고 있을 수는 없기에 감히 이렇게 죽음을 무릅쓰고 대략 아뢰었습니다. 삼가 바라건대 밝으신 성상께서는 그 사람을 버릴 것이라고 하여 그 사람의 말까지 버리지 않으신다면 더욱 다행이겠습니다.

두 현인을 종사할 것을 청하는 상소

請兩賢從祀疏

삼가 아룁니다. 이번에 선정신(先正臣) 문성공(文成公) 이이(李珥)와 문간공(文簡公) 성혼(成渾)을 문묘(文廟)에 배향하자는 논의가 안으로는 성균관에서부터 밖으로 팔도 외진 시골의 선비에 이르기까지 모두 먼 길을 발이 부르트도록 찾아와 궐문을 지키며 결단코 사문(斯文)의 중대한 전례(典禮)를 서둘러 정하지 않을 수 없다고 말합니다. 초야에 있는 유신(儒臣)들도 이 일을 거듭 아뢴 적이 있고 대각(臺閣)의 신하가 서로 이끌어 그 뒤를 잇고 있으니, 온 나라 사람의 공론임을 의심할 것이 없습니다. 그런데 밝으신 성상께서 번번이 몇 자의 평범한 비답으로 하나같이 물리치거나 심지어 막연하게 회답하는 일이 없이 가부(可否)와 진퇴(進退)의 전교를 대략이나마 내리지 않으셨습니다. 여론의 답답함이 여기에 이르러 더욱 심하고 떠도는 논의는 위로 성상의 의지가 도학(道學)의 말씀에 헤아림이 없어 다만 이렇게 모르는 척한다고 의심하기도 하니, 어찌 거듭 개탄스럽지 않겠습니까.

신이 비록 어리석지만 외람되이 성균관의 장관을 맡고 있으면서 사림의 막중하고 막대한 논의가 이미 드러났는데도 펼쳐지지 못하고 오래될수록 더욱 격렬해지는 것을 보건대, 진실로 감히 스스로 사람이 경솔하고 학문이 얕아 존재를 인정받기에 부족하다고 핑계 대면서 시종 침묵할 수 없어 이에 감히 죽음을 무릅쓰고 말씀을 대략 아뢰어 보겠습니다.

성묘(聖廟 문묘)에 종사(從祀)하는 것은 진실로 세상에 드문 성대한 일입니다. 진실로 사문(斯文)에 공적을 세워 백세(百世)의 종사(宗師)가 된 분이 아니라면 아무리 성대한 덕과 많은 공적이 있을지라도 헤아려 의논할 것이 없습니다. 반드시 그 학문이 옛 성인을 잇고 후학(後學)의 길을 열어줄 만하며 그 공적이 윤리를 붙들어 세상에 모범이 될 만한 뒤에야 한 시대의 공론(公論)을 모으고 만세에 높이고 권장할 점을 드러내는 것이니, 그 사체(事體)가 이처럼 중대한 것입니다. 그러므로 그 논의가 정해지지 않았을 때에는 진실로 신중하지 않을 수 없고 그 논의가 이미 정해진 뒤에는 비록 존귀한 임금일지라도 독단할 수 없는 것이 있으니, 어째서겠습니까. 천지 사이에 공공(公共)의 도리와 논의는 끝내 사라지고 억누를 수 없기 때문입니다. 어찌 터럭만큼이라도 다른 생각이 그 사이에 용납하겠습니까.

우리 동방은 본디 문헌(文獻)의 고장으로 일컬어져 왔는데 유자(儒者)의 학문은 본조(本朝)에 이르러 비로소 열렸습니다. 선정신 문정공(文正公) 조광조(趙光祖)와 문순공(文純公) 이황(李滉)이 우뚝하게 사도(斯道)를 자신의 임무로 삼아 옛 성현의 계통을 곧바로 이었고, 두 선현을 이어 일어난 자로 두 신하가 있었으니 바로 염락(濂洛)이 민건(閩建)에 앞선 것[41]과 같습니다. 그 순수하고 바른 도학과 크게 드러난 공렬은 이전 선배들에 못하지 않고 후대에까지 빛나게 될 것입

41 염락(濂洛)이……것 : 염(濂)은 염계(濂溪)로 주돈이(周敦頤)가 살던 곳이고, 낙(洛)은 낙양(洛陽)으로 정호(程顥)·정이(程頤) 형제가 살던 곳이며, 민건(閩建)은 복건(福建)으로 주희(朱熹)가 살던 곳이다. 이 말은 주돈이와 정자가 앞에서 일어나자 뒤에 주희 같은 훌륭한 유학자들이 나왔다는 말이다.

니다. 신처럼 평범하고 비루한 자가 진실로 그 심오한 경지를 엿보아 그 깊이를 논의하기에 부족하지만 부형(父兄)과 사우(師友)에게 들은 것은 있습니다.

이이(李珥)는 타고난 성품이 고명하고 학문의 조예가 정밀하고 깊어 자신을 이루고 남을 이루어주는 도리가 체(體)와 용(用)을 겸비하였고, 임금을 요순(堯舜)처럼 만들고 백성을 요순 시대의 백성으로 만들겠다는 의지가 푸른 하늘에 뜬 밝은 해처럼 위아래에 드러나 모든 사람들이 함께 바라보았습니다. 성혼(成渾)의 이른바 "산하(山河)의 뛰어난 기운을 받고 태어난 삼대(三代) 시대의 인물이다."[42]라고 한 것은 진실로 정확한 논평입니다.

성혼의 학문에 이르러서는 가정에서 배워 연원이 매우 바른데다 장중하고 순수하며 안과 밖이 한결같아 출처(出處)와 어묵(語默)이 성현을 본받았고 덕행과 기국이 성취되어 우뚝하게 사림의 영수(領袖)가 되었습니다. 이이의 이른바 "몸가짐의 독실함과 확고함은 내가 미치지 못한다."[43]라고 한 것 또한 지나치게 추켜세우는 말은 아닙니다.

이 두 신하는 도의(道義)로 서로를 추중(推重)하여 바로 상서로운 기린과 봉황처럼 당세의 표준이 되었으니 많은 사람들이 바라보고 쏠리는 데에 흠잡을 것이 없습니다. 오직 이이는 조정의 의론이 분열되는 것을 매우 걱정하여 늘 동서(東西) 두 글자가 틀림없이 나라를 망치는

42 성혼(成渾)의……인물이다 : 1584년 1월 이이(李珥)가 운명하여 성혼이 곡할 때에 한 말이다. 《牛溪集 年譜 卷1》

43 이이의……못한다 : 《율곡전서(栗谷全書)》 권38 부록(附錄)에 "율곡이 우계에 대해 '몸가짐의 독실함과 확고함은 내가 미치지 못한다.'라고 일컬었으니 이는 지경(持敬) 공부를 가지고 말한 것이다."라고 하였다.

화근이 될 것이라고 여겨 서둘러 동서 분당을 타파하는 데에 지극한 정성을 다하였습니다. 그러나 도리어 바른 사람을 미워하는 한 무리에게 깊은 원망과 노여움을 받게 되었고 무리 지어 일어나 반드시 쫓아내고야 말려고 하였습니다. 그때에 성혼이 마침 부름을 받고 서울에 있었는데 개연히 소장을 올려 뭇 소인들이 붕당을 지어 교묘하게 모함하는 상황을 두루 아뢰었습니다.[44] 그러자 남을 모함하는 사람들이 함께 마구 독을 뿜어댔는데, 두 신하를 무고하는 데에 갖은 방법을 쓰지 않은 것이 없었고 그 함정이 매우 깊었습니다. 정여립(鄭汝立)·정인홍(鄭仁弘)·이홍로(李弘老) 등이 그러한 설을 주장한 데서 시작하여 혼조(昏朝 광해군) 때에 이르러 극에 달했습니다.

그래도 두 신하의 유풍과 여운이 다 제거되지 않은 덕에 나랏일이 어수선하고 윤리가 막힌 때를 당해 능히 의(義)를 떨쳐 목숨을 바치고 나라의 명맥을 붙든 자가 많았습니다. 두 신하의 유풍을 듣고 흥기한 자는 그 일의 자취가 밝게 드러났으니 어찌 속일 수 있겠습니까. 계해년(1623, 인조1) 반정(反正) 때에 하늘의 해가 다시 밝아져 억울함을 씻고 시호를 내리는 일이 차례대로 거행되었고 또한 서원에 편액을 하사하여 그들의 도를 높였습니다. 성조(聖祖)와 성고(聖考)께서 두 신하를 숭상하고 장려한 뜻에 거의 유감이 없습니다만 유독 성묘(聖廟)에 배향하는 일만은 아마도 정중하게 하려는지 겨를이 없었던 것 같습니다. 천지의 조화에 비유하자면 얼어붙었던 추위가 다시 따뜻해

44 성혼이……아뢰었습니다 : 1583년(선조16) 7월 성혼이 대호군(大護軍)으로 있으면서 삼사(三司)로부터 탄핵을 받은 이이를 위해 〈논삼사핵율곡소(論三司劾栗谷疏)〉를 올렸다. 《牛溪集 卷2》

지면서 점점 녹고 화창해지지만 절기를 뛰어넘어 갑자기 이르는 것은 용납하지 않음과 같습니다. 이는 바로 밝으신 성상께서 조종(祖宗)이 이미 열어놓은 단서를 미루어 더욱 계승하고 발전시키는 기회를 밝히는 것이니, 밝으신 성상께서 또한 무엇을 의심하고 어렵게 여기십니까.

아, 두꺼비가 태양을 먹는 것은 해의 죄가 아니고,[45] 월(越) 땅의 개가 눈을 보고 짖는 것은 괴이해서 짖은 것입니다.[46] 예로부터 군자가 한때 무고를 당하는 것은 그 사람의 허물이 되지 못하고 다만 군자를 더욱 빛내주었습니다. 두 신하가 살아 있을 때와 죽은 뒤를 보건대 몇 번 크게 단련을 거치고 나니 사정(邪正)과 시비(是非)를 판별하는 것이 뚜렷이 드러났습니다. 간혹 명목과 형세에 따라 속박되고 부려지는 무리 가운데 마음을 다 고쳐먹지 못한 사람이 있지만 그들의 의사를 따져보면 또한 막힌 소견을 고집하여 혼미하여 돌아올 줄 모르는 데에 불과하니, 그 또한 불쌍히 여길 만하거니와 그들이 헤아릴 줄 모르는 것을 충분히 볼 수 있습니다. 하담(何澹)과 여철(余嚞)의 의론[47]이 어

45 두꺼비가……아니고 : 《사기(史記)》 권128 〈귀책열전(龜策列傳)〉에 "태양은 덕이 되어 천하에 군림하지만 삼족오(三足烏)에게 곤욕을 당하고, 달은 형벌이 되어 태양을 보좌하지만 두꺼비에게 잡아먹힌다."라고 하였다.

46 월(越) 땅의……것입니다 : 견문이 적어서 괴이하게 여기는 것이 많다는 말이다. 촉(蜀) 땅 남쪽 지방은 늘 비가 오고 해 뜨는 날이 드물어서 해가 나오면 개들이 짖고, 월(越) 땅은 눈이 잘 내리지 않기 때문에 눈이 많이 내리면 눈이 녹아 없어질 때까지 개들이 짖는다고 한다. 《柳河東集 卷34 答韋中立書》

47 하담(何澹)과 여철(余嚞)의 의론 : 이이와 성혼을 비방하는 의론을 가리킨다. 대본에는 '徐喆河澹之疏'로 되어 있는데, 《송사(宋史)》 권394 〈사심보열전(謝深甫列傳)〉에 의거하여 '徐喆'을 '余嚞'로 바로잡고, 《송사》 권394 〈하담열전(何澹列傳)〉에 의거하여 '河'를 '何'로 바로잡아 번역하였다. 여철은 신주 교수(新州教授)로 있을 적에 상소하

찌 대현(大賢)의 위상을 좌지우지하겠습니까. 이것 또한 밝으신 성상께서 밝게 살피지 않으면 안 되는 것입니다.

천하의 일은 언뜻 보면 느슨한 것 같지만 관계된 바는 실로 중요한 점이 있습니다. 밝으신 성상께서 어쩌면 국가가 근심 걱정으로 겨를이 없는 때를 당하여 유생 무리가 이번 논청(論請)을 일으킨 것이 눈앞에 절실하지 않은 것 같아 우선 어렵게 여겨 회피할 일로 삼으신 것입니까. 신이 청컨대 그 설을 다 말씀드리겠습니다.

국가에 있어서 도학(道學)은 사람의 몸에 원기(元氣)가 있는 것과 같습니다. 원기가 이미 떨어졌는데도 신체가 건강하고, 도학을 높이지 않는데도 국가가 다스려져 평안한 경우는 없습니다. 옛날의 밝은 선왕은 도덕과 학문을 갖춘 선비에 대해 비록 같은 시대에 나란히 태어나 그들을 등용하지는 못했을지라도 또한 추가로 드러내고 장려하여 모두 질서 있게 제사의 전례를 올리지 않음이 없었으니, 이것이 어찌 한 사람의 영광이나 한때의 미관(美觀)을 위해서겠습니까.

진실로 바른 학문을 천명하고 선비의 기상을 부지하여 당세(當世)를 북돋고 사문(斯文)을 일으켜 새롭게 하는 일에 크게 힘입는 바가 있어 조금도 늦출 수 없는 것입니다. 이처럼 세도가 더욱 낮아지고 인심이 맑지 않은 때를 당해서는 더욱 유현(儒賢)을 표창하여 좋아하고 존숭하는 뜻을 분명히 보임으로써 통기(統紀)를 하나로 하고 추향(趨向)을 바로잡지 않을 수 없습니다. 삼가 바라건대 밝으신 성상께서는 서둘러

여 주희(朱熹)를 참하고 위학(僞學)을 근절시킬 것을 청하였다. 하담(1146~1219)의 자는 자연(自然)으로, 경원(慶元) 연간에 한탁주(韓侂胄)와 연계하여 조여우(趙汝愚)와 주희 등을 위학으로 지목하고 공격하였다.

이 논의를 내려주어 묘당(廟堂)의 예관(禮官)과 유신(儒臣)에게 명하여 두루 의논하고 잘 조처하여 온 나라 수많은 선비의 소망이 답답하게 막혀 펼쳐지지 못하게 하지 마신다면 사문에도 매우 다행이고 국가에도 매우 다행일 것입니다.

신의 질병이 날로 더욱 고질이 되는데 휴가를 청한 글은 승정원에 막혀 있고 집에 엎드린 채 실낱같은 목숨을 겨우 보존하고 있습니다. 조정의 전례(典禮)에 감히 함부로 요청하지 못하고 다만 성균관의 직책을 맡고 있어 하루라도 체차되지 않으니 또한 감히 소회를 말씀드리지 않으면서 관직을 소홀히 하는 죄를 거듭할 수 없었습니다. 병세가 어지럽고 말이 거칠어 전하의 마음을 감동시켜 돌리지 못하니 신도 스스로 그 죄를 알고 있습니다. 다시 바라건대 밝으신 성상께서는 그 사람이 불초하다고 하여 그 사람의 말까지 버리지 않으신다면 더욱 다행이겠습니다.

남중유 등을 논하는 상소[48]

論南重維等疏

삼가 아룁니다. 신은 어리석고 비루하여 실로 장점이 조금도 없는데 외람되이 성대한 시절을 만나 분수에 맞지 않는 자리를 두루 맡았습니다. 신은 진실로 두렵고 황송하여 먹고 숨쉬기에도 불안한데, 다만 전하의 은혜에 감격하여 무례함이 여기에 이르도록 감히 사양하고 물러나지 못했습니다. 구구한 신의 정성으로 다만 근력을 다하고 생각을 다 쏟아내어 조금이나마 보답하는 자리로 삼고자 하였으나 질병은 고질이 되었고 식견은 본디 어두우니 나랏일과 조정 논의에 털끝만큼도 도움이 될 수 없습니다. 신이 이에 더욱 부끄럽고 두렵지만 죄를 면할 길이 없습니다.

이번에 외람되이 성균관(成均館)의 장관을 맡아 사림의 공론이 한창 펼쳐져 초야의 유신(儒臣)과 삼사(三司)의 많은 관리들이 서로 청원하는 모습을 보았으니, 신이 비록 스스로 불초함을 헤아리고 있지만 직책을 돌아보고 임무를 생각해 보면 진실로 감히 침묵할 수 없는 점이 있습니다. 또 신이 평생토록 두 현신을 우러러 사모하는 마음 또한 절로 보통 사람보다 못하지 않습니다. 이때를 당하여 한 마디라도 말하지 않는다면 사실상 위로 맡은 일을 저버리는 것이고 아래로 사사로운

48 남중유(南重維)……상소 : 남중유(1626~1701)의 본관은 의령(宜寧), 자는 공진(公鎭)이다. 《星湖全集 卷59 大興郡守南公墓碣銘幷序》 1663년에 진사로서 성균관 유생들을 이끌고 이이(李珥)와 성혼(成渾)을 문묘(文廟)에 배향하자는 의론에 반대하는 소장을 올렸다. 《顯宗實錄 4年 5月 20日》

마음을 속이는 것입니다. 그러므로 소회를 대략 아뢰고서 헤아려 채택하는 전하의 명을 기다리겠습니다.

어제 듣건대 남중유(南重維) 등이 올린 소장에 신의 성명을 거론하면서 신을 헐뜯고 배척하였다고 합니다.[49] 원소(元疏)가 내려오지 않아 그 내용이 어떠한지 알 수 없지만 대강 그 뜻을 들어보니 "임금을 협박하고 한 시대를 재갈 물린다." 등의 말로 신의 죄안(罪案)을 삼고 있다고 합니다. 신은 그윽이 깜짝 놀라면서 괴이하게 여겼습니다. 문묘(文廟)에 배향하자는 요청은 이번에만 한 것이 아니며, 수십여 년 동안 많은 선비와 선배 관료로서 바른 것을 붙들고 사악한 것을 억누르면서 임금께 올리는 글에 낱낱이 아뢴 사람을 또한 어찌 한정할 수 있겠습니까. 그런데도 유독 신에게만 공공연히 떠벌리고 추잡하게 헐뜯으니 신도 그 까닭을 알지 못하겠습니다. 그러나 생각해 보건대 틀림없이 신이 이 논의에 참여하기에는 부족하기 때문에 이 일이 일어났을 것입니다. 모든 것이 신이 직책을 맡았는데도 신임을 받지 못해서 일어난 일이기에 신 스스로 부끄러워 떠들썩하게 하고 싶지 않습니다. 그러나 사체(事體)를 위하고 세도(世道)를 위해서는 개탄스러움이 없지 못합니다. 신이 많은 사람에게서 곤욕을 받은 것은 굳이 말할 것이 못되지만 유현(儒賢) 선정신(先正臣)이 이로 인해 아울러 모욕을 받게 되었으며, "학문이 조잡하고 천박하여 흠집을 덮어두기 어렵다."라고 말한

49 남중유 등이……합니다 : 남중유 등이 올린 소장에 "지난번 황상중(黃尙中)과 유계 등이 기회를 틈타 사욕을 채울 목적으로 하늘을 속일 수 있다고 여겨 '귀일(歸一)되었다'느니, '잘못을 후회했었다'느니 하면서 당초 성명(成命)이 없었는데도 곧바로 회의하기를 청하여 임금을 꼼짝 못하게 하고 한때의 의견을 재갈 물리려는 뜻을 현저하게 드러냈습니다."라고 하였다. 《顯宗實錄 4年 5月 20日》

데에 이르러서는 비록 신처럼 겁 많고 나약한 자로서도 통탄하지 않을 수 없습니다.

아, 현인과 군자의 행실과 출처에는 모두 도리가 있는 법이니, 맹자의 이른바 "군자가 하는 일을 보통 사람이 알 수 없다."[50]라고 한 것이 이를 말한 것입니다. 이번에 듣건대 남중유 무리 십수 명은 대부분 젖비린내 나는 애송이로, 본디 선비의 이름이 없으니 도학(道學)이 어떤 일이며 출처가 어떤 일인지 어찌 알았겠습니까. 이에 감히 함부로 이런 말을 하면서 밝은 대낮에 돌아다니는 것은 이 또한 물려받은 데가 있는 것으로서 그것이 매우 잘못되었음을 깨닫지 못한 자에 불과합니다. 신이 이에 그들과 쟁론할 필요도 없음을 잘 알지만 선현과 관계된 일에 이르러 신 또한 전혀 말 한 마디 없어서는 안 되겠기에 대략 아뢰겠습니다.

두 현신의 도학 연원(淵源)과 출처의 행적은 전후에 걸쳐 아뢰었기에 밝으신 성상께서 밝게 살피셨을 것이니 신이 감히 다시 아뢰지 않겠지만 저 두 현신이 어찌 붕당의 명목에 있는 사람이겠습니까. 단지 국가를 위해 매우 걱정하여 당론을 타파하는 의견을 힘껏 주장했던 것입니다. 그때 한두 사람이 잘못을 뉘우치고 죄를 인정하려 하지 않고 떼 지어 참소하며 바름을 싫어하는 자의 끝없는 구설(口舌)을 선동하면서 지금에 이르렀기 때문에 뿌리를 끊어내지 못하고 있으니, 이것이 어찌 시운(時運)에 관계된 바가 아니겠습니까. 당초 이 내용을 주장한 자는 정여립(鄭汝立)[51]·정인홍(鄭仁弘)[52]과 같은 흉적(凶賊) 등에 불

50 맹자의……없다 : 《맹자》 〈고자 하(告子下)〉에 보인다.

51 정여립(鄭汝立) : 1546~1589. 본관은 동래(東萊), 자는 인백(仁伯)이다. 본래

과하지만 이홍로(李弘老)[53]·기자헌(奇自獻)[54] 등이 부추기고 얽어맸으니, 그 간사하고 패악한 정상은 말하기에도 더럽습니다.

성조(聖祖)와 성고(聖考)에 이르러 억울함을 씻고 시호를 내렸으며 원묘(院廟)에 제사 지내어 백세의 공론이 거의 정해질 수 있었으나, 유독 배향하자는 이 논의는 아직 거행하지 못하고 있으니 또한 신중하게 때를 기다리는 마음일 것입니다. 그런데 이 무리들이 이에 '반드시 엄한 배척을 가하였다.'라고 말하고 있으니 스스로를 속이고 하늘을 속이는 것이 또한 심합니다. 배향하자는 논의는 성조의 조정에서 처음 나왔는데, 그 사이에 사특한 말을 만들어 내서 막아버리는 자로서 거기

서인에 속했으나 집권한 동인에 붙어서 죽은 스승 이이(李珥)을 배반하고 박순(朴淳)·성혼(成渾) 등을 비판하였다. 진안 죽도(竹島)에 서실을 지어놓고 대동계(大同契)를 조직하여 매달 사회(射會)를 여는 등 세력을 확장하여 갔다. 대동계의 조직이 전국적으로 확대되어 역모를 꾸민다는 고변이 올라가자 죽도로 피신하였다가 관군의 포위가 좁혀들자 자살하였다.

52 정인홍(鄭仁弘) : 1536~1623. 본관은 서산(瑞山), 자는 덕원(德遠), 호는 내암(來庵)이다. 1601년 문도인 문경호(文景虎) 등을 사주해 상소하게 하여, 조식(曺植)의 문도 최영경의 죽음을 날조한 자는 정철(鄭澈)이고 사주한 자는 성혼이라고 투소하게 하였다.

53 이홍로(李弘老) : 1560~1608. 본관은 연안(延安), 자는 유보(裕甫), 호는 판교(板橋)이다. 1592년 왜군의 침입으로 선조(宣祖)가 파천할 때 파주(坡州)를 지나다가 성혼의 집이 어디에 있느냐고 묻자, 옆에 있던 이홍로가 강가의 마을을 가리키며 저기라고 거짓으로 고하였다. 그러자 선조가 "어째서 나와서 나를 보지 않는 것인가?"라고 하니, 이홍로가 "이런 때에 그가 어찌 오려 하겠습니까."라고 무함하였다.

54 기자헌(奇自獻) : 1562~1624. 본관은 행주(幸州), 자는 사정(士靖), 호는 만전(晚全)이다. 1601년 문경호 등이 소장을 올렸을 때 대사헌으로서 그 내용에 대해 동의하며 최영경이 원통하게 죽었다고 주장하였다.《宣祖實錄 34年 12月 30日》

에 채진후(蔡振後)[55] 등 약간의 분별없는 무리가 있었습니다. 영남의 유직(柳㮨)이 올린 소장[56]은 가장 사특한 말의 효시가 되었으니, 이번에 남중유 등의 논의가 비록 자세하게 말하지는 않았으나 그 주된 뜻은 은연중에 유직의 소장에서 모조리 나왔습니다.

아, 불가(佛家)의 학문은 가장 이치에 가까워 쉽게 먹혀듭니다. 그러므로 옛날 정자(程子)·주자(朱子) 같은 대현(大賢)도 처음에 조금 출입함을 면치 못하다가 곧 그것이 잘못임을 깨달았으니, 세상에 어찌 이것을 가지고 정자와 주자를 헐뜯는 자가 있습니까. 이이는 어린 나이에 잠깐 빠졌다가 용감하게 벗어나왔는데, 이황(李滉)이 이이에게 답한 편지에서 대체로 매우 장려하고 인정하면서 대현(大賢)의 사업을 서로 기약하였습니다. 그런데 유직 등은 그 설을 뒤집어 "이황이 그를 매우 미워하고 통렬히 배척했다."라고 하였습니다. 평생토록 이황을 높이고 믿기를 이이와 같이 한 자가 없지만, 이기(理氣)의 가장 근본이 되는 곳에 있어서는 다른 점을 밝게 분변하여 바른 데로 귀결하지 않을 수 없는 것입니다. 여기에서 큰 근원을 밝게 보는 것이 지극히 공정하

55 채진후(蔡振後) : 1602~1654. 본관은 평강(平康), 자는 계창(季昌)이다. 1635년 송시형(宋時瑩) 등이 이이와 성혼을 문묘에 배향하자는 상소를 올리자 채진후가 성균관 유생으로서 소두(疏頭)가 되어 이이의 문묘 배향 건의를 반대하였다. 《仁祖實錄 13年 5月 11日》

56 영남의……소장 : 1650년 경상도 진사 유직(柳㮨, 1602~1662)이 도내 유생 9백여 명과 함께 서울에 올라와 당시 제기된 이이(李珥)와 성혼(成渾)의 문묘 종사에 대해 반대하는 상소를 올렸다. 그 내용이 송시열(宋時烈)의 《송자대전》 권21 〈의양현변무소(擬兩賢辨誣疏)〉에 실려 있다. 《孝宗實錄 1年 2月 22日》 유직의 본관은 문화(文化), 자는 정견(廷堅), 호는 백졸암(百拙庵)이다. 저서로는 《백졸암문집(百拙庵文集)》이 전한다.

고 사사로움이 없음을 더욱 볼 수 있으니, 또한 이황이 평소에 후대의 현인에게 바라던 바였습니다. 그런데 유직 등은 감히 이이가 이황을 공격하고 아울러 주자까지 헐뜯었다고 하였습니다.

밝은 임금과 어진 신하가 만나 한마음으로 세상을 다스렸는데 유직 등은 "걸핏하면 경제(經濟)를 일컬으면서 제멋대로 처리하는 데에 전적으로 힘썼다."라고 말하였고, 조정 의론이 어수선해지자 정성을 다해 구제하였는데 유직 등은 "충현(忠賢)을 교묘히 헐뜯고 자기 편을 갖은 방법으로 비호했다."라고 말하였습니다.

성혼(成渾)의 소장에서 정신을 보전하여 정치를 하는 근본으로 삼을 것을 군부(君父)에 권한 것은 실로 주자의 가르침에서 나왔는데,[57] 유직 등은 감히 도가(道家)의 유파라고 무고하여 헐뜯었습니다.[58] 임진왜란이 일어나 어가(御駕)가 서쪽으로 떠날 때에 성혼은 초야에 머무는 신하로서 당파를 만들었다는 누명에 매여 있어 감히 임금의 부름이 없이는 스스로 나아갈 수 없었기에 어가가 지나갈 때를 기다렸다가

57 성혼(成渾)의……나왔는데 : 성혼은 1581년 4월 1일내자시 첨정(內資寺僉正)에 임명되어 〈신사봉사(辛巳封事)〉를 올렸는데, 주희(朱熹)가 〈여조상서서(與趙尙書書)〉에서 "오늘날의 급선무는 몸과 마음을 수습하고 정신을 보호하여 아껴서 항상 천하의 일을 생각하도록 임금을 권면하는 일입니다."라고 말한 부분을 인용하였다. 《牛溪集 卷2》《晦菴集 卷29》

58 유직……헐뜯었습니다 : 유직이 올린 소장에 "학문을 논한 소장에 애당초 궁리(窮理)와 격치(格致)를 강명(講明)하는 일에 대하여는 말하지 않고, 다만 정신(精神)을 보존하여 아끼는 데 대한 말만을 거론하여 제일의 법문(法門)으로 삼고 있으니, 이것은 곧 도가류(道家流)의 '스스로 자신의 이익(利益)을 도모한다'라는 설이고, 우리 유가(儒家)에서 학문을 하는 규모가 아님이 현저합니다."라고 하였다. 《宋子大全 卷21 擬兩賢辨誣疏》

길옆에서 곡하여 뵙고서 진퇴(進退)의 명을 기다리려고 하였으나 일이 창졸간에 벌어지는 바람에 미처 듣지 못했습니다. 그런데 이홍로 무리는 임금을 버린 것이라고 지적하였고, 유직 등은 그 무함을 본받았습니다.

기축년(1589, 선조22) 옥사가 일어났을 때에 고(故) 정승 정철(鄭澈)이 크게 헐뜯는 말에 걸려들어 실정과 맞지 않는 비방을 혹독하게 받았는데, 성조(聖祖)의 조정에 이르러 그 억울함을 통쾌하게 씻어냈습니다. 이것을 가지고 정철을 비방한 자는 그 마음 또한 몹시 힘들었을 것인데, 감히 이 일을 성혼에게 관련시킨 것은 실로 정인홍의 계책에서 나온 것입니다. 그의 숨은 죄를 알고 있는 성혼을 몹시 원망하여 기필코 이 일로 화를 전가시켜 이루 헤아릴 수 없는 말로 속였는데, 유직 등이 뒤따라 서술하였습니다.

이들 무리가 진실로 일종의 공정한 마음과 공정한 견해를 지닌 사람이라면 어찌 많은 말을 해서 통렬하게 분별하기를 기다리겠습니까. 유직과 남중유 무리처럼 까마득한 후배가 감히 함부로 이런 말을 하여 스스로 현인을 무고하고 바름을 더럽히는 데에 빠지니, 민심이 가려지고 견문이 미혹해지는 것은 진실로 통탄할 일이고 슬퍼할 일입니다.

지금 남중유 등이 이 말을 꺼냈기에, 신이 첫머리부터 쪼개어 하나하나 변별하여 남김없이 말씀드리고 싶지만 성상의 건강이 좋지 못한 때에 성상을 번거롭게 할 것 같아 감히 낱낱이 말씀드리지 않겠습니다. 또 생각건대 견줄 상대 없는 이 무리를 상대로 쓸데없이 말을 늘어놓아 변명하는 것은 또한 도척(盜跖)이나 장교(莊蹻)[59]와 마주해 의리를 말

59 도척(盜跖)이나 장교(莊蹻) : 도척은 춘추 시대 노(魯)나라의 도둑이고, 장교는

하는 것과 같습니다. 그러므로 이에 감히 간략히 거론하고 감히 다 말씀드리지 않으니 밝으신 성상께서 살펴주십시오. 신이 보잘것없어 남중유 무리에게 거듭 견책을 받아 스승과 제자 간의 체면을 손상시키고 국가에 모욕을 거듭 끼쳤으니, 성균관 대사성의 임무에서 지금 비록 체차될지라도 결코 다른 관직까지 그대로 차지하고서 뻔뻔하게 직책을 수행할 수 없습니다.

또 신의 질병이 날로 고통스러워져 병석에 누운 채로 세월을 보내고 있습니다. 뻔뻔한 낯으로 한번 나가려 해도 병세가 절대 스스로 힘쓸 수 없는 점이 있어, 전하께서 뜸을 맞으시는 날에 집에 엎드리고 있어 한 번도 문안하는 대열에 끼지 못했습니다. 신의 죄가 여기에 이르렀으니 더욱 몸 둘 바를 모르겠습니다. 삼가 바라건대 천지 부모와 같은 전하께서는 신의 황공하여 어쩔 줄 모르며 마음 졸이고 근심하는 상태를 굽어 살펴 서둘러 신의 본직 및 겸대한 여러 직임을 체차하여 주십시오. 이어서 신의 죄를 다스려 사람들의 말에 답하신다면 매우 다행이겠습니다.

전국 시대 초(楚)나라의 도둑이다. 전하여 흉악하고 탐욕스러운 사람을 비유하는 말로 쓰인다.

여러 승지와 연명하여 체직을 청하는 상소[60]
與諸承旨聯名請遞疏

삼가 아룁니다. 본원(本院 승정원)이 훈련도감 대장(訓鍊都監大將)을 추고하기를 청한 것은 일로 인해 경계하자는 거조에 불과하고, 그 법부(法府)로 하여금 조사하여 전하께 아뢰게 한 것 또한 피차간에 사세가 난처해질 것을 염려해서입니다. 그런데 이번에 점점 일이 복잡하게 전개되어 본원의 관리들이 서로 이어서 소장을 올린 다음 처벌을 기다리고 있습니다. 신 등은 이미 함께 일하고 있으니 또한 감히 아무런 죄가 없는 것처럼 자처할 수 없어 어쩔 수 없이 구구한 정성을 대략 펼쳐보겠습니다.

예로부터 군병(軍兵)이 모이는 곳에는 반드시 횡포하여 난리의 발판 구실을 하는 걱정거리가 있어 왔습니다. 아무리 옛날 지혜로운 군사와 훌륭한 장수라도 모두 규율을 엄하고 분명하게 하며 지나칠 정도로 염려하고 철저히 방비하여 군병이 제멋대로 행동하게 하지 않았습니다. 간혹 그렇게 하지 못한 자는 항상 끝에 가서 통제하기 어려운 상황을 초래하였으니, 역대의 귀감이 분명할 뿐만이 아닙니다. 지금 약간의 교만하고 억센 군졸들이 의금부 관리를 때리고 결박하며 장수의 명령

60 여러……상소 : 1663년 10월 훈련도감(訓鍊都監) 군졸과 형조(刑曹) 금리(禁吏) 사이에 알력이 생긴 일로 우부승지 이태연(李泰淵)이 좌의정 원두표(元斗杓)로부터 질책을 받게 되자, 유계가 도승지로서 우승지 오정위(吳挺緯)·좌부승지 이경억(李慶億)·동부승지 김수흥(金壽興) 등과 함께 소장을 올려 훈련도감 대장 이완(李浣)을 추고할 것을 청하였다. 《顯宗改修實錄 4年 10月 28日》

에도 아랑곳하지 않는데, 그 일이 사소한 것 같지만 그 조짐이 커지게 해서는 결코 안 됩니다.

신 등이 대장의 추고를 청한 것은 한때의 폐단을 바로잡기 위해서만이 아니라 또한 깊은 염려에서 나온 것입니다. 대장이 된 자는 마땅히 자신을 탓하는 데에 겨를이 없어야 하는데 방자하게 계사(啓辭)를 올리고 도리어 형조(刑曹)의 잘잘못을 주장하면서 군졸을 위해 일일이 해명하는 뜻을 드러내어, 대신(大臣)이 탑전에서 의견을 아뢰어 추감(推勘) 명령을 도로 거두어들이게 만들었으니, 신 등은 삼가 안타깝게 여깁니다.

또 두 사람이 서로 논쟁하였을 때 논쟁한 자로 하여금 시비(是非)를 바로잡게 하면, 결코 이런 이치는 없습니다. 그러므로 신 등이 법부(法府)에 명령을 내려 바르게 조사하자고 청하는 것은 사세의 당연함에서 나온 것인데, 또한 대신의 질책이 여기에 이를 줄은 생각하지 못했습니다.

본원은 후설(喉舌)의 위치에 있어 아무리 임금의 명령일지라도 합당하지 않은 것이 있다면 쟁집(爭執)하여 이의를 제기하는 것이 바로 직임입니다. 만약 대신이 한 일이라 하여 감히 입을 열지 못한다면 어찌 신 등의 큰 죄이면서 훗날의 끝없는 폐단이 되지 않겠습니까. 신 등이 혹 추고를 청할 때에 해방의 승지였다거나 혹 가부(可否)를 정할 때 동참했던 사람이라는 이유로 어찌 감히 동료에게 맡겨둔 채 편안히 있을 수 있겠습니까? 삼가 바라건대 자애로운 성상께서 작은 정성을 굽어 살펴 서둘러 신 등의 직임을 체차하여 주신다면 매우 다행이겠습니다.

시남집

제10권

箚차

대신과 예관과 근시가 대렴에 참석하게 할 것을 청하는 옥당의 차자 기축년(1649, 효종 즉위년)

玉堂請令大臣禮官近侍入參大斂箚 己丑

수찬(修撰)으로 재직할 때이다.

이번 대렴(大斂) 때에 대신(大臣)과 예관(禮官)과 근시(近侍)를 참석하라는 논의를 양사(兩司)에서 이미 제기하였고 예관이 거듭 청하였으나 결행하라는 조치가 없으니, 신 등은 삼가 의아하게 여깁니다.

《오례의(五禮儀)》는 실로 조종조(祖宗朝)에서 준행(遵行)한 제도로서, 그중에 대경(大經)은 비록 고례(古禮)를 본받았지만 더러 후세의 인습을 따르는 잘못이 없지 않았습니다. 그러므로 선묘조(宣廟朝)에도 한때의 조정 의론에 따라 변통하여 고례를 회복한 일이 있었으니, 절목 사이에 미진한 곳은 어찌 융통성 없이 지켜서 변통할 줄 몰라서야 되겠습니까.

신 등이 삼가 《주례(周禮)》를 살펴보니 천관총재(天官冢宰)가 대상(大喪)에 증옥(贈玉)과 함옥(含玉)[1]을 도왔으며, 대종백(大宗伯)이 대상에 상상(上相)이 되고 소종백(小宗伯)이 대상 때에 대렴과 소렴(小斂)에 임하며 다른 친족을 거느리고 돕는다고 했습니다. 《예기(禮記)》 〈상대기(喪大記)〉에는 "임금의 상례에 대서(大胥)가 염을 하고 중서(衆胥)가 돕는다."라고 하였고, 《통전(通典)》에 실린 한(漢)·당(唐)

1 증옥(贈玉)과 함옥(含玉) : 증옥은 대상(大喪) 때 하관(下棺)을 끝내고 무덤 속에다 옥을 넣는 일이고, 함옥은 죽은 사람의 입에 옥을 물리던 일을 가리킨다.

의 예도 모두 이것을 본받았습니다.

주공(周公) 이후로 대상에서 염빈(斂殯)할 때 대신과 예관이 참여하지 않은 적이 없었습니다. 설사 조종조에서 미처 거행하지 못했을지라도 고례(古禮)를 본받아 지금부터 시행해야 함은 매우 확실합니다. 하물며 사간원(司諫院)에서 아뢴 사실로 볼 때 조종조의 고사(故事)에 분명히 근거할 만한 점이 있는 경우이겠습니까. 대행왕(大行王)의 상례는 내상(內喪)과 본디 다릅니다. 염빈할 때 대신과 예관이 살피지 않고 사친(私親)과 내시에게 맡겨둔다면 인정이나 예의로 헤아려볼 때 어찌 매우 온당하지 못한 일이 아니겠습니까.

지금 대신과 예관과 근시에게 참석하게 하고 처음부터 일을 집행하는 사람들을 따라 돕게 한다면 《주례》의 "다른 친족을 거느려 돕는다."라는 예와 대략 같을 것이고 진실로 인정과 이치에 부합할 것입니다. 청컨대 지체하지 마시고 어서 빨리 양사와 예관의 요청에 따르십시오. 재결해 주시기 바랍니다.

사간원에 있을 때 묘호에 대해 논하려 했던 차자

諫院擬論廟號箚

헌납(獻納)으로 있을 때인데 마침 체직되어 결국 올리지 못했다.

삼가 아룁니다. 대행왕(大行王 인조(仁祖))께서 승하하신 뒤에 세자께서 즉위하여 뜻과 사업을 이어받고 장례를 치르며 효도를 다하는 데에 정성과 신의를 다 쏟고 인정과 예문을 다 갖추시니, 온 나라 신민들이 감격하지 않는 이가 없습니다. 오직 묘호(廟號)를 정하는 한 가지 일은 오늘날의 막중하고 막대한 예(禮)인데 논의하는 초기에 이미 잘못되더니 이리저리 잘못된 예를 따르며 다시 논의하지 않았습니다. 순수한 효성을 갖춘 우리 밝으신 성상(聖上)께서 선왕의 바른 예를 따르지 않는다면 천하 후세의 사적인 의논을 면치 못하실 것이니, 신 등은 삼가 한스럽게 여깁니다. 묘호를 조(祖)라고 부르는 것이 온당하지 못함은 전날 유신(儒臣)이 올린 글에 이미 다 논하였으니, 신 등이 다시 감히 번거롭게 말씀드리지 않고 조와 종(宗)의 설을 대략 펼쳐보겠습니다.

조와 종의 칭호에는 다른 뜻이 없습니다. 공(功)이 높은 임금을 조라 하고 덕(德)이 높은 임금을 종이라 하니, 실로 우열을 따질 수 없습니다. 창업하는 것과 세대를 잇는 것은 칭호를 달리할 수밖에 없지만 백세토록 영원히 종묘(宗廟)에 모심은 마찬가지입니다. 삼종(三宗)의 설은 은(殷)나라에서 비롯되었고,[2] 세실(世室)의 명칭은 주(周)나라

2 삼종(三宗)의……비롯되었고 : 삼종은 은(殷)나라 중종(中宗)인 태무(太戊)과 고

에서 시작되었습니다. 성대한 덕을 닦고 많은 공을 세운 문왕(文王)과 무왕(武王)도 오히려 소목(昭穆)의 반열에 있지만 조묘(祖廟)의 칭호는 얻지 못했습니다. 이로써 말한다면 세대를 이은 군주는 반드시 덕이 삼종이나 문왕·무왕과 같은 뒤에야 종으로 칭할 수 있고, 나머지 조천(祧遷)한 사당에 있는 임금은 모두 종이라고 칭할 수 없는 것이 예입니다.

한(漢)나라의 흥기는 고대(古代)와 멀지 않기에 문제(文帝)·무제(武帝)·선제(宣帝)·명제(明帝) 등 몇몇 군주를 제외하면 모두 종의 호칭이 없었습니다. 그런데 세도(世道)가 더욱 낮아져 당송(唐宋) 시대에 이른 뒤에 세대를 이은 군주를 모두 종으로 칭했으니, 애당초 종이 조보다 못해서 모두 칭할 수 있었던 것은 아니었습니다. 그러나 이는 '예가 아닌 예[非禮之禮]'이긴 해도 그대로 답습한 지 이미 오래되어 갑자기 고치기 어려운 점이 있으며, 세대를 잇는 군주에 대해서 조의 칭호를 쓰지 않는 것은 옛사람이 이미 정해놓은 논리가 명확히 있으니, 어찌 이것과 아울러 무너뜨릴 수 있겠습니까.

우리 조정의 고사를 가지고 말씀드려 보겠습니다. 선조대왕(宣祖大王)의 시호를 논의하던 날에 선정신(先正臣) 윤근수(尹根壽)가 차자를 올려 논변하여[3] 예의(禮義)를 깊이 얻었는데, 마지막 거조[4]는 참으로

종(高宗)인 무정(武丁)과 조갑(祖甲)으로, 선정(善政)을 베풀어 나라를 안정시켰다. 《書經 無逸》

3 선조대왕(宣祖大王)의……논변하여 : 윤근수(尹根壽, 1537~1616)의 본관은 해평(海平), 자는 자고(子固), 호는 월정(月汀), 시호는 문정(文貞)이다. 저서로 《월정집(月汀集)》 등이 전한다. 윤근수는 1608년 선조가 승하하였을 때 〈선조대왕의시차(宣祖大王議謚箚)〉를 올려 선조의 시호가 종(宗)이 마땅하다고 주장하였다. 《月汀集 卷4》

법도로 삼기에 부족한 것이었습니다. 광묘조(光廟朝)의 일은 당시에 누가 이 논의를 주도했는지 모르겠습니다만 반복하여 궁구해 보아도 끝내 근거할 만한 사례가 없습니다.

오직 중종대왕(中宗大王)께서 어지러운 세상을 다스려 반정(反正)하고 대업을 다시 회복하셨으니, 그 크고 성대한 공적은 대행왕과 전후로 한 가지입니다. 시호를 논의하던 날에 인묘(仁廟)께서는 아마도 조의 칭호를 쓰고 싶다는 전교를 내리셨지만 당시 조정의 의론이 경전을 인용하여 바름을 지켰기에 일이 끝내 행해지지 않았습니다. 인묘의 고명한 학문과 순수한 효성은 천고에 우뚝하니 만일 높이 받드는 도리에 터럭만큼이라도 미진한 부분이 있다면 또한 어찌 기꺼이 조정 신하의 논의를 대번에 허락하셨겠습니까. 이는 실로 밝으신 성상께서 마땅히 본받아야 할 일입니다. 송(宋)나라 사람의 이른바 "요순(堯舜)을 본받으려면 인종(仁宗)을 본받아야 한다."[5]라고 한 것이 바로 오늘날 본받아야 할 도리입니다. 논하는 자들 중에 더러 중묘(中廟)께서 곧장 성묘(成廟)의 뒤를 이으신 것이 대행왕께서 선묘의 왕통으로 들어와서 이은 것과는 사례가 다르다고 말하는데, 이 또한 생각하지 못한 것입니다.

4 마지막 거조 : 선조(宣祖)의 처음 묘호인 선종(宣宗)을 1616년(광해군8)에 광해군이 선조(宣祖)로 바꾼 것을 가리킨다. 그 명분은 임진왜란의 위기에서 나라를 새로 개창한 것과 같은 공이 있고 조선 왕실의 종계변무(宗系辯誣)를 이루었다는 것이다.

5 송(宋)나라……한다 : 송나라 범조우(范祖禹, 1041~1098)가 한 말이다. 그의 자는 순보(淳甫)·몽득(夢得), 시호는 정헌(正獻)이다. 《제학(帝學)》 권6 〈인종황제 하(仁宗皇帝下)〉에 "폐하께서 요순(堯舜)을 본받으시려거든 오직 인종(仁宗)을 본받으면 될 뿐입니다. 인종을 본받으면 하늘의 덕에 이를 수 있습니다."라고 하였다.

제왕(帝王) 소목(昭穆)의 바른 예를 가지고 말한다면 비록 손자가 조부를 잇거나 아우가 형을 잇는 경우라도 항렬의 차례는 논할 것도 없이 모두 대를 잇는 의리가 있습니다. 한(漢)나라 선제(宣帝)는 소제(昭帝)에게 있어 항렬이 조부와 손자의 관계이고,[6] 진(晉)나라 원제(元帝)는 민제(愍帝)에게 있어 순서가 형과 아우인데,[7] 모두 종호(宗號)를 일컬었으니 의리와 사례를 볼 수 있습니다. 더구나 우리 원종대왕(元宗大王)은 위호(位號)를 추숭하여 종묘의 순서가 이미 정해졌으니 오늘날 묘호의 칭호는 더욱 변별하지 않더라도 절로 분명합니다.

하나의 종묘에서 시호를 중첩하는 것이 온당하지 못한 점은 전후로 올린 소장에서도 대략 진술하였습니다. 논하는 자들이 문왕(文王)과 주공(周公)의 시호가 같은 것을 증거로 삼는데, 이는 옳은 것 같지만 실로 그렇지 않습니다. 주공이 비록 문왕의 아들이지만 문왕의 왕통을 잇지 않았으니 주공은 곧 주나라의 신하입니다. 예부터 군주와 신하의 시호가 같은 경우를 어찌 한정할 수 있습니까. 제왕이 왕통을 잇는 의리와는 절로 같지 않으니 또 어찌 이것으로 사례를 삼을 수 있겠습니까.

6 한(漢)나라……관계이고 : 한 무제(武帝)를 이어 즉위한 소제(昭帝)는 무제의 막내아들이고, 소제를 이어 즉위한 선제(宣帝)는 무제의 증손이다. 무제의 아들인 여태자(戾太子)가 사황손(史皇孫)을 낳고 사황손이 선제를 낳았는데, 선제는 무고(巫蠱)의 옥(獄)으로 출궁하여 외가에서 자라다가 입궁하여 소제를 이었다. 따라서 소제와 선제는 조손간이 된다. 선제의 묘호는 중종(中宗)이다.

7 진(晉)나라……아우인데 : 민제(愍帝)가 전조(前趙)의 장수 유요(劉曜)에게 항복하고 처형되자 원제(元帝)가 건강(建康)에 도읍을 세우고 동진(東晉)을 건국하였다. 묘호는 중종(中宗)이다.

춘추 시대 열국(列國)의 군주 중에는 전후로 시호가 같은 경우가 더러 있는데, 이는 대개 왕조가 명한 데에서 나온 일이며, 본국의 군신이 마음대로 논의하여 정한 일이 아닙니다. 또 모두 소목의 순서가 다하고 단선(壇墠)의 예가 폐해진 뒤에 있었던 것이니, 인용하여 증거로 삼는 것은 더욱 부당합니다. 지금 말하는 자들도 대례(大禮)가 이미 정해졌으니 자꾸 고치기를 청하는 것은 매우 온당치 못하다고 합니다. 신이 청컨대 그 주장을 반박해 보겠습니다.

작은 일이라도 이미 정해진 뒤에 그 일이 온당하지 못한 줄 알면서 내버려두고 다시 논의하지 않는 것도 오히려 안 될 일인데, 더구나 막중한 전례(典禮)에 혐의가 많은데도 이미 정해진 일이라는 이유로 다시 논의하지 않는다면 그로 인한 폐단은 이루 말할 수가 없을 것입니다. 설령 이보다 큰 시비를 논의하는 일이 있더라도 처음에는 아직 정하지 않았다는 이유로 감히 섣불리 말을 못하게 하고 나중에는 이미 정해졌다는 이유로 감히 다시 말을 못하게 한다면, 이는 끝내 말할 기회가 없습니다. 훗날 점점 잘못을 이루어주고 말을 막는 일도 틀림없이 이 말이 빌미가 될 수도 있습니다.

말없이 따르고 앉아서 구경만 하며 군주를 거스르지 않는 것이 진실로 신하에게는 크게 이롭겠지만 나라의 체통에는 어떻겠습니까. 논하는 자들이 오늘 정한 묘호의 글자 뜻이 매우 아름다워 아래에서 고치기를 청하는 것이 불가하다고 하니, 그 뜻 또한 충성스럽습니다. 그러나 성인은 중도에 맞는 예를 귀하게 여기고 군자는 고식적으로 사랑하지 않습니다.[8] 하물며 이것을 버리더라도 지극히 아름답고 지극히 합당한

8 성인은……않습니다 : 《예기(禮記)》 〈단궁 상(檀弓上)〉에 "군자는 도덕에 입각해서

것이 반드시 없지 않아 오늘 논의하여 정한 것보다 못하지 않음이겠습니까.

옛날 당(唐)나라 신하 안진경(顔眞卿)은 조종(祖宗)의 휘호(徽號)를 세월이 오래 지난 뒤에 고치자고 청했는데 군자들이 오히려 잘못이라고 하지 않았습니다.[9] 혼조(昏朝)의 일을 진실로 오늘날에 논할 것은 아니지만 그 첫해에 이원익(李元翼), 이덕형(李德馨), 이항복(李恒福) 등 원로대신이 여전히 조정의 예를 주관하였습니다. 그 당시 사간원의 계사로 인해 책보(冊寶)가 이미 만들어진 뒤에 휘호를 개정하였으나 또한 논쟁을 벌였다는 말은 듣지 못했습니다. 더구나 지금 시호를 올릴 날이 아직 멀고 시귀(蓍龜)와 같은 원로신하나 초야의 예를 아는 선비가 모두 도성으로 모여들고 있는데, 이때 다시 상의하는 것을 용납하지 않고 꾸물대다가 기회를 놓쳐 후회해도 미칠 수 없게 되면 어찌 크게 한탄할 일이 아니겠습니까.

신 등이 삼가 듣건대 공조 참판(工曹參判) 신 김집(金集)이 올린 소장 중에도 이 일을 논하였는데[10] 결정이 내려지지 않았다고 합니다.

사람을 사랑하는 반면, 소인은 그저 고식적으로 사람을 좋아한다."라고 하였다.

9 당(唐)나라……않았습니다 : 779년 7월 이부 상서(吏部尙書) 안진경(顔眞卿)이 대종(代宗)에게 진언하기를 "상원(上元) 무렵에는 정사가 황후의 손에 있었으므로 비로소 조종조에서 정한 시호에다 더 시호를 올렸고 현종(玄宗) 말기에는 간신배가 권력을 잡아 11자까지 더 올리는 일이 있었습니다. 청컨대 중종(中宗) 이상은 당초의 시호대로 쓰고 예종(睿宗) 이하는 나중에 올린 시호를 모두 지워서 문식(文飾)을 덜고 바탕을 숭상하며 명분을 바루고 근본을 도탑게 하십시오."라고 하였다. 당시 유학자들은 모두 안진경의 논의를 따랐으나 원참(袁傪)이 반대하여 일이 시행되지 못했다. 《資治通鑑 卷225》

10 김집(金集)이……논하였는데 : 김집(1574~1656)의 본관은 광산(光山), 자는 사

신 등은 진실로 전하의 정중한 뜻을 알아 말씀드리기 어려운 점이 있습니다. 그러나 왕위를 계승한 초기에 더할 수 없이 큰 예를 결코 이처럼 엉성하게 하여 그만둘 수 없습니다. 삼가 바라건대 밝으신 성상께서 마음을 비우고 살펴서 서둘러 이 글을 내려 다시 더 널리 물어 지극히 합당한 것을 구해 국가의 큰 예를 미진한 후회가 조금도 없게 하신다면 종묘와 사직에 매우 다행이며 신민에도 매우 다행일 것입니다. 신 등이 모두 보잘것없지만 언관(言官)을 맡아 소회가 있는데도 아뢰지 않는다면 그 죄를 피할 수 없기에 감히 처벌을 피하지 않고 번번이 번잡하게 해 드렸습니다. 신 등은 떨리고 황송한 마음을 견딜 수 없습니다. 재결해 주시기 바랍니다.

강(士剛), 호는 신독재(愼獨齋), 시호는 문경(文敬)이다. 1649년 6월 공조 참판(工曹參判)에 임명되었고, 이때 올린 소장은 《신독재유고(愼獨齋遺稿)》 권3의 〈봉사(奉事)〉이다.

속히 양사를 따르기를 청하는 옥당의 차자[11]

玉堂請快從兩司箚

교리(校理)로 있을 때이다.

삼가 아룁니다. 양사(兩司)의 신하가 탐욕을 부려 나라를 병들게 하고 선대 조정을 기만한 전(前) 영의정(領議政) 김자점(金自點)[12]의 죄를 논쟁하느라 한 시절을 넘겼는데 갈수록 더욱 격렬해지고 있습니다. 그런데 전하께서 아직도 윤허하지 않으시니 신 등은 삼가 의혹이 생깁니다. 김자점의 죄상은 숨겨져 있어 보기 어려운 것이 아닙니다. 밝으신 성상께서 어찌 남의 말을 들은 뒤에야 밝게 살피시겠습니까. 다만 선왕께서 신임한 사람을 하루아침에 물리치는 일은 전하께서 차마 하지 못하는 마음이 있으시기 때문입니다. 그러나 김자점은 전하께 죄를 지은 것이 아니라 실로 선왕께 죄를 지었으니, 전하께서도 용서해줄 수 없습니다. 무엇 때문이겠습니까. 선왕께서 김자점을 발탁하여 백관들의 윗자리에 두신 것은 어찌 그 자신을 영화롭고 이롭게 해주는 데에 그치겠습니까? 그것이 아니라면 장차 공효(功效)를 독려하신 것입니다. 전하께서 보시더라도 김자점이 한 짓이 어찌 선왕께서 신임한 뜻이겠습니까. 그 신임하신 책임이 더욱 중요한 만

11 속히……차자 : 《승정원일기》 효종 즉위년 9월 17일 기사에 실려 있다. 유계는 1649년 8월 28일 홍문관 교리(弘文館校理)에 임명되었다.

12 김자점(金自點) : 1588~1651. 본관은 안동(安東), 자는 성지(成之), 호는 낙서(洛西)이다. 인조반정 후 영의정에 올라 권력을 부리다가 효종이 즉위하자 송준길 등의 탄핵으로 파직되었다. 이에 불만을 품고 청나라에 효종의 북벌계획을 고자질하였으며 숭선군(崇善君)을 추대하려 했다는 역모가 드러나 아들과 함께 처형되었다.

큼 기만한 죄가 더욱 깊습니다. 만약 김자점의 죄가 선왕 때에 모조리 드러났다면 반드시 진노하여 용서하지 않으실 것임은 의심할 것도 없습니다.

지금 전하께서 새로이 큰 명을 받으셨으니 선왕의 성대한 덕을 밝게 밝히는 것이 먼저 힘쓸 일입니다. 진실로 서둘러 김자점의 죄를 바로잡아 전국에서 김자점에 대한 선왕의 신임이 이와 같은데 선왕을 기만한 김자점의 죄가 저와 같음을 밝게 알도록 하십시오. 그렇게 하시면 일단 시험해 본 선왕의 인(仁)한 마음에 조금도 손상됨이 없으며, 전하의 이어받아 발전시키는 도리는 더욱 밝게 드러날 것입니다. 더구나 왕자(王者)의 법은 반드시 먼저 지위가 높고 권세 있는 사람부터 시작해야만 사람들이 마음으로 두려워 복종하고 명령이 시행되어 막히는 근심이 없게 됩니다. 지금 조정의 기강이 진작되지 못하고 사유(四維 예의염치(禮義廉恥))가 문란한데 맑게 하고 격려하는 방도로서 이보다 앞서는 것은 없습니다. 전하께서는 탐욕스럽고 방자하여 나라를 저버린 한 사람에게 무엇이 있기에 위아래가 서로 버팀이 이 지경에 이르게 하여 답답하게 여기는 여론을 불쾌하게 만들며 격렬해진 의론을 펴지 못하게 하십니까.

전하께서 왕위에 오른 지 반 년이 되어 가니 조정 논의가 안정돼야 하지만 안정되지 못하고 기강이 서야 하지만 서지 못하는 것은 오직 이 때문입니다. 전하께서 이런 일에 혁혁하게 분발하여 작은 것에 차마 못하는 마음을 버리고 크게 격려하는 일을 생각하지 않을 수 있겠습니까. 삼가 바라건대 전하께서는 왕도정치에 사심이 없음을 생각하고 일 처리하는 도리의 경중을 살펴 속히 양사의 요청을 따라주어 온 나라의 바람을 위로해 주십시오.

그동안 내린 성상의 하교가 온당하지 못함을 논한 옥당의 차자[13]

玉堂論前後上教之未安箚

삼가 아룁니다. 천도(天道)가 운행하여 만물이 각각 그 본성대로 이루어져 막히거나 꺾이는 해가 없어서, 말하지 않아도 믿으며 노여워하지 않아도 위엄이 있는 것은 다름이 아니라 도가 하나이면서 기쁨과 노여움의 자취가 없기 때문입니다. 설사 천도에 기쁨과 노여움의 자취가 있어 사물마다 급급하게 작용한다면 천지 사이의 모든 생명들이 반드시 놀라 달아나며 전도되고 혼란하여 그 삶을 이루지 못한지 오래되었을 것입니다.

왕자(王者)의 도리는 하늘과 같은데 다만 말이 없을 수는 없습니다. 만일 혹 말하는 사이에 자취가 없는 천도를 체득하지 못하여 불평하는 말과 기색이 조금이라도 있다면 대체를 손상시키고 만물을 뒤흔드는 걱정이 또 어찌 끝이 있겠습니까. 군주는 한 몸으로 하늘을 대신하여 만물을 다스리니 아무리 총명함이 으뜸일지라도 조화를 도와 일을 성취하는 것은 다른 사람의 도움을 기다리지 않을 수 없습니다. 그러므로 옛날의 성스러운 임금은 두루 듣고 널리 물어서 꼴 베고 나무하는 사람의 말도 반드시 가려 썼으며 미치고 망령된 사람에게도 죄를 주지 않았으니, 이것이 어찌 꼴 베고 나무하는 사람이 성인보다 지혜로우며 미치고 망령된 사람에게 전혀 허물이 없어서겠습니까. 진실로 이렇게 하지

13 그동안……차자 : 《승정원일기》 효종 즉위년 9월 25일 기사에 보인다.

않는다면 천하의 선한 사람을 오게 할 수 없기 때문입니다.

전하께서 왕위에 오른 이래로 먼저 언로(言路)를 열어 흐르는 물처럼 빨리 받아들이시니 순(舜) 임금의 총명함도 이보다 더할 수 없을 것입니다. 나라 안의 백성들이 기뻐하고 고무되어 생각한 바를 모조리 아뢰고 하찮은 정성이라도 바치기를 모두 원하여 답지한 소장(疏章)이 공거(公車 승정원(承政院))에 끊이지 않습니다. 그 사이에 진실로 거칠고 속된 말이 많겠지만 혹여 한두 가지라도 받아들일 것이 어찌 없겠습니까. 예컨대 하진(河溍)의 소장에도 볼만한 내용이 있었는데[14] 단지 전하의 뜻을 조금 거슬렀다는 이유로 미워하는 뜻을 드러내셨고, 여작(呂焯)과 이회보(李回寶) 등의 소장에 이르러서는 진실로 지극히 망녕스럽지만 성상의 비답이 너무 엄한 데다 승정원으로 하여금 불러서 사주한 사람을 묻기까지 하셨습니다.[15]

무릇 신하가 임금과는 지위의 차이가 매우 크므로 지극히 낮은 신하가 지극히 높은 군주를 범하며 용기 내어 맞서서 주장하는 것은 진실로 어렵습니다. 그 말이 이치에 합당한가 여부는 그 사람이 어리석은가 지혜로운가에 달려 있습니다. 군주는 오직 말할 수 있게 장려하고 이치

14 하진(河溍)의……있었는데 : 하진(1597~1658)의 본관은 진주(晉州), 자는 진백(晉伯), 호는 태계(台溪)이다. 저서로 《태계집(台溪集)》이 전한다. 1649년 〈논사소(論事疏)〉를 올려 원로대신을 석방하고 소현세자의 아들을 불러들일 것을 간하였다. 《台溪集 卷5》《孝宗實錄 卽位年 9月 1日》

15 여작(呂焯)과……하셨습니다 : 여작(1586~1652)의 본관은 성산(星山), 자는 회중(晦仲), 호는 호계(虎溪)이다. 이회보(李回寶, 1594~1669)의 본관은 진보(眞寶), 자는 문상(文祥), 호는 석병(石屛)이다. 저서로 《석병집(石屛集)》이 전한다. 두 사람 모두 신생(辛生)의 죄목을 거론하며 국문을 시행하여 엄벌에 처할 것을 건의하였다. 《孝宗實錄 卽位年 9月 1日》《石屛集 卷3 己丑封事》

에 맞지 않더라도 그냥 두는 것이 옳은데, 말이 이치에 맞지 않는다는 이유로 지나치게 노여워하셨고 노여움이 가시지 않자 의심하여 불러서 사주한 사람을 묻기까지 하셨습니다. 어찌 매우 온당치 못한 처사로서 그것이 점차 커질까 걱정스러운 일이 아니겠습니까. 올빼미 둥지가 뒤집히면 어진 새는 더욱 날아가 버리고,[16] 죽은 뼈를 버리면 좋은 말이 오지 않는 법입니다.[17] 신 등은 언로의 막힘이 이런 일로 말미암지 않을까 걱정됩니다.

이어서 삼가 승정원에 내린 비답을 보니 "나로 하여금 손발을 쓸 수 없게 한다."라는 전교가 있었고, 합계(合啓)에 답한 말에는 "간사한 사람과 매우 똑같다", "나라를 어지럽힌다" 등의 말씀이 있어 신 등이 서로 바라보며 깜짝 놀라서 더욱 실망하였습니다. 어찌 밝으신 성상께서 이렇게 불평한 기상을 지니셨습니까. 《예기(禮記)》에 이르기를 "가까이 있으면서 간하지 않는다면 자리만 차지하는 것이다."라고 하였습니다. 승정원은 임금과 가까운 지위라고 할 수 있는데, 온당하지 못한

16 올빼미……버리고 : 한 성제(漢成帝) 때 매복(梅福)이 상소하여 대장군 왕봉(王鳳)의 권력 남용을 경계하며 말하기를 "솔개와 까치가 해를 당하면 어진 새는 더욱더 멀리 날아가고, 어리석은 자가 죄를 입게 되면 지혜로운 선비는 깊이 숨어 버립니다."라고 하였다. 《漢書 卷67 梅福傳》

17 죽은……법입니다 : 전국 시대 연(燕)나라 소왕(昭王)이 왕위에 올라 국세를 확장하기 위해 어진 이를 초빙하려 하자, 곽외(郭隗)가 "옛날 어떤 임금이 천리마를 사기 위해 사람을 시켜 천금(千金)을 가지고 가서 사오게 했는데, 그 말이 죽었는데도 뼈를 5백 금(金)을 주고 사오자 금방 천리마를 끌고 온 사람이 세 명이나 되었다고 합니다. 마찬가지로 나 같은 사람을 먼저 기용하면 나보다 훌륭한 사람이 어찌 천리를 멀다 하겠습니까?"라고 말하였다. 연 소왕이 곽외를 스승으로 섬기니 천하의 인재들이 앞다투어 연나라로 모였다고 한다. 《戰國策 卷29 燕策1》

일이 있으면 논쟁을 벌이는 것이 직임입니다. 군주의 손발을 쓸 수 없게 만드는 것은 옛날 권간(權奸)이 나라의 권력을 잡고 위세와 복록을 제멋대로 휘두른 자들이 하는 짓입니다. 골격도 무르고 나약함이 풍조를 이룬 오늘날 사대부들과 비교해 볼 때 바야흐로 전하께서 격려해 주셔도 부족한데 이러한 전교를 내리셨습니다. 어찌 전하께서는 세상 사람들에게 휩쓸려 오직 순종만을 일삼게 하려고 하십니까. 신 등은 실로 의혹이 없지 못합니다.

양사(兩司)가 합계하여 올린 말에 이르러서는 과격한 면이 있습니다만, 그 마음은 전하의 뜻을 감동시키는 데에 급급하여 그 말이 너무 지나친 줄을 깨닫지 못한 것에 불과합니다. 옛사람 중에 걸(桀)과 주(紂), 환제(桓帝)와 영제(靈帝)로써 그 군주를 지적하여 꾸짖은 자가 있었지만 당시 군주가 죄를 주지 않았는데,[18] 후세에 칭송하여 미담으로 여겼습니다. 더구나 언관(言官)이 탐욕스럽고 더러운 한 재신(宰

18 옛사람……않았는데 : 한(漢)나라 주창(周昌)이 고조(高祖)에게 아뢸 일이 있어 대궐에 들어갔다가 고조가 척희(戚姬)를 안고 있는 모습을 보고서 달아났다. 고조가 좇아와서 붙잡고 묻기를 "나는 어떤 임금인가?" 하니, 주창이 대답하기를 "폐하는 걸(桀)이나 주(紂) 같은 임금입니다."라고 하였다. 고조는 웃었지만 더욱 주창을 두려워하였다. 《史記 卷96 張丞相列傳》 환제(桓帝)와 영제(靈帝)는 후한 말기의 군주로, 정치를 제대로 하지 못해 결국 나라가 멸망하게 만들었다. 서진(西晉)의 무제(武帝) 사마염(司馬炎)이 유의(劉毅)에게 자신을 한나라 어느 황제에다 견줄 수 있을지 묻자, 유의가 한나라 말기의 환제와 영제에 견줄 수 있다고 대답하면서 "환제와 영제는 관직을 판 돈이 관고(官庫)에 들어갔는데 폐하는 관직을 팔면 그 돈이 사문(私門)으로 들어가니, 이를 가지고 말하면 폐하는 그들만도 못합니다."라고 하였다. 그러자 무제가 환제나 영제는 이런 말을 듣지 못하였는데 지금은 직언하는 신하가 있으니, 그때와는 다르다고 하면서 웃어넘겼다. 《晉書 卷45 劉毅列傳》

臣)을 논핵(論劾)하면서 늘어놓은 말 가운데 비록 정밀하지 못한 비교가 조금 있지만 어찌 이런 일로 갑자기 이처럼 엄한 전교를 내리십니까. 위대한 성인이 차분한 마음으로 남을 대하는 도리가 결코 이와 같아서는 안 됩니다.

언행은 군자가 천지를 감동시키는 것입니다. 임금의 말은 처음에 실처럼 가늘지만 일단 나오면 동아줄처럼 굵어지니, 언행을 표출함에 관계된 바가 매우 중요합니다. 그러므로 《역》에 이르기를 "군자가 방에 앉아 한 말이 선하면 천 리 밖에서 응하고, 선하지 않으면 천 리 밖에서 어긴다."[19]라고 했으니, 감응하는 이치는 숨길 수가 없습니다. 전후로 엄한 전지(傳旨)가 내려오면서부터 사대부 사이에서 놀라고 두려워하며 마음을 잃고 어찌할 줄 모르는데, 뜻있는 선비는 멀리 떠날 생각을 하고 평범한 사내는 구차히 모면할 계획을 품고 있으니 이것이 어찌 조정의 복이겠습니까. 삼가 바라건대 밝으신 성상께서는 통렬히 성찰하고 타이르는 뜻을 분명하게 보여 아랫사람들이 모두 바람과 우레처럼 고치고 일식과 월식처럼 고치는[20] 전하를 우러르게 하십시오. 그렇게 하시면 성덕은 실로 허물이 없었던 처음보다 더욱 빛날 것입니다.

또 전하께서는 왕위에 오른 초기에 은거한 선비들을 초대하여 모두 조정에 불러들이고 예우하고 공경하는 정성이 말씀에 넘쳐났으니, 전국에서 새롭게 쳐다보며 가만히 삼대(三代)의 성대함과 아름다움을

19 역에……어긴다 : 《주역》 〈계사전 상(繫辭傳上)〉에 보인다.

20 바람과……고치는 : 《주역》 〈익괘(益卦) 상(象)〉에 "풍뢰(風雷)가 익(益)이니, 군자는 이 점괘를 보고서 선(善)을 보면 그쪽으로 옮겨 가고 허물이 있으면 고친다."라고 하였다. 또 《논어》 〈자장(子張)〉에 "군자의 허물은 마치 일식이나 월식과 같아서, 허물이 있으면 사람들이 다 바라보고, 허물을 고치면 사람들이 다 우러러본다."라고 하였다.

보았습니다. 무릇 성인의 쉼 없는 지극한 정성은 잠깐 사이에도 반드시 조금의 끊어짐도 용납하지 않겠지만 걱정하는 사람들의 논의는 혹 전하께서 선비를 대우하실 적에 처음 그대로 이어가지 못해 예전에 등용한 사람이 지금은 없다는 탄식[21]이 있을까 염려하고 있습니다. 아, 어찌 그렇겠습니까.

산야(山野)에 사는 사람은 으레 세속과 맞지 않아 나아가기를 어렵게 여기고 물러나기를 쉽게 여기니, 바로 그들이 본디 지키는 것입니다. 밝으신 성상께서 애당초 예전에 모르시던 일이 아닐 텐데 어찌하여 지금은 그렇지 않으십니까. 세속의 논의가 들끓고 맑은 논의가 사라진 오늘날을 당해서 마음을 두어 북돋아주고 그 기운을 길러 꺾이고 흩어지지 않게 해야 합니다. 만약 일을 말한 것이 하나라도 성상의 마음에 맞지 않고 조정에서 받아들여지지 않아 낭패를 겪고 떠난다면 이러한 조치는 세도에 크게 관련됩니다.

더군다나 지금 인산(因山)이 이미 끝나 정사와 교화가 다시 시작되는데 한 시대의 원로 유림으로서 나라를 이끄는 신하가 혹 서로 이어 물러나기를 바라고 은둔하려는 생각에서 벗어나지 않는다면 전하께서는 누구와 함께 나라를 다스리고 치세를 도모하시겠습니까. 전하께서

21 처음……탄식 : 원문의 권여불승(權輿不承)은 《시경》 〈권여(權輿)〉의 "아아, 내게 큰 집이 넓고 크더니, 이젠 끼니마저 남는 것이 없구나! 아아, 처음과 다르도다!〔於我乎, 夏屋渠渠, 今也每食無餘. 于嗟乎, 不承權輿.〕"라는 구절에서 나온 말로, 임금이 선비 대우에 시종일관하지 못함을 의미한다. 원문의 석진금무(昔進今亡)는 맹자가 제 선왕(齊宣王)에게 "왕께서는 친한 신하가 없습니다. 어제 온 사람이 오늘 떠나간 줄도 알지 못합니다.〔王無親臣矣. 昔者所進, 今日不知其亡也.〕"라고 말한 것을 가리킨다. 《孟子 梁惠王下》

는 더욱 성심(誠心)을 열고 힘써 머물라고 유시하며 뛰어난 인재를 거두어 모아 조정에 늘어세워야 합니다. 그러면 거의 시끄러움을 진정시키고 기강을 정돈하여 국가가 끝내 그 경사를 힘입게 될 것이니, 밝으신 성상께서는 유념하십시오.

송시열(宋時烈)은 책에 뜻을 두고 옛사람에 마음을 두었는데, 그의 강개한 성품은 과감하게 결단하는 잘못을 면치 못하였으며 전날에 곧장 돌아간 것에도 그의 의지가 담겨 있습니다. 그러나 자신의 죄과로 여겨 감히 무릅쓰고 머무를 수 없었고 또 어미의 병 때문에 소장을 올려 물러날 것을 청하였으니, 그 형세가 진실로 절박하고 그 실정도 애처롭습니다. 마침 대행왕을 발인하는 초기에 우선 소장을 내어주라는 명이 있자 송시열이 성 밖에 물러나 명을 기다린 지 열흘이 지났는데 황송하고 낭패스러워 어쩔 줄 몰라 합니다.

그를 보는 사람들은 혹 전하께서 송시열을 대하는 것이 전후로 조금 다르다고 의심하고 있습니다. 송시열은 산림에서 거리낌 없이 지내 세상일을 익히지 않았지만 천지의 포용하는 아량에는 어찌 틈이 있겠습니까. 전하께서 혹시 송시열을 쓸 수 없다고 여기신다면 우선 그가 물러나는 것을 허락하여 돌아가 늙은 어미를 봉양하고 책을 읽어 뜻을 구하게 하여 훗날 쓰기를 기다리는 것도 불가하지 않겠습니다. 그러나 지금 만약 종적이 곤궁에 처해 나아갈 수도 물러날 수도 없게 하거나 혹 도리어 뒷사람들의 경계로 삼게 한다면 관계된 바가 또한 어찌 작겠습니까. 삼가 바라건대 일찍 결정을 지어 많은 사람들의 의혹을 풀어주시면 매우 다행이겠습니다.

아, 임금과 신하가 서로 만나 공적을 세우는 것은 오랜 세월에도 어려운 일인데 뭇 신하가 다행히 살아서 성상을 만나 성대한 시대를 보게 되었으니 기대하는 마음이 끝이 없습니다. 삼가 보건대 요사이 상하 간에 점차 막히는 일이 조금 있는데, 이로 인해 갈수록 심해져 좋은 기회를 놓쳐버린다면 어찌 천고의 지극한 한이 되지 않겠습니까. 이점을 신 등은 크게 두려워합니다.

지금 하늘이 내린 재앙이 거듭되어 농사일이 끝없는데 조정의 논의가 무너지고 헛소문이 크게 일어나니 신 등이 유악(帷幄)에 들어와 한두 가지 아뢰고자 했습니다. 그러나 이에 생각해 보니 성사(成事)[22]가 지나지 않아 전하의 슬퍼하고 사모하는 마음이 지극한데 성상을 번거롭게 할 것 같아 감히 낱낱이 말씀드리지 않겠습니다. 오직 이 몇 가지 조목은 실로 전하의 부족한 점과 관계되어 있고 기회가 매우 중요하므로 덮어두고 시간을 끌어서는 안 됩니다. 이에 감히 외람되게 슬픔이 망극한 가운데 아뢰오니, 삼가 바라건대 밝으신 성상께서 유의하여 밝게 살펴보십시오. 재결해 주시기 바랍니다.

22 성사(成事) : 졸곡(卒哭)을 이른다. 우제(虞祭) 때는 흉(凶)을 숭상하기 때문에 제례가 이루어지지 않지만 졸곡 때에는 무시로 곡하는 것을 끝내고 오직 조석으로 두 차례만 곡할 뿐이니, 흉이 점차 길(吉)로 변하기 때문에 성사라고 한다.

권도를 따를 것을 청하는 차자 기해년(1659, 현종 즉위년)

請從權箚 己亥

모두 일곱 편의 차자로, 나머지는 〈별집(別集)〉에 실려 있다. 이하 여러 편의 차자는 모두 부제학(副提學)으로 있을 때[23]에 지은 것이다.

삼가 아룁니다. 하늘이 보살펴주지 않아 갑자기 큰 아픔을 내리셨는데 성상의 효성이 망극하여 예제보다 지나치게 슬퍼하십니다. 큰 상처를 입어 심하게 아파하신 지 한 달이 지나고 한 철이 지나니 온 나라의 신민이 걱정하고 두려워하며 모두 반드시 닥칠 걱정이 환히 눈앞에 있음을 알고 있습니다. 여전히 슬픔을 다해 스스로 극진히 하는 지극한 정에 어긋날까 염려하시는데 옥체를 보호하는 이야기를 아직 외워서 힘껏 아뢰지 못했으니 이는 실로 여러 아랫사람들의 죄입니다. 근래에 성상의 건강이 좋지 못함은 결국 쇠진하고 몸이 상한 나머지에 나온 것입니다. 의원에게 물어보고 의서를 찾아보니 위의 작용이 크게 떨어져 원기가 몸 안에서 줄어든 것이 분명하므로 결코 평범한 약물로 효험을 볼 만한 것이 아닙니다. 신 등은 두려움이 더욱 심하여 마음과 뼛속이 모두 오싹해졌습니다.

삼가 생각건대 성자(聖慈 대비(大妃))께서는 오직 병들까 걱정하시니 밝으신 성상께서 질병을 조심하는 도리는 반드시 경중을 헤아려 상도(常道)를 따르고 권도(權道)에 통달하는 조치가 있어야 합니다. 그런데 삼가 약방(藥房)과 사간원(司諫院)에 내린 비답을 보건대 서로 돌

23 부제학(副提學)으로 있을 때 : 유계는 1659년 7월 홍문관 부제학에 임명되었다. 《顯宗改修實錄 卽位年 7月 20日》

아보며 깜짝 놀라고 크게 실망하였습니다. 일찍이 전하께서 효성스럽다고 생각했는데, 도리어 고루하게도 작은 절의에 얽매여 큰 도리를 잊은 것이 이 지경에 이르렀습니다. 신 등은 삼가 의혹이 생깁니다.

친상(親喪)은 진실로 인정을 다 쏟아야 하는 것이니, 만약 경전을 잡고 제도에 맞게 다할 수 있는 것이라면 어찌 궁극의 한계가 있으며 또 누가 억제할 수 있겠습니까. 선왕의 예를 돌아보건대 상제(喪制)에는 네 가지가 있는데 반드시 권도가 그중의 하나를 차지하는 것은 진실로 효자와 어진 사람이 목숨을 잃어 끝내 불효하는 것과 같게 될까 봐 걱정해서입니다.[24] 그러므로 경문(經文)에서 권변(權變)의 도리를 상세하게 설명한 것이 간곡할 뿐만 아니니 이것이 어찌 성인이 일부러 풍속을 해치고 예를 무너뜨리는 말을 만들어 말세의 야박함을 가르치고 효자의 마음을 해치려는 것이겠습니까. 천하와 후세를 위한 염려가 또한 깊고도 절실합니다.

여염에 사는 천한 필부 중에 더러 예제보다 지나치게 슬퍼하여 질병에 걸리는 자가 있으면 이웃 마을에서 걱정하고 집안 어른이 억지로 시켜 반드시 입맛을 돋우는 생강과 계피를 먹어 생명을 손상할 걱정에서 면하게 합니다.[25] 더군다나 한 사람의 몸이 위로는 종묘를 받들고

24 상제(喪制)에……걱정해서입니다 : 《예기(禮記)》 〈상복사제(喪服四制)〉에 "사흘이 지나면 죽을 먹고, 석 달이 지나면 머리를 감고, 일 년이 지나면 연제(練祭) 이후의 상복으로 갈아입는다. 몸이 수척해질 정도로 지극히 애통해하더라도 자기의 생명만은 해치지 않도록 해야 하니, 어버이의 죽음 때문에 자기의 생명까지 상하게 해서는 안 된다."라고 하였다.

25 예제보다……합니다 : 《예기》 〈단궁 상(檀弓上)〉에 "증자(曾子)가 이르기를 '거상(居喪) 중에 병에 걸리면 고기를 먹고 술을 마시되 반드시 초목의 맛을 더해야 한다.'라

아래로는 신하와 백성을 다스려 그 책임이 무겁고도 큰데 어떻게 하시겠습니까? 이에 감히 스스로 지나치게 몸을 상하고 필부의 작은 예절을 달게 받아들이면서 이것을 가지고 성왕(聖王)의 큰 효라고 이르는 것입니까?

선왕의 오르내리는 혼령과 이전(二殿)[26]께서 절박한 심정으로 전하를 돌보고 걱정하시는 것은 또한 어찌하겠습니까. 그런데도 전하께서 아직도 임시방편으로 하는 자잘한 행실을 지키고 헤아릴 수 없는 위태로운 지경에 처하여 삼령(三靈 천신(天神)·지지(地祇)·인귀(人鬼))을 놀라게 하고 만백성을 당황하게 하시니 추념하고 우러러 본받는 도리에 있어서 어찌 이렇게 할 수 있습니까.

전하께서 이 몇 가지를 가지고 감정을 억누르고 돌이켜 생각하신다면 반드시 거듭 생각하지 않더라도 제왕의 큰 효도가 저기에 있지 않고 여기에 있음을 알 것입니다. 사리는 의심할 것이 없고 예의 가르침이 밝게 전하니 삼가 바라건대 밝으신 성상께서는 지극한 애통함을 애써 억누르고 깊이 성찰하여 속히 권도를 따라 옥체를 보존하신다면 종묘사직에 매우 다행이며 신민에게도 매우 다행일 것입니다. 신 등은 구구하게 근심하고 애타는 마음을 견딜 수 없습니다. 삼가 재결해 주시기 바랍니다.

고 하였으니, 생강과 계피를 말한 것이다."라고 하였다.

26 이전(二殿) : 인조(仁祖)의 계비로 대왕대비인 장렬왕후(莊烈王后) 조씨(趙氏, 1624~1688)와 효종비(孝宗妃)로 왕대비인 인선왕후(仁宣王后) 장씨(張氏, 1618~1674)를 가리킨다.

권도를 따르시라고 자전께 권하기를 청하면서 소회를 아뢰는 차자[27]

請奉勸慈殿從權 因陳所懷箚

삼가 아룁니다. 하늘이 보살펴주지 않아 우리나라 대행대왕(大行大王 효종(孝宗))께서 갑자기 신민을 버리시니, 온 나라 사람들이 어린 아이가 부모를 잃어 하루도 살지 못할 것처럼 부여잡고 울부짖다가 정신을 잃었습니다. 그런데 다행히 세자께서 즉위하여 아버지를 잃었다가 아버지를 얻어서 수많은 백성들이 지극한 애통함을 참아내어 거의 잠깐이나마 죽지 않아 선왕께서 남긴 은택을 입지 않는 이가 없었습니다. 근래에 성상의 효성이 지나치게 융숭하여 기운이 심하게 소진되어 거듭 원기를 잃고 건강이 좋지 못한 날이 오래되자 중앙과 지방에서 두려워하고 황망하게 망극하였습니다. 다행히 신명의 도움에 힘입어 성상의 지혜와 통달한 권도(權道)로 점점 차도가 있다는 전교를 겨우 받들었는데 병이 조금 나았다가 심해질까 하는 근심이 더욱 간절합니다.

그러나 신민이 깊이 걱정하고 애태우며 별도로 매우 절박하게 여기는 것은 자전(慈殿 인선왕후(仁宣王后))께서 여러 해에 걸쳐 오랫동안 고질이 된 증세를 보이는데 하늘이 무너지는 망극한 애통함을 당해 상례를 너무 지나치게 따르시는 것입니다. 정에 내맡긴 채 돌아보지 않으면

27 권도를……차자 : 1659년 효종(孝宗)이 승하하고 현종(顯宗)이 즉위하였을 때 지은 글이다.

서 조금도 생명을 잃는 것을 성상의 마음에 두지 않고 빈소에 몸을 맡긴 지 반 년에 가까워지니 반드시 닥칠 근심이 눈앞에 환합니다. 그런데도 많은 신하들은 오히려 지극히 깊고 충실한 마음에 어긋날 것을 걱정하느라 지금까지 감히 건강을 돌보는 말을 우러러 여위(廬闈)에 호소하지 않았습니다. 이는 진실로 많은 신하들의 죄이지만 모시고 받들어 보호하는 성상의 도리에 있어서도 미진한 점이 있는 듯합니다.

신 등은 진실로 전하의 지극한 애통함을 알기에 차마 입을 열지 못하고 우선 조금 늦추어 인산(因山)이 끝나기를 기다리려고 했습니다. 그런데 삼가 생각해 보니 일이 이루어지기 전까지 아직도 40여 일이나 남아 있어 성자(聖慈)의 쇠약한 증세가 날로 더해지고 짧은 시간에 깊어져 끝내 큰 병이 이어 나타난다면 이때가 되어 전하께서 비록 뒤늦게 후회하시더라도 무슨 소용이 있겠습니까.

권도를 따르는 것은 예를 어기는 도가 아니고, 종사(宗社)에는 지극히 무거운 부탁이 있습니다. 자전께서 편안하시면 전하가 편안하고 종묘가 편안할 것이고, 자전께서 편안하지 못하시면 전하께서 편안하지 못하고 종사는 위태로울 것입니다. 자전께서 비록 스스로를 중히 여기지 않더라도 어찌 차마 개인의 절박한 슬픔으로 종사를 위태로운 지경에 놓고도 돌보지 않을 수 있겠습니까. 신 등은 자전께서 마음속으로 반드시 이것을 슬퍼하실 것을 알고 있습니다. 전하께서는 진실로 입맛을 돋우는 생강과 계피를 친히 조리하여 손수 받들어 올리고 울부짖으며 따라서 반복하여 비유해 깨우쳐도 윤허하지 않으시면 그만두지 마십시오. 그렇게 하면 의성인애(懿聖仁愛)한 자전께서 어찌 사리가 반드시 그러함을 밝게 살피고 전하의 지극한 정성에 곡진히 부응하지 않으시겠습니까.

삼가 바라건대 전하께서는 산릉(山陵)을 정할 날이 다가와 자전의 마음을 되돌리기 어려운 것은 생각하지 마시고 때가 되면 받들어 권하여 감동받아 깨닫게 하기를 기약하십시오. 십수 일 동안 원기를 보양하는 성과를 얻어 위태로운 지경에 이르지 않는다면 어찌 종사와 신민의 지극한 다행이 아니겠습니까.

아, 오늘의 급한 일을 당해 진실로 양전(兩殿)[28]을 보호하는 것보다 큰 일은 없지만 능히 성상의 덕을 밝혀 처음으로 나라를 다스리는 일을 빛내는 것도 오늘날 무엇보다 먼저 할 일로서 조금도 소홀히 할 수 없습니다. 옛날 소공(召公)이 성왕(成王)을 경계하여 말하기를 "마치 자식을 낳음에 그 처음 태어났을 때에 달려 있지 않음이 없어서 스스로 밝은 명을 끼쳐주어야 하는 것과 같으니, 이제 하늘이 밝음을 명할 것인가? 길흉을 명할 것인가? 오랜 국운을 명할 것인가? 이것을 아는 것은 지금 우리가 처음 정사를 펴는 데에 달려 있습니다."[29]라고 하였습니다. 길흉과 성패로 돌아가는 것은 그 차이가 매우 큰데, 그 기미의 판가름은 실로 처음 정사를 펴는 데에 달려 있습니다. 비유하자면 천리 길을 가는 자가 발을 내딛는 처음에 가는 방향을 결정하여 동쪽으로 가는 자를 서쪽으로 가게 하지 않고 북쪽으로 가는 자를 남쪽으로 가게 하지 않게 하는 것과 같습니다. 안정과 위험, 흥성과 패망으로 가는

28 양전(兩殿) : 인조(仁祖)의 계비로 대왕대비인 장렬왕후(莊烈王后) 조씨(趙氏, 1624~1688)와 효종비(孝宗妃)로 왕대비인 인선왕후(仁宣王后) 장씨(張氏, 1618~1674)를 가리킨다.

29 소공(召公)이……있습니다 : 《서경》 〈소고(召誥)〉에 보인다.

길에 끊임없이 날마다 나아가서 그칠 수가 없으니 처음 정사를 펴는 것을 삼가지 않을 수 없음이 이와 같습니다.

전하께서 총명하고 지혜로워 자연스럽게 성품이 이루어져 언행과 정사에 늘 허물이 없으십니다. 신 등이 감히 방향을 헤매고 도리에 어긋나는 일을 가지고 밝으신 성상께 염려를 끼쳐 드릴 수 없습니다. 그러나 선악이 갈리고 향배가 결정된 뒤에도 끝없는 갈림길이 분명 있는 것은 어째서입니까. 천리(天理)와 인욕(人慾)이 마음속에서 섞여 나오는데 위태롭고 은미하여 급박한 때에 살피기 어렵지만 그것이 마음에서 발하여 행하는 일에 나타나는 것이 만일 공변된 천리에서 한결같이 나오지 않고 사사로운 인심이 들쭉날쭉 섞여 있으면 이른바 선을 행하는 자가 반드시 다 선하지는 않고 사사로운 움이 남모르게 자라나고 나쁜 종자를 심어놓아 갈수록 반복되고 기계가 익숙해져 마지막에는 공리(公理)를 없애고 정의(正義)를 해쳐 어지럽고 망하는 데로 함께 돌아가지 않을 자가 또한 드물 것입니다.

인애(仁愛)는 아름다운 덕이지만 혹 적당하지 못하게 되면 정에 이끌리고 사심이 이겨 무례하고 업신여기는 폐단이 시작됩니다. 지혜와 술책은 통달한 도리이지만 혹 제멋대로 천착하기를 잘못하면 술수에 마음을 써서 계산하고 구차한 습관이 길러집니다. 자기 뜻대로 하고 자기를 성인으로 여기면 비록 굳세고 밝은 것 같지만 실제로는 남의 비위를 맞추고 순순히 따르는 조짐을 열게 되고, 자기를 하찮게 여기고 자기 편한 대로 하면 비록 겸손한 것 같지만 마지막에는 낮고 일시의 안일을 좇는 지경에 들어갈 것입니다. 간언을 성실하게 듣지 않는다면 헐뜯고 아첨하는 사람들은 날로 나오지만 진실하고 곧은 사람은 날로 물러나게 되며, 도를 독실하게 믿지 않으면 사악한 말은 세차게 일어나고 바른 학문은 외롭고 위태로워집니다. 이러한 일들이 천 갈래 만 갈래여서 한 마음으로 살피지 않는다면 혹 천만 가지 무궁한 폐단을 열 수 있고, 한 가지 일도 삼가지 않는다면 혹 천만 년이 흘러도 구제하기 어려운 재앙에 이를 수 있습니다. 아, 경계하지 않을 수 있겠습니까. 두려워하지 않을 수 있겠습니까.

신 등은 감히 전하의 첫 정사에 이미 이렇게 드러난 단서가 있으리라고 생각한 것은 아닙니다. 오히려 전하께서 학문을 닦은 성과가 혹 궁극에 나아가지 못함을 염려하였으니 정밀하게 살피고 한결같이 지키라는 가르침[30]에 더욱 마음을 두지 않을 수 없습니다. 삼가 바라건대 전하께서는 우선 옥체를 보존하고 성인의 학문에 더욱 힘쓰되 격치(格致)하여 그 뜻을 밝히고 존양(存養)하여 근본을 세우고 성찰하여 기미를 삼가십시오.[31] 마음을 맑고 깨끗하며 순수하고 잡된 것이 없게 하고 털끝만큼의 사악함이라도 감히 그 사이에 침범하지 못하게 한 뒤에야 하늘의 덕과 임금의 도리는 본체가 확립되고 작용이 행해질 것입니다. 당우(唐虞)의 교화와 삼대(三代)의 치세는 모두 이 속에서 나와 만들어졌으니, 어찌 아름답지 않겠으며 어찌 성대하지 않겠습니까.

지금 엄려(嚴廬)[32]는 슬픔을 다하는 곳이니 진실로 연석(筵席)에서

30 정밀하게……가르침 : 순(舜) 임금이 우(禹)에게 선위할 때에 "인심(人心)은 위태하고 도심(道心)은 은미하니, 오직 정밀하게 살피고 한결같이 지켜야 진실로 그 중도를 잡을 것이다."라고 하였다. 《書經 大禹謨》

31 격치(格致)하여……삼가십시오 : 격치는 사물의 이치를 연구하여 지식을 넓히는 것이며, 존양(存養)은 마음을 언제나 잘 보존하여 기르는 것으로 주로 정(靜)할 때의 공부이며, 성찰(省察)은 자신의 사욕을 살펴 이를 막는 것으로 동(動)할 때의 공부이다.

32 엄려(嚴廬) : 임금이 국상을 당하였을 때 거처하는 여막(廬幕)이다.

강론할 때가 아닙니다. 그렇지만 전하의 건강이 조금 안정된 날에는 때로 시강(侍講)하는 신하에게 나아가 《예기(禮記)》 상제(喪祭) 등 여러 편을 읽게 하여 눈여겨보신다면 조금이나마 보탬이 없지는 않을 것이니, 또한 밝으신 성상께서 마음을 두십시오.

아, 신 등이 이미 옥체를 보존하고 성인의 학문을 밝히는 이야기를 앞에서 대략 펼쳤는데 그 나머지 정치의 방법과 베풀어 시행하는 지엽적인 부분까지는 드릴 말을 찾지 못했지만 정사를 발하는 초기에 또한 먼저 알지 않으면 안 되는 것이 있습니다. 옛날 성인이 문왕(文王)과 무왕(武王)의 훌륭한 덕을 칭송하면서 뜻을 이어받아 사업을 발전시킨다고 말한 데에 불과하였고,[33] 증자(曾子)는 맹장자(孟莊子)의 효도를 칭송하면서 부친의 신하와 부친의 정사를 바꾸지 않기가 어렵다고 하였습니다.[34] 거룩하고 신령한 분들이 대를 잇는 도리는 이것을 버리면 다른 방법이 없을 것입니다.

아, 선왕께서는 대업을 넓히는 데에 뜻을 두고 정신을 가다듬어 치세를 도모하여 10년 동안 밤낮으로 나랏일을 걱정하고 부지런하였으며 시행한 모든 일들이 만세의 본보기가 될 만했습니다. 그러나 세도가 낮아지고 형세가 많이 막혀 큰 강령은 시행됐지만 많은 조목이 펼쳐지

33 성인이……불과하였고 : 공자가 말하기를 "무왕(武王)과 주공(周公)은 세상 사람들이 모두 칭찬하는 효자일 것이다. 효란 것은 어버이의 뜻을 잘 계승하며, 어버이의 일을 잘 따라 행하는 것일 뿐이다."라고 하였다. 《中庸章句 第19章》

34 증자(曾子)는……하였습니다 : 증자가 공자에게서 들은 말이라며 "맹장자(孟莊子)의 효도에서 다른 것은 누구나 할 수 있겠지만, 아버지의 신하와 아버지의 정사를 바꾸지 않은 일은 아무나 하기 어렵다."라고 하였다. 《論語 子張》 맹장자는 춘추 시대 노(魯)나라 대부로, 이름은 속(速)이다.

지 못했고 대의는 밝아졌지만 큰 공이 이루어지지 못했습니다. 말년에 이르러서 염려를 갑절이나 수고롭게 하고 부지런히 힘써 강구하여 거의 완성할 수 있었는데 하늘이 조금 연장해주지 않아 큰 재앙이 이렇게 혹독하였습니다. 어렵고 큰 사업을 모두 가져다가 전하의 몸에 부여하였으니 이제 전하께서 비록 다시 큰 명을 생각하고 많은 정사를 새롭게 하기를 도모하시겠지만 그 규모와 강목은 진실로 선왕께서 이미 강구한 데에서 벗어난 것이 없습니다.

지금 전하께서는 날마다 선왕께서 의지한 신하를 등용하고 선왕께서 강구한 계책을 자문하여 서둘러야 할 것은 먼저 행하고 늦출 것은 천천히 행하십시오. 겨를이 없던 일을 윤색하되 때때로 살피고 날마다 검토하며 달마다 이루고 해마다 성취하여 선왕의 큰 뜻이 다 펴지고 큰 업적이 마침내 이루어지기를 바란다면 전하께서 이어받아 발전시키는 효도가 어찌 크게 빛나고 성대하게 드러나지 않겠습니까.

또 작년에 흉년이 들어 백성들이 굶어죽을 뻔했는데 선왕께서 정성을 다해 견감하고 진휼해 주심에 힘입어 억만 생령이 구렁에 떨어지는 것을 면하였습니다. 그런데 불행히도 올해 홍수가 거듭되어 여러 도에서 기근이 들었음을 보고하는 것이 거의 작년보다 심합니다. 하토(下土)의 백성들이 입을 벌리고 먹여주기를 기다리며 모두 선왕께 우러러 의지하던 것을 전하께 요구하고 기대하고 있습니다. 전하께서도 선왕의 뜻을 따라 구제하는 계책을 급히 강구하여 백성들로 하여금 '선왕은 우리를 돌보아주셨는데 지금 임금은 우리를 잊어버렸다.'라고 말하게 하지 마십시오.

아, 선왕께서 널리 뛰어난 인재를 구하여 전하를 돕게 하셨는데 전하께서 높이 예우하고 공경하여 존중하는 것도 지극하지 않음이 없습니다. 오직 저 두세 유현(儒賢)은 선왕의 망극한 은혜에 감복하고 전하의 세상에 드문 대우를 받았으니 어찌 마음과 힘을 다 쏟고 목숨을 바쳐 갚기를 도모하지 않겠습니까. 다만 쇠하고 늙은 데다 질병을 안고 있어 많은 직무를 감당할 수 없는데 정세가 편안하지 못해 돌아갈 것을 말하려고 하였습니다. 세도가 안정되지 못함을 식견 있는 사람들이 깊이 걱정하고 있으니 이 또한 밝으신 성상께서 모르시면 안 됩니다.

현자는 국가에 있어서 높은 산이나 큰 하천과 같아 움직이는 것을 보지 못하지만 사물에 미치는 이로움은 넓습니다. 그러므로 옛사람이 현자 한 명의 등용으로 그 세상이 홍할 것을 점치고 선비 한 명의 물러남으로 그 나라가 위태로워질 것을 증험한 것은 진실로 빈말이 아닙니다. 현자는 예를 갖추어 부를 수 있지만 이익으로 잡아두기는 어렵고 도리로 부합할 수 있지만 힘으로 부리기는 어렵습니다. 요점은 서로 마음이 맞고 뜻이 같아 도가 행해지고 말이 받아들여지는 데에 있으니, 굳이 높은 벼슬로 구속하거나 신체를 다그치지 않은 뒤에야 현자를 등용한다고 말할 수 있습니다.

분주한 수고로움은 보필하는 공로만 못하고 유사(有司)에게 맡겨두는 것은 빈사(賓師)를 존중하는 것만 못합니다. 전하께서 진실로 현자를 좋아하여 그들을 다 등용하고자 한다면 신 등은 삼가 생각건대 굳이 직무를 강요하여 감내하지 못하게 하지 말고 후한 예로 우대하여 나라의 본보기로 삼아 경연에 출입하면서 성심으로 보좌하는 일을 전적으로 맡겨 정사가 있을 때에 자문하시고 의문이 있으면 질정하십시오. 전후로 발탁한 산림의 선비 가운데 직무에 얽매이기를 바라지 않는 자도 이러한 도리로 대우하여 서울에서 한가로이 지내게 하되, 대략 송(宋)나라 신하 정호(程顥)가 바친 바대로 연영원(延英院)에서 선비를 대우하는 제도[35]와 같게 하십시오. 그러면 거의 뛰어난 선비들이 모여들고 어수선하게 사퇴하지 않을 것이며 새로운 교화가 청명하게 펼쳐져 크게 힘입을 것입니다.

신 등이 유악(帷幄)에 있으면서 충성을 바치려는 구구한 정성은 끝이 없으나 돌이켜 생각해 보면 학술은 허술하고 말씀드리는 계책은 천박합니다. 또 전하께서 상중(喪中)에 계시기에 감히 일일이 번거롭게 해드릴 수 없지만 이 몇 가지 내용은 관계된 바가 중대하여 침묵하고 천천히 기다리다가 기회를 잃을 수 없었습니다. 그러므로 감히 간략히 개요를 아뢰어 밝으신 성상께서 헤아려 선택해 주시기를 기다리겠습니다. 신 등은 절박하게 바라는 마음을 견딜 수 없습니다. 삼가 재결해 주시기 바랍니다.

35 송(宋)나라……제도 : 정호(程顥)가 차자를 올려 조정에 연영원(延英院)을 설치해서 사방의 인재들을 불러들여 정사와 전례(典禮)에 대해 토의 결정하게 하고, 자주 소대(召對)를 내려 치도를 묻도록 하였다. 이렇게 해서 그들의 재주와 식견, 기량과 능력을 살핀 후에 그 가운데 어진 이를 등용하고 능력 있는 자에게 직책을 맡길 것을 건의하였다. 《二程文集 卷2 論養賢箚子》

능행을 멈추기를 청하고 이어 재해를 그치게 할 방도를 아뢴 차자[36]

請停陵幸 因陳弭災之道箚

삼가 아뢰니다. 하늘과 사람은 하나의 이치로서 위아래에 간격이 없으니 숨 쉬고 호흡하는 것이 감응하면 반드시 통합니다. 그러므로 옛사람 중에 재해를 만나 망하는 이도 있고 재해를 만나 번창하는 이도 있었습니다. 대개 하늘이 경계의 뜻을 보이는 것은 반드시 그 이유가 있으니, 포학하게 하면서도 그 속에 사랑이 담겨 있습니다. 하늘의 명령을 받들어 군주가 된 자가 만약 재해를 만나 경계하고 두려워하며 몸가짐을 조심하고 반성한다면 하늘의 마음을 능히 돌리고 나라가 번창할 것입니다. 혹 하늘의 경계를 업신여겨 두려워할 만하지 않다고 생각한다면 재앙이 마침내 이루어져 나라가 망할 것입니다. 이전 역사를 상고해 보면 경계 삼을 교훈이 밝게 드러나 있으니, 아, 두려워하지 않을 수 있겠습니까.

지금 전하께서 큰일을 겪어 외로이 거상(居喪)하고 계시니 종사(宗社)의 위태로움이 깃술[37]과 같을 뿐만이 아닙니다. 온 나라의 신민이 걱정하고 두려워하는데 단지 믿을 것은 허물없는 성상의 덕이 하늘과 도를 함께 하는 것이니, 이에 하늘의 복을 맞이하고 우리나라의 명을

36 능행(陵幸)을……차자 : 《승정원일기》 현종 즉위년 10월 13일 기사에 실려 있다.

37 깃술 : 원문의 철류(綴旒)는 깃발의 기폭이 술에 매여 있어 이리저리 흔들리는 것으로, 나라의 형세가 매우 위태로운 상황을 의미한다.

새롭게 되기를 바랍니다. 그러나 불행히도 장마와 홍수가 너무 심하고 바람과 우박이 서로 재해를 끼치는데 백성에 대한 근심과 나라를 위한 계책이 진실로 애통합니다. 그런데 요즈음 우레 치는 변고가 10월에 다시 일어나더니 싸라기눈이 어지러이 흩날리고 천둥과 번개가 요란하게 몰아쳐 음양의 조화가 순조롭지 못하고 기상이 어그러진 일이 열흘 안에 거듭 일어났습니다. 이는 "편안하지 못하고 좋지 못하다."라는 시인의 탄식[38]과 "큰 눈이 내리고 천둥 번개가 쳤다."라는 《춘추(春秋)》의 기록[39]과 더불어 변괴가 일어난 상황이 천 년 만에 대략 같습니다.

신 등은 놀랍고 두려움을 견딜 수 없어서 마음이 서늘하고 몸이 떨립니다. 잘 모르겠습니다만 어떠한 재앙의 기틀이 보이지 않는 곳에 숨어 있어서 하늘의 경계가 이 지경에 이른 것입니까. 성상의 덕이 떠오르는 해와 같아 새로운 정사에 잘못이 없는데도 이렇게 된 까닭을 감히 함부로 지적할 수 없고 재앙의 징조라고 진실로 억지로 끌어다 붙이기 어렵습니다. 비록 그렇지만 인자하신 하늘이 이처럼 자상하시니 비슷한 경우를 견주어 구해 본다면 또한 말씀드릴 만한 것이 더러 있습니다.

신 등이 삼가 진(震)의 상(象)이 《역》에 나타나 있어서 살펴보았는데 그 덕(德)은 움직임이고 그 끝은 조급함이니, 천재지변에 놀라고 두려워하는 상이 됩니다. 그러므로 옛 사람의 뜻을 살펴보니 때 아닌 우레가 치면 경솔한 움직임을 경계하는 일이 많았습니다. 성인이 중진

38 편안하지……탄식 : 《시경》 〈시월지교(十月之交)〉에 "번쩍번쩍 천둥 번개가 편안하지 못하고 좋지 못하다.〔爗爗震電, 不寧不令.〕"라고 하였다.

39 큰……기록 : 《춘추좌씨전》 은공(隱公) 9년 기사에 "3월 계유일에 크게 비가 내리며 천둥 번개가 쳤고, 경진일에 큰 눈이 내렸다."라는 기록이 실려 있다.

(重震)의 상을 보고 붙인 말이 "두렵게 여겨 몸을 닦고 반성한다."[40]라고 한 데에 지나지 않지만 아, 다 말한 것입니다. 천하의 길흉과 회린(悔吝)은 동하는 데서 생깁니다. 만약 형세와 역량을 헤아리지 않고 마음 가는 대로 경솔히 움직이면 이미 두려워하는 마음이 없는데다 또 몸을 닦고 반성하는 방법도 어그러진 것이니, 위태롭게 되는 것은 가만히 서서 기다릴 수 있습니다.

전하께서 엄려(嚴廬)에서 거상하시면서 진실로 달리 경솔하게 행동할 염려는 없겠지만 하늘이 경계를 보여주는 것이 귀에 대고 말하듯 밝게 드러났으니, 신 등이 삼가 생각건대 하늘이 전하를 걱정하고 아껴 주심이 지극히 깊고도 절실합니다. 지금 인산(因山)이 임박하여 유품[41]을 묻을 때에 모든 백성들이 달려가 부르짖고 가슴 치며 뛰지 않을 자가 없을 것인데, 더군다나 큰 효성으로 지극히 애통해하는 전하의 마음에 어찌 끝이 있겠습니까. 한 번 현궁(玄宮)에 임하여 세상 끝까지 영결하면 예가 극진하고 정성이 지극한 것이니 누가 감히 말하겠습니까.

단지 성상의 건강이 좋지 못한 지 이미 넉 달이 넘었으니 조금 나았다고 말씀하시지만 원래 증상은 아직도 심하고 갖가지로 위태로운 것이 한둘이 아닙니다. 추운 이때를 당하여 반드시 스스로 근력으로 정성

40 성인이……반성한다 : 《주역》 〈진괘(震卦) 상(象)〉에 "뇌(雷)가 중복됨이 진(震)이니, 군자가 보고서 두려워하여 닦고 살핀다."라고 하였다.

41 유품 : 원문의 검석(劍舃)은 칼과 신발로, 임금의 유품을 뜻한다. 헌원씨(軒轅氏) 황제(黃帝)가 죽는 날을 택하여 신하들과 작별하고 죽자 교산(橋山)에 장례 지냈는데, 나중에 산이 무너진 뒤 무덤을 보니 "관이 텅 비어 있고 오직 칼과 신발만 관 속에 남아 있었다."라고 하였다. 《列仙傳 黃帝》

을 다하고자 하신다면 반드시 닥칠 근심과 미치기 어려운 후회를 절대 다 말할 수 없습니다. 이는 신 등만 근심하는 것이 아니라 실로 온 나라 신민들이 함께 마음 졸이고 애태우는 일입니다. 인심이 이와 같고 전국이 뒤숭숭하니 오르내리는 조종(祖宗)의 신령과 돌보아주는 하늘의 마음에 놀라고 두려워서 절박함이 마땅히 어떻겠습니까. 한 번 고하는 것으로 부족하여 거듭 고하기를 그만두지 않음은 반드시 여기에 달려 있기 때문입니다. 전하의 지친 옥체는 위로 종사의 무거움을 받들고 아래로 수많은 신민에게 임하고 계신데 어찌 스스로를 가볍게 여겨 틀림없이 위태로워질 상황에서 시험하십니까.

삼가 바라건대 밝으신 성상께서는 신 등이 지나치게 염려하고 치우치게 말한다고 생각하여 소홀히 여기지 마시고 서둘러 대신과 예관을 불러 산릉 행차를 멈출 것을 의논하여 위로 하늘의 마음과 아래로 많은 사람들의 기대에 부응하신다면 매우 다행이겠습니다. 아, 오늘날 하늘에 응하는 방법은 진실로 성상의 옥체를 보호하여 위태롭게 하지 않는 것보다 큰 것이 없으니, 능히 성상의 덕을 삼가서 몸을 닦고 반성하는 실제를 다하시는 것이 더욱 처음 정사를 펼칠 때의 급선무이니 조금도 소홀히 하셔서는 안 됩니다.

군주의 마음은 또한 하나의 하늘입니다. 옛사람이 큰 별과 오색구름, 세찬 바람과 뇌우로 하나의 생각 선악의 사이에서 징험했다는 것[42]은 진실로 빈말이 아닙니다. 지금 성상의 생각은 오로지 슬픔을 다하는

42 옛사람이……것 : 명(明)나라 설선(薛瑄, 1389~1464)이 "한 생각이 선하면 큰 별이 나타나고 오색구름이 피어오르며, 한 생각이 악하면 거센 바람이 불고 세찬 비가 내린다."라고 하였다. 《讀書錄 卷9》

데에 있어 마음속으로 온갖 상념이 들어가지 못하는데 아직도 몸소 모든 정사를 직접 맡아 사무를 처리하기를 면치 못하십니다. 그 때문에 마음에 동하여 일을 행하는 데에 나타나는 것이 하루 이틀 사이에 그 기미가 천이나 만이 되니, 비록 상성(上聖)의 자질로 법도에 들어맞을지라도 살펴 다스리는 방법에는 더욱 근엄해야 합니다.

사람의 마음은 살아 있는 물건이라서 위태롭게 동하여 편안하기 어려우니 한 가지 마음을 성실히 하지 않는다면 더러 게을러지는 마음이 생기고 한 가지 일을 공경하지 않는다면 더러 방자해지는 단서가 싹틉니다. 한 점의 욕심이 더러 타오르는 불보다 세차기도 하고 조금의 사사로운 마음이 더러 하늘의 해를 가리기도 하며, 털끝만 한 것이 도끼자루처럼 커지고 작은 물방울이 강물이 되듯 처음에 은미하다가 마지막에 창대해지니, 이 모든 것을 사람은 미처 보지 못하지만 하늘만은 먼저 알고 있습니다. 군주가 이에 깊이 두려워하고 굳세게 반성하여 하늘의 마음에 합하고 하늘의 재앙을 면하기를 구하지 않을 수 있겠습니까.

하늘이 낸 백성이 굶주려 곤궁한데 하늘이 낸 물건을 사치하느라 허비하는 데에 이르니 하늘이 기뻐하지 않으심은 항상 반드시 여기에 있습니다. 전하께서도 하늘의 어짊을 본받고 하늘의 노여움을 공경하여 견감하고 진휼하는 정책을 더욱 강구하여 백성을 살리며 믿고 사치하는 습관을 통렬히 개혁하여 더러운 습속을 맑게 하셔야 합니다. 하늘의 마음을 풀어 기쁘게 하는 것을 예컨대 효자가 부모를 섬길 적에 드러나지 않는 것에서 보고 소리 없는 것에서 들어[43] 부모님의 의도를

43 효자가……들어 : 《예기(禮記)》 〈곡례 상(曲禮上)〉에 "소리 없는 데서 듣고 형체

먼저 헤아려 뜻을 받들어 점점 화합하는 것처럼 하십시오. 그렇게 하면 포학한 마음을 인자하게 되돌리고 재앙은 상서롭고 경사스러운 일로 바뀔 것이니, 경서의 이른바 "두려워하면 복을 이루게 된다."[44]라는 것은 진실로 여기에 있습니다. 옛말에 "요상한 재앙은 군주의 밝은 거울이고 나쁜 꿈은 사대부의 길한 징험이다."[45]라고 하였으니, 이것이 어찌 사악한 재앙이 나쁠 것이 없고 나쁜 꿈이 상서로움이 된다는 뜻이겠습니까. 아마도 군주가 두려워할 줄 알면 선정을 펼치고 사대부가 두려워할 줄 알면 선행을 한다는 말일 것이니, 사악한 재앙은 선정을 이길 수 없고 나쁜 꿈은 선행을 이길 수 없기 때문입니다.

진실로 바라건대 밝으신 성상께서는 행동을 삼가서 몸을 잘 보존하고 욕심을 줄여 마음을 잘 다스리며 선한 사람을 등용하고 선정을 펼쳐 마침내 능히 하늘의 마음에 합당하여 끝없이 보존되고 다스려지게 하신다면 종사에 매우 다행이겠으며 신민에게 매우 다행이겠습니다. 신 등은 두렵고 절박한 마음을 견딜 수 없습니다. 재결해 주시기 바랍니다.

없는 데서 본다.〔聽於無聲, 視於無形.〕"라고 하였다.

44 두려워하면……된다 : 《주역》 〈진괘(震卦) 초구(初九) 상(象)〉의 주석에 "진동(震動)이 옴에 두려워하고 두루 돌아보면 화(禍)가 없을 것이니, 이는 두려워함으로 인하여 도리어 복(福)을 이루는 것이다."라고 하였다.

45 요상한……징험이다 : 《설원(說苑)》 〈경신(敬愼)〉에 "사악한 재앙은 하늘이 천자와 제후를 경계하는 것이고, 나쁜 꿈은 사와 대부를 경계하는 것이다."라고 하여, 대본의 구절과 차이가 있다.

두 현신을 종사할 것을 청하는 옥당의 차자[46]

玉堂請兩賢從祀箚

삼가 아룁니다. 도(道)는 하늘에서 나와 사람에게서 넓어지니 사람에게 달려 있는 것은 도를 밝히는 일이며, 사람에게 중요한 것은 도를 높이는 일입니다. 저 옛날 상서(庠序)와 학교의 제도가 생겨나고 선성(先聖)과 선사(先師)를 제사 지내는 것이 시작되어 백왕(百王)이 서로 이어오며 전례(典禮)가 더욱 성대해졌습니다. 무릇 도학(道學)과 경술(經術)이 사도(斯道)에 도움이 있으면 한 시대의 공론으로 백세의 종사(宗師)를 삼아서 시대마다 각각 제향을 지내는 사람이 있으니, 이는 실로 나라의 아름다운 전례이며 사문의 훌륭한 사업입니다. 나라의 명맥을 배양하고 선비의 기상을 진작하여 교화를 세우고 풍속을 바로잡을 수 있으니, 그 관계된 바가 지극히 중요하고도 크기에 서둘러야지 늦춰서는 안 되고 먼저 해야지 나중에 해서는 안 되는 것 또한 분명합니다.

우리 조정이 성주(成周)[47]에 견줄 만큼 융성하여 문명의 교화를 크게 밝혔고 우리의 도가 동쪽으로 옮겨온 뒤로 유현(儒賢)이 배출되었는데, 그들은 우뚝이 도학으로 자임하여 한 세대 사림에게서 함께 추앙을 받는 사람이 되었습니다. 문경공(文敬公) 김굉필(金宏弼), 문헌공(文

46 두……차자 : 《승정원일기》 현종 즉위년 12월 5일 기사에 실려 있다.

47 성주(成周) : 주공(周公)이 성왕(成王)을 보좌하여 다스린 흥성했던 주나라 시대라는 말로, 보통 서주(西周)의 별칭으로 쓰인다.

獻公) 정여창(鄭汝昌), 문정공(文正公) 조광조(趙光祖), 문원공(文元公) 이언적(李彦迪), 문순공(文純公) 이황(李滉) 같은 이들이 수십 수백 년 사이에 서로 이어 나왔습니다. 비록 당시에는 곤액을 겪었지만 후대에 도가 행해져 사론(士論)의 한 목소리가 오래될수록 더욱 격렬해져 끝내 문묘에 배향하게 되었습니다.[48] 이는 진실로 삼대(三代) 이후 흔치 않은 성대한 일이니, 그들이 국가를 빛낸 것이 얼마입니까.

다섯 현인을 이어 나와 혹 직접 가르침을 받기도 하고 혹 남긴 풍도를 사숙(私淑)하기도 하여 그들의 도를 크게 밝힌 자로는 문성공(文成公) 이이(李珥)와 문간공(文簡公) 성혼(成渾) 두 현신이 있습니다. 사람들의 눈과 귀에 환하게 남아 있는 도덕과 공렬을 유생들이 여러 차례 소장을 올려 하나하나 열거하였으니, 신 등은 진실로 감히 번거롭게 말씀드리지 않겠습니다. 그러나 간략히 평소 부형(父兄)과 사우(師友)에게서 들은 내용을 전하께 거듭 아뢰겠습니다.

이이는 상지(上知)의 자품과 중용(中庸)을 행하는 덕이 있어서 실천과 식견이 모두 지극하고 본체와 활용을 다 겸비하였습니다. 그러므로 언론에 나타나고 저술에 드러난 것이 고매하고 정통하며 종합하여 깨닫고 소탈하여 그가 조정에 섰을 때의 절의를 말해본다면 항상 임금을 요순(堯舜) 같은 성인으로 만들고 이 세상을 다스리는 것을 자기의 임무로 삼았습니다. 임금을 바로잡는 정성과 백성을 구제하는 의지가

48 문경공(文敬公)……되었습니다 : 사림(士林)으로서 어질고 학덕이 깊은 김굉필(金宏弼)·정여창(鄭汝昌)·조광조(趙光祖)·이언적(李彦迪)·이황(李滉)을 오현(五賢)이라고 부른다. 1610년(광해군2) 대간(臺諫)과 성균관 및 각 도 유생들의 지속적인 상소에 의해 문묘(文廟)에 종사되었다.

전하께 아뢴 글 사이에 간절한 것은 마치 푸른 하늘에 밝은 태양을 모든 사람들이 다 바라보는 것과 같습니다. 이로 미루어 말한다면 삼대의 인물이라고 말한다 해도 괜찮을 것입니다.

성혼은 가정에서 가르침을 받아 연원이 유래가 있으니 돈후하고 장중하여 독실하게 배우고 힘껏 행하였습니다. 행하고 그치며 말하고 침묵하는 것을 한결같이 법도에 따랐고 조정에 나아가고 산림에 처할 적에 성현을 본받아 품행과 지조를 엄격히 하여 홀로 있을 때에도 부끄럽지 않았으며 효도하고 공경하는 행실은 신명(神明)에 통할 만했습니다. 덕기(德器)가 성취되어 겉과 속이 한결같으니 온 세상 사람들이 높이 받들어 우러러보기를 태산(太山)과 북두(北斗)처럼 할 뿐만이 아니었습니다.

이와 같은 사람을 어찌 옛날의 이른바 백세의 스승이라고 이르지 않겠습니까. 이 두 신하는 도가 같고 뜻이 합하여 바른 학문을 강론하여 밝히고 후진의 모범이 됨으로써 처참한 살육의 나머지에 오현(五賢)의 도를 진작시켜 선비로 하여금 학문에 종사하고 예의를 존중할 줄 알게 하였습니다. 비록 세상이 긴긴 밤처럼 어둡게 되고 의관을 갖추던 풍속이 금수(禽獸)처럼 변했을지라도 오히려 풍성(風聲)과 의열(義烈) 한 가닥이 사라지지 않은 데에 힘입어 국가가 거듭 회복하고 인류가 다 사라지지 않아 오늘날까지 아름답게 한 것은 누구의 공이겠습니까. 이로 말미암아 본다면 두 신하의 도덕과 공렬은 실로 오현보다도 빛나니 문묘에 배향하기를 요청하는 것은 진실로 만세토록 바꿀 수 없는 공론입니다.

해와 달 같이 밝은 성조(聖祖)와 신고(神考)께서 이 점을 분명하게 알고 계셨습니다. 그러나 덕을 표창하고 공로에 보답하는 은전이 정중하게 하면서 미처 거행하지 못한 것은 아마도 또한 밝은 임금이 나올 때를 기다린 것이니, 때에 따라 뜻을 열어줌은 또한 후대의 임금이 앞선 임금을 빛내주는 통달한 의리입니다. 궐문을 지키며 호소하는 젊은 선비가 3세에 걸쳐 수십 년이 지났지만 그 논의가 더욱 왕성해져서 사람들이 저마다 분발하여 모두 이 일을 처음 펼치는 정사 중에서도 첫 번째 사업으로 여겼으니, 여기에서 인심은 속이기 어렵고 바른 논의는 끝내 펼쳐지게 됨을 볼 수 있습니다.

그런데 전하께서 온종일 어렵게 여기고 망설이며 윤허하지 않으시니, 신 등은 실로 성상의 뜻이 어디에 있는지 모르겠습니다. 어쩌면 성상이 즉위하신 날이 얼마 되지 않아 일의 시말을 깊이 살필 겨를이 없었기에 우선 신중히 처리하시려는 것입니까. 아니면 그동안 일종의 사특한 말이 현혹시키기를 그치지 않는데 틈만 있으면 비추는 태양의 빛이라도 아직은 환하게 밝아지지 못해서 그런 것입니까.

전하께서 선비를 높이고 도를 중시하심이 천고에 으뜸인데도 유림의 종장과 사도가 있는 곳에는 오히려 추숭하여 권장하기를 아끼고 포상하여 현창하지 않으시니, 옛사람의 이른바 "그 쓰임에 힘입으면서도 근본을 잊는다."라는 것에 가깝지 않겠습니까. 자질구레한 일도 내버려두고 따지지 않으면 안 되는데 더구나 이 일이 어떠한 의논이며 어떠한 사업입니까. 그런데도 의심과 신뢰를 오가며 미루고 기다리게 하여 많은 선비의 간절한 바람을 저버리고 온 세상의 공변된 논의를 막아버려 막중한 현인을 추숭하는 은전을 세월 속에 묵혀 두시니 신 등은 그윽이 의혹이 생깁니다.

신 등은 유악(帷幄)에 있으면서 구구한 소회가 있어 감히 아뢰지 않을 수 없었습니다. 삼가 바라건대 밝으신 성상께서는 속히 유생의 소장을 내려주어 여러 대신 및 유현(儒賢)을 초청하여 자문하고 전하의 식견으로 결단하여 빨리 성대한 은전을 거행하십시오. 그리하여 도학이 더욱 밝아지고 사림이 기상을 북돋을 수 있게 하신다면 사문에 매우 다행이겠으며 우리 도에 매우 다행이겠습니다.

박세성을 나국하라는 명의 환수를 청하는 옥당의 차자[49]

경자년(1660, 현종1)

玉堂請還收朴世城拿鞫之命箚 庚子

삼가 아룁니다. 요즈음 윤선도(尹善道)가 흉측하고 참혹한 소장을 올린 일로 인해 조정에 일이 생겨 여론이 뒤숭숭하여 안정되지 못했습니다. 그러나 성상의 식견이 고명하고 깊은 마음이 묵묵히 안정된 데에 힘입어 해가 떠오르는 것 같고 물이 일렁이지 않는 것처럼 말씀하지 않아도 미덥고 노여워하지 않아도 위엄이 있었습니다. 전국의 신민들이 모두 성상이 덕을 공경하여 우러르고 믿으며 두려워하지 않아 거의 사정(邪正)이 어지럽지 않고 시비(是非)가 안정되었습니다. 그러나 불행히도 권시(權諰)의 소장[50]이 뜻밖에도 다시 나오게 되어 상황이 더욱 좋지 못합니다.

어제 승지 박세성(朴世城)이 전지(傳旨)를 지연시키고 즉시 아뢰지 않은 일로 잡아다가 국문하라는 명령이 내려지자 온 조정이 놀라고

49 박세성(朴世城)을……차자 : 《현종실록》 1년 4월 27일 기사에 실려 있다. 박세성(1621~1671)의 본관은 반남(潘南), 자는 만기(萬基)이다. 1660년(현종1) 동부승지로 있을 때 자의대비(慈懿大妃)의 복제 문제로 송시열(宋時烈) 등과 의견이 맞선 윤선도(尹善道)를 두둔하다가 관직을 삭탈당하고 문외출송(門外黜送)이 되었다.

50 권시(權諰)의 소장 : 권시(1604~1672)의 본관은 안동(安東), 자는 사성(思誠), 호는 탄옹(炭翁)이다. 저서로는 《탄옹집(炭翁集)》이 전한다. 1660년(현종1) 4월 〈대왕대비의 복제 및 윤선도의 안율을 논한 소〔論大王大妣服制及尹善道按律疏〕〉를 올려 효종의 초상에 자의대비(慈懿大妃)의 복제를 3년으로 해야 함을 아뢰고, 삼년복을 주장한 윤선도(尹善道)를 죄주지 말 것을 아뢰었다. 《炭翁集 卷3》

두려워하여 모두 박세성에게 허물을 돌리며 말하기를 "어찌 성상의 마음을 격분하게 하여 이런 중도를 벗어난 일이 일어나게 하는가."라고 하였습니다. 이로 말미암아 본다면 박세성은 진실로 죄가 없지 못합니다. 그러나 생각해 보건대 박세성의 죄는 성상의 하교와 같은 정도는 아니고 행여 용서할 만한 실정이 있을 것인데, 큰 성인의 중화 평정(中和平正)한 도리가 또한 어찌 갑자기 여기에 이르렀습니까.

아, 신하와 군주는 높고 낮음이 천지와 같아 한번 순역(順逆)하는 사이에 생사(生死)와 영욕(榮辱)이 판가름 납니다. 진실로 지극히 무지하고 패역한 자가 아니라면 누가 감히 일부러 거역하는 태도를 보여 스스로 임금을 업신여기고 명을 거역하는 죄를 취하겠습니까. 이는 결코 그럴 이치가 없습니다. 신 등이 삼가 생각건대 박세성의 죄는 실로 서투르고 어리석은 탓에 나온 것이지 단연코 다른 마음은 없을 것이니, 무엇 때문이겠습니까.

우리나라의 옛 제도는 대각(臺閣)을 우대하여 대각에 논쟁이 한창 일어나고 있을 때에는 아무리 중대한 일이 있을지라도 승정원에서 으레 전지(傳旨)를 즉시 받들지 않았으니, 그 유래가 오래되었습니다. 한번 가까운 신하를 보내 옛 은혜가 있는 신하에게 유지를 전하는 일이 어찌 일의 체통을 크게 손상시키겠습니까마는, 반드시 복역(覆逆)하는 데에 이른 것은 그 뜻이 다름 아닙니다. 그가 익히 보고 들어서 '권시(權諰)의 이름이 바야흐로 삼사의 의론 중에 들어 있어 탄핵을 받은 자와 다름이 없으므로 우대하는 예를 논죄 받는 사람에게 베푸는 것은 부당하다.'라고 여기고는 혹 옛일과 어긋나는 점이 있을까 염려했던 것에 불과할 뿐입니다. 그의 본심을 살펴보면 아마도 임금의 허물을 없게 하려고 머뭇거리고 우물쭈물하다가 지체하게 되었을 것입니다.

어찌 믿는 바가 있어서 감히 임금의 명령을 업신여기겠습니까.

지금 간흉이 남을 헐뜯고 이간질한 죄도 아직 살펴서 바로잡지 아니하고 먼저 실수로 저지른 과오를 가지고 근신(近臣)을 국문하라고 하셨습니다. 비록 성상의 뜻이 성실하여 노여움을 옮기지는 않으시겠지만 엄한 전교가 한 번 내려오면 여론이 놀라고 의혹하고 있습니다. 알지 못하는 자들이 혹 밝으신 성상께서 박세성에게 깊이 노여워하셔서 근래의 논의에 간섭함이 있을까 의심한다면 이것이 어찌 성상의 덕을 손상시킴이 크지 않겠습니까. 그 해로움은 또한 이루 말할 수 없을 것이니, 이 또한 신 등이 크게 두려워하는 일입니다.

전하께서 마음을 비우고 기운을 평온하게 한 다음 천천히 사정을 살피신다면 전하의 해와 달 같은 밝음은 틀림없이 거듭 생각하지 않아도 빛날 것입니다. 신 등은 박세성이 전혀 죄과가 없다고 여겨 감히 구해낼 계책을 만들려고 생각하는 것은 아닙니다. 단지 밝으신 성상께서 다스리는 것이 실정보다 지나쳐 아랫사람들로 하여금 이 일에 석연치 않게 여기게 할 것이 염려스럽기 때문에 이에 감히 급급하게 말씀드리는 것입니다. 삼가 바라건대 밝으신 성상께서 천지 같은 도량을 넓히고 우레 같은 위엄을 풀어 서둘러 박세성을 잡아들여 국문하라는 명을 거두어 주십시오. 중앙과 지방에서 성상의 뜻이 어디에 있는지를 환히 알게 하신다면 매우 다행이겠습니다.

윤선도[51]와 권시[52]가 올린 소장에 대해 논하는 옥당의 차자
玉堂論尹善道權諰疏箚

삼가 아룁니다. 하늘이 돌보아주지 않아 성고(聖考)께서 승하하시니 사람들은 믿고 의지할 곳이 없고 나라의 운명은 거의 위태로워졌습니다. 그러나 다행히 중화(重華)[53]께서 능히 합치하여 밝은 해가 이어 밝아진 데에 힘입어 왕위에 올라 정사를 행하며 사랑할 이를 사랑하고 공경할 이를 공경하니, 중외(中外)의 기대가 한 마음으로 우러러 모두들 돌아가신 선왕에 대한 아픔이 간절하면서도 새로운 교화의 성대함을 우러르고 있습니다. 그러나 불행히도 음흉하고 악독한 말이 몰래 행해지다가 드러나게 주장하는데 못하는 말이 없어 한 시대의 유현(儒賢)으로 하여금 선후로 황야에 물러나게 하니 조정과 민간이 모두 놀라고 상황이 좋지 못하였습니다. 비유하자면 죽어가는

51 윤선도(尹善道) : 1587~1671. 본관은 해남(海南), 자는 약이(約而), 호는 고산(孤山)·해옹(海翁), 시호는 충헌(忠憲)이다. 저서로 《고산유고(孤山遺稿)》 등이 있다. 1659년 효종이 죽자 예송 문제로 서인과 맞서다가 삼수(三水)에 유배됐다. 《南坡集 卷9 贈資憲大夫……孤山尹公諡狀》

52 권시(權諰) : 1604~1672. 본관은 안동(安東), 자는 사성(思誠), 호는 탄옹(炭翁), 저서로 《탄옹집(炭翁集)》이 전한다. 예송 문제가 있을 때 송시열과 송준길에 대립하여 윤선도를 지지하는 상소를 올렸다가 파직되어 낙향 도중 광주(廣州)의 선영 근처에 머물러 살다가 공주로 내려갔다. 《明齋遺稿 卷44 漢城府左尹贈議政府左參贊炭翁先生權公行狀》

53 중화(重華) : 순(舜)이 요(堯) 임금에 이어 문덕(文德)을 거듭 빛냈음을 칭송한 말로, 여기서는 효종에 이어 왕위에 오른 현종(顯宗)을 가리킨다.

병에 걸렸다가 단전(丹田)과 기해(氣海)에 온기가 조금 모였는데 풍사(風邪)가 갑자기 엄습했을 때 조섭을 잘못하여 회춘(回春)할 가망을 점차 바랄 수 없는 것과 같습니다. 아, 어찌 위태롭지 않겠습니까.

최근의 일은 전하께서 해가 중천에 떠 있는 것처럼 밝게 살피셔서 도깨비나 요괴가 사실을 속일 수 없고 사특함과 올바름을 구별하는 데에 거의 유감이 없습니다. 사람들이 다 기뻐하고 원근에서 공경하며 따르고 있는데도 신 등이 아직도 구구하게 염려하는 점이 있어 번거롭더라도 호소하지 않을 수 없습니다.

음(陰)과 양(陽), 선(善)과 악(惡)은 이치상 나란히 서기가 어렵습니다. 군자와 소인의 나아가고 물러남은 실로 세도가 사라지고 자라나는 기미에 관계되므로 성인이 마음을 쏟고 밝은 군주가 깊이 경계할 바가 이보다 앞서는 것은 없습니다. 《대학》 전문(傳文)의 이른바 "좋아하고 싫어함이 사람들의 성품에 거슬리면 재앙이 그 몸에 이른다."라는 것은 진실로 논할 것도 없습니다. 현자를 보고도 등용하지 못하고 등용하더라도 서두르지 못하며, 선하지 못한 사람을 보고도 물리치지 못하고 물리치더라도 멀리 물리치지 못하는 것 또한 위태롭고 어지러운 데로 똑같이 돌아가지 않은 적이 없습니다. 무엇 때문이겠습니까. 옳고 그름을 제대로 알지 못하고 처리하는 데에 도리를 다하지 않기 때문입니다. 이것이 예부터 내려온 공통된 근심인데 오늘날에도 염려해야 하는 것입니다. 신 등이 청컨대 하나하나 낱낱이 아뢰겠으니 밝으신 성상께서 살펴 주십시오.

윤선도(尹善道)는 본디 하나의 흉악하고 음험하여 형편없는 사람입니다. 조금 문장에 능하고 희망이 분수에 넘쳐서 집에 거처함이 참람되고 몸가짐이 사치스러워 여론에 버림받은 지 이미 오래되었습니다.

원망과 독기를 머금고 몰래 틈을 엿보면서 반드시 조정에 일을 꾸미려 하고 위태로운 술수를 여러 번 시도했으나 실행되지 못하더니 오늘날에 와서 극에 달했는데, 마치 살모사가 사람을 물고 나서 사람이 죽는 것을 돌아보지 않는 것과 같습니다. 위태로운 말로 선동하여 재앙의 계기를 꾸며대어 훗날 남을 빠뜨릴 함정을 만들려고 하니, 그가 주도하는 마음이 너무나도 악독하여 덮지 못할 정도입니다.

옛날 중묘조(中廟朝)에 명유(名儒) 조광조(趙光祖) 등이 거듭 알아줌과 대우를 받아 지극한 다스림을 일으키려 하였는데, 당시 남곤(南袞)과 심정(沈貞)의 무리가 몰래 유언비어를 날조하여 "위복(威福)의 권한이 아래로 옮겨갔다."라고 말하였고, 점점 현혹시키는 데에 물들어 사화(士禍)가 마침내 참혹하게 벌어졌습니다.[54] 명종(明宗)께서 처음 정사를 펴실 적에 이기(李芑)와 정순붕(鄭順朋) 등도 "인심이 위태롭게 여긴다", "종사(宗社)를 위태롭게 한다" 등의 말을 지어내어 한 시대의 선한 무리가 함께 죽임을 당하게 했으니,[55] 아, 어찌 차마 말하겠습니까. 백 년이 지난 지금에 이 몇몇 간악한 자들의 이름을 들으면 모두 팔뚝을 걷어붙이고 이를 갈며 그들의 살을 씹어 먹을 것을 생각합

54 중묘조(中廟朝)에……벌어졌습니다 : 조광조(趙光祖)는 성리학으로 정치와 교화의 근본을 삼아 지치주의(至治主義) 정치를 실현하려 하였는데 저돌적이고 급진적인 면이 많아 남곤(南袞)·심정(沈貞) 등의 훈구파의 미움을 받았다. 1519년(중종14) 11월 훈구파는 조광조 일파가 붕당을 만들어 임금을 속이고 국정을 어지럽혔다는 죄목을 씌워 신진 사류를 축출하는 기묘사화(己卯士禍)를 일으켰다.

55 명종(明宗)께서……했으니 : 1545년 명종의 외척인 소윤(少尹) 윤원형(尹元衡) 및 이기(李芑)·정순붕(鄭順朋) 등이 인종(仁宗)의 외척인 대윤(大尹) 윤임(尹任) 일파를 제거하기 위해 을사사화(乙巳士禍)를 일으켰다. 이 과정에서 유관(柳灌)·유인숙(柳仁淑) 등 대신과 명사들이 역모죄로 죽임을 당하거나 유배당했다.

니다.

지금 윤선도의 마음이 바로 몇몇 간흉의 마음이고 윤선도의 말이 바로 몇몇 간흉의 말이니, 세대는 달라도 서로 부합한 것이 마치 한 입에서 나온 듯합니다. 그 밖의 지적하고 탓하며 의논한 것이 흉악하여 신하로서 차마 들을 수 없고 차마 말할 수 없는 점이 있으니 또 몇몇 간흉에게 없었던 것입니다. 그저 다행스럽게도 하늘에 해가 떠 있어 간악한 무리가 곧바로 유배당하여 사림이 온전할 수 있었으나, 흉한 모의에 얽혀들고 독한 불길에 휩싸여 유현들이 흩어지고 사악한 말들이 메아리처럼 호응하게 되었습니다. 인심이 흉흉한 것이 물결이 요동치고 둑이 터져 막지 못하는 것과 같아 그 재앙의 기틀이 아직도 기승을 부리고 있으니, 어찌 두렵고 마음 아프지 않겠습니까.

권시(權諰)에 있어서는 스스로 사류(士類) 중의 사람입니다. 두 조정에서 예우하여 총애를 받아 발탁됨이 융숭하였으니 설사 권시가 나라를 위하고 세상을 걱정하는 생각이 조금 있었다면 어찌 차마 이런 잘못되고 괴팍한 논의를 펼쳐 위아래를 현혹시키면서 스스로는 참소하는 무리를 비호한다는 이름을 달가워했겠습니까. 그의 마음이 어디에 있는지 진실로 알 수 없습니다. 그가 윤선도를 논하면서 "참소하고 헐뜯었다", "시기하고 미워했다"라고 한 것은 당연하지만 곧바로 곧은 말에 용감하다고 말했으며, 그가 송시열(宋時烈) 등을 논하면서 "사람들이 좋아할 만한 선함과 충실한 마음가짐이 하늘에 나라의 운명을 길게 하는 터전을 마련하는 데에 보탬이 됩니다."[56]라고 말하여 그 칭송

56 송시열(宋時烈)……됩니다 : 권시(權諰)의 《탄옹집(炭翁集)》 권3 〈대왕대비의 복제 및 윤선도의 안율을 논하는 소〔論大王大妣服制及尹善道按律疏〕〉에 보인다.

이 또한 성대하다가 다시 "말한 자에게 죄를 씌우고 선비를 죽였다"라고 지목하였습니다. 한 사람의 말이 마치 두 사람의 입에서 나온 것과 같아 잠깐 사이에 말을 뒤집어 두서를 알 수가 없으니, 천하에 어찌 이런 논의가 있습니까. 그의 말이 더욱 위험하여 두려워할 만한 것이 있으니, "민간의 사람이 두 사람의 허물을 말하려고 했지만 마음속으로 그르게 여기고 비방하면서 감히 말하지는 않았다."라고 말하였습니다. 그의 마음은 은연중에 두 신하가 참으로 한 시대 사람들의 입을 막을 수 있는 기염(氣焰)과 권세(權勢)를 지녔다고 여긴 듯하니, 위복(威福)이 아래로 옮겨갔다는 윤선도의 말과 그 요점이 똑같습니다. 일찍이 권시가 두 신하에 대해 갑자기 이러한 드러나지 않는 은어를 하리라고 생각이나 했겠습니까. 신 등은 권시의 이른바 "마음속으로 비방하고 감히 말하지 못했다."라는 자가 과연 어떤 사람인지 모르겠습니다.

만약 일종의 바르고 선한 사람을 미워하는 무리를 가리키면서 감히 말하지 않는다고 이른다면 그가 윤선도가 감히 말할 것이라고 이르는 것은 대개 이상할 것이 없습니다. 그의 의도는 반드시 윤선도를 풀어주려는 것인데 《중용》의 두 끝을 잡아 중(中)을 쓰는 설[57]을 인용하기까지 하였으니, 이는 더욱 이치에 어긋남이 심합니다. 순 임금이 중을 쓰는 것은 아마도 이미 정밀하게 선을 가려내고서 그 선의 한쪽에 나아가 또 헤아려 중을 취하는 것을 이르는 것이지, 선과 악으로 두 끝을

57 중용의……설 : 공자는 순(舜) 임금의 덕을 칭송하여 "순 임금은 큰 지혜가 있는 분이셨다. 순 임금은 묻기를 좋아하고 하찮은 말도 살피기를 좋아하셨다. 악한 말은 숨겨주고 선한 말은 널리 알리셨으며, 양 극단을 절충하여 그 중도(中道)를 백성에게 행하셨으니, 이래서 아마 순 임금이 되셨을 것이다."라고 하였다. 《中庸章句 第6章》

삼고서 반은 선하고 반은 악하며 흰 것도 아니고 검은 것도 아닌 중간을 쓰는 것을 이르는 것은 아닙니다. 권시가 경서를 인용하면서 본래의 뜻을 완전히 놓친 채 진실로 그 말대로 한다면 얼음과 숱, 향기로운 풀과 구린내 나는 풀이 분별없이 뒤섞여[58] 끝내 사악함이 이기고 올바름은 물러가서 나라가 나라답지 못하게 될 것입니다. 그 해로움을 이루 말할 수 있겠습니까. 비록 그러나 이는 어그러져 비길 데가 없으므로 사람이 공격하여 쳐부술 수 있습니다. 무엇보다도 오늘날 크게 불행한 것은 윤선도를 위해 기치를 세우는 자들이 모두 예를 논하는 것을 빙자하여 종통(宗統)의 설로 온 세상을 두렵게 위협하여 사람들로 하여금 감히 말하지 못하게 합니다. 그 덫을 매우 깊게 설치하니 변별하지 않을 수 없습니다.

아, 국가의 종통이 얼마나 큰 체통입니까. 하늘에 해가 밝게 떠서 오래도록 보존되는 것과 같아 아랫사람이 감히 의논하여 이동시켜 높이거나 낮출 바가 아닙니다. 감히 터럭만큼이라도 그 사이에서 위반한다면 이는 역신(逆臣)입니다. 이 이치는 매우 분명하여 모르는 사람이 없습니다. 어찌하여 윤선도의 무리만 유독 알 수 있고 나머지 사람들은 모두 알지 못해서 스스로 역신으로 처벌되는 데에 빠져든단 말입니까.

성인이 예를 만들 적에 복상(服喪)하는 도리가 정미(精微)하여 진실로 사람마다 함부로 논할 바가 아니며 그 의리에 있어서는 각각 말할

58 얼음과……뒤섞여 : 빙탄(氷炭)과 훈유(薰蕕)는 서로 정반대가 되어 조화되지 못함을 비유한다. 정순(程洵)이 소식(蘇軾)을 끌어다 정자(程子)에게 붙이려 하면서 소식과 정자가 한 집이라는 말을 하였다. 주희(朱熹)가 이 말을 배척하기를 "이는 향기로운 풀과 악취 나는 풀〔薰蕕〕, 얼음과 숯〔氷炭〕을 한 그릇 가운데 뒤섞어 놓는 것과 다름이 없다."라고 말하였다. 《心經附註 後論》

만한 조리가 있습니다. 부모가 자식을 위해 삼년복을 입는 것은 아주 드물고 조금 있으니, 오직 4세 동안 적장으로 내려온 자라야 그를 위해 삼년복을 입습니다. 차적(次嫡)으로 승중(承重)한 자도 장자와 다를 것이 없지만 그 형이 19세가 되기 전에 일찍 죽거나 연고가 있어 폐기된 자가 아니라면 다시 거듭해서 삼년복을 입는 이치는 없습니다. 그 나머지 승중하더라도 삼년복을 입지 못하는 경우는 그 설이 또한 많습니다. 만약 반드시 적자끼리 서로 이어지기를 기다려 부모가 자식에 대해 반드시 삼년복을 입은 뒤에야 그 종통이 전해진다면 고금 천하에 국가의 종통이 끊어지지 않은 경우는 거의 드물 것입니다. 비록 종통을 이었더라도 장자의 상복이 아니고 차자의 기년복으로 단정했다 하더라도 국가의 종통만은 그대로 있는 것입니다. 설사 주석가가 '삼년복을 입지 않으면 그 종통은 끊어진다.'라고 말했다면 윤선도 무리가 한 말이 진실로 옳습니다. 주석가가 최복을 입지 않는 네 가지 설을 늘어놓을 적에 제사를 주관하고 전중(傳重)하는 의리가 실로 그 안에 담겨 있다면 어찌 일찍이 상복을 높이고 낮추는 일로 종통이 둘이 되거나 끊어지는 혐의가 있겠습니까.

명(明)나라 성조(成祖)와 한(漢)나라 문제(文帝)가 혹은 차적으로서, 혹은 지서(支庶)로서 대통을 계승하여 왕위를 영구히 전하였습니다.[59] 설사 성조와 한 문제가 고황제(高皇帝 명 태조(明太祖))와 한 고조

59 명(明)나라……전하였습니다 : 명나라 성조(成祖)는 태조(太祖) 주원장(朱元璋)의 넷째아들로, 연왕(燕王)에 봉해졌으나 난을 일으켜 조카인 혜제(惠帝)에게서 황위를 찬탈하였다. 한나라 문제(文帝)는 고조(高祖) 유방(劉邦)의 넷째아들로, 여씨(呂氏)의 난이 평정된 뒤에 중신들의 옹립을 받아 제위에 올랐다.

(漢高祖)보다 먼저 죽었는데 고황제와 한고조가 기년복을 입는 데에 그쳤다면 한나라와 명나라의 종통이 마침내 끊어져 한나라와 명나라가 되지 못했겠습니까. 제왕(帝王)의 제도는 시대마다 연혁이 있어 명나라 및 우리 조정에 이르러서는 애당초 장자를 위해 삼년복을 입는다는 문구가 없으나, 나라의 종통이 이것 때문에 끊어질까 의심했다는 것은 듣지 못했습니다.

명묘(明廟)께서 돌아가셨을 때 조정 신하들이 공의전(恭懿殿)의 복제를 의논하였는데, 선정신(先正臣) 이황(李滉)이 형수와 시동생 간의 전례를 쓰는 것을 의심하였으나 기대승(奇大升)이 종통을 잇는 의리를 거론하여 그 설을 논박하였으니,[60] 이황이 탄복한 것이 마땅합니다만 이황이 또 이르기를 "어찌 기년복에 그치는 이치가 있지 않겠는가."라고 하여 공의전의 복제는 끝내 기년복에 그쳤고 기대승도 다른 논의가 없었으니, 이는 기대승이 비록 삼년복을 입는 의리를 거론하였지만 복상하는 도리에서 구하여 네 가지 설을 참고한다면 또한 이렇게 하는 데에 그치지 않을 수 없습니다. 그런데 말하는 사람이 반대로 기대승의 말을 인용하여 증거로 삼고 있으니 그 또한 생각하지 못한 것입니다.

60 명묘(明廟)께서……논박하였으니 : 공의전(恭懿殿)은 인종(仁宗)의 비인 인성왕후(仁聖王后) 박씨(朴氏, 1514~1577)의 존호이다. 본관은 반남(潘南)이다. 명종(明宗, 1534~1567)의 국상 때 조정에서 공의전이 명종에게는 형수가 되니 복을 입지 않는 것이 당연하다고 하자, 퇴계도 그렇게 하는 것이 옳다고 하였다. 이때 고봉(高峯) 기대승(奇大升)은 "형제가 임금의 자리를 계승할 경우 일찍이 군신의 관계가 되었으므로 곧 부모와 자식의 관계와 같은 것이니 마땅히 기년복(朞年服)을 입어야 한다."라고 주장하였다. 논박의 박은 대본에는 '騣'로 되어 있는데, 문맥을 고려하여 '駁'으로 바로잡아 번역하였다.

지금 말하는 자들은 서자(庶子)를 세워 후사로 삼는다는 문구만 보고 두 번째 적자부터 통틀어 서자라고 하는 뜻은 배제한 채 서자를 세워 후사를 삼는다고 한 '서(庶)' 자를 첩의 자식인 서자의 호칭으로 귀결시켜 단정하여 성상을 노여워하게 하고 한 세대 사람들을 의혹하게 하려 하니, 그들의 마음가짐이 이미 위태롭습니다. 그 마음이 이미 이와 같으니 그들이 예를 논하는 것이 어떠하겠습니까. 비록 그렇지만 이 모두를 밝으신 성상께서 이미 밝게 살피셨을 테니 굳이 다 말씀드리지는 않겠습니다.

오늘날의 일을 처리하면서 무너지는 데에 이르지 않게 하는 것에서는 진실로 급급해하지 않을 수 없고 조금도 늦춰서는 안 됩니다. 신 등이 듣건대 병을 치료하는 것은 의원을 선택하는 것 만한 것이 없고 나라가 이미 어지럽다면 현자를 진출시키는 일만 한 것이 없습니다. 신등이 어제 삼가 송시열에게 내린 비답을 보니 정성스럽고 간절하여 받들어 읽으며 눈물을 떨구었습니다. 전하께서는 어지러움을 그치는 방도에 이미 그 요령을 터득하셨습니다. 옛날 위(魏)나라 문후(文侯)가 비방하는 글을 봉해 두었다가 악양(樂羊)에게 보여 주었고,[61] 연(燕)나라 소왕(昭王)은 모함하는 자를 죽여서 악의(樂毅)에게 사례하여[62] 제후가 그 신의(信義)에 감복하였고 어진 선비가 임용을 기뻐하였

61 위(魏)나라……주었고 : 전국 시대 위 문후(文侯)가 악양(樂羊)에게 군사를 거느리고 중산(中山)을 공격하도록 하였는데, 3년 만에 개선하여 논공할 적에 문후가 그동안 신하들이 악양을 비방한 글 한 상자를 내보였다. 악양은 간신들의 집요한 모함에도 불구하고 자신을 깊이 신임해 준 문후에게 공을 돌려 말하기를 "이번 공은 신의 공이 아니라 임금의 힘이었습니다."라고 하였다. 《戰國策 秦策2》

62 연(燕)나라……사례하여 : 연 소왕(昭王)이 악의(樂毅)를 상장군으로 삼아 제

습니다. 전하께서 근래에 좋아하고 싫어함을 분명하게 보여줌이 실로 두 임금보다 빛나는데 유현(儒賢)들이 아직도 초야에 숨은 채 흰 망아지를 타고 빈 골짜기에 들어가서[63] 빛나게 찾아올 기약이 없으니 이는 그릇된 설이 아직도 행해지고 있어 바로 그 계략 속에 빠져 있어서입니다.

아, 전하께서는 군신 간에 마음이 합치되고 성심으로 믿으시니 감동시켜 쉽게 불러들일 수 있습니다. 진실로 선왕께서 부탁한 무거움과 전하의 의지하는 바람을 가지고 지성으로 타이르고 대의를 책임 지워 그들로 하여금 서둘러 조정으로 돌아와 시끄러움을 진정시키고 잘못을 씻어내어 조정의 정사에 기강을 고치고 처음으로 펴는 정사를 새롭게 하십시오. 한 번 불러서 이르지 않으면 두 번 부르시고, 세 번 네 번에서 십수 번에 걸쳐 불러서 이르지 않더라도 그만두지 않는다면 저 두 신하 또한 세상을 잊고 멀리 떠나갈 사람이 아니기에 은혜에 감격하고 의리

(齊)나라를 공격하게 하자, 악의는 한(韓)·위(魏)·조(趙)·연(燕)의 연합군을 거느리고 제나라를 쳐서 70여 성을 빼앗았다. 악의가 제나라 거(莒)와 즉묵(卽墨) 두 고을을 포위한 지 3년이 지났는데도 함락하지 못하자 혹자가 악의를 참소하여 소왕에게 말하기를 "그 힘이 함락시키지 못하는 것이 아니라 오랫동안 군대의 위엄에 의지하여 제나라 사람들을 복종시켜 남면(南面)하여 왕 노릇 하려는 것입니다."라고 하였다. 소왕이 참소한 자를 끌어내어 목을 베고는 국상(國相)을 보내어 악의를 제왕(齊王)으로 삼으니, 악의가 황공하여 받지 않고 글을 올려 죽음으로써 스스로 맹세하였다. 이 때문에 제나라 사람들은 그 의리에 감복하고 제후들은 그의 신의를 두려워하여 감히 다시는 도모하는 자가 없었다. 《通鑑節要 周紀 赧王36年》

63 흰……들어가서 : 현명한 자가 세상에 나아가지 않고 깊은 산속에 은둔한다는 말이다. 《시경》 〈백구(白駒)〉에 "흰 망아지가 저 빈 골짜기에 매여 있구나.〔皎皎白駒, 在彼空谷.〕"라고 하였다.

를 두려워할 것이니 무슨 말로 사양하여 끝내 마음을 바꾸지 않겠습니까. 사악한 말이 배척되더라도 올바른 선비가 이르지 않고 현자를 좋아하는 마음이 깊은데도 현자를 등용하는 공효가 없으며 조정에서 도를 믿지 않고 나라에는 본받을 사람이 없어, 그럭저럭 세월만 보내다가 부질없이 기회를 잃어 끝내 함께 쇠란의 길로 가는 것을 면치 못한다면 어찌 천고의 지극한 한이 아니겠습니까.

생각이 여기에 미치니 눈물을 흘리며 탄식해도 마음을 나타낼 수 없습니다. 삼가 바라건대 밝으신 성상께서는 그릇됨과 올바름을 분명하게 구별하여 참적(讒賊)의 입을 영원히 막고 유현을 서둘러 돌아오게 하여 나라의 기틀을 견고하게 다지신다면 종사에 매우 다행이겠습니다. 신 등이 유악(帷幄)에 있으면서 사특한 말이 선한 행실을 단절시켜 나라가 공허해지는 모습을 보면서 삼가 사사로이 걱정하고 지나치게 염려하는 마음을 견디지 못하여 감히 눈먼 의견을 아뢰오니 채택되기를 바랍니다. 재결해 주십시오.

유후성을 완전히 석방하라는 명을 환수하고 속히 고묘하자는 요청에 부응할 것을 청하며 이어서 재앙을 그치게 하는 방도를 아뢴 옥당의 차자[64]

玉堂請還收柳後聖全釋之命 亟副告廟之請 仍陳弭災之道箚

삼가 아룁니다. 밝으신 성상께서 즉위하시자 온갖 일이 다 바르게 되어 위로는 하늘의 마음에 합하고 아래로는 사람의 마음에 순하게 되었으니, 임금의 부족한 일 중에 실로 보충할 만한 것은 없습니다. 그런데 오늘날 대각(臺閣)의 논의에서 아직 한두 가지 윤허 받지 못한 일이 있으니, 신 등은 소회를 대략 아뢰어 전하께 들려드리지 않을 수 없습니다.

의관(醫官)의 죄는 원래 의심스러운 점이 있어서 결단을 내리기 어려운 일이 아닙니다. 이미 내의(內醫)의 우두머리로서 임금의 질병을 돌보던 중에 갑자기 천하 고금에 망극한 변고를 당했으니, 그 일의 체통으로 볼 때 결코 정상적인 도리로 죄를 논해서는 안 됩니다. 전국의 수많은 신민들이 한 목소리를 내어 모두들 "죽일 만하니 사면해서는 안 된다."라고 말하니, 여기에서 공론이 어디에 있는지와 천리(天理)를 속이기 어려운 줄을 알 수 있습니다. 다만 밝으신 성상께서 지극히

64 유후성(柳後聖)을……차자 : 《현종개수실록》 1년 6월 1일 기사에 고묘(告廟)할 것을 청하는 내용이 실려 있다. 유후성(柳後聖)은 인조·효종·현종 대의 의관(醫官)이다. 1659년 어의(御醫)로서 효종이 승하한 책임을 지고 유배당했다가 1660년 5월대비(大妃) 인선왕후(仁宣王后)의 건강이 회복되어 석방되었다.《顯宗改修實錄 1年 5月 9日》

어질어 차마 법대로 처리하지 못하고 "고의로 일부러 범한 일이 아니다."라고 말씀하면서 간곡하게 그의 죽음을 용서해주시니, 원근의 사람들이 시끄럽게 떠들어대며 모두 형벌을 제대로 시행하지 못함을 한스럽게 여겼습니다. 그런데 뜻밖에도 완전히 석방하라는 명이 갑자기 반년도 안 되어 내려지니 여론은 깜짝 놀라서 갈수록 들끓었습니다.

무릇 과실로 인한 죄를 용서하여 풀어주는 것[65]은 마땅히 작은 허물일 때 베풀어 주어야 하며 큰 허물에 베푸는 것이 아닙니다. 더군다나 이것이 어떠한 죄명인데 풀어줄 수 있겠습니까. 고의였는지 여부는 논할 것이 못되니 일의 체통에 있어서 무거운 벌로 결단하지 않을 수 없습니다. 그런데 작은 공로에 포상의 은전으로 보답해 주는 것이 어찌 이런 부류에 나란히 미칠 수 있습니까. 대신(臺臣)이 내려진 명을 환수할 것을 청한 것도 가벼운 처벌이라고 할 수 있습니다. 삼가 바라건대 다시 머뭇거리거나 어렵게 여기지 마시고 쾌히 윤허해 주십시오. 근래에 전하의 건강이 갑자기 나빠졌었는데, 이때에 삼령(三靈 천신(天神)·지지(地祇)·인귀(人鬼))이 매우 놀라고 만상(萬象)이 바삐 내달렸습니다. 다행히 하늘이 돌보아주신 덕에 다시 곧바로 낫는 기쁨이 있었으니, 종사(宗社)의 경사가 이보다 더한 것이 없습니다.

오늘날 조정 신하가 단호하게 고묘(告廟)하기를 청하는 것은 신하의 지극한 마음에서 나왔으니, 일이 있으면 반드시 고묘하는 예에 있어서 실로 그만둘 수 없는 바가 있습니다. 밝으신 성상께서 한결같이 거절하시는 것이 겸손한 성덕(聖德)에서 나왔음을 잘 알지만, 많은 사람들의

65 과실로……것 : 《서경》 〈순전(舜典)〉에 "무의식적인 실수나 불운해서 지은 죄는 용서하여 풀어 주지만, 의도적으로 반복해서 짓는 죄는 사형에 처하였다."라고 하였다.

마음이 여기에 있고 사리(事理)가 그러하니 전하께서도 어찌 줄곧 단호히 배척만 하시겠습니까. 또한 바라건대 위로 질병을 걱정하는 조종(祖宗)의 마음을 체감하여 속히 신민의 간절히 바라는 요청에 부응하십시오.

국가에 불행히도 심한 흉년이 거듭 닥쳐 견감해 주고 진휼하는 데에 힘을 쏟다 보니 공사(公私) 간에 창고가 텅 비었습니다. 올해 만약 다시 불행히도 흉년이 닥친다면 불쌍한 이 백성들은 장차 남아날 자가 없을 것입니다. 그런데 만물이 자라나는 이 절기를 당하여 한 달 넘게 비가 내리지 않아 벼가 벌써 반이나 말라 죽고 뿌리는 아직도 땅에 내리지 못했으니, 오늘날 국가 생민의 근심이 망극하다고 말할 수 있습니다.

삼가 생각건대 궁궐에서 잠 못 이루는 걱정은 또 어떠하시겠습니까. 옛날 성탕(成湯)이 여섯 가지 일로 자책하니 단비가 곧바로 감응하여 내렸습니다.[66] 무릇 탕 임금의 성스러운 덕과 공경하는 덕이 날로 발전하여 중도를 세우는 덕을 힘써 밝혀 한 터럭만큼이라도 혹 어긋남이 없었을 것이니 어찌 책망할 만한 여섯 가지 일이 있었겠습니까. 성인의 마음은 감히 성인이라 자부하지 않고 오직 위태롭게 여기고 두려워하여 조심할 뿐입니다. 이렇게 한 뒤에야 자식이 부모를 감동시킬 수

66 성탕(成湯)이……내렸습니다 : 상(商)나라 성탕이 즉위한 후 7년 동안 큰 가뭄이 들자 재계하고 스스로 희생이 되어 상림(桑林)에 나아가 기우제를 지내면서 여섯 가지 일로 자책하기를 "정사에 절도가 없었는가, 백성들이 직업을 잃었는가, 궁실(宮室)이 사치스러운가, 여알(女謁)이 성했는가, 뇌물이 오가는가, 참소하는 자가 많은가."라고 하였는데, 이 말이 끝나기도 전에 많은 비가 내렸다고 한다. 《資治通鑑 卷44 漢紀36 顯宗孝明皇帝上》

있고, 사람이 하늘을 감동시킬 수 있습니다.

지금 전하의 덕은 곧 성탕의 덕입니다. 진실로 능히 성탕이 자책했던 바로 자신을 자책하여 여섯 가지 일 중에 하나라도 가까운 점이 있거든 통렬히 살피고 깊이 자책하십시오. 자책할 뿐만 아니라 반드시 결단코 없애는 데에 힘쓴다면 전하께서 비록 몸은 여막에 있어 상림(桑林)의 들판에 가지 못할지라도 저 인자한 하늘이 어찌 유독 성탕에게 감응해 준 것으로 유독 전하께만 보답해주지 않겠습니까.

또 신 등이 전하께 바라는 바는 여섯 가지 일 외에 몇 가지 일이 더 있습니다. 예컨대 사치를 금하여 풍속을 맑게 하고, 기강을 세워 조정을 바르게 하며, 뛰어난 사람을 불러들여 하늘이 준 벼슬을 함께하고, 간쟁을 받아들여 언로(言路)를 여는 것은 모두 오늘날 서둘러 힘쓸 일로서 밝으신 성상께서 마땅히 마음을 쓰셔야 합니다.

신 등은 또 최근의 일 가운데 개탄한 일이 있습니다. 국가에서 대각(臺閣)을 설치하여 보고 듣는 직임과 옳고 그름을 구분하는 책임을 맡겼으니 그 체면이 매우 중요합니다. 비록 존귀한 임금일지라도 너그럽게 포용하고 예우하지 않은 적이 없었고 감히 말과 기색을 가볍게 꺾지 않았습니다. 만약 그 책임을 맡은 자가 스스로 직임을 다하지 못하고 스스로 체면을 손상시킨다면 그로 인한 폐단을 이루 말할 수 없을 것이니 진실로 작은 일이 아닙니다.

대신(臺臣)이 도리에 어긋나 내쳐진 한 수령을 논핵하려 한 것은 진실로 그 체면을 얻은 것으로, 원래 지나친 일이 아니었습니다. 그런데 사헌부의 장관이 된 사람이 도리어 자기의 뜻을 개입시켜 옳고 그름을 어긋나게 하였으니, 이는 실로 근래에 없었던 일로 이 말을 듣고 놀라고 괴이하게 여기지 않은 사람이 없습니다. 아, 오늘날 채유후(蔡

裕後)처럼 맑은 명망을 받는 중신도 오히려 공론을 돌아보지 않고 일의 체면을 무너뜨리고 있으니,[67] 이것이 어찌 평소 이 사람에게 바라던 바이겠습니까. 신 등은 삼가 애석하게 여깁니다. 비록 그렇지만 이 또한 다른 사람을 책하기만 많이 해서는 안 됩니다.

또한 생각건대 전하께서 황극(皇極)의 중도를 세우고[68] 일월(日月) 같은 밝음을 넓히는 데에 달려 있습니다. 시비(是非)와 경중(輕重)으로 하여금 전하의 공정한 안목을 피할 수 없게 한다면 신하된 자로서 누가 감히 순수하게 삼가고 힘써서 스스로 마음을 다 쏟지 않겠습니까. 삼가 바라건대 밝으신 성상께서는 성학(聖學)에 더욱 힘쓰고 성감(聖鑑)을 더욱 밝히신다면 종사(宗社)에 매우 다행이겠습니다. 신 등이 구구한 정성을 감당하지 못하여 감히 이렇게 세세하게 아뢰오니, 삼가 바라건대 밝으신 성상께서 살펴 주십시오.

67 채유후(蔡裕後)처럼……있으니 : 채유후(1599~1660)의 본관은 평강(平康), 자는 백창(伯昌), 호는 호주(湖洲), 시호는 문혜(文惠)이다. 1660년 4월 대사헌(大司憲)에 임명되었다. 채유후가 대사헌으로서 장령(掌令) 윤비경(尹飛卿)과 지평(持平) 심재(沈梓)를 체차시킨 일이 있었는데, 유계는 이 일이 정당성을 잃은 것이라고 보았다. 《顯宗實錄 1年 5月 28日, 6月 1日》

68 전하께서……세우고 : 《서경》 〈홍범(洪範)〉에 "다음 다섯 번째는 표준을 세우되 황극(皇極)으로써 하는 것이다."라고 하였는데, 채침(蔡沈)의 주에 "황극은 군주가 표준을 세우는 것이다."라고 하였다.

시남집

제11권

啓계 箚차

차 箚

약방에서 문안하지 말라는 전교를 환수하기를 청하는 옥당의 차자[1]

玉堂請還收藥房勿爲問安之敎箚

삼가 아룁니다. 정원(政院)에 내리신 비답을 삼가 보니, 성상의 하교가 준엄하여 어조가 크게 화평함을 잃으셨습니다. 이는 실로 즉위하신 이래 없었던 일이니, 신들은 너무나 두렵고 황송한 마음을 이길 수 없습니다. 무릇 군자의 말 한마디는 천지를 움직이고 흥망에 관계되니 나오는 것이 실과 동아줄 같고[2] 응험은 매우 빠릅니다. 그러므로 성인(聖人)이 깊이 삼가고 마음을 지극히 하는 바는 일찍이 사명(辭命)의 사이에 정성을 들이지 않음이 없는 것입니다. 진실로 언사는 마음의 뜻을 드러낸 것입니다. 말은 뜻을 나타내고 뜻은 말을 통해 행해지는데, 잘못된 것을 답습하여 점점 커지다 보면 그 흐르는

1 약방에서……차자 : 이 글은 1660년(현종1) 6월 30일에 올린 것이다.《顯宗實錄 1年 6月 30日》

2 나오는……같고 : 임금의 말은 실낱같이 가늘지만 그것이 명령이 되어 나오는 데는 굵기가 동아줄이나 상여를 매는 밧줄과 같다는 뜻으로, 임금의 말이 명령으로 하달되어 시행이 될 때에는 엄청나게 확대된다는 것을 비유한 말이다.

폐해는 이루 말할 수 없게 되니, 아, 삼가지 않을 수 있겠습니까? 중요시하지 않을 수 있겠습니까?

신들이 전하의 오늘 일을 삼가 보건대 애초 대단히 관계하는 일은 아니었습니다. 당초 정관(政官)에게 보이신 뜻이 무엇을 지적한 것인지 모르겠으나, 그로 하여금 정청(政廳)에서 명을 기다리게 한 뒤 밤을 지새게 하였으니, 이것이 어찌 성상께서 평정심을 갖고 신하를 부리는 도리이겠습니까. 정말로 정관(政官)이 화낼 만한 잘못을 저질렀다면 전하께서는 곧바로 밝은 하교를 내려 그의 옳지 않은 점을 배척하고 처벌을 내려도 안 될 게 없는데, 그저 신하가 벌벌 떨며 처벌을 기다리게 했을 뿐 그의 말을 들어보지 않았으니, 밝으신 성상께서 신하를 대하는 도리가 이미 대체를 잃은 것입니다.

그리고 성상께서 침(鍼)을 맞으시면서 약방(藥房)더러 알지 못하게 하신 것은, 사안이 지극히 중대하여 더더욱 논박하지 않을 수 없습니다. 정원(政院)의 계사(啓辭)가 비록 완곡함이 부족하고 뜻이 제대로 전달되지 않았다 해도, 그 본래의 마음은 전적으로 성상을 보좌하고 사체(事體)를 중시하는 데에 있지 다른 뜻은 없었습니다. 가까이서 모시는 신하가 만약 이처럼 잘못을 바로잡아 구제하는 행동이 없다면 참으로 그들의 잘못인 것입니다. 그런데 이번 일을 인하여 갑자기 신하로서 차마 듣지 못할 내용이 담긴 지엄한 비답을 내리셨으니, 실로 너무나도 의외입니다. 듣는 이들에게 이 소식이 한번 전파되면 사방에서 놀랄 것이니 참으로 작은 일이 아닙니다.

전하께서는 한번 마음을 가라앉히고 생각해 보십시오. 정원의 계사에 과연 성상께서 말씀하신 것과 같은 것이 과연 추호라도 있었습니까? 전하께서는 분명 이러한 마음이 없다는 것을 밝게 아실 것인데 억지로 죄명(罪名)을 정한다면, 군주의 위엄이 일시적으로 행해질 수는 있겠지만 반드시 백성의 마음을 굴복시키지는 못할 것입니다. 약방에서 문안하지 말라는 전교는 특히 평온한 상태에서 하신 말씀이 아니었습니다만, 전하의 신하 중에 누가 감히 두 번 세 번 간하고 울부짖으며 따르는 가운데 온당하지 않은 전교를 갑자기 받들지 않겠습니까? 이는 모두 밝으신 성상께서 생각이 평온하지 않아 이런 지나친 거조가 있었던 것입니다.

아, 사람의 마음에 거슬리는 바가 있으면 대부분 바름을 얻지 못합니다. 그러므로 송(宋)나라 신하 정호(程顥)가 말하기를 "사람의 마음 가운데 발하기 쉽고 억제하기 어려운 것은 노여움이 유독 심하니, 그저 노여울 때에 그 노여움을 급히 잊고 도리의 옳고 그름을 살펴본다면 절반 이상을 깨달은 것이다."라고 하였습니다.[3] 성현의 가르침은 귀감이 될 뿐만이 아니니, 시험 삼아 체험해 보신다면 밝게 드러나는 것을 보실 수 있을 것입니다.

신들이 삼가 생각건대, 성상의 체후가 좋지 않은 상태로 종종 오래 지속되는 데다 천시(天時)와 인사(人事)마저 도처에 우려스러워서 성상의 마음을 상하게 하는 것이 끝이 없습니다. 아무리 다시 태어나면서부터 알고 사리에 밝은 대성인(大聖人)이라 한들 또한 어찌 번뇌를 일으키는 단서가 없겠습니까. 비록 지극히 작은 일이지만 관계된 바는

3 송(宋)나라……하였습니다 : 정호(1032~1085)는 송나라 낙양(洛陽) 사람으로, 자는 백순(伯淳), 호는 명도(明道)이다. 동생인 정이(程頤)와 함께 학문이 깊어 이정(二程)으로 일컬어졌다. 정호의 말은 《근사록(近思錄)》 권2 〈위학류(爲學類)〉에 실려 있다.

지극히 큽니다. 작은 과실을 고치지 않아 큰 허물로 발전하는 일에는, 마음을 다스리고 기질을 유지하는 학문을 익히신 성상께서 틀림없이 이르지 않을 것을 신들은 너무도 잘 압니다. 한마디 밝은 가르침으로 성상의 뜻을 열어 보이시어 일식과 월식 같은 허물[4]을 고쳐 더욱 찬란히 빛내소서. 한때의 작은 과오를 가지고 어찌 상심할 필요가 있겠습니까.

삼가 바라건대 밝으신 성상께서는 속히 우레 같은 노여움을 거두어 약방에서 문안하지 말라고 한 전교를 환수하고 대죄(待罪)하는 근신(近臣)을 너그러이 용서한 뒤 그들로 하여금 직임을 살피게 하신다면 더할 나위 없이 다행이겠습니다. 신들이 외람되이 경연에 참여하니 성상께 조그마한 누라도 끼칠까 몹시 두려워 감히 이렇게 어리석음을 무릅쓰고 진달합니다. 밝으신 성상께서 유념하소서.

4 일식과……허물 : 군주의 허물을 비유적으로 표현한 말이다. 《논어》 〈자장(子張)〉에 "군자의 허물은 일식이나 월식과 같다. 허물이 있을 때에는 사람들이 모두 보게 되고, 허물을 고치면 사람들이 모두 우러러본다."라고 하였다.

약방에서 문안하지 말라는 전교를 환수하기를 청하는 옥당의 차자[5] 두 번째 차자

玉堂請還收藥房勿爲問安之敎箚 再箚

삼가 아룁니다. 신하가 임금을 섬기는 것은 자식이 부모를 섬기는 것과 같습니다. 부모가 병들었는데 자식이 부모 뜻에 순종하지 않는다고 해서 이에 의사(醫士)를 내쫓고 약물을 버린다면, 자식 된 자는 장차 황송하고 위축된 상태로 부모의 뜻에 순종하면서 부모의 허물을 이루어 주어야 합니까? 만약 정성을 다해 울부짖으면서 끝내 감동을 주어 깨닫게 하지 못하면, 이는 부자와 군신의 정의에 또한 간격이 있는 것이요, 스스로 최선을 다하지 않은 부분이 있는 것입니다. 천하에 어찌 이런 이치가 있단 말입니까.

어제 엄한 비답을 거듭 내리셨는데, 실로 대성인(大聖人)의 중화(中和)하고 평정(平正)한 기상에 어긋났습니다. 신들은 무슨 일 때문에 성상께서 이렇게 심하게 격노하셨는지 참으로 모릅니다. 신들이 놀라고 두려워하다가 이번 일을 통해 마침내 성상의 과실을 만들어 드릴까 크게 걱정한 나머지 작은 정성을 우러러 진달하지 않을 수 없었는데, 문사가 거칠고 비루해서 성상께서 마음에 둘만한 것이 있지 않았습니다. 신들은 더욱 두렵고 당혹스러워 마침내 몸을 사리면서 군주를 저버리지 못하고 다시금 이렇게 번거롭게 아뢰오니, 태양 빛이 다시 밝아지

5 약방에서……차자 : 이 글은 1660년(현종1) 7월 1일에 올린 것이다. 《顯宗實錄 1年 7月 1日》

기를 바랍니다.

아, 전하는 상성(上聖)의 자질에다 매일 발전하는 공력[6]을 들이시니, 말씀과 행동이 순수하여 조금의 하자가 없으셨습니다. 그래서 온 나라 신하와 백성이 일제히 우러르고 존경하면서 다 함께 말하기를 "성탕(成湯)의 '힘써 큰 덕을 밝히어 백성들에게 중용의 도를 세운다'[7]는 것과 문왕(文王)의 '음성과 얼굴빛을 크게 하지 않는'[8] 것이니 앞의 성인과 뒤의 성인을 헤아려 보면 똑같다."라고 하였습니다. 그런데 지엄한 전교가 한번 내려온 뒤로 사부(士夫)로부터 천한 사람에 이르기까지 모두 경악하고 실망하면서 허둥대고 어수선해졌습니다. 비유하자면 해와 달이 빛을 잃자 만물이 우왕좌왕하며 하루 사이에 상황이 크게 바뀐 것이니, 아, 애석하지 않겠습니까.

신들이 삼가 생각건대, 전하께서 외로이 거상(居喪)하는 기간이 이미 오래되었고 온갖 정무(政務)가 모여들어 백방으로 관심을 가지시다 보니 비록 천지 같은 도량이라도 진실로 어지러움을 면하기는 어렵습니다. 하지만 하루아침에 작은 일로 격노하여 갑자기 폭발하는 지경에

6 매일 발전하는 공력 : 본래 상(商)나라 탕왕(湯王)의 덕을 표현한 말로, 성스러운 덕과 공경하는 덕이 날로 발전하도록 힘쓰는 것을 뜻한다. 《詩經 長發》

7 성탕(成湯)의……세운다 : 성탕은 상(商)나라 탕왕(湯王)을 가리킨다. 《서경》 〈중훼지고(仲虺之誥)〉에, 중훼(仲虺)가 탕왕에게 고하기를 "왕께서는 힘써 큰 덕을 밝히시어 백성들에게 중용의 도를 세우십시오."라고 하였다.

8 문왕(文王)의……않는 : 《시경》 〈황의(皇矣)〉에 "상제께서 문왕에게 이르시기를, 나는 밝은 덕의 소리와 색을 대단하게 여기지 않으며, 회초리와 채찍을 훌륭하게 여기지 아니하고, 아는 체 지혜로운 체도 하지 아니하며, 상제의 법칙을 따르는 자를 사랑한다."라고 하였다.

이르셨건만 돌아보거나 절제하지 않아서 순간의 실수가 마침내 잘못된 행동을 이루고 말았으니, 성상의 건강을 손상시키고 성상의 덕에 누를 끼친 것을 이루 말할 수 있겠습니까. 전하께서는 성스럽고 밝으시니 조금만 마음을 돌이켜 성찰하시면 틀림없이 거듭 생각할 필요 없이 말끔히 해소될 것입니다.

전하께서 어제 정원(政院)에 하교하신 내용을 한번 생각해 보소서. 과연 이것이 신하들의 생각이 미칠 수 있는 바이며 눈과 귀로 보고 들어야 하는 것이었습니까? 성상께서는 반드시 이러한 이치가 없다는 것을 분명히 아셨을 터인데, 이렇게 온당치 않은 전교를 우선 내림으로써 그들로 하여금 황송하게 만들어 어쩔 줄 모르게 하신 것이라면, 이 어찌 성인이 성심껏 아랫사람을 대하는 도리이겠습니까. 이러한 등속은 기계(機械)에 익숙해지면 종자(種子)를 파종하는 것과 같아서[9] 점점 군신 상하 간에 정성어린 뜻이 신뢰받지 못하는 쪽으로 흘러가게 되니, 이러한 상황에서 치세를 만들고 교화를 이룩한 자는 있지 않았습니다.

지금 가까이서 모시며 왕명 출납을 담당하는 신하가 석고대죄하는

9 기계(機械)에……같아서 : 《근사록집해(近思錄集解)》 권12 〈경계(警戒)〉에 "이천(伊川) 선생이 말씀하기를 '기사(機事)를 보기를 오래하면 기심(機心)이 반드시 생겨날 것이니, 기사를 볼 때에 마음이 반드시 좋아한다. 그리하여 이미 좋아하면 종자(種子)를 파종하여 땅에 놓는 것과 같다.' 하였다." 하였고, 그 주(注)에 "장자(莊子)가 말하기를 '기계(機械)가 있는 자는 반드시 기사(機事)가 있고 기사가 있는 자는 반드시 기심(機心)이 있다.'라고 하였다."라는 내용이 보인다. 기(機)는 힘을 들이지 않고 교묘한 방법을 이용하는 것으로, 기계는 기관(機關)이 있는 물건이고 기사는 교묘한 일이며 기심은 남을 속이는 교묘한 마음이다.

가운데 감히 나아가지도 물러가지도 못하고 있고, 의약(議藥)[10]을 하는 원로 신하는 눈물을 흘리지만 감동을 드리지 못하고 있으며, 삼공(三公)은 연명하여 차자를 올리나 비답은 아득하기만 하고, 백관들은 모여서 탄식하는 소리가 대궐 뜰에 가득합니다. 아, 이는 무슨 일이며 현상이란 말입니까.

무릇 한 번의 허물은 대현(大賢) 이하의 사람이라면 저지르기 마련입니다. 다만 허물이 있어도 조금도 인색하지 않고 기꺼이 고친다면 허물은 허물이 되지 않고 그 덕은 더욱 빛나게 됩니다. 그러나 간혹 허물인 줄 알면서도 고치지 않고 숨기거나 막으면서 점점 더 심해진다면, 작은 허물은 문득 큰 잘못을 이루게 되어 한마디 말이 마침내 나라를 망치는 데에 이를 것[11]입니다. 생각이 여기에 미치매 어찌 간담이 서늘해지지 않겠습니까.

삼가 들으니, 요사이 중론이 분분하지만 모두 성상께서 화를 내시는 이유를 알지 못하는데, 어떤 이는 의관(醫官)을 관직에 제수하라는 승전(承傳)을 봉행하지 않아서 그런 것이 아닐까 의심한다고 합니다.

10 의약(議藥) : 내의원(內醫院)의 제조(提調)와 의관(醫官)들이 한데 모여서 임금이나 왕비 등의 병환에 대해 서로 의견을 교환하고 진찰 및 투약 등의 일을 의논하는 것을 말한다. 여기에 참여하는 것, 혹은 참여하는 사람을 의약동참(議藥同參)이라 하고, 의약하는 청사를 의약청(議藥廳)이라고 부른다.

11 한마디……것 : 춘추 시대 노(魯)나라 정공(定公)이 "한마디 말로 나라를 망치게 할 수 있습니까?"라고 묻자, 공자(孔子)가 대답하기를 "사람들의 말에 '나는 임금 노릇하는 것을 즐거워하지 않고, 오직 내가 말을 하면 내 말을 어기는 사람이 없는 것을 즐긴다.'라는 것이 있으니……만약 임금의 말이 선하지 않은데 그 말을 어기는 사람이 없다면 한마디 말로 나라를 망치게 함을 기약할 수 없겠습니까?"라고 하였다. 《論語 子路》

신들은 감히 알 수 없으나 참으로 그렇습니까? 일개 의관을 수령에 제수하는 것이야말로 얼마나 자잘한 일입니까. 어찌 이로 인해 음성과 얼굴빛을 가볍게 움직여 원근에서 보고 듣는 이들을 놀라게 할 수 있습니까. 신들의 의혹이 여기에 이르러 더욱 커집니다.

삼가 바라건대 전하께서 안으로 스스로 성찰하여 우선 그것의 사리와 시비를 정하소서. 그런 뒤에 교지를 밝게 내려 성상의 뜻이 어디에 있는지를 환히 보이고 어제 내린 엄한 비답을 환수하여, 중외(中外)로 하여금 허물을 신속히 고치는 모습을 함께 우러르게 하신다면, 어찌 종묘사직과 신민(臣民)의 복이 아니겠습니까. 신들이 구구하게 나라를 걱정하고 임금을 사랑하는 마음을 이기지 못하고 감히 이렇게 거듭 아룁니다. 밝으신 성상께서는 신들이 형편없다 해서 옳은 말까지 버리지 마소서.

옥당에서 시무를 논한 차자[12] 신축년(1661, 현종2)

玉堂論時務箚 辛丑

삼가 아룁니다. 세월이 빨리 흘러 해가 또 바뀌어 정월 초하루가 되니 대상[13]이 장차 다가옵니다. 삼가 생각건대 지극한 효성이 끝이 없어 감정이 복받치고 서글퍼하실 것이며, 시절에 느껴 생각을 일으키거나 빛나게 계술(繼述)[14]하려는 생각은 매일매일 새롭고 뭉게뭉게 피어올라 저절로 멈추지 않으실 것이니, 신들은 너무나 슬프고 기쁜 마음으로 우러르고 있습니다. 삼가 《주역》의 '천시에 성하게 합하여 만물을 기르는' 의리[15]를 미루어 성인(聖人)이 인(仁)을 체득하여 물건을 자라게 하는 이론을 대략 진술하오니, 밝으신 성상께서는 유념하시기 바랍니다.

신들이 들으니, 《춘추》에서는 사시(四始)를 중시하되 춘정(春正 음력 정월)을 크게 생각했습니다. 하늘에 있으면 '원(元)'이라 하고, 시절에 있으면 '춘(春)'이라 하며, 사람에 있으면 '인(仁)'이라 했는데, 실상

12 옥당에서……차자 : 이 글은 1661년 1월 4일에 올린 것이다. 《顯宗改修實錄 2年 1月 4日》

13 대상 : 효종(孝宗)의 대상을 가리킨다. 효종은 1659년(효종10) 5월 4일에 대조전에서 승하하였다. 《孝宗實錄 10年 5月 4日》

14 계술(繼述) : 계지술사(繼志述事)의 준말로, 선왕(先王)의 뜻과 하던 일을 계승하는 것이다.

15 주역의……의리 : 《주역》 〈무망괘(无妄卦) 상(象)〉에 "하늘 아래에 우레가 행하여 물건마다 무망을 주니, 선왕이 보고서 천시에 성하게 합하여 만물을 기른다."라고 하였다.

은 한 가지입니다. '원'은 사덕(四德)의 으뜸이고, '춘'은 사시(四時)의 처음이며, '인'은 사단(四端)의 선봉입니다. 군주가 진실로 '원'을 체득하여 '인'을 행하면, 봄볕이 조화로운 기운을 만들어 만물이 자라게 되는 것과 같아집니다. 요(堯) 임금과 순(舜) 임금의 도(道)도 '인'이었을 뿐이며, 삼왕(三王 우(禹)·탕(湯)·문무(文武))의 정치도 '인'이었을 뿐이며, 공자와 맹자가 마음을 다스리고 정치를 펼치는 것을 논할 때에도 반드시 '인'을 언급했습니다.

인욕을 완전히 버리고 천리(天理)가 온전히 보전하는 것이 인심(仁心)이고, 이 하나의 마음을 미루어 만물을 아울러 구제하는 것이 인정(仁政)이니, 만일 터럭만한 사사로움에 가로막힌 마음을 발하여 정사에 해를 끼친다면, 문득 천지와 서로 다르게 되어 편협하고 적음을 이기지 못할 것입니다. 송(宋)나라 신하 사마광(司馬光)이 말하기를, "'인'이라는 것은 따뜻하게 감싸며 임시방편으로 하는 것을 말하지 않습니다. 예컨대 교화를 일으키고 정치를 닦으며 백성을 기르고 만물을 다스리는 것들이 바로 군주의 '인'입니다."라고 하였으니,[16] 이를 미루어 보면 인을 베푸는 방법을 또한 알 수 있습니다.

전하께서는 어질다는 명성이 즉위하던 초기에 대단하셨지만, 여전히 조화로운 기운이 이르지 않아 수재와 한재가 거듭 발생하는 가운데 적폐까지 불어나서 민생이 극도로 힘든 실정입니다. 신들이 반복해서 생각해 보니, 성상의 학문이 비록 밝긴 하지만 간혹 천리(天理)의 공정함에 모두 부합하지는 않았고, 정사를 비록 부지런히 살피시긴 하지만

16 송(宋)나라……하였으니 : 사마광의 이 말은 《전가집(傳家集)》 권20 〈진삼덕상전차자(陳三德上殿箚子)〉에 보인다.

간혹 물건을 살려주려는 마음에서 모두 나오지는 않았습니다. 이는 밝으신 성상께서 반성하여 노력하는 데에 달려 있을 뿐입니다.

사사로운 뜻을 몰아내어 천리를 넓히고 아는 것과 행동을 함께 추구하면서 대중을 널리 구제하는 것으로 말하면, 전하께서 상지(上智)의 자질을 가지셨기에 이를 이루는 일은 그리 어렵지 않을 것입니다. 안자(顔子)가 지나간 곳을 선유(先儒)가 '그야말로 벌겋게 달아오른 화로 위에 한 점 눈이 있는 것과 같다'고 하였으니,[17] 삼가 바라건대 밝으신 성상께서는 극기복례(克己復禮)하는 공부를 더욱 힘써서 한 점의 눈으로 하여금 화로 속에 머물게 하지 마소서.

바야흐로 지금은 해마다 든 흉년으로 관가와 민가의 창고가 텅 비어 백성들이 거의 죽게 되었으니, 이것이 바로 군주가 불과 물 속에서 사람을 건지듯이 인정(仁政)을 베풀어야 할 때입니다. 조정에서 조세 감면과 기민(飢民) 구휼을 강구하면서 쓰지 않은 계책이 없지만, 백성을 사랑하는 절실함이 비용을 아끼는 마음보다 못하여 오히려 덕택이 베풀어지지 않을까 걱정입니다.

옛날에 주자(朱子)가 흉년을 구제하는 계책을 진달하면서 포흠(逋欠)을 탕감할 것을 첫째로 들었습니다. 이른바 '포흠'이란 것은, 완악하고 사나운 백성이 관청의 명령을 듣지 않는 경우도 더러 있지만 대개 가난하고 잔약한 자가 대부분을 차지합니다. 또한 납세 대상이 이미

17 안자(顔子)가……하였으니 : 안자는 공자(孔子)의 제자 안회(顔回)를 가리키고, 선유는 남송(南宋)의 학자 주희(朱熹)를 가리킨다. 주희가 만년에 안회의 극기복례 공부를 두고 "안자의 극기는 마치 붉은 화로 위에 있는 한 점 눈과 같다."라고 하였다. 《朱子語類 卷41 論語 顔淵》

죽어 징수할 곳이 없는데도 빈 장부만 남겨두어 해마다 세액을 늘리는 경우도 있으니, 이는 바로 옛사람이 말한 '십 년 동안 지키며 독촉해도 그 이자만 더욱 많아진다.'[18]는 것입니다. 그러니 국가가 어찌 이것을 아까워하여 한갓 백성의 원망을 쌓이게 하는 것입니까.

한(漢)나라 조정은 새해 1월이 되면 으레 관대한 조칙을 행하였는데, 그 의도가 너무 좋습니다. 신들은 포흠 가운데 햇수가 오래되도록 거두지 못하고 징수할 데가 없는 것은 속히 명을 내려 모두 탕척하신다면, 이것이 실로 인심을 수습하고 화평한 기운을 인도하는 하나의 단서가 될 것이라 생각합니다.

군대는 나라를 크게 좀먹으니, 성왕(聖王)이 제도를 만들 때 가장 고심했던 부분입니다. 지리적으로 아주 험한 곳에 감추고서 때때로 이용하고 감히 항상 모으지 않았습니다. 난리를 구하는 공을 비록 힘입을 수 있지만, 재앙을 초래하는 단서가 항상 여기에 존재하기도 합니다. 더구나 모집해서 이들을 먹이다 보면 국력이 끝내 감당할 수 없는 경우이겠습니까?

고어(古語)에 이르기를 "십만의 군대를 일으키면 매일 천금을 소비해야 한다"고 했습니다. 지금 도성에 주둔한 군사가 만 명 이하로 내려가지 않습니다. 이들이 열흘 간 소비하는 양이 바로 십만 군사의 하루 소비량이며, 백일 간 소비하는 양이 바로 백만 군사의 하루 소비량입니다. 구구하게 들어오는 세수(稅收)를 가지고 백만 군사의 소비량을 대는 것이 일 년에 서너 차례나 되니, 나라의 경제가 어떻게 파탄나지

18 옛사람이……많아진다 : 옛사람은 풍환(馮驩)을 가리키니, 이 말은 《사기(史記)》 권75 〈맹상군열전(孟嘗君列傳)〉에 나온다.

않으며, 민생이 어떻게 곤궁하지 않을 수 있겠습니까. 지금의 도를 따르고 변통하지 않으면, 몇 해 지나지 않아 나라는 엉망이 될 것입니다. 도감(都監)에서 모집해 훈련하는 것은 우연한 뜻이 아닌 만큼, 신들도 갑작스럽게 해산하는 건 매우 곤란한 줄 압니다만, 선처하는 방도는 조속히 강구하지 않을 수 없습니다.

이전에 국가에서 흉년이 들었다는 이유로 새로운 호(戶)를 추가로 더 뽑는 일을 중지시키고 그 빠진 부분을 보충하지 말라고 명령을 내렸습니다. 신들의 생각으로는, 이 명령을 그대로 준수해서 추가로 뽑거나 보충하지 말고 현재 있는 병졸에서 가려내 정예병으로 지속적으로 훈련시키되 그 수가 5천 명을 넘지 않도록 하고, 이들의 의식 공급은 지난날 이유태(李惟泰)의 상소 안에 제시한 군자 별창(軍資別倉) 한 조항을 채용함으로써[19] 거둬들이는 정규 세금이 군대 양성에 쓰이지 않게 한다면, 나라의 살림은 다소 넉넉해질 것입니다.

지금 말하는 자들은 모두 별창을 비록 설치해도 쌓을 만한 물건이 없다면서 난색을 표하는데, 이 점에 대해서는 또한 드릴 말씀이 있습니

19 지난날……채용함으로써 : 1660년(현종1) 5월 9일에 올렸던 부호군(副護軍) 이유태의 만언봉사(萬言封事)를 가리킨다. 그 가운데 "모든 백성들은 귀천을 막론하고 모두 숙학(塾學)에 들어가는데 15세가 되면 선발하여 학교로 올려보내고 그 나머지는 모두 오위에 예속시킵니다. 오위에 예속될 사람은 반드시 무예에 능한 자로서 시취(試取)해야 하며 능하지 못한 사람은 관에서 베 두 필씩을 거두어 들여 군자 별창(軍資別倉)에 수송하여 상번군(上番軍)의 초식(稍食)으로 쓰게 합니다. 상번(上番)은 1만 명이 1번(番)이 되어 서로 교대하며 초식은 군자 별창에서 나옵니다. 오위장(五衛將)에게 이들을 거느리고 항상 무예를 익히게 하고는 수시로 취재(取才)하여 음관(蔭官)을 제수한다면, 이미 궁금(禁宮)을 숙위(宿衛)할 수 있고 또한 흥기하고 진작시키기에도 충분할 것입니다."라는 내용이 보인다. 《顯宗實錄 1年 5月 9日》

다. 옛날에 태공(太公)이 제(齊)나라에 봉해지니 불과 백 리 정도 되는 땅이었지만 한쪽 면이 바다였기 때문에 어염(魚鹽)의 이익을 거두어 부강하게 만들었습니다.[20] 지금 우리나라는 수 천리 강토로 삼면이 바다인데 일찍이 조그마한 이익도 국가를 위해 쓰이지 않고 무한한 이로움이 모조리 사굴(私窟)로 돌아갔으니, 참으로 한심합니다. 국가가 반드시 병사를 양성하고자 하면서 그 준비가 되지 않았음을 걱정한다면, 어이하여 지금 봄부터라도 여러 궁가(宮家)와 각 아문(衙門)의 염분(鹽盆)·어살(魚箭)·선척(船隻)을 모두 혁파한 뒤 관(官)에서 세금을 거두어 군국(軍國)의 용도로 쓰이게 하지 않는 것입니까.

이것의 법률과 제도는 반드시 조약을 관대하게 만들어 백성들의 원성이 없도록 해야 합니다. 도신(道臣)이 맡아서 관장하고 탁지(度支 호조(戶曹))에서 총괄해서 대략 유안(劉晏)의 고사[21]처럼 행한다면, 별창이 풍족하게 되는 것 말고도 또한 그 여분으로 궁가에 나누어 주어 예전에 얻던 이익을 전부 잃게 하지 않을 것이고, 아문의 둔곡(屯穀)

20 옛날에……만들었습니다 : 주 무왕(周武王)이 상(商)나라를 평정한 뒤 강태공(姜太公)을 제(齊)나라 영구(營丘)에 봉하였다. 강태공은 이곳을 다스리면서 상공업을 장려하고 어염의 이익을 유통시켜 제나라를 부국으로 만들었다. 《史記 卷32 齊太公世家》

21 유안(劉晏)의 고사 : 당(唐)나라 유안(715~780)은 조주(曹州) 남화(南華) 사람이다. 현종(玄宗) 때 어사중승(御史中丞)을 지냈다. 대종(代宗) 때 탁지(度支)를 지내면서 뛰어난 이재(理財)의 재주를 종횡무진으로 발휘하였다. 특히 염세(鹽稅)를 정돈하고 평준법(平準法)을 시행하여 안사(安史)의 난 이후 문란해진 재정을 안정시켰다. 제도(諸道)의 조운(漕運)을 소통시켜 관내(關內)의 백성들이 식량 걱정을 하지 않게 하였고, 온갖 물화(物貨)의 경중을 헤아려 물자를 안정시킨 것으로 유명하다. 《新唐書 卷149 劉晏列傳》

및 노비 신공(奴婢身貢) 같은 것도 아울러 별장(別藏)에 돌아가게 할 수 있을 것이니, 이는 성상께서 결단하여 한 번 명령을 내리시는 데에 달려 있을 뿐입니다.

그러나 이것은 또한 폐단을 따라 새는 곳을 막는 정도의 계책입니다. 만약 한 해 농사가 풍년이 들고 백성이 다소 살아나서 호적에 오른 백성에게 부역을 고르게 적용하되 조종조(祖宗朝)에서 예전에 했던 일을 한결같이 회복한다면, 예컨대 별도로 설치한 도감의 군사들은 마땅히 오위(五衛) 속으로 들어가서 오늘의 폐단은 저절로 사라질 것입니다. 이것은 대신(大臣) 및 이 일을 맡고 있는 사람과 조용히 강구하여 반드시 실행해야 하니, 밝으신 성상께서는 유념하시기 바랍니다.

선왕께서는 어린애들에게도 포(布)를 거두는 것을 매우 안타까워하시어 중앙과 지방에 밝게 신칙하여 조사를 진행하게 한 뒤 번포(番布)[22]를 면제해 주시니, 인심이 고무되어 지금까지도 감사해하며 축하하고 있습니다. 왕년에 명령을 내리던 초기에 연수(年數)를 한정하여 탕감한다고 언급하지 않았기 때문에 각 도(道)에서 한창 보고하여 아뢰는 일이 있어도 묘당(廟堂)에서는 제때에 지휘하지 않았습니다.

신들이 염려하는 것은, 만약 혹여 비용을 아껴야 한다는 논리에 이끌려 소민(小民)에게 신의를 잃는 것을 면하지 못한다면, 사체를 손상시킴이 지극히 중대할 것입니다. 어리석은 백성들은 반드시 "선왕께서 남긴 은택으로 우리들을 끝까지 길러주지 못한다"고 할 것이니, 이것이 어찌 차마 들을 수 있는 말이겠습니까.

대략 어린애들의 숫자는 1만여 명에 불과하고, 해마다 장성하여 불

22 번포(番布) : 군정(軍丁)이 번(番)을 서는 대신으로 바치는 무명 베를 말한다.

과 십 년도 지나지 않으면 응당 군역(軍役)을 지느라 점차 사라질 것인데, 국가에서는 어찌 조금의 관용도 베풀지 않고서 차마 어린아이들로 하여금 저마다 심장을 도리고 뼈를 깎는 고통을 느끼게 한단 말입니까. 중춘(仲春)의 번(番)들 시기가 이미 임박하였으니, 반드시 일찍 분부를 내려야 신뢰를 잃고 도로 징수하는 폐단을 면할 수 있을 것입니다. 성상께서는 유념하시기 바랍니다.

어영군(御營軍)을 농사철에 번(番) 드는 일에서 제외시키라는 명령이 이미 있었는데, 지금 본청(本廳)의 의견을 들어보니 4월부터 시작할 예정이라고 합니다. 봄 농사를 짓고 기근에 시달리는 때를 당해 허다한 군병(軍兵)으로 하여금 농사를 폐하고 모여서 관곡(官穀)을 먹게 하는 건 매우 좋은 계책이 아닙니다. 신들의 생각으로는 속히 하교하여 번 드는 일을 2월부터 시작하도록 하여야 하니, 공사(公私) 간에 서로 편리한 것이 이보다 큰 것이 없습니다. 밝으신 성상께서는 유념하시기 바랍니다.

호위청(扈衛廳) 군관을 혁파해야 한다는 것은 의심의 여지가 없습니다. 대신(大臣)도 여러 번 이를 요청하였습니다. 전하께서는 원임 대신(原任大臣)이 일제히 모이는 날을 기다려 상의하고 조처하려고 하셨지만 지금까지 지연되어 여전히 정하지 못하고 있으니 또한 속히 의논하여 혁파하소서. 원임 대신이 입시하는 것이 혹여 쉽지 않다면, 집에서 헌의(獻議)하게 하더라도 안 될 게 없으니, 밝으신 성상께서는 유념하시기 바랍니다.

얼마 전에 승려(僧侶)들의 환속을 강행하도록 하신 하교는 지극히 정대한 것으로 실로 역대에 드물게 있는 거룩한 처사였습니다. 이것을 결심하고 이것을 발령한다면 무슨 일인들 이루지 못하겠습니까. 그러나 신들에게는 다만 구구한 걱정이 있습니다. 무엇이냐면, 지금 세도(世道)가 극히 타락하고 인심이 순하지 못한데, 나라 안의 승려는 언제나 만 명은 되고 대부분 사납고 패악하여 생사를 하찮게 여기는 무리들입니다. 이처럼 백성들이 유산(流散)하여 편안히 살지 못하는 때에 혹시 거짓말을 지어 선동하면서 난을 다행으로 여기고 화란을 즐거워할 자가 없지 않을 것이니, 식견이 있는 자들은 모두 이것을 걱정하고 있습니다. 삼가 바라건대, 밝으신 성상께서는 그 뜻을 굳게 정하여 조금도 흔들리지 마시되 시행함에 있어서는 반드시 점진적으로 하소서.

먼저 양역(良役)을 너그럽게 하여 백성을 몰아내는 길을 막고 과조(科條)를 엄하게 세우고 또 입산에 대한 금령을 거듭 밝히며, 친속(親屬)이 있고 전토(田土)가 있는 무리는 군보(軍保)에 충당하여 공역(公役)에 응하도록 하소서. 이것이 또한 점차로 없애가는 방법입니다. 천천히 백성의 호적을 정리하고 부역이 고르게 부과되기를 기다린 뒤에 명령을 발동하여 이교(異教 불교)를 영원히 개혁할 수 있을 것입니다. 그리고 도성에 이원(尼院)이 있는 것은 매우 의미가 없는 일이니, 마땅히 먼저 혁파하여 이단을 배척해 끊는 뜻을 보이소서. 이는 또한 옛사람이 해로운 것을 제거할 때에는 먼저 그 쉬운 것부터 제거하고, 풍속을 바로잡을 때에는 먼저 그 가까운 것부터 바로잡았던 의리입니다. 밝으신 성상께서는 유념하시기 바랍니다.

궁노(宮奴)의 방자한 행동이 오늘날 중외(中外)의 고질적인 폐단이 되고 있으니, 국가로 하여금 앉아서 인심을 잃게 만드는 것은 모두 이들 무리입니다. 근래 통진(通津)의 해량(蟹梁 게 어장)에서 있었던 한 가지 일[23]은 사소하기 그지없는데, 궁노들이 장황하게 꾸며 낸 거짓말이 성상에까지 올라가 누차 엄한 분부를 내리시기에 이르렀으니,

신들은 속으로 애석하게 여깁니다.

무릇 해량 한 두 개가 증감하는 것이야 대단하게 관계될 건 없어 보이지만, 만약 이런 종류를 해마다 증가시키면서 제한이 없다면, 그 폐단 또한 어디엔들 미치지 않겠습니까. 수령으로서 지치고 힘없는 자들은 으레 감히 이들과 대적하지 못하는데, 이숙(李䎘)은 말단의 고을 수령으로서 과감하게 저지하였습니다. 그 문서의 글자에 진실로 망발한 실수가 있기는 합니다마는, 그 뜻으로 말하면 백성을 위하여 폐단을 제거하려고 그런 것이지, 어찌 다른 생각이 있었겠습니까.

추관(推官)이 조사한 것과 해조(該曹)에서 복계(覆啓)한 것은 소견이 옳고 논의가 체통을 얻었습니다. 그런데 어찌 조금이라도 이숙을 위해 서로 협력하면서 기망한 것이 있겠습니까. 밝으신 성상께서 기어이 재차 조사하라고 명하신 것은 궁노를 믿고 사대부를 의심하는 처사를 면치 못하는 일입니다. 끝내 궁노는 기를 펴고 사대부는 기가 꺾이게 하신다면, 궁노들이 기세를 올리며 방자하게 구는 일은 말할 것도 없고 사방에서 이 소식을 들으면 어떻게 생각하겠습니까?

신(臣) 계(棨)는 얼마 전 왕명을 받고 강도(江都)에 갔었습니다. 가는 길에 통진을 지나는데 길을 막고 호소하는 대소 인민(大小人民)이 매우 많았고, 그 가운데 눈물을 흘리면서 말하는 노인도 있었으니, 한 고을의 민심을 크게 알 수 있습니다. 신 계가 또한 자세히 물어보니

23 근래……일 : 《국역 현종실록》 1년 12월 26일 기사에 "집의 목겸선(睦兼善)과 장령 윤비경(尹飛卿)이 아뢰기를 '통진에 신설한 해량 2개 소는 수진궁(壽進宮)이 해조로부터 절수(折受)받은 일이 없는데, 궁노가 또 불법으로 차지하고 멋대로 침탈하여 백성들에게 해가 많습니다. 해조에서 복계(覆啓)한 대로 속히 새로 설치한 해량을 혁파하고 폐단을 일으킨 궁노를 법에 따라 다스리십시오.……' 하였다."라는 내용이 보인다.

조사관이 보고한 내용과 모두 같아 더 이상 의심할 만한 것이 없었습니다.

전하께서는 깊숙한 구중궁궐에 거처하시어 분명 이런 등속의 정황을 모두 알지는 못하실 것입니다. 대관(臺官)이 고집하는 것은 실로 공론인데 전하께서는 오히려 윤허하기를 꺼리십니다. 비록 매우 작은 일이지만 성덕(聖德)에 사적인 것에 구애받는 허물이 없지 않다면, 관계된 바는 매우 큽니다. 전하께서는 속히 대관의 청을 따름으로써 신하들의 의혹을 풀어주소서. 밝으신 성상께서는 유념하시기 바랍니다.

대간(臺諫)이 인혐(引嫌)하여 자주 체차되다 보니 관방(官方)도 이로 인해 안정을 잃어, 오랫동안 임무를 맡겨 성과를 내도록 기대할 수 없고 또 공론과 이목(耳目)을 맡길 만한 사람이 부족해서 변통하지 않을 수 없습니다. 지난번에 사간원(司諫院)이 헌사(憲司)를 처치할 때 상께서 특명으로 체직하지 말게 하시니 성상의 뜻이 매우 거룩하여 이로부터 수백 년 내려온 고질적 폐단을 개혁할 수 있으리라 기대했는데, 사간원의 관리가 근래의 규례를 답습하느라 순종하여 따르지 않았으니, 식자들 치고 개탄하지 않는 이가 없습니다.

오늘부터 조한(條限)을 정립하여 대단한 염우(廉隅)에 관계되거나 파직시켜야 할 일이 아니면 모두 체직을 허락하지 마소서. 비록 추궁하여 심문할 일이 있더라도 국초(國初)의 고사처럼 양사가 서로 함답(緘答)을 바치도록 한다면, 반드시 행하지 못할 이치가 없을 것입니다. 밝으신 성상께서는 유념하시기 바랍니다.

신들이 논사(論思)[24]하는 자리에 있으면서 마침 새해를 맞이하니 성

24 논사(論思) : 의논하고 사색하는 것인데 임금이 근신(近臣)들과 학문을 토론함을

상을 보좌하는 정성이 더욱 절실하여 감히 이렇게 소회를 간략히 아룁니다. 비록 말씀드린 계책이 졸렬하고 비루하여 성상께서 관심을 갖기에 부족하겠지만, 어리석은 신의 마음속에 일어나는 생각을 절로 멈출 수가 없습니다. 삼가 바라건대 밝으신 성상께서 헤아려 살피소서. 재결해 주시기 바랍니다.

가리킨다. 조선 시대에는 주로 홍문관(弘文館) 관원의 직책을 뜻한다. 반고(班固)의 〈양도부서(兩都賦序)〉에 "아침과 저녁으로 논사하고 날과 달로 충언(忠言)을 올린다. 〔朝夕論思, 日月獻納.〕"라고 하였다.

재해를 없앨 방법을 논한 옥당의 차자[25]

玉堂論弭災箚

삼가 아룁니다. 아, 국가가 하늘로부터 무슨 무거운 견책을 받았기에 하늘은 한결같이 이처럼 재앙을 내린단 말입니까. 해를 이어 거듭 기근이 들게 하더니 작년에 찾아온 흉작은 또 수십 년 동안 보지 못한 크나큰 흉년이었습니다. 관가와 사가의 창고가 텅 비고 도로에는 죽은 시체가 즐비하여 슬픈 심정과 처참한 광경을 차마 말로 할 수 없는 점이 있었지만, 그래도 천도(天道)가 살려주기를 좋아하여 백성을 모두 죽이지 않을 것이고 밝으신 성상께서도 걱정하며 부지런히 힘쓰셔서 반드시 하늘을 감동시켜 조화로운 기운이 이를 것이라 기대하였습니다.

그런데 뜻밖에도 이런 즈음에 참혹한 가뭄이 또 이렇게 심하게 찾아왔습니다. 보리는 죄다 말라서 들에는 푸른빛이 사라졌고 밭은 거북등처럼 쩍쩍 갈라져 온갖 종자를 심지 못하니 남겨진 힘없는 백성들이 서로 모여 울부짖고 있습니다. 백성의 생사와 나라의 존망이 며칠 안에 판가름 날 것이니, 아, 이는 어떤 종류의 위급한 상황이란 말입니까.

구중궁궐에서 근심하고 밤낮으로 애를 태우시면서 재해를 없애는 방도를 강구하지 않은 것이 없습니다. 제물을 모두 사용하였고 대사면을 널리 단행하였으니 이를 통해 하늘의 마음을 다소나마 돌릴 수 있으

25 재해를……차자 : 이 글은 한재(旱災)로 인하여 1661년(현종2) 4월에 올린 것이다. 《顯宗改修實錄 2年 4月 17日》

리라 여겼는데, 하늘을 보니 더욱 막막하여 흙먼지와 안개로 낮에도 어둡고 해와 달은 빛을 잃었습니다. 이 어찌 어질게 사랑하는 하늘이 이처럼 포학하게 변한 것입니까? 아니면 하늘이 노여움을 보이는 것은 별도로 이유가 있어서인데, 열쇠를 거꾸로 넣어 자물쇠를 풀어보려고 하는 것처럼 사람들이 전혀 알지 못하는 것입니까?

지금의 도리는 그저 불과 물 속에 있는 사람을 구하듯이 급급하게 서두르는 가운데 인심을 위로하고 하늘의 뜻에 답할 수 있는 것이라면 모두 시행해 본 뒤에야 천만다행한 일을 바랄 수 있습니다. 신들이 우매하여 진실로 급선무를 알지 못하고, 지난날 탑전(榻前)에서 진달했던 내용을 대략 들어 다시 아뢰오니 헤아려 채택해 주시기를 바랍니다.

아, 군주는 하늘을 아버지로 삼고 땅을 어머니로 삼아 백성을 사랑합니다. 호흡하는 것까지 기운이 서로 통하기에 한 가지 생각이 선하거나 악하면 그에 따라 재앙과 상서가 일어납니다. 그러므로 성탕(成湯)이 여섯 가지로 자책하자[26] 단비가 곧바로 쏟아졌던 것입니다. 무릇 공경하고 성스러운 탕(湯)[27]인데 어찌 이런 여섯 가지 허물이 있었겠습니

26 성탕(成湯)이……자책하자 : 은(殷)나라의 탕왕(湯王)이 7년 동안 큰 가뭄이 계속되었을 때에 비가 내리기를 빌기 위하여 상림(桑林)에서 여섯 가지 일을 가지고 스스로 자책하였는데 "제가 정치에 절제(節制)가 없이 문란해졌기 때문입니까? 백성들이 직업을 잃고 곤궁에 처해 있기 때문입니까? 제 궁전이 너무 화려하기 때문입니까? 여알(女謁)이 성하여 정치가 공정하지 못한 때문입니까? 뇌물이 성하여 정도(正道)를 해치고 있기 때문입니까? 참소하는 말로 인하여 어진 사람이 배척당하기 때문입니까?"라고 하였다는 고사(故事)에서 온 말이다. 《十八史略 卷1 殷紀》

27 공경하고 성스러운 탕(湯) : 《서경》 〈미자지명(微子之命)〉에 은(殷)나라 탕왕(湯王)의 덕을 형용하여 "공경하고 성스러우며 넓고 깊다.〔齊聖廣淵.〕"라고 하였다.

까. 오직 자만하거나 잘난 척하지 않고 통렬히 자책하였기 때문에 하늘이 크게 응한 것이 마치 소리가 메아리치는 것과 같아서 자애로운 아버지가 어린 자식에게 감동하는 수준일 뿐만이 아니었던 것입니다. 이것이 바로 기운이 감통(感通)한 것으로 이치상으로도 필연적인 결과입니다.

신들이 성상의 전교를 삼가 읽어 보니 이것은 바로 성탕의 말씀이었습니다. 모르겠습니다만, 전하께서 성심으로 자책하는 것이 과연 성탕보다 부족함은 없습니까? 깊숙한 궁궐에서 한가로이 거처하는 가운데 혹여 하나의 생각이라도 정성스럽지 못하다면, 매우 밝은 하늘이 아마도 쉽게 감동하지 않을 것입니다. 이것은 오직 전하께서 스스로 돌이켜 보고 스스로 아는 데 달려 있습니다. 전하께서 진실로 더욱 하늘을 경공히 대하고 심원하여 간격이 없다면, 비록 성상께 환후가 있더라도 상림(桑林)의 들판을 밟지 않고도 하늘의 보응은 어찌 성탕에게 뒤지겠습니까. 하늘과 조종(祖宗)이 원자(元子)의 책임을 전하께 부여했으니 그 기대하는 크기가 어떻겠습니까?

전하께서 즉위하신 이래로 외롭게 병중에 계시고 해는 또 거듭 바뀌었으니 군신과 백성들이 걱정과 두려움으로 마음을 졸이고 있습니다. 삼가 생각건대, 상천의 마음과 조종의 영혼이 놀라서 편치 않으신 것이야 어찌 끝이 있겠습니까. 인심이 걱정하고 두려워하며 하늘의 뜻은 편지 않으리니, 또한 상서로움을 부르고 조화로움을 초치하는 방도가 아닙니다. 신들의 생각으로는 성상의 몸을 보호하는 것이 또한 오늘날 하늘의 뜻에 답하는 하나의 방도라 여깁니다.

의가(醫家)에서 병을 논할 때에는 본디 혈맥의 영위(榮衛)[28]를 따지면서도 마음을 다스리는 것을 중시하지 않은 적이 없습니다. 무릇 사람의 마음은 지극히 동(動)하여 통제하기 어렵고 지극히 변하여 안정되기 어렵습니다. 출입하고 잡고 놓음에 잠깐 사이 만 가지 단서가 있고, 불에 타고 얼음이 어는 것 같은 감정이 만나는 상황에 따라 교대로 이릅니다. 마음이 진실로 안정되지 않아 감각 기관이 제 기능을 잃으면, 아무리 화편(和扁)[29]의 의술과 침과 약재를 쓴다 해도 틀림없이 효과가 없을 것입니다. 전하께서 한번 이 말을 가지고 심신에 돌이켜 구해 보신다면, 성스럽고 밝으신 전하께서는 반드시 저절로 분명하게 아실 것입니다.

진실로 바라건대, 전하께서 마음을 평온히 하고 욕심을 줄여 심지를 깨끗하게 하여서 혈기의 사욕으로 하여금 본원(本原)을 흔들지 않게 하고, 수시로 신하들을 접견하여 예모를 간소하게 한 뒤 시정(時政)을 묻고 경사(經史)를 토론함으로써 울적함을 해소하고 지기(志氣)를 창달시키신다면, 성상의 환후는 반드시 큰 차도가 있을 것이요, 중화(中和)를 이르게 하고 천인(天人)을 합하는 방도에 있어서도 크나큰 효과가 있지 않겠습니까.

국가의 기강이 해이해진 것은 오늘만의 문제가 아니며, 모든 직무가 태만함이 쌓여 고질적인 폐습을 이루었습니다. 만일 위에 있는 사람이 크게 진작하고 경계하여 아랫사람들을 다그쳐 노력하게 만들지 않는다면 형세는 날로 무너져 구제할 수 없게 될 것이니, 이는 실로 당면한

28 영위(榮衛) : 한의학 용어로, 영(榮)은 피의 순환을, 위(衛)는 기(氣)의 흐름을 이른다. 영기(榮氣)는 혈액 생산과 영양 조절을, 위기(衛氣)는 각 기관을 보위(保衛)하는 작용을 한다.

29 화편(和扁) : 중국 진 나라 때의 의화(醫和)와 편작(扁鵲)을 말하는데, 이들은 의술에 능통하였으므로 의술의 대명사로 쓰이기도 한다.

큰 걱정거리입니다. 전하께서 마음을 편안히 갖고 모든 정사에 신중을 기하시어 아무리 사소한 문서라도 주의하며 자세히 살피지 않은 것이 없으니, 이는 진실로 군주의 성대한 법도입니다.

다만 살피시는 정무가 지극히 번다하여 지체됨을 면치 못하다 보니 제때 거행해야 할 일들이 그 시기를 많이 잃었습니다. 관사(官師)는 이로 인해 간혹 나태해지기도 하고, 정령(政令)은 이로 인해 간혹 해이해졌는데 외방은 더욱 심합니다. 대개 점점 어지럽게 타락하고 있지만, 이 또한 전하께서 강대(剛大)한 뜻을 분발하는 데 달려 있으니, 날로 새롭게 하고 때때로 경계하면서 위에서 강령을 통솔하고 아래에서 조목을 드는 것을 마치 해와 달이 운행하면서 항상 어긋나지 않는 것처럼 한다면, 보고 느끼는 사이에 인심은 흥기할 것이요, 풍채의 변화도 즉시 나타날 것입니다.

왕자(王者)의 도는 하늘과 방향을 같이 하니,[30] 살려 주어도 은혜롭지 않고 죽여도 원망하지 않는 것은 크게 공정하기 때문입니다. 군주가 하늘을 본받아 크게 공정한 도를 넓히지 않는다면, 구덩이 안처럼 가려지고 구멍처럼 국한되어 여러 물건과 작음을 함께할 뿐 크게 될 수 없습니다. 지금 세상의 도가 무너진 것은 모두가 사사로운 뜻이 가린 데에서 기인하였습니다. 천지간에 가득하여 타파할 수 없고 이쪽저쪽 편을 갈라 서로 공박하며 헐뜯거나 등 돌려 미워하다 보니 협력에 대한

30 왕자(王者)의……하니 : 육지(陸贄)가 당 덕종(唐德宗)에게 상소하여 간언한 내용으로 "천자의 도리는 하늘과 더불어 방향을 같이하니, 하늘은 땅에 해로운 나무가 있다 하여 땅이 만물을 만들어 내는 것을 없애지 아니하고, 천자는 때때로 소인이 있다고 하여 신하들의 말을 받아들이는 일을 없애지 않습니다.〔天子之道, 與天同方, 天不以地有惡木而廢發生, 天子不以時有小人而廢聽納.〕"라고 하였다. 《資治通鑑 卷229 唐紀》

기대는 끊어졌고 인심은 더욱 패악해졌으니, 이 모두가 이를 말미암은 것입니다.

전하께서는 또한 중용의 도를 세워 상벌과 시비에 있어서 친함도 없고 소원함도 없고 사랑도 없고 미움도 없고 높은 것도 없고 낮은 것도 없고 먼 것도 없고 가까운 것도 없이, 처리하는 바를 한결되이 지극히 공평하게 하고, 사적인 관계는 한 칼로 양단을 내듯 끊어 버리신다면, 잃어버렸던 공도(公道)가 회생되고 타락한 인심이 각성될 것이요, 천덕(天德)과 왕도(王道)가 이를 벗어나지 않을 것입니다.

나라를 좀먹는 것으로는 사치보다 심한 건 없기에 하늘도 또한 사치를 가장 심하게 미워합니다. 예로부터 사치하는 풍조가 극심하면서 위태롭지 않은 나라는 있지 않았습니다. 사치가 극심해지면 하늘은 반드시 병화(兵禍) 같은 재앙을 내려 한바탕 척결하여 밝게 귀감이 되게 하였으니 매우 두려워할 만한 일입니다. 지금 위로는 사대부로부터 아래로는 서민에 이르기까지 사치가 도를 넘어 끝이 없습니다. 위태로운 상징이 진실로 여기에 있고, 하늘이 기뻐하지 않는 것도 필시 여기에서 기인하였을 것이니 어찌 한심하지 않겠습니까.

국가의 대상(大喪)을 마치지 못한 상태이니 복식을 검소하게 하고 재앙을 당해 줄이는 것은 또한 당연한 일이고, 머리를 높이 틀고 소매를 길게 하는 풍조를 본받는 근심[31]도 마땅히 없어야 할 것 같은데,

31 머리를……근심 : 《후한서(後漢書)》 권24 〈마요열전(馬寥列傳)〉에 "성중에서 높은 상투를 좋아하니 지방에서도 한 자씩이나 높아졌다.〔城中好高髻, 四方高一尺.〕"라고 하였고, 백거이(白居易)의 〈진사책문(進士策問)〉에 "소매를 넓게 하고 상투를 높이 틀었다는 민요를 들으면 풍속이 부박한 것을 알 수 있습니다.〔聞廣袖高髻之謠, 則知風俗之奢蕩也.〕"라고 하였는데, 위에서 사치를 좋아하면 세속에서 이를 본받아 더욱 심하

신들이 삼가 들으니 여염의 사이에서는 의복 제도와 음식 품목을 시시각각 바뀌고는 반드시 "이것은 아무〔某〕 궁가(宮家)의 새로운 제도이다"라고 말하면서 뒤질세라 서로 본받고 있는데, 이러한 종류는 일일이 거론할 수 없을 정도입니다.

아, 교화가 행해지는 것은 안에서 밖으로, 위에서 아래로 행해지지 않음이 없습니다. 전하께서는 통렬하게 스스로 성찰하고 엄하게 경계하여 삼궁(三宮)의 안으로 하여금 풍성하고 화려한 것을 도리어 부끄럽게 여기도록 하신다면, 궁중(宮中)의 정사를 대신(大臣)의 집에서 사모하고, 대신의 집에서 사모하는 것을 일국(一國)이 사모할 것이니, 그리되면 바람이 부는 쪽으로 풀이 눕는 변화[32]가 어찌 쉽게 이루어지지 않겠습니까. 금령(禁令)의 조목을 또한 거듭 밝혀 반드시 행하여 사치하는 풍속으로 하여금 두려워할 줄 알게 하지 않을 수 없습니다. 이것이 또한 선왕이 예(禮)로 인도하고 형벌로 가지런히 했던 방법입니다.

하늘의 뜻을 감동시키는 데에는 인심을 위로하여 기쁘게 하는 것이 최우선이고, 인심을 위로하여 기쁘게 하는 데에는 폐단을 제거하는 것이 최우선입니다. 현재 누적된 가장 큰 폐단으로는 인역(人役)이 고르지 못해 양민(良民)에게 고통이 편중되는 것과, 군병(軍兵)을 모아 식량을 대다 보니 국력을 지탱하기 어려운 것과 같은 것들이 있는

게 하므로 근심하는 것이다.

32 바람이……변화 : 바람이 불면 풀이 쓸리듯이 윗사람이 인도하면 아랫사람이 따른다는 말이다. 공자(孔子)가 "군자의 덕은 바람과 같고 소인의 덕은 풀과 같다. 풀 위에 바람이 불면 반드시 눕는다.〔君子之德風, 小人之德草, 草上之風, 必偃.〕"라고 하였다. 《論語 顔淵》

데, 이러한 종류를 자질구레하게 열거하기 어려운 점이 있지만, 모두가 크게 변통해야 할 대상이니, 요컨대 적절한 방법으로 처리하고 점진적으로 시행해야 합니다.

비록 종국에는 변통하지 않을 수 없겠으나 그렇다고 한 번에 갑자기 개혁하기도 어려운 일입니다만, 무엇보다 여러 궁가의 둔장(屯莊)의 폐단이 오늘날 나라를 욕되게 하고 원성을 사는 큰 문제입니다. 여러 궁가는 모두 왕실의 가까운 친척인 만큼 지위가 높고 무거우니, 누가 감히 업신여기며 침해하겠습니까. 진실로 나라에 제한된 규제가 없고 간사한 백성이 농락하다 보니 원근에 끼치는 해독에 이르지 않는 것이 없습니다. 이 또한 어찌 여러 궁가에서 모두 아는 사실이겠습니까.

전하께서 여러 궁가를 진실로 아끼신다면, 속히 조례로 정한 제도를 분명하게 세워 그 면세 범위를 제한하되 한결같이 지난날 유신(儒臣)이 진달한 직전(職田)의 규정과 같이 하고, 그 나머지는 모두 세금을 거두어 관노(官奴)·도장(道掌)[33]의 무리들로 하여금 산과 들판에서 농락하며 제멋대로 침탈하지 못하게 한다면, 사람들의 기대를 크게 위로하는 방법으로 이보다 좋은 것은 없습니다.

각 아문의 둔장의 세금도 모두 거두게 하소서. 노전(蘆田)·염분(鹽盆)·어살(魚箭)·선척(船隻)의 종류는 각 아문과 여러 궁가에 나누어 주되 대략 차등을 두고, 그 나머지는 모두 지부(地部 호조(戶曹))에서 수세하게 하면, 또한 어찌 경비에 큰 도움이 되지 않겠습니까. 이 일은

33 도장(道掌) : 궁방(宮房)의 토지를 관리하고 도조(賭租)나 결미(結米) 따위를 징수하는 사람을 가리킨다. 나중에는 관둔전(官屯田)이나 개인의 토지를 관리하는 사람도 도장이라 불렀다.

전후로 말한 사람의 의견을 인하여 바야흐로 조사하는 거조가 있었는데 유사(有司)가 심상한 일로 보고 끝내 반드시 봉행하는 실제가 없었습니다. 삼가 바라건대 전하께서는 속히 강구하여 행하고 의심하지 마소서.

나라가 나라를 다스리도록 힘입는 것은 어진 인재입니다. 예로부터 어질고 뛰어난 인재가 진출하면 나라가 다스려졌고, 물러나면 어지러웠으며, 없으면 멸망했습니다. 기강과 세도가 이들에 달렸고, 절의를 부지하는 것도 이들에게 달렸으니, 평상시 무사할 때에도 오히려 목마른 사람처럼 이들을 구하지 않을 수 없는데, 하물며 위급하여 존망을 다투는 시기에 그물질하여 데려가고 그릇에 맞게 쓰려는 생각이 마땅히 또 어떠하겠습니까?[34]

선왕께서 재야에 있는 어질고 뛰어난 인재를 널리 구하여 우리 전하를 돕게 하셨고, 전하께서 그들을 초치하여 예우하신 것도 역시 극진하였습니다. 그런데 얼마 안 가서 모두 은둔할 생각을 품으니, 진실로 성교(聖教)에 이른바 '당초의 예우하던 성의를 계승하지 못하였다'는 것과 같은 점이 있습니다. 이른바 현자는 도(道)에 입각해 출처를 정하기 때문에 도가 행해지지 않으면 예우하는 모양으로 헛되이 구속받지 않습니다.

34 그물질하여……어떠하겠습니까 : 나라가 어려운 상황에 놓이면 인재들을 등용하려는 생각이 더욱 간절해진다는 말이다. 그물질하여 데려간다는 것은 인재를 모두 데려간다는 뜻으로, 당(唐)나라 한유(韓愈)의 〈송온조처사서(送溫造處士序)〉에 "대부 오공이 부월을 갖고 하양 절도사로 부임한 지 석 달 만에 석생을 인재로 여기고 예를 그물로 삼아 그물질하여 자기 막하로 끌어들인다.〔大夫烏公以鈇鉞, 鎭河陽之三月, 以石生爲才, 以禮爲羅, 羅而致之幕下.〕"라고 한 데서 온 말이다.

전일 이유태(李惟泰)의 상소[35]에 참으로 대단한 변통의 방법이 있었습니다. 그것은 진실로 하루아침에 다 행하기는 어려우나 그 가운데 또한 어찌 쓸 만한 것이 전혀 없겠습니까. 당시 의논한 것이 그대로 방치됨을 면하지 못하였으니, 감히 머물러 있지 못할 것은 비록 절박한 사정이 있긴 했지만, 이치상으로도 또한 당연했습니다.

재앙을 만나 황급한 이때, 전하께서 속히 밝은 교지를 내려 재야로 물러나 있는 선비들을 모두 부르는 가운데 나오지 않고 숨어있는 사람들까지 미쳐서 조정에 두고 정책을 자문하시고, 부름에 달려오지 않은 경우에는 실봉(實封)[36]으로 대답하게 하신다면 반드시 쓸 만한 말이 있을 것입니다.

화란의 발생은 민생이 곤궁한 데서 말미암지 않은 적이 없습니다. 요즘 사방에서 올라오는 문서를 보면, 강도와 화적이 곳곳에서 암암리에 나타나고 유언비어가 매우 심해서 민중들이 두려움에 떨고 있습니다. 이렇게 억만 생령들이 유리하여 골짝으로 떨어지는 날을 당해 사납고 흉악한 자가 기회를 타고 선동해서 난을 일으킬 계제로 삼을지 또 어찌 알겠습니까. 적미(赤眉)[37]나 황건(黃巾)[38]이 모두 이를 말미암아

35 이유태(李惟泰)의 상소 : 1660년(현종1) 5월 9일에 올렸던 부호군(副護軍) 이유태의 만언봉사(萬言封事)를 가리킨다.

36 실봉(實封) : 신하가 임금에게 밀계(密啓)할 일이 있을 때, 소장의 내용을 다른 사람이 보지 못하도록 봉(封)하는 것이다.

37 적미(赤眉) : 전한(前漢) 말기에 왕망(王莽)이 한나라를 찬탈하자, 낭야(瑯琊) 사람 번숭(樊崇)이 거(莒)에서 군대를 일으켰는데, 자신의 군대가 왕망의 군대와 혼동될까 염려하여 눈썹을 붉게 칠하여 구별되게 하였으므로 이렇게 칭한 것이다. 이들은 약탈과 방화를 자행하다가 광무제(光武帝) 유수(劉秀)에게 토벌되었다.

일어났으니, 이는 정말로 국가가 깊이 근심하고 방비를 삼엄하게 해야 할 부분입니다.

그러나 백성이 장차 죽는다면 그들의 마음을 굳게 할 수 없고, 그들의 마음을 이미 굳게 하지 못하면 화란의 발생을 막으려 해도 방법이 없습니다. 가뭄이 이미 너무 심하니 보리를 수확하지 못하면 여름과 가을 사이에 백성들은 필시 죽을 것입니다. 신들은 진실로 거북 등에서 털을 긁어모을 방법이 없다는 것[39]을 알지만, 가을이 되기 전까지 이어서 구휼하는 계책은 또한 어찌할 수 없다고 핑계대면서 강구하지 않는 것은 불가합니다. 조사하고 살피면서 도적에 대비하는 방법도 잊어버리고 준비하지 않으면 안 됩니다.

신들은 시종하는 신하로서 지식이 없고 재주는 소략합니다. 당시를 구하는 계책과 재해를 없애는 방도에 있어서 참으로 별다른 기이한 계책은 없이, 몇 가지 논의한 것도 진부하고 아무 것도 없으니 진실로 성상의 마음에 부합하기에 부족한 줄 압니다. 하지만 오늘날의 폐단의 근원을 천천히 고찰해 보면 또한 여기에서 벗어나지 않을 것입니다. 삼가 바라건대 밝으신 성상께서 시종 유념하시기 바랍니다. 재결해 주시기 바랍니다.

38 황건(黃巾) : 영제(靈帝) 때 장각(張角)이 10여 만의 무리를 모아 일으킨 난으로 머리에 노란 수건을 둘렀기 때문에 황건적이라 한다.

39 거북……것 : 소식(蘇軾)의 시에 "거북의 등에서 털을 긁어 보았자, 어느 때에 모전을 이룰 수 있으랴.〔刮毛龜背上, 何時得成氈?〕" 한 데서 온 말인데, 거북은 본디 털이 나지 않아서 아무리 등을 긁어 봐도 털을 취할 수 없으므로, 전하여 헛수고만 할 뿐 공효를 거두지 못함을 비유한 말이다.

옥당에서 올린 차자[40]

玉堂箚

삼가 아룁니다. 성고(聖考)께서 승하하신 뒤 세월이 빨리 흘러 담제(禫祭)를 마치고 부묘(祔廟)도 하였으니,[41] 우러러 생각건대 성상께서는 탄식하고 슬퍼하면서 자리에 나아가 정사를 행하는 가운데 선왕의 공렬을 찬란히 빛낼 생각이 어찌 끝이 있겠습니까.

옛날 성왕(成王)은 삼년상을 마치고 사당에 조회하고 나서 〈방락(訪落)〉 시를 지어 뭇 신하들을 맞이해 묻는 뜻을 말하였습니다.[42] 이는 거애(擧哀)가 끝나면 길복(吉服)을 입고 새로운 교화를 이루려고 도모하는 것이 진실로 계체(繼體 선왕의 뒤를 이음)하는 중요한 절차이자 즉위 초기의 큰 기틀이 되기 때문입니다. 신들이 경연의 자리를 차지하고 있으면서 만약 한마디도 아뢰지 않아 전하께서 신하들과 나랏일을 도모하시려는 지극한 뜻을 저버린다면, 신들은 죽임을 당한 뒤에도 죄가

40 옥당에서 올린 차자 : 이 글은 1661년(현종2) 7월 13일에 올린 것이다. 《顯宗改修實錄 2年 7月 13日》 그런데 이 글이 이민서(李敏敍)의 《서하집(西河集)》 권6에도 실려 있다.

41 성고(聖考)께서……하였으니 : 성고는 효종(孝宗)을 가리킨다. 효종이 1659년 5월 4일에 죽자, 1661년 7월 3일에 경모전(敬慕殿)에서 담제를 행하고 같은 달 8일에 부묘를 하였다. 《孝宗實錄 10年 5月 4日》 《顯宗實錄 2年 7月 3日, 8日》

42 옛날……말하였습니다 : 〈방락〉은 《시경》의 편명으로, 새로 즉위한 임금이 신하들과 더불어 국사를 논의함을 의미한다. 성왕이 무왕(武王)의 뒤를 이어 즉위하고 사당에 조회한 뒤, 이 시를 지어 무왕의 도(道)를 따르고자 하는 마음을 신하들에게 이야기하였다.

남을 것입니다. 감히 망녕된 말씀을 아뢰오니 헤아려 채택해 주시기를 바랍니다.

아, 전하께서는 성스러운 자질이 깊고 순수하여 행실이 고결하고 은혜가 두텁습니다. 거상하는 3년 동안 경건하게 조용히 지내셨으니 성상의 덕에 진실로 흠이 없고, 성상의 정치 또한 허물이 없으십니다. 다만 오늘날 뭇 신하들의 사사로운 근심 가운데 더러 한두 가지 아뢸 만한 것이 있습니다.

옛날 성군(聖君) 가운데 한 시대의 정치를 훌륭히 이룬 사람들은 뜻을 세워서 기업(基業)을 넓혔고, 실천하여 일을 성취하였습니다. 그러므로 쇠미함을 일으키고 어지러움을 다스릴 뜻이 있어도 행동으로 옮겨서 그 뜻을 실행하지 않는다면, 바로 배가 부르기를 바라면서 먹지 않고 따뜻하기를 바라면서 입지 않는 것과 같아 끝내 배부르고 따뜻할 날은 없을 것입니다.

선왕께서는 큰 뜻을 품고 분발하셨으나 공업을 이루지 못한 채 끝없이 어려운 책임을 전하께 남기셨습니다. 전하께서 오늘날 해야 할 도(道)는 다만 선왕께서 품으셨던 뜻을 전하의 뜻으로 삼고 선왕께서 행하고자 하셨던 바를 실행해야 하니, 비록 두 임금께서 서로 계승하셨지만 그 도는 하나입니다. 그러니 선왕의 뜻을 계승하고 선왕의 일을 따르는[43] 효과가 어찌 쉽게 이루어지지 않겠습니까.

아, 선왕께서 정일(精一)한 가르침[44]을 전하께 내리시어 도통(道統)

43 선왕의 일을 따르는 : 《중용장구》 제19장에 "공자(孔子)가 '무왕(武王)과 주공(周公)은 누구나 공통으로 칭찬하는 효이시다. 효는 부모의 뜻을 잘 계승하며, 부모의 일을 잘 따르는 것이다.' 하였다."라고 하였다.

의 전함이 진실로 성상의 몸에 있는데, 다만 몸이 편찮으시다는 연유로 경연을 오랫동안 폐하시니, 선왕을 잇는 공적이 중단됨을 면치 못하고 있습니다. 이는 전하께서 학문을 좋아하지만 학문을 좋아함이 그 실제를 다하지 못하는 것입니다.

선왕께서 귀와 눈을 활짝 열어 물 흐르듯이 의견을 받아들여 채택하셨습니다. 전하께서도 왕위를 계승한 뒤로 또한 허심탄회하게 채납하지 않은 적이 없습니다만, 가만히 살펴보건대 성상의 도량은 넉넉히 포용하지만 과단성 있는 행동이 간혹 부족하여 흐지부지하는 습관이 점점 나타났습니다. 이는 전하께서 간언을 받아들이시는 데에 부지런하시지만 간언을 받아들임이 그 실제를 다하지 못하는 것입니다.

선왕께서 엄숙하고 공손하고 공경하고 두려워하면서 천명(天命)으로 스스로 다스리시자,[45] 감통(感通)하는 속도가 그림자나 메아리보다도 빨랐습니다. 전하께서 하늘을 공경하는 정성을 뭇 신하들이 감히 우러러 헤아릴 바가 아니지만, 몇 년 사이에 비 오고 개는 것이 시기와 어긋나 해마다 흉년이 들었습니다. 올해 북로(北路 함경도)에는 5월에 눈이 내렸고, 삼남(三南 충청·전라·경상도)은 가뭄으로 벌겋게 타들어

44 정일(精一)한 가르침 : 《서경》 〈대우모(大禹謨)〉에 "인심은 위태롭고 도심은 은미하니, 정하게 하고 한결같이 해야 진실로 그 중도를 잡을 것이다.〔人心惟危, 道心惟微, 惟精惟一, 允執厥中.〕"라고 한 것을 가리키는데, 이는 순(舜) 임금이 우(禹) 임금에게 제위를 선위하면서 경계한 말로, 도통(道通)을 전수하는 요결로 일컬어진다.

45 엄숙하고……다스리시자 : 주공(周公)이 은 중종(殷中宗)의 덕을 칭송하면서 한 말 가운데 "아, 제가 듣자 하니, 옛날 은 중종은 엄숙하고 공손하고 공경하고 두려워하면서 천명으로 스스로 다스렸습니다.〔嗚呼! 我聞曰, 昔在殷王中宗, 嚴恭寅畏, 天命自度.〕"라고 하였다. 《書經 無逸》

가는 것이 참혹합니다. 인자하고 자애로운 하늘의 포학함이 이 지경에 이르렀으니, 전하께서 하늘을 공경함이 그 실제를 다했다고 할 수 있겠습니까?

선왕께서는 백성을 품어 보호하고 백성 보기를 다칠 듯이 여겨[46] 누적된 폐단을 제거하여 거의 소생시켜 주셨습니다. 전하께서 왕위를 물려받으신 지 이제 3년이 넘었는데 온갖 폐단이 만연하고 기근이 거듭 발생하여, 겨우 살아남은 잔약한 백성들이 도탄에 빠져 있는 것과 같으니, 전하께서 백성을 사랑하시는 것이 그 실제를 다했다고 할 수 있겠습니까?

선왕께서는 원대한 계책을 깊이 생각하고 뜻밖의 변고를 경계하여, 날마다 경계하고 토론하며 정사를 부지런히 돌보느라 여념이 없으셨습니다. 전하께서 왕위를 계승하신 이후로 선왕의 유지를 고친 것은 있지 않지만, 인심이 안일하게 세월만 보내며 물이 아래로 흐르듯 쇠퇴한 나머지 일의 낌새가 예전과 달라 근심 걱정이 갑절로 급박해졌으니, 전하께서 변화에 대응한 실제가 과연 어떠한지 신들은 모르겠습니다.

선왕께서는 어질고 뛰어난 선비들을 널리 구하여 후사(後嗣)를 보필하게 하여 여러 현명한 이들이 힘써 도우며 뭇 계책이 장차 시행되도록 하셨습니다. 전하께서는 선왕의 뜻을 따라서 더욱 예(禮)로써 대우하

46 백성을……여겨 : 주공이 주 문왕(周文王)의 덕을 칭송하는 말로 《서경》 〈무일(無逸)〉에 "아름답게 부드럽고 아름답게 공손하시어 백성들을 품어 보호하셨다.〔徽柔懿恭, 懷保小民.〕"라고 하였고, 《맹자》 〈이루 하(離婁下)〉에 "문왕은 백성 보기를 다칠 듯이 여기셨으며, 도를 바라보시고도 보지 못한 듯이 여기셨다.〔文王視民如傷, 望道而未之見.〕"라고 하였다. 여기서는 주 문왕처럼 선왕인 효종의 덕이 뛰어났다는 뜻으로 쓰였다.

여 어진 이를 좋아하는 정성이 쇠하진 않으셨지만 처음만 같지 못한다는 비난이 장차 일어나려 하니, 전하께서 어진 이를 좋아하는 실제가 또한 어떠한지 신들은 모르겠습니다.

아, 지금 이 몇 가지 조항은 진실로 모두 밝으신 성상께서 일찍이 유념하시어 그 실제를 다하고자 했던 것입니다. 가령 몇 가지 조항 가운데에는, 혹 기미가 나타나려 해서 먼저 강구하지 않을 수 없는 것과, 조짐이 이미 나타나서 통렬히 고치지 않을 수 없는 것과, 일이 시급하여 먼저 결정하지 않을 수 없는 것이 있습니다. 조짐이 싹트려 하는데 먼저 강구하지 않으면 조짐이 곧 나타나고, 이미 조짐이 나타났는데 통렬히 고치지 않으면 조짐이 점차 커질 것이며, 시급한데 먼저 결정하지 않으면 후회해도 소용없을 것입니다. 아, 어찌 두려워하지 않을 수 있겠습니까.

제왕(帝王)의 학문은 평범한 이들의 학문과 다릅니다만, 강구하여 밝히는 것을 바탕으로 삼고 실천에 내실을 기하여 순서대로 점차 진보하는 것은 다르지 않습니다. 지금 성상의 체후가 항상 편찮으셔서 궁궐에서 하루에 세 차례 접견하는 일이 상례대로 회복되기를 바랄 수는 없지만, 한가롭게 편안하신 겨를에 자주 유사(儒士)를 접견하여 한집안의 아버지와 아들처럼 형식적인 것을 타파하고 혹은 경서(經書)와 사서(史書)를 강론하기도 하고 혹은 정치에 대해 자문하기도 하신다면, 영향을 받고 계발되는 효과가 반드시 경연을 날마다 열 때보다 갑자기 줄지는 않을 것입니다.

그리고 지기(志氣)를 수렴하고 정신(精神)을 보양하여, 음악과 여색, 진귀한 노리갯감에 대한 욕심이나 게으르고 거만하며 사악하고 편벽된 기운으로 하여금 감히 몸과 마음에 침범하지 못하도록 하는 것은, 이 또한 예부터 성현들이 긴요하게 여기는 심법(心法)입니다. 몸을 닦고 집안을 가지런히 하고 나라를 다스리고 천하를 평온하게 함이 이 가운데서 미루어 나오지 않는 것이 없습니다. 만일 이 부분에 착실한 공부가 부족하다면 편하게 즐기는 해독이 날로 더 심해져서, 사치하고 방자해서 생긴 화가 치성하여 막을 수 없을 것입니다. 이것이 바로 치란과 흥망이 나뉘는 까닭이니, 무엇보다도 처음 정사를 행할 때 통렬하게 경계해야 하는 것입니다. 밝으신 성상께서는 유념하소서.

임금이 간언(諫言) 듣기를 귀하게 여김은 그 말을 받아들이기 때문입니다. 만약 듣기만 하고 받아들이지 않는다면, 이는 바로 성인(聖人)이 말한 "기뻐하기만 하고 실마리를 찾지 않으며, 따르기만 하고 잘못을 고치지 않는다."[47]라는 것입니다. 전하께서 즉위하신 이래 간언을 듣고 받아들이는 데 게을리 하지 않으시니 사람들이 서로 기뻐하였습니다만, 몇 년 동안 시행한 일에서 드러난 것을 가지고 살펴보면, 대부분이 옛 것을 답습하는 수준이었습니다. 전후로 이해(利害)에 관계된 사안을 다룬 소장(疏章)과 차자(箚子)도 비록 칭찬하고 장려하셨지만, 즉시 시행하거나 그만두지 않은 채 시일만 끌다가 결국은 방치하셨습니다. 이 때문에 정령(政令)이 날로 쇠퇴해져서 조정은 헛되이 세월만 보내는 풍조를 이루었으니 마치 큰 병에 걸려 숨이 곧 끊어지려는 상황과도 같았습니다.

47 성인(聖人)이……않는다 : 공자(孔子)가 "법으로 해 주는 말은 따르지 않을 수 있겠는가. 자신의 잘못을 고치는 것이 중요하다. 완곡하게 해 주는 말은 기뻐하지 않을 수 있겠는가. 그 실마리를 찾는 것이 중요하다. 기뻐하기만 하고 실마리를 찾지 않으며, 따르기만 하고 잘못을 고치지 않는다면 내 그를 어찌할 수 없다."라고 하였다. 《論語 子罕》

전하께서 진실로 그 폐단을 바로잡고자 하신다면, 즉시 큰 뜻을 분발하여 기강을 모두 잡으시어 쓸 말과 버릴 말, 가한 일과 불가한 일을 보필하는 신하에게 자문하고 좌우에도 물어서, 결단해야 할 것은 의심 없이 결단하고 행해야 할 것은 망설임 없이 행하셔야 합니다. 상벌(賞罰)은 반드시 공과(功過)에 합당해야 하고, 거조(擧錯 임용(任用)과 폐출(廢黜))는 옳고 그름을 잃지 않으며, 가깝고 작은 사사로움에 가리는 바가 되지 않도록 하고, 공명과 이익을 따지는 이야기에 휩쓸리지 않도록 하셔야 합니다. 맑고 분명하며 강직하고 정대함으로 우레와 바람처럼 맹렬하고 신속하게 행하시면, 기강이 크게 확립되고 뭇 신하들도 두려워하게 될 것이니, 부흥하고 다스리는 계기가 진실로 여기에 있습니다. 밝으신 성상께서는 유념하소서.

하늘의 살핌이 매우 밝아 재앙과 상서가 그 유형에 따라 이르니, 경전에 실려 있는 바는 속일 수 없습니다. 근래 한해(旱害)의 재앙이 해마다 더욱 심해지고 있으니,[48] 하늘의 노여움이 정확히 어떤 일 때문

48 근래……있으니 : 1660년(현종1) 5월 23일 현종이 흥정당(興政堂)에서 대신(大臣)과 비국(備局)의 신하들을 인견할 당시 "근일의 한재(旱災)가 봄 가뭄보다 더 심하니, 금년에 또 흉년이 들면 어떻게 나라를 다스려 갈 수 있겠는가."라며 한재로 인한 피해를 언급하고 있다. 또 7월 18일 기사에 한재가 더욱 극심하여 연해(沿海) 지역에 짠 기운이 두루 발생하고 산군(山郡)의 수원(水源)도 모두 말라 곡식이 말라 죽었다는 내용이 실려 있다. 7월 25일에는 사간 이연년(李延年)이 올린 차자에 "호남과 영남, 관동의 한재가 매우 참혹합니다."라고 언급하였다. 이듬해인 1661년 4월 1일 예조에서 한재 때문에 기우제를 지내자는 청을 올렸고, 4월 5일 좌의정 심지원(沈之源)이 입시(入侍)하여 참혹한 한재로 보리와 밀이 말라 죽어 사람들이 살 수 없는 정황을 극력 진달하였다. 《국역 현종실록 2년 4월 5일》《국역 현종개수실록 1년 5월 23일, 7월 18일·25일, 2년 4월 1일》 이러한 내용들로 보아 1660년과 1661년 연속된 한재로 인해

인지는 모르겠습니다만, 재앙을 초래한 것은 반드시 허물이 있기 때문입니다. 천도(天道)는 사사로움이 없이 만물(萬物)을 두루 감쌉니다. 임금은 하늘을 본받으니 그 도(道)가 같지만, 만일 터럭만큼이라도 사사로움에 얽매여 천도와 어긋난다면, 하늘이 재앙을 내리는 것 또한 반드시 그 유형에 따를 것입니다.

근래 살펴보건대 비가 고르게 내리지 않아 수십 백 리 사이에도 땅이 젖고 마름이 현격히 다릅니다. 아마도 밝으신 성상께서 크게 공정한 도를 확립하지 못하여 사사로움에 얽매임이 많기 때문인 듯합니다. 전하께서는 깊이 스스로 성찰하시어 한 가지 마음이라도 편벽한 사사로움이 있거든 통렬히 제거하여, 비록 지극히 가깝고 작은 곳에 있더라도 또한 감히 조금도 소홀히 하지 마소서.

하늘이 미워하는 것은 사치보다 큰 것이 없습니다. 사치가 극심해지면 하늘은 반드시 전쟁과 기근의 재앙을 내려 크게 씻어냅니다. 오늘날 사치하는 폐단에 대해 신들 또한 이미 여러 번 아뢰었으니, 개혁의 단서를 앞장서서 인도하는 것밖에 없습니다.

근래 항간에 떠도는 이야기를 들으니, 궁궐의 상기(喪期)가 끝날 때 즈음 시장에 있던 사라(紗羅 얇고 부드러운 비단) 종류가 한꺼번에 사라졌다고 합니다. 소문이 사실이라면 머리를 높이 틀고 소매를 길게 하는 사치 풍조를 따라하는 것이 또한 어느 곳인들 이르지 않겠습니까. 이와 같은 일은 밝으신 성상께서 간여하여 아실 바가 아니지만, 풍속과 교화를 해치는 데에 관계된 바가 작지 않습니다.

무릇 나라를 소유하고 땅을 소유한 자는 반드시 그 땅에서 나는 생산

피해가 극심했음을 알 수 있다.

물로 그 의식(衣食)을 스스로 충족시키니, 어찌 굳이 먼 곳의 물건을 가져다가 쓰겠습니까. 우리나라의 제도에 임금과 신하가 누리고 하사하는 물품이나 제사를 올리는 폐백은 모두 토산품인 명주를 쓴다고 《대전(大典)》에 분명히 실려 있습니다.

지금 만약 나라에서 상복을 벗고 길복을 입는 것을 계기로 법조문을 엄히 세워, 먼저 궁중에서부터 법복(法服) 이외에는 수놓은 비단을 사용하지 말도록 하여 귀척(貴戚)과 공경(公卿)과 사서(士庶)에 이르기까지 법을 적용하십시오. 나라 밖의 물품을 사용하는 것을 일체 금지하고, 범한 자는 금지된 물품을 사사로이 유통하는 죄와 같은 법률을 적용하되, 다만 우리나라에서 생산된 물품을 가지고 등위(等威 신분에 맞는 위의)를 분명히 하여 귀천을 분별하면, 고질적인 나쁜 습속을 일시에 씻어내고 백성들을 해치는 큰 좀을 영원히 제거할 수 있을 것이니, 이 또한 하늘을 감동시키는 중요한 방도입니다. 밝으신 성상께서는 유념하소서.

무지한 백성은 지극히 어리석으면서도 신통한 존재입니다. 어루만져 주면 임금으로 여기고, 학대하면 원수로 여겨 향배가 일정하지 않기 때문에 현명한 왕은 백성을 갓난아이처럼 이들을 사랑하기도 하고 힘이 센 적처럼 두려워하기도 하였으니, 진실로 백성을 나라의 근본으로 여겨 백성이 흩어지면 나라가 기운다고 생각했기 때문입니다. 백성의 고달픔이 오늘날보다 심한 적은 없었습니다. 나라에서 재물을 베풀어 구제한 것이 또한 극진하지 않았던 건 아니지만, 혜택이 미덥지 않아서 원망이 한창 일어나는 것은, 다름이 아니라 살 길이 다 없어졌는데도 쌓인 폐단을 제거해 주지 않아서입니다.

정역(丁役 군역(軍役))을 고르게 하고 부세(賦稅)를 공평하게 하는 것은 진실로 백성을 구제하는 급선무이지만, 흉년으로 백성들이 흩어져 죽음을 벗어나기에도 여력이 없습니다. 호적(戶籍)과 양전(量田) 같은 사업을 경솔히 의논하여 소요를 일으키기는 것은 곤란하나, 재물과 곡식을 주선하여 눈앞의 굶주린 자들을 구제하는 것은, 조금이라도 늦추다가 속수무책으로 죽기를 기다려서는 결코 안 됩니다.

옛날에는 오곡(五穀)이 익지 않는 것을 큰 흉년이라고 하였습니다. 큰 흉년이 들었을 때의 예법은, 임금은 고기를 먹지 않고, 귀신에게 기도하되 제사 지내지 않으며, 백관을 배치하되 의식을 거행하지 않았습니다.[49] 지금은 큰 흉년이 한 해만 발생한 것이 아니니, 위급하여 나라가 존하느냐 망하느냐가 눈앞에서 결정되게 되었습니다. 그래서 신들은 오늘날 군신 상하가 크게 경계하고 크게 변통하면서 두려워하고 절약하기를 한결같이 제(齊)나라 환공(桓公)이 거(莒) 땅에 있었을 때[50]와, 위(衛)나라 문공(文公)이 초구(楚丘)에 있었을 때[51]와, 지난날

49 옛날에는……않았습니다 : 《춘추곡량전(春秋穀梁傳)》 양공(梁公) 24년 기사에 "오곡이 익지 않는 것을 큰 흉년이라고 한다. 큰 흉년을 지내는 예는, 임금은 고기를 먹지 않고, 누대와 정자는 칠하거나 꾸미지 않고, 활쏘기를 폐하고, 궁정의 길을 수리하지 않고, 백관을 배치하되 의식을 거행하지 않고, 귀신에게 기도하되 제사 지내지 않는다. 이것이 큰 흉년을 지내는 예이다."라고 하였다.

50 제(齊)나라……때 : 제 환공(齊桓公)이 즉위하기 전 내란이 발생하자 거 땅으로 망명했다가 돌아와 즉위하였다. 환공이 관중(管仲)에게 나라를 잘 다스릴 수 있는 방도를 묻자, 포숙이 거 땅에 있었을 때를 잊지 말라고 하였다. 《史記 卷32 齊太公世家》

51 위(衛)나라……때 : 적(狄)의 침입으로 위나라가 멸망하자, 제 환공이 적을 정벌하고 초구에 성을 쌓은 뒤 위나라를 다시 세우고 문공(文公)을 즉위시켰다. 이에 문공은 근검하여 거친 베로 만든 옷을 입고 거친 비단으로 만든 관을 쓰고서 백성들과 고락을 함께하여 나라를 부흥시켰다. 《春秋左氏傳 閔公2年》

남한산성(南漢山城)에 있었을 때[52]처럼 해야 한다고 생각합니다.

이를 가지고 이야기하면, 종묘(宗廟)와 백신(百神)에게 제사 지내는 예절도 진실로 생략할 수 있고, 여러 관사에서 들이는 공물(貢物)도 없앨 수 있고, 건물을 짓거나 보수하는 일도 중지할 수 있습니다. 전하께서 자처함이 나라와 백성을 소유물로 여기지 않으시고, 뭇 신하들의 실천도 감히 그 관직을 소유물로 여기지 않은 연후에야, 겨우 살아남은 잔약한 백성들을 보전할 수 있을 것입니다.

공사(公私)의 둔장(屯莊)[53] 같은 등속은 국가에서 매번 바로잡으라는 명령을 내리고는 있지만 아직까지 실효가 없어, 백성이 나라를 신뢰하지 못하고 터무니없는 말로 저주하고 있습니다. 하루아침에 불행히도 백성 가운데 황소(黃巢)와 갈영(葛榮)[54]이 창졸간에 일어난다면, 그동안 강점(强占)하고 증식해 놓은 것이 끝내 공사 간에 무슨 보탬이

52 지난날……때 : 청(淸)나라의 침입을 피해 1636년(인조14) 12월 14일 남한산성으로 피난했을 때의 일을 가리키는 듯하다. 갑작스런 피난으로 인해 성내에 양식이나 말을 먹일 꼴 등이 풍족하지 않았는데, 말들이 굶어 죽자 군사들에게 말고기를 먹게 하였고, 양식이 부족하여 재신(宰臣)이 전직(前職) 관원에게 양식을 주지 말 것을 청하는 등 사정이 좋지 않았다. 40여 일이 지나 성안의 양식이 모두 떨어져 군사들과 백성들이 굶어 죽는 동시에 강화도가 함락되었다는 소식을 전해 듣고 청나라와 화의를 맺었다. 《국역 연려실기술 제25권 병자노란(丙子虜亂)과 정축 남한출성(南漢出城)》

53 둔장(屯莊) : 전호(屯田戶)가 모여 사는 지역을 말한다.

54 황소(黃巢)와 갈영(葛榮) : 황소는 당(唐)나라 말기 왕선지(王仙芝)가 난을 일으키자 동조하였다가 왕선지가 죽은 뒤에 수도 장안(長安)을 점령하고 국호를 대제(大齊)라고 하였는데, 884년 이극용(李克用)에게 패하여 살해되었다. 《新唐書 卷225下 逆臣列傳 黃巢》 갈영은 북위(北魏) 말기인 526년에 난을 일으켜 국호를 제(齊)라고 하였는데, 북위의 장군 이주영(爾朱榮)에게 패한 뒤 살해되었다. 《魏書 卷10 孝莊紀》

되겠습니까.

지금 흩어진 인심을 진실로 위로하고 진정시킬 방도가 없습니다. 신들의 생각으로는, 백성을 괴롭히는 모든 공사 간 둔장의 입안(立案)·염분(鹽盆)·어살(漁箭)에 대해 또한 속히 조례와 제도를 세워 감해 주거나 혁파함으로써 국가가 지극한 정성으로 백성을 사랑하는 마음을 보여 준다면, 민심이 감격하여 반란하는 지경에는 이르지 않을 것입니다. 밝으신 성상께서는 유의하소서.

나라는 하루도 대비가 없을 수 없으니, 대비가 없으면 환란이 생겨납니다. 지금의 시세를 보건대 매우 위태롭다고 할 수 있건만, 조정의 기상은 오히려 느슨해서 지혜로운 자는 어찌할 방법이 없다고 핑계대고, 나약한 자는 두려워서 과감하지 못합니다. 작은 일은 구애받고 큰일은 꺼리면서 앞뒤로 눈치를 살피는 것이 마치 귀중한 보배를 품고 사통팔달한 도로에 있으면서 전혀 몸을 보호하는 장비가 없는 것과 같으니, 어찌 한심하지 않겠습니까.

비록 그렇다 해도 지금 나라를 위해 계책을 도모하는 것은 또한 어렵습니다. 이처럼 백성들이 다 죽어 가는 날을 맞아 더욱 수리하고 설치하려고 한다면, 실로 나라를 전복을 부추길 것입니다. 옛사람이 먼저 계책을 정하여 인심을 단단히 결속시키는 것으로 환란을 대비하는 급선무로 삼은 것은 진실로 이 때문입니다.

오늘날 서울에 있는 병사들은 국가가 가장 믿고 의지하는 바이나, 모여서 먹는 것이 이미 많아져서 나라가 장차 감당하지 못하게 되었으니, 이는 실로 오랫동안 지속할 수 있는 방도가 아닙니다. 또한 주 세종(周世宗)이 선발하여 조련한 방법[55]같이 충분한 양식으로 군대를 양성하고, 병사들이 하는 일 없이 밥이나 축내는 지경에 이르지 않게 한 뒤라야, 위급할 때 반드시 쓸모 있는 병사가 될 것입니다.

서북(西北) 지방의 인심이 흩어진 지 이미 오래되어 창졸간에 사태가 발생하면 결코 쓸 병사가 없습니다. 국가는 반드시 대단히 불쌍하게 여겨 그들의 억울함과 고통을 깨끗이 씻어 주고 그들의 분노와 한을 풀어 준 연후에야, 통제가 가능해지고 변방의 방비도 회복하기를 기대할 수 있습니다. 지금 변방 백성들의 고통이 이 지경에 이르렀는데 국가의 징발과 부세가 날로 심해져 조금도 소생시켜 주는 혜택이 없으니, 비록 높은 성과 깊은 못, 예리한 무기와 쌓아 놓은 곡식이 있어도 진실로 함께 싸우면서 지킬 자는 없을 것입니다. 더구나 앞에 열거한 몇 가지가 모두 없는 경우이겠습니까. 이는 진실로 빈틈없이 강구하여 순서대로 시행해야 하며, 하루라도 늦출 수가 없는 일입니다. 밝으신 성상께서는 유의하소서.

어진 선비와 국가의 관계는 높은 산이 땅에 있는 것과 같으니, 비록 산의 운용(運用)이 보이지 않아도 사물에 미치는 이익과 혜택이 많습니다. 그러므로 옛사람은 어진 선비의 진퇴(進退)로 그 나라의 흥망을 점쳤습니다. 왜냐하면 한 어진 선비가 진출하면 띠풀처럼 훌륭한 동료가 무리지어 나오는 길함이 있고,[56] 한 어진 선비가 물러나면 암퇘지가

55 주 세종(周世宗)이……방법 : 후주(後周)의 세종은, 군사는 그 수가 많은 것이 중요한 것이 아니라 정예병으로 만드는 것이 중요하다고 하여, 각 군대에서 군사를 가려 뽑아 훈련시켜 정예병을 양성하였다. 《資治通鑑 卷292 後周紀3》

56 띠풀처럼……있고 : 《주역》 〈태괘(泰卦) 초구(初九)〉에 "띠풀의 엉켜 있는 뿌리를 뽑는 것과 같아 동류들과 함께 감이니, 길하다."라고 하였는데, 이는 군자가 나아갈 때 반드시 동료들과 서로 끌어당겨 연결되어 일어나는 것처럼 함께 나아가서 도를 행한다는 뜻이다.

진실로 날뛰고 싶은 마음이 생기기 때문이니,[57] 그 기미를 몹시 두려워할 만합니다.

근래에 잘못된 말이 널리 퍼지고 사악한 논설이 횡행하여 재야의 신하 한두 명을 황급히 달아나게 하더니, 송준길(宋浚吉)이 또 휴가를 청하는 상소를 올렸습니다.[58] 전하께서 어진 이를 좋아하는 정성은 천고에 뛰어난데, 일찍이 설거주(薛居州) 하나를 포용하지 못하셨으니,[59] 어찌 탄식하지 않겠습니까.

어질고 뛰어난 이를 등용하여 그 쓰임을 다하는 데는 또한 다른 방도가 없고, 다만 전하께서 성학(聖學)에 더욱 노력하고 사도(斯道)에

57 암돼지가……때문이니 : 《주역》 〈곤괘(坤卦) 초육(初六)〉에 "암돼지가 날뛰고 싶은 마음이 진실하다."라고 하였는데, 주(注)에 "암돼지는 비록 강하고 사납지 못하나, 그 중심은 척촉(躑躅)에 있으니, 척촉은 날뛰는 것이다.……소인은 비록 미약하더라도 언제나 군자를 해치려는 마음이 없지 않은 것이니, 군자가 미리 방지하면 된다."라고 하였다. 즉 군자를 해치려는 소인의 마음을 자꾸 날뛰려는 암돼지에 비유한 것이다.

58 근래에……올렸습니다 : 1660년(현종1)에 윤선도가 상소를 올려 효종의 상복을 1년으로 해야 한다는 송시열의 기년복(朞年服)에 대해 타당성 여부를 논하면서 종통(宗統)과 적통(嫡統)을 이야기하였다. 이에 현종이 윤선도를 귀양 보냈는데, 조경(趙絅)이 윤선도의 처치에 관해 올린 상소문 가운데 "윤선도의 죄가 무엇인지 모르겠습니다. 윤선도는 단지 종통과 적통에 대해 효묘(孝廟)를 위한 자신의 의사를 표시한 죄밖에 없습니다."라고 언급한 내용으로 인해 송시열이 먼저 조정을 떠났고, 이어 송준길이 계속해서 사직을 원하자, 현종이 휴가를 허락하여 쉬게 하였다. 《국역 현종실록 2년 4월 21일, 5월 14일·28일, 6월 2일·10일, 4년 4월 19일》

59 설거주(薛居州)……못하셨으니 : 설거주는 전국 시대 송(宋)나라의 어진 선비이다. 송나라의 대불승(戴不勝)이 왕을 착하게 만들고자 설거주를 항상 왕의 곁에 있게 하였다. 이에 맹자가 "설거주 한 명이 홀로 송왕을 어찌하겠는가." 하였다. 이는 소인이 많고 군자가 혼자이면 임금을 바로잡는 효과를 이룰 수 없다는 말이다. 《孟子 滕文公下》 여기서는 송준길과 송시열 같은 신하를 설거주에 비유한 것이다.

전념하시는 데 달려 있으니, 반드시 적임자를 기다려서 그 도를 행하면 도가 행해지는 바에 인재가 나올 것입니다. 전(傳)에 "도(道)로써 내 몸을 수양하고, 내 몸을 수양함으로써 인재를 얻는다."라고 한 것[60]은 바로 이것을 이른 것입니다.

그렇지 않고 단지 예모(禮貌)로써 붙잡고 정의(情意)로써 만류할 뿐이라면, 이른바 "어진 자가 반드시 즐겁게 머무는 것은 아니다"라는 것이어서, 끝내 충현(忠賢)은 엄히 여기고 두려워하여 날로 멀어지고, 유속(流俗)은 친숙하게 여겨 날로 가까워질 것입니다. 멀어지고 가까워짐이 나뉘어 친하고 성김이 이미 갈라지면, 많고 적은 형세는 좌우로 확 달라질 것이니, 전하의 오늘날 정성스러운 마음도 신들이 또한 감히 그 변치 않음을 반드시 보장할 수가 없습니다. 밝으신 성상께서 유의하소서.

아, 오늘날 나랏일이 날로 어그러져 곳곳마다 무너지고 있으니 말할 만한 단서는 셀 수 없이 많지만, 진실로 앞서 언급한 몇 가지는 성상의 마음이 굳게 지키고 있는지 여부와, 성정(聖政)의 다스림 여부, 천명(天命)과 인심(人心)의 거취, 안위(安危)와 소장(消長)하는 기회와 관계되어 있습니다. 그러므로 먼저 아뢰지 않을 수가 없는데, 신들의 문장이 거칠고 졸렬하여 오직 천청(天聽)을 감동시킬 수 없을까 걱정스럽습니다.

또한 신들이 다시 근래의 일에 의심스러운 점이 있습니다. 예(禮)는 진실로 정(情)에 의해 생겨나고, 정은 절도가 없을 수 없습니다. 그러

60 전(傳)에……것 : 《중용장구》 제20장에 보이는 말로, 이는 임금이 정사를 하는 것은 인재를 얻는 데 있고, 인재를 얻는 방법은 몸을 닦는 데 있음을 말한 것이다.

므로 만일 정을 제멋대로 하여 그 절도를 엄히 하지 않는다면, 예의 본체가 거의 어그러질 것입니다. 삼년상을 지내고 신주를 부묘(祔廟)한 뒤에 존숭하는 책명(冊命)은 예의 큰 절차입니다. 부묘하는 예를 마친 뒤에 순서대로 거행하는 절차는 그달을 넘기지 않아야 하는데, 지금 그달로부터 달을 넘기는 데에 이르고 달을 넘김에만 그치는 것이 아니라 3개월을 보내고 있으니, 어찌 몹시 온당하지 않은 것이 아니겠습니까.

말하는 자들이 담제(禫祭)를 지내는 달에 자성(慈聖 효종비 인선왕후(仁宣王后))께서 하례를 받는 것은 온당하지 못하고, 내전(內殿 중전(中殿))의 친정 기제사가 멀지 않으니 정리(情理)를 참작하여 조금 물리는 것이 좋다고 이야기하였는데,[61] 이 말은 타당한 것 같지만 실제로는 그렇지 않습니다.

옛날에 담제(禫祭)는 대상(大祥)이 든 달에 있었는데, 후세의 현인이 다다음 달에 복을 벗는 것을 허락한 것[62]은 후한 쪽을 따르는 뜻에서

61 내전(內殿)의……이야기하였는데 : 현종비인 명성왕후(明聖王后) 김씨(金氏)의 어머니 덕은부부인(德恩府夫人) 송씨(宋氏)가 1660년(현종1) 8월 1일 세상을 떠났다. 이듬해인 1661년 윤7월 11일로 중전의 책례(冊禮) 날짜를 정했는데, 송씨의 소상(小祥)이 8월이기에, 현종이 "소상을 마치지 않은 때에 경축하는 예를 행하는 것은 온당하지 못하다."라고 하면서 대신(大臣)들에게 의논하게 하였다. 이에 이경석(李景奭)·정태화(鄭太和)·정유성(鄭維城) 등이 "막중한 책례를 사상(私喪) 때문에 물려서 지내는 것이 온당하지는 않지만, 기상(朞祥)이 멀지 않으니 소상을 지낸 뒤에 행하는 것이 또한 정리에 합당합니다."라고 하였는데, 간원과 옥당이 차자를 올려서 물려 행하는 것은 잘못이라고 하여, 7월 29일 명성왕후를 왕비로 책봉하였다. 《국역 현종실록 1년 8월 1일, 2년 7월 2일》《국역 현종개수실록 2년 7월 29일》

62 다다음……것 : 《의례(儀禮)》 〈사우례(士虞禮)〉에 "다다음 달에 담제를 지낸다.

나온 것이지, 애초부터 옛 경전의 본뜻은 아니었습니다. 지금 이미 한 달을 걸러 담제를 지냈는데, 다시 담제를 지내는 달에 경하받지 못한다면, 망극한 정리는 억지로 누른다 해도 선왕이 제정한 예를 또한 어찌 지나칠 수 있겠습니까. 게다가 전하께서 이미 하례를 받으셨는데 자전께서만 홀로 하례를 받지 못하셨으니, 어찌 이런 이치가 있겠습니까.

심지어 사상(私喪)의 슬픔은 공례(公禮)에 펼 수 없게 된 지 오래되었으니, 진실로 많은 변론이 필요 없습니다. 그런데 내전께서 사련(私練)하는 때가 마침 열흘 앞으로 다가왔으니, 변통하여 늦추기를 기다리고자 하는 것은 또한 지극한 정리가 있는 바입니다만, 국가의 일반적인 예법으로 판단하면 또한 시기 조정을 용납할 수 없는 점이 있습니다. 책례를 조금 늦추어 사사로운 정을 펴는 것이 비록 이치를 크게 해치지 않는 듯하지만, 사안의 대소와 무관하게 조짐은 신중하지 않을 수 없으니, 이 또한 공(公)과 사(私)가 서로 이기려고 다투고 정(情)과 예(禮)가 자리를 빼앗는 단서입니다.

중외의 논의가 의심스럽게 여기지 않음이 없으니, 또한 원하건대 전하께서 이미 정하여 고치기 어렵다고 여기지 마시고, 속히 예조(禮曹)로 하여금 다시 의논해서 존숭(尊崇)과 책례 등의 길일을 수십 일 내로 앞당겨 정하여, 공적인 예를 엄히 하고 일의 체모를 중히 하신다면 매우 다행일 것입니다. 신들은 구구한 정성을 견딜 수가 없어 감히

이달에는 길제가 되어도 오히려 배향하지 않는다."라고 하였는데, 정현(鄭玄)의 주에 "중(中)은 간(間)과 같고 담(禫)은 제사의 명칭이다. 대상(大祥)과 한 달을 건너뛰는데, 상(喪)부터 이때까지 27개월이다."라고 하였다.

이처럼 더불어 아뢰오니, 삼가 바라건대 밝으신 성상께서는 시종 유념하소서. 재결해 주시기 바랍니다.

내연을 중지하고 재해를 없앨 방도를 강구하기를 청하는 옥당의 차자[63]

玉堂請停內宴講究弭災之道箚

삼가 아룁니다. 국가의 상제(喪制)를 마치자마자 성대한 의식을 거듭 거행하니[64] 일국의 신하와 백성이 모두 기뻐하고 함께 경사스러워하여 듣는 이들마다 모두 감축하는 마음 간절하였습니다.

다만 금년의 처참한 가뭄은 근세에 보지 못한 극심한 피해를 불러왔습니다. 삼남(三南 충청·전라·경상도) 지방 수천 리가 이미 벌겋게 타들어 갔고, 지방의 여러 도(道)에서도 차례대로 다급한 상황을 알려 왔습니다. 이렇게 추수를 하는 절기에 흩어져 떠도는 백성이 많아졌으니, 백성이 없고 국가도 없는 재앙이 눈썹에 불이 붙은 것처럼 박도하였습니다. 국가가 하늘에 무슨 죄를 지어서 하늘이 한결같이 이렇게 참혹한 재앙을 내리는지 신들은 알지 못하겠습니다.

하늘이 노한 것이 무슨 일 때문인지는 알 수 없으나, 지금의 재해를 가지고 지금의 형세를 헤아려 보면, 매우 분명해서 심히 두렵습니다.

63 내연을……차자 : 이 글은 1661년(현종2) 7월 30일에 올린 것이다. 《顯宗改修實錄 2年 7月 30日》 내연은 왕후(王后)가 내빈(內賓)에게 베푸는 잔치로, 내빈은 진연(進宴)에 참여하는 명부(命婦)를 말한다. 여기서 명부는 직첩(職牒)을 받은 내명부의 부인을 가리킨다.

64 성대한……거행하니 : 인조(仁祖)의 계비인 장렬왕후(莊烈王后, 1624~1688), 즉 당시 대왕대비에게 1661년 7월 27일에 '공신(恭愼)'이란 존호를 올리고, 다음날에는 효종(孝宗)의 부인 인선왕후(仁宣王后, 1618~1674)에게 '효숙(孝肅)'이라는 존호를 올렸다. 《顯宗改修實錄 2年 7月 27日, 28日》

그런데 현재 조정의 조치는 다급하게 여기는 뜻이 전혀 없으니 신들은 걱정스럽습니다. 신들도 진실로 국가의 막중한 대례(大禮)를 가볍게 손상시키면 안 됨을 알고 있습니다.

다만 불가피하게 거행하는 것을 인하여 조금이나마 정도에 지나친 단서가 있습니다. 비유하자면 부모가 지금 대단히 화가 났는데 자식된 자가 비단 통렬하게 자신을 억누르고 꾸짖지 않을 뿐만 아니라 도리어 간혹 조금은 해태하면서 즐거운 마음이 생긴다면, 비록 작은 일이라도 부모의 노여움은 반드시 한층 심해질 것이니, 이는 깊이 살피지 않을 수 없는 부분입니다.

신들이 삼가 들으니, 이번 경사스러운 예를 행할 때 내외종(內外宗) 의친(懿親 임금의 친척)과 명부(命婦)를 제외하고 인척의 부녀자들로서 연줄을 타고 마구 들어온 자가 매우 많았고, 대내(大內)에서 잔치를 준비하면서 경사스러운 예절을 행하려 할 적에 음식을 마련하고 꽃을 만든 것이 의식에 사용하기에 매우 많고 사치스러웠다고 합니다.

밖에서 떠도는 말이 사실인지 신들이 믿을 수 없지만 혹여 비슷한 점이 있다면, 종친을 모아 놓고 양전(兩殿)의 장수를 축하드리는 것은 인정상 도리에 어긋나지 않은 듯하나, 다만 요사이 하늘빛을 본다면 아버지가 당(堂)에서 노여워하고 있는데 자식이 방에서 잔치를 벌이고 있는 것이니 이미 경외하는 실상과 어긋나서 반드시 노여움을 더하게 될 것입니다. 사리를 따져보면 하늘과 인간이 어찌 다르겠습니까.

삼가 바라건대 밝으신 성상께서는 소문이 사실이 아니라고 하지 마시고 통렬히 생각을 하여 내연을 중지하시어 중외의 신하와 백성으로 하여금 성상께서 하늘과 백성을 두려워하며 몸을 닦고 반성하는 뜻을 분명히 알게 하소서.

신들이 또 생각건대, 국가를 소유한 사람은 안위와 득실이 하루에도 만 가지 기미가 있다고 하니, 비록 평안하고 무사한 날에 처하더라도 진실로 조석으로 계책을 도모하고 밤낮으로 경계하여 진언하는 길을 넓히고 접견하는 예절을 부지런히 닦아야 합니다.

더구나 지금은 위태로운 현상이 이미 어찌할 수 없는 지경에 이르렀습니다. 전하께서 안으로 성심(聖心)을 보존하는 것을 아랫사람들이 감히 알지 못하고, 신하와 백성들이 집에서 걱정하고 답답해하는 마음을 성상께서 듣지 못하시며, 대신(大臣)은 알현을 드물게 하고, 삼사(三司)의 근신들은 언로가 막혔으니 많은 사람들이 답답해하고 대소(大小)가 한심해하고 있습니다. 밝으신 성상께서 깊숙한 구중궁궐에 거처하시니 오늘날 상황이 이처럼 위태로운 줄 어떻게 아시겠습니까. 지금 비록 상황을 타개할 좋은 방책이 없다 하더라도, 또한 팔짱만 낀 채 끝나기를 기다릴 수는 없습니다.

삼가 바라건대 밝으신 성상께서는 크게 놀라고 두려워하면서 안일함을 추구하지 마시고, 내일 경사스러운 예절이 끝난 뒤에 보필하는 신하와 삼사(三司)의 관원을 매일 불러서 재해를 구제하고 환난을 없앨 계책과 나라를 보존하고 백성을 살릴 방법을 강구하여 인심을 모두 기쁘게 만들고 하늘의 노여움을 다소 풀리게 하신다면, 더할 나위 없이 다행이겠습니다. 신들이 시종하는 신하로서 하늘이 내린 재해가 너무 심한 것을 보고 생각한 바가 있어 감히 진달하지 않을 수 없었으니, 밝으신 성상께서 밝게 살피소서. 재결해 주시기 바랍니다.

서필원을 파직하라는 명을 환수하기를 청하는 옥당의 차자[65]

玉堂請還收徐必遠罷職之命箚

신들이 어제 전(前) 승지(承旨) 서필원(徐必遠)의 상소문[66]을 보니, 말하는 사이에 함부로 저촉하고 충돌하여 미치고 망녕되이 체면을 손상한 것이 한두 가지가 아니었습니다. 전하께서 특별히 파직하도록 명하신 것은 또한 가장 낮은 처벌이요, 실로 깊이 다스리려는 뜻이 아니셨습니다.

다만 생각건대, 근세 이래로 사대부의 풍습이 나약하고 사그러들어서 날로 구원하기 어려운 지경으로 나아가고 있습니다. 그리하여 정사를 말하는 자들이 다만 일신의 이해를 따질 줄만 알고 국가의 성패를 돌보지 아니하여 혹은 군주의 잘못을 지적하나 감히 대신(大臣)들을 비난하지 못하니, 이는 진실로 오늘날의 고질적인 병폐입니다. 군주가 진실로 세상을 위하여 쌓인 병폐를 바로잡고자 한다면 또한 일반적인 준례를 곧이곧대로 지켜서, 무너지고 쓰러지는 대로 내버려 두어서는 안 됩니다.

옛날 영묘(英廟 세종(世宗)) 때에 원로대신과 훌륭한 보필 중에 황희(黃喜)같은 분도 한때 대신(臺臣)들의 논박과 탄핵 때문에 정승에서 파직된 것이 한두 번에 그치지 않았으나, 얼마 뒤에는 곧바로 다시

65 서필원을……차자 : 이 글은 1661년(현종2) 8월 4일에 올린 것으로, 남구만(南九萬)의 《약천집(藥泉集)》 권3에도 실려 있어 주목된다.

66 어제……상소문 : 전 영의정 정태화(鄭太和)가 굳게 벼슬을 사양하고 물러나자 서필원이 이를 비난하며 상소하였다. 《顯宗改修實錄 2年 8月 3日》

등용되곤 하였습니다. 그리하여 언로(言路)를 붙들어 유지하고 대신(大臣)을 예우하여 맡기는 것이 함께 행해져서 서로 모순되지 않았으며, 재상의 도량과 대각의 기풍이 둘 다 극진하여 원망과 노여움이 없었으니, 이는 진실로 천고에 훌륭한 일이요, 후세에 마땅히 본받아야 할 바입니다.

서필원의 상소가 만일 추호라도 믿는 데가 있어서 한 것이라면 그 죄가 진실로 여기에 그치지 않겠으나, 다만 소회가 있어 여쭈었을 뿐 결단코 다른 마음이 없었기 때문에 근신(近臣)과 대각들이 모두 그를 처벌해서는 안 된다고 논한 것이니, 여기에서 사람들의 마음이 어디에 있는지 알 수 있습니다. 특별히 그 죄를 너그러이 용서하여 나약해지는 세상의 약석(藥石)으로 삼고, 이로 인하여 오늘날 조정의 신하들을 채찍질하여 진작시키고 격려하는 데 일조(一助)로 삼으신다면 불가하지 않을 듯합니다. 또한 밝으신 성상께서는 유념해 주소서. 재결해 주시기 바랍니다.

사헌부에서 올린 차자[67] 계묘년(1663, 현종4)

憲府箚 癸卯

대사헌(大司憲)으로 재직할 때이다.

삼가 아룁니다. 천도(天道)는 지극히 굳세어 쉬지 않고, 지극히 커서 막힘이 없고, 지극히 공정해서 사사로움이 없습니다. 만약 천도의 운행이 때때로 끊겨서 접하지 못하고, 막혀서 통하지 못하고, 편벽되어 두루 미치지 못한다면, 해와 달을 밝다고 할 수 없으며, 비와 이슬을 은택으로 삼기에 부족하며, 바람과 우레도 위엄이 되기에 부족하여, 이른바 하늘이라는 것이 국한된 하나의 사물에 불과할 뿐 위대한 존재가 될 수 없습니다.

왕자(王者)의 도는 하늘과 방향을 같은데, 그것의 감응도 빠르고 분명해서 가릴 수 없는 점이 있습니다. 옛날의 밝은 군주들은 이 때문에 하늘을 본받아 덕(德)을 삼고 하늘을 법받아 명령을 발동하면서 감히 편벽되고 작은 데에 스스로 안주하지 않았던 것입니다. 이와 같이 하지 않으면서 다스리는 방도가 이루어지기를 기대한다면, 월(越)나라로 가는 길을 달려가면서 연(燕)나라에 이르기를 바라는 것과 같으니 어찌 크게 서로 어긋나지 않겠습니까.

전하께서 즉위하신 지 벌써 여러 해가 되었습니다. 치세를 바라는 정성이 간절하고 지극하지 않으셨던 것은 아니지만, 치세를 이룬 효과

67 사헌부에서 올린 차자 : 이 글은 1663년(현종4) 1월 15일에 올린 것이다. 《顯宗實錄 4年 1月 15日》

는 지금까지 아득해서 식자들이 성대한 시대를 쉽게 잃음을 개탄하고 새로운 정치가 점점 침체함을 걱정하면서 농부가 풍년을 바라듯 고대하고 있습니다.

신들이 사헌부에서 벼슬하고 있으니, 구구하게 나라를 걱정하고 임금을 사랑하는 마음이 어찌 감히 보통 사람보다 못하겠습니까. 이렇게 새해 첫 달을 당해 시절에 부합한 의리를 대략 개진하오니, 이는 모두 요사이 장주(章奏)에서 이미 아뢴 내용이자, 본부(本府)에서 한창 고집하며 간쟁하고 있는 사안입니다. 진실로 성상께서 관심을 두기에 부족한 듯하지만, 오늘날 마땅히 논의해야 하는 바는 이것을 제외하고 다른 데서 구할 수는 없습니다. 삼가 바라건대 밝으신 성상께서는 번거롭게 한다고 죄를 삼거나 평범하게 여겨 염증을 내지 마시고 조금이나마 유념하여 살펴 주시기 바랍니다.

아, 전하께서는 훌륭한 자질을 가지고 사업을 이룩할 수 있는 자리에 계시니, 스스로 기약하는 바가 어떠하시겠습니까? 그런데 불행하게도 성상께서 병환이 들어 지금까지 여러 해를 고생하신 나머지 깨끗하고 밝으며 굳세고 큰 기상은 오랫동안 투병하는 속에서 막히고 사라지지 않을 수 없었고, 고식적이고 안주하려는 뜻은 조용하고 한가로이 조섭하는 즈음에 남몰래 자랐습니다. 옛것을 답습하고 구차히 하여 쇠퇴일로를 걸으니 한심한 일이 한두 가지가 아니었습니다.

근자에 옥당(玉堂 홍문관)에서 논한 "성상의 뜻이 게으르고 방종하여 경연을 오랫동안 폐하고 접견하는 일은 매우 드물어서 호령(號令)과 조처가 걸핏하면 모두 지체되니 신하들이 맥이 풀리고 빈둥거리며 노는 풍조를 이루었다"는 등의 말은 진실로 지극히 당연하고 지극히 간절한 말입니다. 밝으신 성상께서 가슴 아프게 생각하고 개선해야 할 것은 이보다 큰 것이 없습니다.

온화하게 타이르신 성상의 비답을 삼가 보니 가납하는 뜻을 크게 보이셨으니, 신하와 백성이 우러르는 것이 어찌 끝이 있겠습니까. 다만 생각건대 기뻐하기만 하고 실마리를 찾지 않으며 따르기만 하고 잘못을 고치지 않는 것을 성인(聖人)이 크게 경계하였으니,[68] 신들이 이 점을 더욱 깊이 걱정합니다. 삼가 바라건대 밝으신 성상께서는 그저 가납하지만 마시고 반드시 속히 행함으로써 근본을 세우고 정치를 하는 급선무로 삼으소서.

여러 궁가(宮家)의 전토(田土)를 줄이는 일은 바야흐로 간쟁하고 있으니 진실로 거듭 번거롭게 말씀드리지 않겠습니다. 사리 상 따져보고 법과 제도로 판단해 보면 상하가 서로 버티면서 시일을 끌고 해를 넘길 대단한 논의가 결코 아닌데 아직까지 윤허를 내리지 않고 계십니다. 점점 격노하시다가 이러한 지경에까지 이르렀으니, 하늘의 해처럼 밝은 성상께서 끝내 가려진 바가 있어 먼 지방에서 듣는 사람들에게 스스로 해명할 길이 없을까 두려우니, 어찌 매우 개탄스럽지 않겠습니까.

대관(臺官)이 거론한 사안은 한 나라의 공론을 채택한 것이니, 굳이 사헌부에서 발의한 것을 사헌부에서 쟁집하거나 사간원에서 발의한 것을 사간원에서 쟁집할 필요는 없습니다. 얼마 전에 사헌부에 내리신 비답에서 본부(本府)가 발의한 사안이 아닌 것을 오랫동안 고수한다고 책망하셨는데, 이는 또한 전하께서 여러 궁가에 대한 말을 듣기 싫어하

68 기뻐하기만……경계하였으니 : 이것은 공자(孔子)가 한 말로 《논어》 〈자한(子罕)〉에 보인다.

시어 깨닫지 못하는 사이에 성상의 하교가 타당성을 잃은 것입니다. 전하께서는 천지와 같은 도량과 일월 같은 밝음을 지니시고도 생각이 한쪽으로 치우친 나머지 말씀으로 드러내신 것이 이와 같이 잘못되었으니 어찌 대단히 안타깝지 않겠습니까.

'부정(不正)' 두 글자는 심술이 잘못된 것이지 착오로 인한 과실이 아니라고 하신 것은, 신하가 이런 죄명(罪名)을 쓰고서 어떻게 천지간에 스스로 설 수 있겠습니까. 지난번 사헌부에서 혐의를 피하려고 한 말 가운데 무엇이 '부정'한 말인지 모르겠지만, 성상의 하교가 매우 엄하여 조금도 용서하지 않으시니, 지금 신들이 매일 아뢰는 것도 또한 모두가 '부정'한 논의에 해당하니 신들은 참으로 매우 부끄럽고 두렵습니다.

무릇 윗사람이 아랫사람을 부정하다고 의심하고 아랫사람이 부정함으로 자처하여, 윗사람은 의심하고 아랫사람은 두려워하여 자백할 방법이 없으면, 그 흐르는 폐단은 또한 어찌 끝이 있겠습니까. 윤음(綸音)이 한번 전파되자 중외가 놀라고 의심하니, 이 또한 밝으신 성상께서 아랫사람의 마음을 자세히 살피고 기추(機樞 사물의 중요한 부분)를 신중히 하셔야 할 부분입니다.

곽제화(郭齊華)는 먼 지역 출신으로 일의 체통을 알지 못하는 인물입니다. 망녕된 논의를 뒤늦게 거론하면서 제대로 꼬집지 못한 것은 모든 사람이 아는 사실이니, 가령 상신(相臣)이 웃으며 사과하고 전하께서도 포용하여 그냥 놔두셨다면, 당초 작은 분란거리가 될 게 뭐가 있었겠습니까. 다만 성명께서 곽제화에게 너무 갑작스럽게 처벌을 내리신 탓에 조정의 논의가 어쩔 수 없이 언로(言路)를 걱정한 것입니다.[69] 처음에 만약 크게 알력을 일으킬 일이 있어서 대신이 더욱 불안해했다면, 이는 사건을 처음에 잘 살피지 못한 착오입니다. 또한 밝으신 성상께서 사정을 통촉하여 이들을 화해하고 진정시키시는 데에 달려 있습니다.

사간원에서 논한 계후자(繼後子 계통을 잇는 양자)의 일은, 예경(禮經)을 상고하고 천리(天理)를 참작한 것으로 옛날의 현자도 이미 행하였고 조정의 명령도 정해진 만큼 단연코 의심할 성질이 못 됩니다. 그런데 전하께서 지금까지 들어주지 않으시자 사람들이 모두 성상의 마음을 헤아려 보면서 말하기를 "편벽되게 얽매인 것이 있어서 결단을 내리지 못함을 면치 못하신다"라고 하니, 이것은 또한 밝으신 성상께 기대한 바가 아닙니다.

부모와 형제는 이 얼마나 큰 인륜입니까? 그런데 사람들의 사사로운 뜻에 맡겨 이미 정한 것을 바꾼다면, 풍속을 어지럽히고 법과 기강을 무너뜨림이 이보다 심한 것은 없을 것이요, 선조(先朝)의 법령을 준수하고 준수하지 않는 것이 있음을 면치 못할 테니 나라의 체통 상 어떻게 이와 같음을 용납하겠습니까. 다만 이 한 가지 일은 편벽되게 얽매인 것이 성상의 덕에 누를 끼침을 더욱 볼 수 있으니 속히 대간의 논의를 따라야 합니다.

작년에 기전(畿甸 경기)의 농사가 비록 흉작은 면했지만 그렇다고

69 곽제화(郭齊華)는……것입니다 : 1662년 12월 16일에 장령(掌令) 곽제화가 상소하여 우의정 정유성(鄭維城)을 비난하자 정유성은 일관되게 사직 요청을 하였고 현종(顯宗)은 곧바로 정유성을 경성 판관(鏡城判官)에 제수하였다. 이에 사헌부와 사간원의 관리들이 언관(言官)을 갑자기 문책성으로 먼 지방에 보임시키는 것은 잘못이라고 하면서 연거푸 주청하였다.《顯宗實錄 3年 12月 16日・20日・21日・26日・27日・30日, 4年 1月 1日・2日・4日》

풍작도 아니었습니다. 수년간 극심한 흉년을 당한 뒤라 공사(公私)간에 빚을 갚느라 백성의 힘이 고갈되었으니 지금의 다급한 형세는 실로 지난봄과 다르지 않은데, 양전 사업처럼 큰 일이 마침 이러한 때 하게 되었습니다. 기아에 허덕이는 백성들이 장기간 논밭에 서서 감관(監官)과 색리(色吏)에게 물자를 공급하는 비용이 막대하게 드니, 국가에서는 별도로 감면해 주는 은전을 시행하여 구휼하는 뜻을 보이지 않을 수 없습니다. 봄철에 거두는 대동미(大同米)는 응당 헤아려 줄임으로써 인심을 위로하고 그들의 목숨을 살려야 합니다. 묘당(廟堂)으로 하여금 속히 의논하여 정하게 하신다면 매우 다행일 것입니다.

아, 오늘날 나라의 형세는 가히 위급하다고 이를 수 있으니, 비유하자면 건강을 잃은 사람이 바람과 습기에 몸을 상한 나머지 사지와 온몸에 성한 곳이 하나도 없는 것과 같습니다. 군신 상하가 황급히 서두르며 동분서주해도 오히려 손을 댈 곳이 없을까 두려운데, 하물며 천천히 보고 느긋하게 걸으며 무사태평하면서 조금이라도 효과가 있기를 기대할 수 있겠습니까?

전하께서 평소 공경하고 예우한 유학자(儒學者)는 불과 몇 사람이었는데 지금은 모두 재야로 물러나서 다시 출사할 생각을 하지 않으니, 조정에는 군주의 심복이 될 사람이 없고 신료들 사이에는 그럭저럭 세월이나 보내려는 경향이 날로 심해졌습니다. 아, 어찌 위태롭지 않겠습니까.

진실로 바라건대 전하께서는 뜻을 세워 큰 근본을 수립하고, 욕심을 줄여 성상의 몸을 보양하며, 학문을 힘써 현자들이 은둔하려는 생각을 돌리게 하고, 폐단을 개혁해 백성의 곤궁함을 구제하소서. 신들이 우러러 진달하고픈 내용은 이 정도로 그치지 않습니다만, 정성은 넘치는 가운데 말은 위축되어 모두 아뢰기 힘듭니다. 바라건대 밝으신 성상께서 시종 살펴 주소서. 재결해 주시기 바랍니다.

계 啓

이시매의 일을 논한 계[70] 기해년(1659, 현종 즉위년)

論李時楳事啓 己亥

부제학(副提學)을 맡고 있을 때 청대(請對)를 인하여 문계(問啓)하다.

이시매(李時楳)의 파직 추고 건에 대하여 이틀 사이에 준엄한 성지(聖旨)를 거듭 내리셨는데, 어조가 화평함을 크게 잃고 갈수록 한층 더해졌습니다. 이것은 자질구레한 일이건만 성상을 화나게 하여 한결같이 이런 심한 상황에 이르게 한 것입니까? 이는 실로 즉위하신 이래 있지 않았던 거조이니, 신들은 너무나 놀랍고 크게 실망했습니다.

70 이시매의……계 : 이 글은 1659년(현종 즉위년) 12월 29일에 올린 것이다. 《顯宗實錄 卽位年 12月 29日》 이시매(1603~1667)의 본관은 전주(全州), 자는 자화(子和), 호는 육은재(六隱齋)이다. 1629년 정시 문과에 급제하였고, 형조 참판·경기도 관찰사 등을 지냈다. 문계(問啓)는 죄과(罪過) 등에 의하여 파직당한 사람을 왕명으로 승지(承旨)가 계판(啓板) 앞으로 불러 들여서, 그 연유를 물어서 아뢰는 일이다. 《국역 현종실록》 즉위년 12월 29일 기사에 "처음에, 중사 윤완(尹完)이 공조 참판 이시매와 수리소(修理所)에서 서로 만났는데, 시매가 예를 하지 않자 윤완이 그 일로 화가 나서, 물품을 때늦게 진상했다는 핑계로 공조의 관리를 불러다가 매질을 하였다. 그리하여 지평 민광소 등이 윤완을 탄핵하여 파직이 되게 했던 것인데, 그후 상이, 시매가 중관을 멸시한 것도 잘못은 잘못인데 대간이 그까지 탄핵을 않은 것은 불공정한 일이라 하여 시매에게도 파직을 명하였던 것이다."라는 내용이 보인다.

시매(時楳)는 당초 중사(中使 왕명을 전하는 내시)와 서로 곡절을 잃었고 신들 또한 이를 목격한 일은 아닙니다만, 대개 본조(本朝) 조정의 예법이 매우 엄격하여 사대부가 중관(中官 내시)을 대함에 있어서 직접 전명(傳命 왕명을 전함)을 받는 일을 제외하고는 서로 만나더라도 교제하는 때가 없습니다. 시매가 중사에게 미처 예를 갖추지 않았던 것도 아마 그런 뜻에서였을 것이고, 대신(臺臣)이 시매까지 아울러 탄핵하지 않았던 것 역시 분명 그 때문일 것입니다.

설사 시매가 예를 갖추지 않았고 대각에서 아울러 탄핵하지 않은 것에 간혹 미진한 점이 있다 하더라도 우선 시매에게 추함(推緘)을 발송하여 실상을 파악한 뒤에 적절히 헤아려 처리해도 안 될 게 없는데 갑자기 임금 명령을 멸시했다는 죄명을 씌우시니, 신하들은 진실로 태양처럼 밝은 전하께서 살피지 못하신 점이 있고 우레와 같은 위엄이 마땅함을 얻지 못한 것은 아닌지 의심하거니와, 내시들이 기세를 부리기에 충분하여 이후로 방자하게 구는 습관이 여기에서 비롯될지 또한 어찌 알겠습니까.

대간(臺諫)의 체면이 매우 중한데, 누가 얼마나 기세가 있어서 감히 멋대로 지시할 마음을 먹을 것이며, 또 어느 대신(臺臣)이 그러한 남의 지시를 달갑게 받겠습니까? 이는 결코 실정에 맞지 않은 죄목이며, 성상의 하교는 더욱 중정(中正)을 잃으셨습니다. 정원(政院)은 시종신이니, 일에 따라 소견을 아뢰는 것은 임금을 사랑하는 지극한 정성에서 나온 것이지 당초에 어찌 시매를 위해서 그러했겠습니까.

전후 내리신 비답이 갈수록 온당치 못하였는데, 이것이 어찌 밝으신 성상께 바라던 것이겠습니까. 전하께서 한번 마음을 가라앉히고 살피시면 틀림없이 재고할 필요도 없이 환하게 풀릴 것입니다. 신들이 유악

(帷幄)에서 봉직하는 몸이라 급급히 바로잡아 구제하지 않으면 안 되겠기에, 감히 입대(入對)를 청했던 것입니다. 이에 소회를 문계(問啓)하라는 하교를 받들고 감히 이렇게 대략 진달합니다.

정언을 사직하는 계[71] 기축년(1649, 효종 즉위년)

辭正言啓 己丑

엉성하고 거친 천한 신(臣)은 모든 것이 남보다 못하여 평범한 관직도 감당하지 못할까 두려운데, 처음부터 언관에 제수되어 새로운 정치가 펼쳐지는 때를 당하였습니다. 스스로 생각건대, 잘못되고 형편없는 몸으로 결코 성상의 뜻을 알맞게 해드리기 어려우니, 안으로 중도를 따르고 밖으로 공론을 돌아보면서 공경하고 두려워하는 것은 감히 감당할 수 없습니다.

더구나 신이 어리석어 스스로 헤아려 보지도 않고 대례(大禮)를 망녕되이 거론하여 주제넘고 참람하게 굴다가[72] 바야흐로 처벌을 기다리고 있던 상황입니다. 미혹되고 막힌 성품을 갑자기 변화시키기란 어렵습니다. 참으로 나아가 다시 논의 드리려고 하면 나라의 체통을 크게 손상시킬까 두렵고, 묵묵히 수행하려고 하면 또한 숨김없이 아뢰는 의리가 아니기에, 신이 이것을 가지고 반복해서 생각해 보았지만 어찌할 바를 몰라 죽음을 무릅쓰고 글을 올려 체직되기를 바랍니다.

71 정언을 사직하는 계 : 유계는 1649년(효종 즉위년) 6월 5일에 정언(正言)에 제수되었다. 이 글은 정언에 된 지 사흘 뒤에 올린 것이다. 《承政院日記 孝宗 卽位年 6月 5日, 9日》

72 대례(大禮)를……굴다가 : 인조가 승하하여 묘호(廟號)를 '인조(仁祖)'로 정하려 하자, 응교(應敎) 심대부(沈大孚)가 상소를 올려 '조(祖)'자의 부당성을 역설하였고, 유계는 이미 인종(仁宗)이라는 시호가 있으니 '인(仁)'자를 중복하면 안 된다고 주장했던 일을 말한 것이다.

부디 성상께서 작은 정성을 통촉하고 즉시 윤허함으로써 낭패를 면하게 되어 신의 마음을 누구보다 잘 알아주신 성상께 감사하려고 했는데, 뜻밖에 정원(政院)에서 올린 계(啓)로 인해 기존에 내리신 명령이 철회되었습니다.[73] 미천한 신의 낭패스러움이야 진실로 말할 것도 없고, 이미 체직된 대관(臺官)이 얼굴을 들고 출사한다면 대각의 위상을 손상시키는 일이 실로 신으로부터 시작될 것이요, 염우(廉隅)가 달린 문제로 새로운 교화에 크게 관계된 것입니다.

이에 더하여 황송하여 움츠린 가운데 예전의 병이 더욱 심해져 은혜로운 명에 사은숙배를 지체하면서 더욱 죄를 무겁게 하고 있습니다. 신의 사정 상 결코 무릅쓰고 출사하기 어려우니, 속히 신의 직임을 체직하고 쫓아내소서.

73 뜻밖에……철회되었습니다 : 1649년 6월 6일에 도승지 김남중(金南重)이 올린 계사(啓辭)에 "대간이 상소하여 체직을 청하면 그 요청을 들어주는 것은 언제나 있는 일이지만, 유계가 새롭게 정치를 펴는 날에 처음 간관에 제수되었으니 마땅히 직무에 최선을 다하며 여념이 없어야 하는데, 단지 지난날 예(禮)를 논한 일을 가지고 스스로 망언을 했다고 끌어대었고 성상께서는 갑자기 체차시키라는 하교를 내리셨습니다. 이것은 대간을 대우하는 방도에 있어서 온당치 못한 것 같습니다."라고 하자, 효종은 "상소하여 면직을 청하는 것은 언제나 있는 일이기에 윤허하였으나 계사가 이와 같으니 체직하지 말라."라고 하교하여, 유계의 체직이 번복되었다. 《承政院日記 孝宗 卽位年 6月 6日》

시남집

제12권

書서

김신독재[1]에게 올리는 편지 경인년(1650, 효종1)

上金愼獨齋書 庚寅

계(棨)는 두 번 절하고 올립니다. 맑고 화창한 요즘, 체후(體候)가 신의 도움으로 편안하시리라 생각됩니다. 얼마 전에 완남(完南) 부인이 갑자기 별세했다는 소식[2]을 듣고 놀랍고 두려워 진정되지 않았습니다. 삼가 생각건대 애지중지하신 만큼 크나큰 슬픔을 어찌 견딜 수 있겠습니까.

시생(侍生)은 어긋나고 망녕되어 허물을 자초하다가 끝내 온성(穩城)에 유배되었습니다. 따지고 보면, 시호를 논한 한 가지 일 때문에 이리 된 것입니다.[3] 스스로 생각해 보아도 제 자신이 보잘것없는 몸이니 죽음에 나아가는 것도 달게 여기겠지만, 다만 대행대왕[4]을 비방했

1 김신독재(金愼獨齋) : 김집(金集, 1574~1656)으로, 본관은 광산(光山), 자는 사강(士剛), 호는 신독재이다. 사계(沙溪) 김장생(金長生)의 아들이다. 벼슬은 이조 판서 등을 역임하였고, 효종과 함께 북벌을 계획하기도 하였다. 그러나 대부분의 시간을 초야에 묻혀 경전 연구와 수양에 힘써, 이이(李珥)의 학문과 송익필의 예학(禮學), 그리고 부친 김장생의 학문을 이어받아 송시열 등에게 전해줌으로써 기호학파를 형성하는데 중요한 역할을 하였다.

2 완남(完南)……소식 : 완남 부인(1600~1650)은 사계(沙溪) 김장생(金長生)의 손녀이자 김반(金槃)의 딸로, 김집의 질녀이다. 1650년 3월 3일에 서울 향교동(鄕校洞)에서 별세하였다. 《芝湖集 卷9 先妣贈貞敬夫人金氏行狀》

3 시생(侍生)은……것입니다 : 유계가 대행대왕인 인조(仁祖)의 시호(諡號)에 '인(仁)' 자를 사용하면 안 된다고 주장하자, 효종(孝宗)이 노하여 1650년 4월 3일에 유계를 파직시켰고, 뒤이어 비망기(備忘記)를 내려 선왕(先王)을 비방했다는 죄목으로 멀리 유배 보내라고 명하였다. 《孝宗實錄 1年 4月 3日》《市南年譜 庚寅年條》

다고 죄명을 삼으니 이 때문에 황송합니다. 이는 받아들이지 못하겠습니다.

금오(金吾 의금부)의 관리가 와서 유배 길에 오를 것을 독촉하고 있습니다. 북쪽으로 가면 말씀을 올릴 길이 없어 그저 마음으로만 애타게 사모할 것입니다. 출발에 임해 이렇게 간단히 써서 안부를 여쭈니 죄송한 마음 끝이 없습니다.

4 대행대왕 : 인조(仁祖)를 가리킨 것이다.

김신독재에게 올리는 편지 신묘년(1651, 효종2)

上金愼獨齋書 辛卯

한 해가 끝나가는 지금, 삼가 섣달 추위에 체후(體候)가 신의 도움을 받고 만복을 누리시리라 생각됩니다. 구구하게 사모하는 마음이 끝이 없습니다.

시생은 다행히 성상의 은혜를 입고 살아서 내지(內地)로 양이(量移)되었으니,[5] 감격하여 눈물이 난 심정을 어찌 말로 표현하겠습니까. 영월(寧越)은 기보(畿輔)와 멀지 않지만, 지세가 매우 궁벽하여 소식을 전하기 쉽지 않기에 남쪽으로 돌아오던 날에 7월에 보내신 답서를 삼가 받았음에도 불구하고 지금까지 회신을 드리지 못해 늘 죄송하고 한스러웠습니다.

국가가 불행하여 역적이 심복에서 나와서 사람들을 두려움에 떨게 만들었습니다. 다행인 점은 역적이 복주(伏誅)되어 그런대로 신과 사람의 울분을 달랠 수 있게 된 것입니다.[6] 방백(方伯) 영공(令公)이 다

5 내지(內地)로 양이(量移)되었으니 : 유계의 유배지가 온성(穩城)에서 영월(寧越)로 옮겨진 것을 말한다. 효종은 1651년 9월 2일에 양이하라고 명하였다. 《孝宗實錄 2年 9月 2日》

6 역적이……것입니다 : 김자점(金自點)이 복주된 것을 말한다. 1649년, 김자점의 유일한 후원자였던 인조가 죽고 효종이 즉위하자 김집(金集)·송시열(宋時烈)·김상헌(金尙憲) 등을 불러들였고, 이들의 공격에 의해 김자점은 1650년 홍천에 유배되었다. 1651년에 손부인 효명옹주의 저주 사건이 문제되고, 아들 김익(金釴)이 수어청 군사와 수원 군대를 동원해 원두표·김집·송시열·송준길(宋浚吉)을 제거하고 숭선군(崇善君)을 추대하려는 역모가 폭로되어 아들과 함께 복주당했다.

행히 본도를 안찰하니[7] 앞으로 소식이 이어질 길이 있을 겁니다. 이밖에 여러 가지 일은 바삐 서두르는 인편 때문에 이만 줄입니다. 새해에는 존체가 더욱 만복을 누리시어 공사(公私)간의 기대에 부응해 주시길 바랄 뿐입니다.

7 방백……안찰하니 : 방백은 김익희(金益熙, 1610~1656)로, 김집(金集)의 조카이다. 1651년 10월 19일에 강원도 관찰사에 제수되었다.《承政院日記 孝宗 2年 10月 19日》

김신독재에게 올리는 편지 을미년(1655, 효종6)
上金愼獨齋書 乙未

지난번 노성(魯城)에서 문하(門下)로 달려가 안부를 여쭈려고 했으나 뜻밖에 병이 들어 찾아뵙지 못하고 중간에 돌아왔습니다. 또한 한 통의 서신도 올리지 못해 죄송한 마음이 절실할 무렵, 윤우(尹友)가 돌아오면서 주신 편지와 함께 《의례(疑禮)》 4책[8]을 주었습니다. 두 번 절하고 받으니 너무나도 두려워서 진땀이 났습니다.

봄비 내리고 만물이 생명력을 갖는 요즘 조용한 가운데 존체는 신의 도움으로 만복을 누리시리라 여겨집니다. 때 아닌 학질[9]은 이미 약을 쓰지 않고도 나으셨을 테지요. 시생은 병든 몸으로 돌아와서 아직까지 낫지 않으니 개인적으로 답답합니다.

예(禮)를 풀이한 것을 생소한 눈에 갑자기 갖다 대니 참으로 망양지탄(望洋之嘆)[10]이 따로 없습니다. 글씨를 깨끗이 옮겨 적기에도 시간이

8 의례(疑禮) 4책 : 《의례문해(疑禮問解)》의 약칭으로, 사계(沙溪) 김장생(金長生)이 문인들과 예(禮)에 관한 문답이나 의문점을 전대(前代)의 예서를 널리 참작하여 정리한 예론서이다. 4권 4책이다.

9 때 아닌 학질 : 김집은 전년도에 걸린 학질과 이질 증세가 이 해 봄까지도 이어지고 있었다. 《愼獨齋集 卷3 辭判中樞府事第三疏》 학질은 보통 여름에 더위에 상하면 열기가 피부 속과 장위(腸胃)의 밖에 머무는데, 그것이 가을에 가서 바람을 맞거나 목욕할 때 밖으로 나와 위기(衛氣)와 함께 돌면서 학질이 된다.

10 망양지탄(望洋之嘆) : 바다를 보고 탄식한다는 말로, 도저히 넘볼 수 없는 위대한 경지를 접하고서 자신의 역량이 부족한 것을 한탄함을 이른다. 《장자(莊子)》 〈추수(秋水)〉에 황하의 신인 하백(河伯)이 자신이 다스리는 하수(河水)의 물이 불어나자 의기

부족하고 오랫동안 소지하고 있을 수도 없기에 약간의 사족을 다는 일은 더더욱 엄두를 내지 못했습니다. 종이 머리에 약간의 표지를 붙였으나, 또한 모두가 억지이고 외람된 소리입니다. 감히 이것으로 제 견해를 세우려는 것이 아니라 훗날 여쭤보려고 한 것입니다. 대단히 죄송합니다.

송 참의(宋參議)가 갑자기 모친상을 당했으니[11] 너무나 걱정스럽습니다. 이 좌랑(李佐郎) 또한 동기간의 상에 달려갔고,[12] 윤 지평(尹持平)은 상란(喪亂)을 겪은 뒤 다시 진퇴유곡의 처지에 놓였습니다.[13] 여기저기에서 역경에 처한 것은 진실로 똑같은 운명이라서 그런가 봅니다. 병이 다소 괜찮아지면 바로 찾아뵙겠습니다. 이만 줄입니다.

양양하다가 북해에 이르러서는 그 끝없이 펼쳐진 물을 보고는 그만 탄식하면서 "내가 길이 대방지가(大方之家)에게 비웃음을 사겠다."라고 하였다.

11 송 참의(宋參議)가……당했으니 : 송 참의는 송시열(宋時烈, 1607~1689)을 가리킨다. 1655년 2월 6일에 이조 참의에 제수되었는데, 다음 달에 모친상을 당하였다. 《孝宗實錄 6年 2月 6日》《宋子大全 附錄 卷2 年譜》

12 이 좌랑(李佐郎)……달려갔고 : 이유태(李惟泰, 1607~1684)가 1655년 3월에 송서룡(宋瑞龍)에게 시집간 누님의 상을 당한 것을 말한다. 《草廬年譜 卷1》

13 윤 지평(尹持平)은……놓였습니다 : 윤지평은 윤선거(尹宣擧, 1610~1669)를 가리킨다. 윤선거가 1655년 2월 30일에 지평에 제수되자 대궐에 나가 진정(陳情)하려고 했는데 마침 조카의 상(喪)을 만나 길을 나서지 못하고 병을 핑계로 체직되었다. 《孝宗實錄 6年 2月 30日》《魯西遺稿 附錄上 年譜》

안우산 방준 에게 주는 편지[14]
與安牛山 邦俊 書

지난번에 시골의 어떤 선비가 찾아와 소매에서 《우산문답(牛山問答)》 1책을 꺼내 보이고는, "이것은 은봉(隱峯) 어른의 저술이네."라고 하였습니다. 절하고 받은 다음 모두 읽었는데 그 어둡고 비루함을 깨우친 것이 매우 많았으니 더할 나위 없이 다행이었습니다. 다만 그 중에 이해하지 못한 한두 곳이 있어, 별도로 고견을 청하지 않을 수 없습니다. 다시금 깨우쳐 주는 말씀을 적어 몽매함을 열어주심이 어떻겠습니까?

명현(名賢)과 진유(眞儒)를 두 가지 경우로 나누어 설명하셨는데, 이는 진실로 그러하니 감히 다른 의견이 없습니다. 다만 그 취사선택이 너무도 단정적이어서 비록 견문이 적은 비루한 저도 미심쩍은 점이 없지 않은데, 세 현자[15]의 자품의 고하와 조예의 정도를 논한 부분에서는 이론 정립을 더욱 쉽게 하신 듯합니다. 더구나 "정암(靜庵 조광조(趙光祖))과 율곡(栗谷 이이(李珥))의 고명한 식견이나 말하고 계획한 조치가,

14 안우산(安牛山)에게 주는 편지 : 이 편지와 다음에 보이는 편지는 1648년에 작성한 것이다. 《隱峯全書 附錄上 年譜》 안방준(安邦俊, 1573~1654)의 답서는 《은봉전서(隱峯全書)》 권3에 수록되어 있는 〈유무중에게 답한 별지〔答兪武仲別紙〕〉이다. 안방준의 본관은 죽산(竹山), 자는 사언(士彦), 호는 은봉(隱峰)·우산이며, 우계(牛溪) 성혼(成渾)의 문인이다. 일찍이 성리학에 전념하여, 호남 지방에서 명성을 떨쳤다. 뜻이 확고하고 절의를 숭상하여 정몽주(鄭夢周)·조헌(趙憲)을 가장 숭배한 나머지 이들의 호를 한자씩 빌어 자기의 호를 은봉이라 하였다.

15 세 현자 : 조광조(趙光祖)와 이이(李珥), 조헌(趙憲)을 가리킨다.

모두 세밀하고 두루 갖춘 중봉(重峯)에게는 못 미친다"고 하셨으니 비루한 사람의 의혹이 여기에서 매우 증폭되었습니다.

정암 선생은 학문을 크게 이루지 못한 상태에서 잠시 재주를 시험하다가 참혹한 화를 만났고, 율곡 선생은 만년에 비로소 좋은 기회를 만났으나 갑자기 소인배들의 미움을 받았습니다. 두 분 선생이 나라를 다스리고 백성을 구제하는 학문을 지니고서 백에 하나도 베풀지 못한 만큼, 이를 가지고 두 선생의 식견과 조치가 세인들이 보고 들은 정도에서 그치고 말았다고 이야기해서는 안 됩니다.

중봉 선생의 식견과 말하고 계획한 것에 미진한 점이 있다고 말하는 게 아닙니다. 갑자기 이것만을 가지고 정론(定論)을 세워 두 분 선생보다 훌륭하다고 하는 건 온당치 못할까 염려되어 하는 소리입니다. 무릇 예전의 현인을 품평하여 우열을 정하는 것은 후학이 우선적으로 힘쓸 일이 아닙니다. 설사 충분한 설명이 타당성을 얻었더라도 인물을 비교했다는 비판을 면할 수 없는데, 하물며 어느 하나 미진한 것이 있다면 그것은 필시 논쟁의 단초가 될 것입니다. 삼가 바라건대 마음을 비우고 자세히 살피신 뒤 회답을 주십시오.

안우산에게 주는 편지
與安牛山書

야은(冶隱)의 출처는 비루한 저도 의심한 적이 있습니다. 일찍이 사간(司諫) 신백거(愼伯擧) 어른[1]이, "〈재상에게 올린 계〔上宰相啓〕〉[2]가 어무적(魚無迹)의 문집 가운데 실려 있는 것을 보았으니 이는 어무적의 의작(擬作)이 틀림없다."라고 분명히 말하는 것을 보았습니다. 그러니 이를 가지고 야은을 욕해서는 안 될 듯합니다.

다만 그가 두 대왕에게 올린 글[3]의 경우 끝내 의심스러운 점이 있긴 하지만, 그중 "두 성(姓)을 섬기지 않겠다"[4]고 이른 것은 명백히 본조(本朝 조선(朝鮮))를 가리킨 말이지 공양왕(恭讓王)을 가리키지 않은 게 틀림없습니다. 왕씨(王氏)가 복위한 뒤 벼슬을 단념한 것은 그 의도를 자세히 곱씹어 보면 아마도 무방한 행위가 될 것입니다.

대개 우왕(禑[5]王)과 창왕(昌王)이 주륙되고 공양왕이 즉위한 건, 비록 다시 왕씨가 왕위에 오른 것이지만 고려의 멸망은 실로 이 시기에

1 사간(司諫) 신백거(愼伯擧) 어른 : 신천익(愼天翊, 1592~1661)으로, 본관은 거창(居昌), 자는 백거, 호는 소은(素隱)이다. 1612년(광해군4) 증광문과에 급제하였고, 대사간·이조 참판 등을 지냈다.

2 재상에게 올린 계 : 이 글은 길재(吉再)의 문집 《야은선생언행습유(冶隱先生言行拾遺)》 권상(上)에 실려 있다.

3 그가……글 : 《야은선생언행습유》 권상(上)에 실려 있는 〈태상박사를 사직하는 전〔辭太常博士箋〕〉과 〈또 다시 사직하는 전〔又辭箋〕〉을 가리킨다.

4 두……않겠다 : 이 말은 〈또다시 사직하는 전〔又辭箋〕〉에 보인다.

5 禑 : 대본에는 '耦'로 되어 있으나 역사적 사실에 의거하여 바로잡아 번역하였다.

있었습니다. 그러니 기사년(1389, 공양왕1)과 경오년(1390) 연간에 벼슬을 그만두고 나오지 않은 것을 가지고 모두 신돈(辛旽) 때문이라고 말할 수 있겠습니까? 이는 그야말로 도 정절(陶靖節)[6]이 송 태조(宋太祖)의 왕업이 점점 융성해지는 것을 보고 더 이상 벼슬을 하지 않은 것과 유사하니, 이를 가지고 '정절(靖節)이 사마씨(司馬氏)[7]에게 벼슬하지 않았다'고 이르면 옳겠습니까? 이런 부분은 마땅히 활간(活看)을 해야 할 듯합니다.

그리고 "신조(辛朝)[8]"라고 이른 것은 참으로 그 이유는 알 수 없지만 국초(國初)에 만들어진 역사서에서도 대부분 밝히기 어려워한 이상, 이 글 속에 보이는 몇 대목의 말들이 또한 만에 하나의 오류도 없다고 어찌 장담하겠습니까. 야은의 몸가짐을 살펴보면 분명 보통 이하의 사람이 아닌데, 진실로 존장(尊丈 안방준)께서 의심한 바와 같다면 이는 실로 만고의 난신적자(亂臣賊子) 중에서도 수위에 있는 자가 될 것입니다. 당시 사람들도 반드시 본 바가 있을 텐데, 무슨 연유로 하나의 간사한 자를 보기 좋게 꾸며서 함부로 절의를 세운 사람으로 분류해 책 속에 붙임으로써 천고의 시비를 어지럽혔단 말입니까.

자고로 속은 간사하고 흉악하면서 명분은 절의를 내세워 끝끝내 천하 후세를 기만한 자는 있지 않았습니다. 그러므로 비루한 저는 갑자기

6 도 정절(陶靖節) : 동진(東晉)의 시인 도잠(陶潛)을 가리킨다. 그의 사시(私諡)가 정절징사(靖節徵士)이므로 이렇게 칭한 것이다. 《宋書 卷93 隱逸列傳 陶潛》

7 사마씨(司馬氏) : 사마염(司馬炎)이 세운 진(晉)나라를 말한다.

8 신조(辛朝) : 고려 우왕(禑王)과 창왕(昌王)을 신돈(辛旽)의 아들이라 하여 이 두 왕을 가리킨 말이다.

고견을 믿기가 어렵습니다. 이런 등속은 만약 이론을 세워 의심을 품는다면 괜찮지만, 기어이 무리하게 죄안(罪案)을 만들고자 한다면 잘못된 판단으로 형벌을 남용했다는 후회가 뒤따르지 않겠습니까? 삼가 바라건대 마음을 비우고 다시 살펴 주십시오. 분수도 모르고 어리석은 견해를 피력하면서 고명한 어른께 누를 끼쳤으니 대단히 죄송합니다.

송영보[9]에게 답하는 편지 기축년(1649, 효종 즉위년)
答宋英甫書 己丑

병으로 죽어 가다가 홀연 이구(尼丘)[10]에서 이른 답서를 받고 세 번 반복해 읽으니 묵은 병이 몸에서 사라진 듯한 기분이 들었네. 형은 이미 규정대로 조정으로 돌아갔으리라 생각되네. 새로운 명이 또 내려졌다고 지금 들었네. 사직 상소를 이제 막 올렸으니 한가로이 보낼 날이 적겠지만, 성상께서 어찌 형을 끝내 한가롭게 놔두시겠는가. 한 해가 끝나가는 요즘 옥주(沃州 옥천(沃川))에서 수레를 돌리고서 모든 것이 편안하리라 여겨지네.[11]

나는 일 년 내내 몸을 상한 것이 하루아침에 한꺼번에 나타났네. 밖으로는 풍사(風邪)와 한사(寒邪)를 끼고 안으로는 물과 불이 다투니 며칠 전까지만 해도 거의 창귀(傖鬼)[12]나 다름없었는데, 어제 땀이 난

9 송영보(宋英甫) : 송시열(宋時烈, 1607~1689)로, 본관은 은진(恩津), 자는 영보, 호는 우암(尤庵)이다. 1635년에 봉림대군(鳳林大君)의 사부(師傅)가 된 인연으로 훗날 효종 조에 중용되었다.

10 이구(尼丘) : 이산(尼山)이라고도 한다. 충청도 노성(魯城)에 이구산(尼丘山)이 있어 붙여진 이름이다.

11 형은……여겨지네 : 송시열이 효종(孝宗)의 세자 시절, 세자 사부를 지낸 인연으로 1649년 5월에 인조(仁祖)가 죽고 효종이 즉위하자 효종은 송시열을 조정에 불러들였다. 이 해 6월 16일에는 세자시강원 진선(世子侍講院進善)에, 사흘 뒤에는 사헌부 장령(司憲府掌令)에 제수하니 송시열이 조정에 나아가 사직하려는 뜻을 밝히고 7월에 옥천으로 돌아왔다가, 9월에 소명을 받고 송시열은 다시 서울로 올라갔다. 《宋子大全 附錄 卷2 年譜》

뒤로 조금 회생할 기미가 보이네. 하지만 남은 증세가 여전히 만만치 않아 오만 걱정을 하고 있다네.

보여준 현상은 가는 곳마다 한심하긴 해도 하늘이 송(宋)나라에게 복을 내린다면 어찌 이런 일이 있겠는가.[13] 오직 이를 믿어야 할 뿐이니 또한 어쩌겠는가? 일을 할 만한 때를 당해서 이것 때문에 진퇴를 결정해서는 안 되네.

보내온 편지에서 "담 구멍을 막는다고 화를 피할 수 있는 것이 아니다"라고 한 것은 나 역시 항상 하는 말이네. 서주(西州)는 수치스러워할 만하다는 농담[14]은 비록 한번 웃을 만한 것이나 또한 세도를 생각하면 한번 탄식하지 않을 수 없네.

나의 자취가 낭패스러운 건 실로 신재(愼齋 김집(金集)) 문장(文丈)이 그렇게 만든 것이네. 성상께서는 오랫동안 나의 불초함을 통촉하셨는데, 가을에 이 분이 차자(箚子)에서 한 말 때문에 잘못하여 은혜로운

12 창귀(傖鬼) : 진(晉)나라와 남북조 시대에 남인(南人)이 북인(北人)을 경멸하여 이르던 말이다.

13 하늘이……있겠는가 : 송(宋)나라 사마광(司馬光)의 고사를 인용하여, 하늘이 조선을 도와준다면 안 좋은 일이 일어나지 않을 것이라는 말이다. 사마광이 철종(哲宗) 초년에 왕안석(王安石)의 변법(變法)을 모조리 혁파하고 옛 법을 복구하자, 혹자가 화란을 당하지 않을까 걱정하니, 사마광이 정색을 하고 "하늘이 송나라에 복을 내린다면 그런 일은 결코 일어나지 않을 것이다."라고 말하였다. 《宋史 卷336 司馬光列傳》

14 서주(西州)는……농담 : 서주는 황보규(皇甫規)를 가리킨다. 황보규가 스스로 '서주의 호걸'이라고 자부하였는데, 당고(黨錮)의 화가 일어나 세상의 이름난 사람들이 대부분 연루되었으나 자신만 죄에서 면하자 수치스럽게 여겨 자신도 연좌되어야 한다고 상소하였다. 《後漢書 卷65 皇甫規列傳》 여기서는 구체적으로 무슨 일을 가리키는지 알 수 없다.

낙점을 받았네. 얼마 전 다시 휴가를 청하지 않고 낙향한 것은 참으로 정리상 절박하기도 했지만 또한 거듭 죄를 얻을까 염려한 것이었네. 여기에서 사랑을 받으면서도 깊이 헤아려 주지 못함을 볼 수 있으니, 불초의 이름으로 성상을 번거롭게 해 드리면 일의 체통상 온당하지 못할 뿐더러 미천한 신하는 또 황송하고 곤란하기가 어떠하겠는가?

이때 평생 친구인 태형(泰兄 이유태(李惟泰))을 또 뒤이어 규피(規避)했다는 죄명(罪名)을 만들어 그 뒤에서 독촉하니, 나처럼 노둔하고 용렬한 자가 어떻게 견딜 수 있겠는가. 책망을 받는 것이야 본디 내가 신임을 받지 못해서이니 매우 부끄러운 일이지만, 책망을 또한 너무 다급하게 하는 건 아닌가? 만약 태형을 만났다면 웃으면서 이를 전했을 것이네.

이어서 생각해 보면, 오늘날 나랏일은 마치 곡식 1만 섬을 싣는 거대한 배가 거센 파도 속에 떠 있는 것과 같은데, 나이 많은 사람들이 자잘한 일에 옥신각신 다투기나 할 뿐 키를 잡고 닻을 내리는 계책을 도무지 강구하지 않으니 아, 어찌 위태롭지 않겠는가.

내 부족한 생각에는, 성패는 하늘에 달렸고 시행 여부는 상이 결정하는 것이라 진실로 어찌할 수 없는 것이지만, 우리가 바로잡고 구제하는 도리에 있어서는 서둘러 처리하지 않을 수 없다네. 임금을 바로잡는 건 참으로 큰 근본이고, 청탁을 구분하는 건 참으로 사론(士論)인데, 만약 근본이 모두 맑아져 조정의 논의가 바른 데로 돌아가기를 기다린 뒤에 백성을 보존할 방법을 논의한다면, 오늘날 곤경에 처한 창생을 건어물 가게에서 구하는 꼴을 보게 될 걸세.

이것은 진실로 제현들이 바쁘게 호소하고 급히 달려가서 물불을 가리지 않고 백성을 구해야 하는 부분이네. 그런데 우리나라 백성들이 지금껏 유현의 은택을 입지 못한 것은 나라가 복이 없어서만이 아니라 또한 유학자 중에 경세제민(經世濟民)을 담당하여 상황에 따라 조치를 취한 이가 적었기 때문이네.

기묘년(1519, 중종14)에는 역량을 펼치기도 전에 크나큰 재앙이 먼저 일어났고,[15] 오직 계미년(1583, 선조16)에 훌륭한 임금과 신하가 만나니 실로 우리 동방에 천년에 한 번 있을 성대한 사업이었네. 대도(大道)가 행해지려 하자 사람들이 지극한 치세를 기대하였는데, 많은 이들이 짖어대며 어지러이 일어나고 철인(哲人)이 갑자기 별세하였으니[16] 지금까지 식자들이 통탄하고 있네.

지금은 대현(大賢)이 살던 세상과 이처럼 멀리 떨어지지 않았으니 당시 경세제민의 계책이 모두 남아 있어 상고할 수 있네. 그 가운데 폐단을 혁파하는 조건은 더욱 밝게 구비되어 있어서 모두 착착 거행할 수 있을 것이네. 간혹 시간이 지나고 일이 변해서 가감을 해야 하는 것은 그 강령을 인하여 절목을 변통한다면, 아무리 후학 하풍(後學下風)이라 해도 착수할 수 있을 것이며 자연히 대체(大體)에도 지장을 주지 않을 걸세.

오늘날 조정에 있는 제현들이 공업에 정성을 다하는 바에도 어찌 볼만한 것이 없겠는가마는, 끝내 소소하게 보완해서 하나를 얻고 하나를 잃는 것보단 선현이 만들어 놓은 법 중에 가장 좋은 것을 시행하여

15 기묘년에는……일어났고 : 조광조(趙光祖)를 위시한 사림들이 왕도정치를 구현하려고 했다가 1519년에 남곤(南袞)・홍경주(洪景舟) 등의 훈구파에 의해 숙청된 사건을 말한다.

16 계미년에……별세하였으니 : 철인은 율곡(栗谷) 이이(李珥)를 가리킨다. 이때 이이가 중용되어 정치가 일신되기를 바랐던 것이다.

폐해가 없도록 하는 것이 더 낫다는 생각이네. 옛날에 위상(魏相)은 국가에서 행한 일들을 자주 조목화하면서 가의(賈誼)·동중서(董仲舒)의 편의장주(便宜章奏)[17]를 시행하자고 청하였으니, 이것이 참으로 오늘날 본받아야 할 일이네.

형이 조정으로 돌아가는 것은 사리상 끝내 면하기 어려우니, 이러한 뜻을 제현들과 상의하고 장로(長老)에게 질정해서, 지위가 높고 말에 무게감이 실리는 장소에서 이렇게 조성된 논의를 발표함으로써 성상의 뜻을 돌리도록 기약해야 하오. 그런 뒤에 재주 있고 성실한 사류를 널리 모집해서 국(局)을 설치하고 연구하여 차례대로 거행한다면, 백성의 복이자 오도(吾道)를 빛내는 일이 어찌 아니겠는가.

얼마 전 노구(魯丘 이구(尼丘))에 가서 여러 윤효(尹孝)[18]와 이 일을 논의했는데 견해가 대략 같았네. 여러 윤효가 말이 나온 김에 율곡 문집 가운데 치세를 논한 강목을 발췌하고 부연 설명을 덧붙여 한 단락의 문자를 만들면 열람하기에 편리할 거고 그런 다음에 제현들에게 질정해 보자면서 내가 맡아서 하기를 권하였네.

그러나 나는 본래 거칠고 엉성해서 마음속에 이렇다 할 수단이 없거니와, 또 큰 병을 앓느라 정신과 생각이 흐릿해서 여전히 한 글자도 끄적거리지 못하고 있네. 조만간 글을 짓게 되면 감히 교정을 받지 않을 수 있겠는가? 형은 이 말을 어떻게 생각하시는가? 만일 조금이라

17 편의장주(便宜章奏) : 국가의 일에 편리하고 마땅한 상소문이나 건의서를 가리킨다.

18 여러 윤효(尹孝) : 윤선거(尹宣擧) 형제들을 가리킨다. 윤씨 형제들이 1648년 9월에 모친상을 당해서 거상(居喪) 중이었으므로 윤효라고 칭한 것이다. 《魯西遺稿 附錄上 年譜》

도 취할 만한 점이 있다면, 조정으로 돌아가서 중추적인 역할을 하시게. 그러면 도(道)를 위해서나 국가를 위해서 더할 나위 없이 다행일 것이네.

명형(明兄 송준길(宋浚吉))이 근래 편지를 보내고 또 소본(疏本)을 주었는데 깊이 탄복하였네. 그러나 그 속에서 논의한 것은 전적으로 본원(本原)을 주장하였을 뿐 조치하는 부분은 소략했으니 또한 이 편지를 그에게 보여 주었으면 하는데 어떻게 생각할지 모르겠네. 여기는 인편이 없어 아직까지 답장을 못하고 있네. 만약 가까운 인편이 있다면 이러한 뜻을 언급해야 하네. 윤지(胤之)[19]와 중초(仲初)[20], 그리고 문숙(文叔)[21]이 전에 논의한 것도 큰 차이가 없었는데, 또한 이런 논의에 대해 어떤 반응을 보일지 모르겠네. 인편이 출발을 재촉해서 병상에 누워 아들을 불러 입에서 나오는 대로 받아 적게 하니 말이 조리에 닿지 않네. 형이 헤아려 살펴 주시게.

19 윤지(胤之) : 조석윤(趙錫胤, 1606~1655)으로, 본관은 배천(白川), 자는 윤지, 호는 낙정재(樂靜齋)이다. 1626년 문과에 급제하였고, 대제학과 이조 참판 등을 지냈다.

20 중초(仲初) : 조복양(趙復陽, 1609~1671)으로, 본관은 풍양(豐壤), 자는 중초, 호는 송곡(松谷)이다. 좌의정 포저(浦渚) 조익(趙翼)의 아들이다. 1638년 문과에 급제하였고, 이조 판서와 대제학 등을 지냈다.

21 문숙(文叔) : 김홍욱(金弘郁, 1602~1654)으로, 본관은 경주(慶州), 자는 문숙, 호는 학주(鶴洲)이다. 1635년 문과에 급제하였고, 황해도 관찰사 등을 지냈다.

송영보에게 답하는 편지 정유년(1657, 효종8)

答宋英甫書 丁酉

지금 증산(甑山)에 이르러[22] 보내준 편지를 공경히 받았네. 끊임없는 가르침에 나도 모르게 일어나 절을 했다네. 가을 서리가 찬데 서신을 보낸 뒤로 기거는 더욱 편안하신가? 나는 가묘(家廟)에 제사 드리기 위해 지금 수원(水原)으로 향하고 있네. 아이가 과거에 급제했으니[23] 한미한 집안에선 다행이나 걱정과 두려움도 바야흐로 크다네. 득실이 마침내 어떨지는 모를 일이네.

편지에서 청한 글은 졸렬하고 서투른 내가 감당할 바가 아닌데도 이처럼 부지런히 타이르니 또한 사양하지 못하겠네. 수원에서 돌아온 뒤에 초안을 잡아 품평을 기다리겠네. 동춘(同春 송준길(宋浚吉))이 심복이 된 건[24] 조야의 경사이나, 영형(令兄)이 아직도 산림에 있어 성상을 애타게 하는 것[25]이 한스러울 따름이네.

22 지금 증산(甑山)에 이르러 : 당시 석성(石城)의 증산에 윤문거(尹文擧)가 우거하고 있었으므로 유계가 이곳을 방문했던 것으로 보인다. 윤문거는 1655년 1월부터 증산에 우거하였다. 《石湖遺稿 卷7 附錄》

23 아이가 과거에 급제했으니 : 유계의 큰아들 유명윤(兪命胤, 1629~1669)이 1657년 문과에 급제한 것을 가리킨다. 《明齋遺稿 卷43 吏曹正郎兪公行狀》

24 동춘(同春)이……건 : 송준길이 1657년 찬선(贊善)에 제수되어 경연(經筵)을 출입하게 된 것을 가리키는 듯하다. 《孝宗實錄 8年 8月 17日》

25 영형(令兄)이……것 : 송시열이 1657년 5월에 모친상의 상복을 벗었으나 조정에 올라가지 않고 그대로 시골에 머물면서 사직상소를 올렸기 때문에 이렇게 말한 것이다. 《宋子大全 附錄 卷2 年譜》

송영보에게 주는 별지 무술년(1658, 효종9)

與宋英甫別紙 戊戌

우암이 소명을 받고 나아갈 때 주었던 원래의 편지는 잃어버렸다.

성지(聖志)를 세워 대업(大業)을 넓힌다.

성학(聖學)을 부지런히 익혀 큰 근본을 수립한다.

실제의 덕을 힘써 하늘의 경고에 답한다.

금성(金星)과 화성(火星)의 운행이 잘못되어 흉한 결과를 초래할까 두렵네.

도탑고 고요함을 숭상하여 민심을 안정시킨다.

근래 인심이 흩어져서 어느 누구도 동요하지 않는 이가 없네.

조정의 계책을 정해 창졸간 벌어지는 일에 대응한다.

이 일은 평소 정해두지 않으면 안 되니, 헛된 명성과 실제적인 재앙은 더욱 절실히 경계해야 하네.

간언을 받아들여 개과천선의 밑거름으로 삼는다.

음성과 얼굴빛을 대단히 하거나 인정을 지레 짐작하고 억측하는 것은 아마도 신랄하게 논해야 하네.

공경(公卿)을 앞세워 백관을 독려한다.

요사이 고관들이 일을 잘하지 못해 백관이 직무를 다하지 못하니 먼저 타이르고 격려하지 않으면 안 되네.

어질고 유능한 사람을 선발해서 하늘이 부여한 자리를 충실히 한다.

절약을 숭상하여 풍속을 변화한다.

요즘 내정(內庭)과 왕자·부마의 집에서는 사치스러운 음식을 가지고 서로 비교한다고 하네.

일을 만드는 것을 삼가서 인력을 소중히 아낀다.

앞으로 정전(正殿)에 대한 공사가 있을 예정이라고 들은 듯하니, 또한 이를 언급해야 하네.

추쇄하는 공물을 줄임으로써 국가의 은혜를 보인다.

추쇄한 뒤 공물 값으로 바치는 쌀이 대단히 많네. 풍년이 들면 혹시 버틸 수 있겠지만 흉년이 들면 절대로 버티기 어렵네.

병포(兵布)를 제거하여 군사의 마음을 위로한다.

이 조항은 율곡(栗谷)의 문집에 자세히 나오니 상고해 보게.

약속을 펴서 장졸들을 단속한다.

근래 장졸들이 오만불손하여 매우 걱정인데 금군(禁軍)이 특히 심하네.

죄의 그물을 거두어 억울함을 풀어 준다.

추신

이 몇 가지 조항은 늙은 유생이 늘상 하는 말임을 잘 알지만, 그 말을 미루어 부연하다 보면 간혹 오늘날 절실한 문제를 적중하기도 할 것이니, 삼가 바라건대 한두 가지 단서를 취해 보는 건 어떠하겠나?

송명보 준길 에게 주는 편지 기해년(1659, 현종 즉위년)

與宋明甫 浚吉 書 己亥

너무도 비통한 나머지 마음과 기력이 모두 소진됐는데, 대감은 어떻게 견디고 있소? 내가 체험한 것을 가지고 생각해보면 똑같으리라 여겨지네. 비루한 나는 어제 궐하(闕下)에서 묵으며 곡반(哭班)에 참여하였네.[26] 초형(初兄 조복양(趙復陽))에게 대감이 장차 바른말을 하려 한다는 소식을 듣고 위로되고 기쁜 심정을 이길 수 없었네만, 어떻게 말을 해야 문제가 생기지 않을지는 모르겠네.

이번에 사부(士夫)들이 분곡(奔哭)한 것은 진실로 고금에 없는 일이네. 이러한 때를 당해 만약 성상께서 밝은 뜻을 내려 위로하고, 인하여 몇 사람의 이름을 거론하여 그들로 하여금 머물면서 보필하게 하면 적절할 듯한데, 이 일이 성상에게서 나오지 않고 아래에서 나온다면 진실로 미진함이 있게 되네. 아무아무를 거론하는 것도 정확하고 합당하게 하기 어려울 텐데, 대감께서 어떤 기준을 마련했는지 궁금합니다. 바라건대 내게 보여 주시어 제 답답한 마음을 해소시켜 주시게. 구구한 마음을 말씀드리지 않을 수 없구려.

성상께서 미령하시다는 말을 듣고 근심과 두려움에 휩싸여, 즉시 입궐하고 차자를 올려서 삭제(朔祭)에 참석하지 마시기를 청하려고 하네. 정신이 혼란한 나머지 간단히 안부를 여쭈고 이만 줄이겠네.

26 비루한……참여하였네 : 곡반은 국상(國喪) 때 곡하던 벼슬아치들의 반열이다. 효종(孝宗)이 1659년 5월 4일 승하해서 곡을 한 것이다. 《孝宗實錄 10年 5月 4日》

송명보에게 주는 편지
與宋明甫書

오늘은 꼭 대궐에서 나아가 안부를 여쭈려고 했는데 인견(引見)을 파한 뒤 다시 입직하는 바람에 이러한 정성을 헛되게 하고 말았으니 통탄할 노릇이네. 대감의 상소문을 직접 보지 못했지만 대략적인 뜻은 들었는데, 어찌 그리도 성급하신 것인가.

오늘 입시해서 삼가 들으니, 성상의 말씀은 간곡하고 정승의 말뜻도 매우 화평하였네. 이를 인하여 분란을 해소했더라면 다행스러운 정도가 작지 않았을 것이네. 오늘의 일은 성상의 뜻이 크게 정해진 데다 조정도 그것을 한번 무너뜨려 수습하지 못하게 만들 수 없거늘, 대감은 어이해 이런 꼿꼿한 행동을 해 가지고 조정이 끝내 진정되지 못하게 할 뿐만 아니라 성상의 지극한 정성까지 저버리는 것이오.

이런 이치는 매우 분명해서 많은 말이 필요치 않네. 예로부터 유현(儒賢)의 법문(法門)을 두루 살펴보면 또한 군신이 오늘날처럼 만난 상황에서 거취를 쉽게 결정한 사람은 없었소이다. 다시 바라건대 충분히 생각하여 절대로 급하게 떠나지 않는다면 매우 다행이겠네.

송명보에게 주는 편지
與宋明甫書

대감이 강가로 나가길래 끊임없이 의견을 피력했건만 끝내 들은 척도 안 하니 매우 창망하네. 오늘의 일은 의리상 실로 의심할 여지가 없는데도 대감의 결정이 이와 같으니 참으로 개탄스럽구려. 오늘 입시한 것은 특별히 다른 의도가 있어서가 아니라 두 분 대감과 초형(草兄 이유태(李惟泰))이 가는 걸 만류하기 위해 책자 하나를 강독하면서 자주 소대(召對)를 내리도록 요청한 것인데, 상께서 즉시 윤허하셨소.

그렇다면 내일 당장 들어오진 못하더라도 의당 상소를 올려 비답이 내려지기를 기다렸다가 종국에는 반드시 어전에 나아가야 할 듯하네. 다시금 바라건대 십분 생각하여 화난 사람처럼 행동하지 말아서, 성상의 지극한 뜻을 저버리거나 조정의 체면에 흠을 내는 일이 없도록 한다면 매우 다행이겠네.

송명보에게 답하는 편지

答宋明甫書

길보(吉甫 윤선거(尹宣擧))가 간밤에 찾아와 자고 가면서 사직 상소의 초본을 또한 보게 되었는데 별다른 말이라곤 전혀 없었네. 요즘 와전되는 수준이 대체로 이와 같으니 웃음이 나는구려.

우옹(尤翁 송시열(宋時烈))이 오늘날 떠나는 것은 세도와 크게 관계되기에 병석에서 걱정스러운 마음을 떨칠 수 없어 약간의 편지를 주고받았네. 그러나 마치 물을 돌에 뿌리는 것과 같아 줄곧 함께하지 못하였네. 모르겠습니다만 의리상 진실로 그렇게 해야 하는 것을 고루한 이 사람만 엉뚱해서 이해하지 못하는 것인가? 깊이 탄식할 따름이네. 이제부터라도 오히려 곰곰이 생각해 볼 요량이지만 내 자신의 부족한 역량을 생각할 때 그를 움직일 방법이 없으니, 그저 대감이 강력히 만류해 주기를 바랄 뿐이오.

초형(草兄 이유태(李惟泰))의 일은 출사한 것도 아니고 은거한 것도 아니라 더욱 이해하지 못하겠는데 변론할 길이 없으니 또한 마음이 답답하네. 의원이 이어(移御 임금의 거처를 옮김)를 논하여 의견이 약간 갈리긴 했으나 그것이 무슨 국가의 존망과 성패에 관계된다고 이렇게까지 시끄럽단 말인가. 참으로 괴롭고 또 괴롭네. 비루한 이 사람은 이 일에 대해서는 그저 웃으며 수용하고 담론하는 자들과 서로 따지지 않을 뿐이오.

송명보에게 주는 편지 신축년(1661, 현종2)

與宋明甫書 辛丑

편지가 오랫동안 끊겼는데, 요즘 같은 추운 날씨에 기거는 어떠하신가? 대감께서 근래 더욱 고심하시나 소명에 나아갈 뜻이 전혀 없다고 들은 것 같아 너무도 창망하구려.[27] 전할 만한 조정 소식은 없네. 다만 흉년에 백성을 구휼하는 정사가 오늘날 가장 시급한 과제인데, 비루한 이 사람과 중초(仲初 조복양(趙復陽))가 몇 날 며칠 강구하고 토론했으나 참으로 밀가루 없이 수제비를 만들 수 없는 것[28]과 마찬가지였네.

가장 한스러운 점은, 두 분 대감이 올린 의견도 영의정과 호조 판서가 나오지 않는 관계로 여태껏 회계(回啓)를 하지 못하고 있으니, 그 밖의 것이야 어찌 힘이 실리기를 바라겠습니까. 대감의 수레가 속히 나와 중외가 믿고 의지하기를 바랄 뿐이오. 비루한 이 사람은 정신적으로 지쳐서 그저 일을 인하여 죄를 짓고 면직되기를 기다리고 있소이다.

근래 유행하는 소인들의 악담이 더욱 사람의 귀를 막게 만드는구려. 후배를 훈계하고 꾸짖지 않아 이런 이야기가 떠도는 것이 장자(長者)의 허물이 될까 봐 심히 걱정이네. 또한 이런 뜻을 우대(尤台 송시열(宋時烈))에게도 대략 전달했네. 아무쪼록 초형(草兄 이유태(李惟泰))과 함께

27 대감께서……창망하구려 : 1661년 7월 17일에 송준길이 사직하고 돌아간 뒤로 조정에 돌아오지 않자 유계가 마음 아파한 것이다. 《顯宗實錄 2年 7月 17日》

28 밀가루……것 : 아무것도 없이 어떤 일을 성사시키려 무모한 행위를 하는 것을 뜻한다. 《晦庵集 卷26 上宰相書》

상의해서 그 단서를 통렬히 끊고 세상 가득 떠도는 이야기를 조장하지 않게 하신다면 더할 나위 없이 다행이겠네.

이신지 유부 와 태지에게 주는 편지 기축년(1649, 효종 즉위년)
與李信之 惟孚 泰之書 己丑

이별하고 어느덧 한 해도 저무니 아득하게 그리워하는 마음은 여기나 거기나 같으리라 생각되네. 나는 죽은 형님의 이장에 참석하기 위해 지난달 20일쯤 체직을 청하는 글을 올리고 기향(畿鄕)으로 내려온 뒤 전전하다가 남쪽으로 돌아와 어제 저녁에 비로소 임천(林川)의 거처에 도착했네. 온갖 병에 걸려 마침내 병석에 몸져눕다 보니 그 고통은 참으로 견디기 힘들지만, 그래도 서울 소식을 듣지 않는 것만으로도 조금은 한적한 곳에서 마음이 즐겁구려.

명형(明兄 송준길(宋浚吉))은 작질이 오르고[29] 초형(草兄 이유태(李惟泰))은 낙점을 받지 못했는데[30] 득실이 어떠한가? 영형(英兄 송시열(宋時烈))은 끝내 벗어나지 못하고 다시 마지막 풍랑을 만났네.[31] 10월에 여러 영감이 귀양을 갔다고 하니, 비록 임금의 뜻에서 나왔지만 공정한 처분이 아니네. 이와 같이 하면서 시끄럽게 억지로 복종시킨다면, 종을

29 명형(明兄)은 작질이 오르고 : 1649년에 송준길이 정4품 사헌부 장령(司憲府掌令)에서 종3품인 사헌부 집의(司憲府執義)로 오른 것을 가리키는 듯하다. 《孝宗實錄 卽位年 8月 26日, 9月 6日, 11月 8日》

30 초형(草兄)은……못했는데 : 1649년 6월 23일에 이유태가 공조 좌랑에 제수된 것 말고는 달리 벼슬을 받은 것은 없고 오히려 10월 4일에 고향으로 돌아갔다. 《孝宗實錄 卽位年 6月 23日, 10月 4日》

31 영형(英兄)은……만났네 : 송시열은 1649년 9월에 소명을 받고 도성에 들어온 뒤로 줄곧 조정에 있었다. 11월 11일에 모친의 간병을 위해 휴가를 얻어 지방에 내려갔다가 이듬해 1월에 조정으로 돌아왔다. 《宋子大全 附錄 卷2 年譜》

치면서 조용하기를 구하는 것과 똑같아 이로 인해 허다한 좋은 기회를 날려 버릴 결세. 세간 인심이 사분오열되었는데 이러한 상황에서 일을 하는 건 옛날에도 있지 않았네. 앞으로 누가 수습하고 다스려서 파국으로 치닫지 않게 할는지 모르겠네. 이를 생각하면 두렵기만 하네.

세속의 견해를 가진 나도 당초부터 진실로 깊이 근심한 사안인데, 끝내 구하지 못하고 이 지경에 이르렀구려. 통탄한들 어쩌겠나? 영형(英兄)과 명형(明兄)이 밝은 군주의 깊은 지우를 받고 있는 만큼 물러나 돌아갈 리는 없으니, 만약 이로(二老)[32]를 도와 거센 여울을 되돌려 잔잔하게 만든다면 공사(公私)간에 어찌 크나큰 다행이 아니겠는가. 나 같은 사람은 진실로 시골로 물러나 사는 게 마땅한데, 만일 조정에서 불러들이는 조처가 있을 경우 의리상 또한 끝까지 사양하기 어려워 의당 직분에 따라 부지런히 애써야 하는 계획이 있어야 하니, 이 몸은 과연 한적한 시간을 얼마나 얻을 수 있겠는가? 우습구려.

초형(草兄)은 머지않아 소명(召命)이 내려지리라 생각되니, 낙하(洛下 한양(漢陽))에서 다시 만나게 된다면 그 행불행이 또한 어떠하겠는가? 그 밖의 많은 일들은 병상에 엎드려 벼루에 얼어붙은 먹물을 입김으로 부는 상황이라 적지 못합니다.

32 이로(二老) : 김상헌(金尙憲, 1570~1652)과 김집(金集, 1574~1656)을 가리킨다.

이신지와 태지에게 주는 편지 기축년(1649, 효종 즉위년)

與李信之泰之書 己丑

한 해가 다 갔는데 자네들의 학문하는 재미가 어떤지 살피지 못하니 구구하게 그립구려. 나는 신음하다가 갑자기 중병에 걸려 6, 7일 전만해도 염라대왕을 만날 뻔했다네. 지금은 다행히 조금 나았지만 남은 증상이 여전히 많아 걱정이네. 어찌하겠는가?

신재(愼齋 김집(金集)) 문장(文丈)이 얼마 전 출사했다고 하니,[33] 이렇게 유자(儒者)가 좋은 때를 만난 건 실로 예로부터 없던 바이네. 앞으로 어떻게 성은에 보답하고 사람들의 기대에 부응할지 모르겠지만, 말세는 참소하는 말이 더욱 시끄럽기에 기쁘게 축하하면서도 걱정이 뒤따른다네. 명형(明兄 송준길(宋浚吉))이 얼마 전에 소본(疏本)을 올렸는데,[34] 세간에 어찌 이런 의론이 없을 수 있겠는가. 영보(英甫 송시열(宋時烈))가 중승(中丞)에 제수되었으면서[35] 장차 부임하지 않을 것이라고 하던데, 그가 끝까지 사양할는지는 모르겠네.

33 신재(愼齋)……하니 : 김집이 1649년 11월 19일에 이조 판서에 제수되어 출사한 것을 가리킨 것으로 보인다. 《孝宗實錄 卽位年 11月 19日》

34 명형(明兄)이……올렸는데 : 송준길이 1649년 11월 16일에 올린 상소문을 가리킨다. 이 글에서 송준길은 효종이 도(道)를 자임하고 학문에 힘쓸 것과, 간언(諫言)을 받아들이고 대신과 근신에게 자문을 구하여 인심을 복종시킬 것, 어사를 파견하는 문제, 인재 선발의 문제 등을 언급하였다. 《孝宗實錄 卽位年 11月 16日》

35 영보(英甫)가 중승(中丞)에 제수되었으면서 : 중승은 사헌부 집의(司憲府執義)를 가리킨다. 송시열은 1649년 12월 7일에 집의에 제수되었다. 《孝宗實錄 卽位年 12月 7日》

지금 도탄에 빠진 백성을 구제하는 일은 느긋하게 대응할 수 없으니, 차례차례 시행할 것을 자세히 논하고 잘 선택하지 않을 수 없네. 그러므로 일찍이 영보에게 답하는 편지 안에 내 뜻을 대략 언급하였는데 형도 조만간 보게 될 테니 부디 가부를 알려 주시게. 초형(草兄 이유태(李惟泰))이 물러나 산 지 오래되었는데도 소명이 내려오지 않으니 식자들이 깊이 걱정하고 있네. 모르겠네만 지금은 행장을 급히 꾸릴 일이 있는가?

나는 불초해서 지금 시대에 쓰이기에 적합하지 않다는 것을 스스로 잘 아네. 밝으신 성상께서도 또한 통촉하셨기에 수망(首望)으로 의망되어도 낙점을 받지 못한 경우가 여러 번이었네. 미천한 분수에 진실로 당연한 것일세. 그런데 두렵고 답답한 점은 연석(筵席)에서 불초한 내 이름을 성상께 번거롭게 아뢰는 이가 있다고 하니 이 어찌 나 같은 사람이 감당할 수 있는 바이겠는가.

이로 인해 병상에서 더욱 겁이 나 몸을 움츠리며 떨고 있는데, 형들은 내가 일을 기피한다고 책망하는 소리를 얼핏 들은 듯하니 그게 사실인가? 과연 그렇다면 참으로 한 번 웃을 일이네. 나는 본디 불초하니 일을 피하려는 마음이 어찌 없겠는가. 다만 오늘날은 나가고자 해도 나갈 수 없는 상황인데, 형들이 꾸짖는 건 나갈 수 있는데도 나가지 않는다고 여기는 것 같구려. 혹시 상황을 살피지 못한 것이오? 웃음이 납니다. 귀에 들어오는 낙하(洛下 한양(漢陽))의 상황이 모두 한심하오. 세도가 이 지경에 이르렀으니 앞으로 어찌해야하겠소?

이신지와 태지에게 주는 편지 갑오년(1654, 효종5)
與李信之泰之書 甲午

삼양(三陽)이 창달한 요즘 여러분은 시절에 맞게 편안하리라 생각하니 위로가 되는 한편 축하드릴 일이오. 나는 벗들과 떨어져 홀로 지내는데 병마가 나이와 함께 많아지니 부끄러워 말하지 못하겠네. 지금 길보(吉甫 윤선거(尹宣擧))에게 들으니 자네들이 머지않아 강가에 임할 뜻이 있다고 하던데, 과연 그렇다면 만나서 회포 풀 날이 있을 것이네. 그날만 너무도 학수고대하느라 하루가 일 년처럼 느껴지는구려.

또 송구한 것은, 둘째 아들[36]을 다음달 10일 이내로 길일을 골라 관례를 행하려고 하는데 이에 앞서 편지을 부쳐 부탁하려고 했으나 도로가 가깝지 않아 종자(從者)를 수고롭게 할까 걱정한 나머지 신중을 기해 인편을 보내지 않았네. 자네들의 봄나들이가 때마침 이때라면 참으로 하늘이 주신 편리함이자 내게는 커다란 다행이겠네. 다시 바라건대 이 사람의 마음을 미리 헤아려서 시기가 어긋나지 않게 하고, 비루하게 여기지 말고 마침내 가르침을 주시게나.

우리 집은 주인이 비록 속되지만 골짜기와 송죽(松竹)이 있어 자못 그윽하고 고요하니 종자가 한 이틀 묵으며 놀다 가도 상관없네. 천만번 간절히 바라고 또 바라네. 나이를 먹으면서 매번 어떤 기회가 있을

36 둘째 아들 : 유명필(兪命弼, 1640~1669)로, 자는 직보(直甫)이다. 《明齋遺稿 卷43 進士兪君行狀》

때마다 마음이 급급하고 감개한 감정이 이는 건 늙은이의 본색인데 자네들도 혹시 그러한가?

이태지에게 주는 편지 기해년(1659, 효종10)

與李泰之書 己亥

병으로 죽어 가다가 연달아 안부 편지를 받으니 다소 병상의 회포가 위안을 받았네. 보여준 뜻은 자세히 알았네. 성상의 하교가 이와 같이 정성스럽고 간절하니, 형의 도리상 어떻게 한 번 입시하지 않을 수 있겠는가?

입시했을 때는 깊이 공손하고 자제하면서 책자(冊子)를 감히 올리지 못하는 뜻을 강력히 펴야 하네. 그러고도 한결같이 채근을 당한다면, 충분히 수정해서 다듬고 짧은 상소에 연명하여 올리고, 또 시간이 지나고 형세가 변하여 어쩔 수 없이 헤아려 가감하고 신중히 명령을 발해야 하는 뜻을 간략히 진달하는 것이 온당할 듯하네.

또 한 가지 큰일이 있네. 우옹(尤翁 송시열(宋時烈))이 떠나던 날에 춘대(春台 송준길(宋浚吉)) 이하의 사람들이 모두 불안해하였으니, 이는 무슨 현상이고 거조란 말인가? 우대(尤台 송시열(宋時烈))는 오늘날 떠날 만한 의리가 절대로 없네. 형이 말한 '번육(膰肉)[37]'이란 것도 모두

37 번육(膰肉) : 제사에 사용된 익힌 고기를 말한다. 《사기(史記)》 47권 〈공자세가(孔子世家)〉에 이르기를 "얼마 안 있어 노(魯)나라에서 교제(郊祭)를 드리는데, 임금이 번육(膰肉)을 대부(大夫)들에게 주는 예법만이라도 지킨다면 좀 더 노나라에 머물겠다."라고 하고, 《맹자》 〈고자 하(告子下)〉에 이르기를 "공자(孔子)가 노나라 사구(司寇) 벼슬을 하고 있는데도 공자의 말을 써주지 않고, 이어서 교제를 지내고도 번육을 내려주지 않으므로 예복인 면류관도 벗지 않은 채 떠나니, 그 내용을 모르는 자는 고기를 주지 않아서 떠났다고 하고, 그 내용을 아는 자는 군주가 무례하였기 때문이라고 하였다."라고 하였듯이 교제가 끝나면 모든 번육을 대부들에게 골고루 나누어주고 음복

자질구레하고 근거가 없네. 뜬소문을 만드는 간사한 무리가 선동한 것이지 애당초 유식한 사대부 사이에서 나온 게 아니니 이 어찌 마음에 둘 필요가 있겠는가.

설령 약간의 곡절이 있다 하더라도 세도(世道)를 위해 도모하는 사람이라면 어찌 차마 이렇게 일신을 위한 계책이나 세워서 천만년에 한 번 오기 힘든 좋은 기회를 허무하게 만들겠는가. 군자들의 질책과 후대의 비판을 반드시 면하지 못할 것이네. 바라건대 형은 이러한 뜻을 가지고 자세히 생각해서 경솔히 움직이지 않으면 어떻겠는가? 병상의 고뇌를 이렇게 모두 털어놓네.

(飮福)함으로써 하늘이 주는 혜택을 나누어 갖는 것이 당시 예법이었다.

이태지에게 주는 편지

與李泰之書

병상에서 근심으로 즐겁지 않은 이때, 편지가 다시 와서 세 번 반복해 읽고는 개탄하였네. 우옹(尤翁 송시열(宋時烈))의 거취에 대해서 여기서도 주고받은 편지가 있네만, 그의 확고한 의지는 산을 뽑는 장사라도 만류할 수준이 아닌 듯하니 어쩌겠는가? 이 사람의 뜻을 또한 모르는 바는 아니네. 다만 군주가 어리고 나라가 위태로운 상황에서 성패가 거취를 정하는 데서 판가름 난다면, 인인 군자(仁人君子)와 충신 의사(忠臣義士)의 도(道)는 장차 어떻게 대처하겠는가? 구구한 나의 소견으로는 끝내 알지 못하겠으니, 부디 깨우쳐 주는 말을 해 줌이 어떠하겠는가?

이태지에게 주는 편지 경자년(1660, 현종1)

與李泰之書 庚子

서리 내리는 추위에 어버이를 모시면서 경사스러운 일이 더욱 많으리라 생각되네. 나는 밤낮으로 성상을 모시는 자리에서 병을 참고 있지만 살고픈 생각이 이미 사라졌네. 백성의 근심과 국가의 정책이 이렇게 망극한 지경에 이르렀건만 사람이 가볍고 생각은 졸렬해 있으나마나한 존재라오. 다만 옛 보금자리로 물러나 먼저 굶주린 백성이 되어 죽어야 마땅한데 아직도 머뭇거리고 있으니 크게 부끄럽고 개탄스럽네.

성상은 매일 제현들이 무리지어 나오기를 바라시거늘 저마다 진출을 꺼리면서 은둔하기로 결정하니 장차 백성들은 어찌하면 좋은가? 옛사람이 말한 '천명을 두려워하고 사람의 곤궁함을 슬퍼한다'라고 것[38]이 어찌 마땅히 이와 같겠는가. 그저 바라건대 서로 권면해서 소명에 나아가 상하의 기대에 부응한다면 매우 다행이겠네. 아들이 과분하게 과거에 합격하니 기쁘지 않고 두렵네. 더욱 도망가고 싶은 생각이 절실해짐을 느끼네.

38 옛사람이……것 : 당(唐)나라 한유(韓愈)의 〈쟁신론(爭臣論)〉에 "양자(陽子)가 어질지 못하다면 장차 자기 몸을 사역하여 윗사람을 받들어야 할 것이요, 만일 과연 어질다면 진실로 천명을 두려워하고 백성들의 곤궁함을 민망히 여겨야 할 것이니, 어찌 스스로 한가하고 편안할 수 있겠는가."라고 한 데서 나온 말이다. 《別本韓文考異 卷14 爭臣論》

송영보·송명보·이태지에게 주는 편지 갑진년(1664, 현종5) 2월 20일에 쓴 유서

與宋英甫宋明甫李泰之書 甲辰仲春念日遺書

봄기운이 발동하고 여태 소식을 듣지 못했으나 자네들은 도를 실천하는 가운데 신의 도움을 받아 잘 지내리라 생각되네. 나는 3년 동안 병을 앓아 오다가 지난겨울이 끝날 무렵부터 문득 귀관(鬼關)에 떨어졌네. 부창(浮脹)과 헐떡거리는 등의 증세로 일시에 곤욕을 치르면서 지금까지 실낱같은 목숨을 부지하고 있으니 매우 이상한 일이네.

변화의 즈음에 평소 정한 게 있어 편안하고 한가하여 진실로 터럭만큼도 개의치 않지만, 다만 스스로 역량을 헤아리지 못하고 수년간 머뭇거리느라 일찌감치 자네들의 가르침을 따라 강호에서 하루라도 한적하게 살지 못하고 살아서 벼슬살이만 하다가 죽어서야 고향으로 돌아오게 생겼으니 참으로 부끄럽네.

죽음에 임박한 사람이 무슨 일을 걱정하겠는가? 다만 지금의 나랏일과 세도(世道) 때문에 형들을 깊이 걱정하지 않을 수 없네. 근래 '삼문학도(三門學徒)' 이야기는 수치스러워 번번이 귀를 막는다네. 우대(尤台 송시열(宋時烈))는 경로에서 다시금 마음을 넓히지 않을 수 없고, 춘당(春堂 송준길(宋浚吉))도 자질구레한 것을 한층 훌훌 털어버리지 않을 수 없으며, 초형(草兄 이유태(李惟泰))은 특히 줄곧 과격한 언행으로 후배들과 기력을 허비하여 스스로 구설에 올라서는 안 되네. 훗날이라도 혹여 내 말을 기억해 준다면 어찌 사문(斯文)의 다행이 아니겠는가. 시대와 도(道)를 위해서 제발 슬퍼하는 새의 울음소리를 소홀히 듣지 말아 주게. 우형(尤兄 송시열(宋時烈))에게 부탁할 일은 자식들이 훗날 반드시 아뢸 것이네. 기운이 없어 다른 사람이 대필했으니 송구하네. 이만 줄이네.

관례와 혼례에 관해 질문한 윤길보에게 답하는 편지

무자년(1648, 인조26)

答尹吉甫問冠婚禮書 戊子

질문한 항목은 번거로워 수록하지 않았다. 아래도 마찬가지다.

〈사혼례(士婚禮)〉에서 '삼족(三族)'에 대해 주(註)낸 것을 가지고 정현(鄭玄)의 설이 억지로 끼워 맞췄다고 의심한 적이 있으나 어떤 경전이 근거가 되었는지는 모르겠네. 생각건대 혹 강성(康成 정현(鄭玄))이 〈잡기(雜記)〉의 "대공(大功)의 끝엔 관례와 혼례를 치를 수 있다"는 문장을 인하여 기복(朞服)에는 혼례를 폐할 수 있다는 논리를 유추하였는데, 기복을 입는 중간에 삼족을 배정하기는 어렵기 때문에 어쩔 수 없이 세 등속의 형제를 말한 것으로 보이네. 망녕된 내 생각으로는 부(父)·모(母)·처(妻)를 삼족으로 규정하면 온당할 듯하네. 이것도 근거할 만한 경전이 있네만, 어떻게 생각할지는 모르겠네.

〈증자문(曾子問)〉의 관례와 혼례의 변례(變禮)에서, 친영(親迎)을 할 때 도로에 있는데 기년복이나 대공복을 입어야 하는 상을 만나면, 음식을 치우고 옷을 갈아입은 뒤 자리에 나아가 곡하고 방안의 예를 행하지 않는 것은, 혼례가 아직 이루어지지 않았기 때문인 듯하네. 그러나 혼례는 친영을 중시하네. 신랑이 여자의 집 궤연(几筵)에서 예를 이미 행하였고 여자의 부모에게서 친히 받은 다음 수레를 몰아 앞에서 인도했다면, 방안에서 음식 먹는 예절을 폐했더라도 이는 친영한 것이나 다름없네.

만약 신랑이 여자 집에 이르지도 않았는데 기년복과 대공복을 입는 슬픔을 당했다면 그 혼례가 폐해짐을 알 수 있다. 관례 때 초상이 난 것을 듣고도 오히려 삼가(三加)[39]를 행하고 초례(醮禮)[40]만을 폐하는 것과는 분명 같지 않네. 이를 가지고 미루어 보면, 관례가 혼례보다 중요하다고 말할 수 없으며, 가벼운 상복을 입을 때에 혼례를 행할 수 있다면 관례도 또한 행하지 못할 이유가 없네.

상관(喪冠)의 끈을 인하여 소공(小功)에 관한 한 마디를 첨가한 것은 의심할 만하지만, 경문의 본뜻을 자세히 음미해 보면 관례를 치르지 않은 자가 소공복을 입는 경우가 생길 경우 모두 상사를 인하여 관례를 치를 수 있다는 말이 아니라, 날을 점치고 경계할 때 길일이 있기 때문에 언급한 것이네. 대개 옛날에는 사당에서 날짜를 점쳤는데, 그 예가 매우 중시되어 후세에 고묘(告廟)하는 것과 대체로 같은 수준이었네. 날짜가 정해져 바꿀 수 없는 상황에서 상을 당해 상복을 입었는데 정해 놓은 관례 날이 오면, 비록 길례를 행하진 않아도 반드시 상을 인하여 관례를 치렀으니 이는 시기를 놓치는 것을 중시했기 때문일세.

만약 날을 점치고 경계하지도 않았는데 상을 당했다면, 또한 어찌 굳이 상을 인하여 치르겠는가. 이미 상을 인하지 않는다면, 성동(成童)

39 삼가(三加) : 관례 때에 처음에는 치포관(緇布冠)을 씌우고, 다음에는 가죽으로 만든 피변(皮弁)을 씌우고, 다음에는 작변(爵弁)을 씌우는 것이다. 모두 세 번 관을 가(加)하기 때문에 이렇게 부른다.

40 초례(醮禮) : 관례 때 행하던 일종의 의식으로, 빈(賓)이 관례를 올리는 자에게 술을 따라 주는 것이다. 관례나 계례에 빈(賓)이 관례하는 자와 계례하는 자에게 술을 한 잔 따라 준다.

의 소공복은 시마복(緦麻服)으로 강복(降服)해야 하네. 만약 관례하는 달이 상을 당한 뒤에 있다면, 자연히 길일을 점쳐 예를 행해야 하니, 혼례는 행할 수 있는데 유독 관례만 치를 수 없는 경우가 어디 있겠는가.

보내준 편지에서 "관례에 비록 가벼운 상복을 입더라도 길례를 행할 수 없다"는 말은 너무 지나친 소리가 아닌가 싶네. 만일 관례를 치를 나이에 해당하고 기년복 이상의 상복을 입어야 할 경우라면, 비록 날짜를 점치지 않았다 하더라도 다만 상을 인하여 관례를 치를 수 있을 듯하네. 장년에 중한 상을 당했다면 동자(童子)의 상복을 입을 수 없거니와, 또한 시간이 오래 지나도 공복이나 시마복과는 다른 듯하네. 자네 생각은 어떠한가?

〈잡기(雜記)〉에서 "대공의 끝에 소공이 있더라도 이미 졸곡(卒哭)을 지냈다면……"라고 하였는데, 이 장은 빠진 글자가 있는지 의심스럽네. 옛사람도 이를 지적하였네. 다만 이미 '끝'이라고 말해 놓고 다시 '이미 졸곡을 지냈다'는 말이 있는 것은, 대공의 개월 수가 많기 때문에 장례(葬禮)와 우제(虞祭)를 치르자마자 바로 '끝'이라고 말할 수 없기에 '소공이 있더라도 이미 졸곡을 지냈다면'이라는 구절과 다시 단락을 구분지은 것은 아닌가?

소공이 장례 뒤에 예를 행하는 것은, 아마도 고례(古禮)에는 이와 같았는데 지금은 달리 근거할 게 없을 뿐이네. 이를 통해 본다면, 고경(古經)의 세 설은 크게 모순되는 점이 없어 보이며, 명보(明甫 송준길(宋浚吉)) 노형(老兄)의 말처럼 주 부자(朱夫子 주희(朱熹))가 이미 참작하고 절충했으니 다른 의론을 용납할 수 없다네.

〈증자문(曾子問)〉의 "도로에 있는데"에서 소공과 시마를 언급하지 않은 것은 또한 성대한 예절과 가벼운 상복 간에 서로 빼앗으면 안 되는 것을 말한 것이니, 대개 임시로 정한 법제에서 나온 것이네. 친영에 미치지 못하고 소공복을 입어야 하는 상황을 만난 것이 〈잡기(雜記)〉에서 이른 바와 같지 않음을 또 어찌 알겠는가. 관례를 치를 길일을 잡았는데 상복을 입어야 한다면 날짜를 바꿀 필요가 없는 것이니, 비로 예를 갖추지 못하더라도 상사를 인하여 또한 관례를 치를 수 있는 것이네. 혼례의 경우는, 길일을 이미 정했다는 이유로 갑자기 혼례를 치를 수는 없고, 오직 만난 상사의 경중이 어떠한지를 살펴 행하기도 하고 물리기도 하네. 이것이 관례와 혼례가 다른 점이네. 이것을 가지고 저것이 중하고 이것이 가볍다고 말하는 건 안 될 듯한데, 어떻게 생각할지 모르겠네.

"관례에서 당사자〔身〕를 말하지 않은 반면 혼례에서는 당사자를 언급하였다.……"라고 하였는데, 첫 번째 조항에 동자(童子)가 죽으면 강복해서 입는 기년복이 없으므로 당사자를 말하지 않은 것이니, 바로 나의 평소 견해와 합치되네. 문세나 의리상으로도 온당하게 보이네. 오직 《가례(家禮)》가 고례(古禮)와 다르네. 관례와 계례(笄禮)로 상복(殤服)을 한정하지 않고 혼례로 상복(殤服)을 한정한다면, 혼례에서 당사자를 언급하는 것은 또한 매우 의심스럽네.-그 이유는 아래에 자세히 보인다.- 을(乙)의 견해는 상관(喪冠)을 인하기 때문에 당사자를 언급하지 않은 것이네. 그 뜻이 비록 정교하지만 순전히 《가례》의 본뜻과 맞지 않으니 명형(明兄 송준길(宋浚吉))이 무엇을 취하겠는가?

관례에서는 주인이 손님을 맞아 예를 행하므로 중점이 아버지에게 있는 반면 혼례에서는 친영(親迎) 이하를 모두 신랑이 스스로 행하기 때문에 중점이 신랑에게 있다는 논리는 그 의리가 없지 않지만, 다만 이것을 가지고 관례·혼례에서 당사자를 언급하고 언급하지 않은 증거로 삼는다면 신빙성이 부족하네.

관례에서 부모를 말하고 혼례에서 혼인을 주관하는 사람을 말한 것에 대해 명형(明兄)이 어떤 논리를 폈는지 모르겠지만, 이계선(李繼善)이 물음에 답한 것을 가지고 증거로 삼는다면 아무리 어리석고 고루한 식견을 가진 자라도 또한 곧바로 믿지는 않을 걸세. 관례와 혼례는 경중의 차이가 없네. 내 생각을 이미 앞에서 보였으니 더 이상 다시 진술하지 않겠네. 만약 부득이하게 경중을 구별하라 한다면 차라리 '혼례가 관례보다 중하다'고 말하고 싶네. 관례는 상사를 인하여 치르기도 하지만 혼례의 경우 상복을 입고 일을 치를 수 없으니, 길흉의 구분이 더욱 분명하네.

관례에서 아버지를 말하고 혼례에서 혼인을 주관하는 사람을 말하는 것은 으레 서로 참작해서 보아야 하니, 보내온 내용이 타당한 듯하네.

어머니가 기년복을 입었을 때 예를 행하는 것이 마땅한지의 여부는 보내온 편지에서 인용한 근거가 정확해서 더 이상 다른 말을 하기 어렵네. 이 글의 문세는 바로 〈잡기(雜記)〉의 "부모가 생존해 계시면 상장(喪杖)을 짚지 않는다."라는 글과 서로 비슷하네. 후대의 군자들이 또한 간혹 이를 인하여 전례로 삼아 어머니가 기년복을 입는 동안 관례와 혼례를 모두 폐하는 것인가? 외조부모의 장례를 치르기 전에 길례를 행하기 미안하다는 말씀은, 인정상으로는 누군들 그렇지 않겠는가? 그러나 시의(時義)를 조금 지나쳐도 비판할 사람은 없을 것이네.

강복하여 대공복과 소공복을 입고 관례와 혼례를 행하는 것이 타당한지의 여부와 남녀가 관례와 계례, 시집 장가가는 연한에 대해서 보내온 편지에서 자세히 다뤘으니 다시 언급하지 않겠네. 대개 옛사람은 관례나 계례를 치르고 시집 장가가는 일에 모두 연한이 있었네. 그러므로 장상(長殤)을 반드시 19세로 단정한 것도 이 때문이네. 만약 관례나 계례하는 나이보다 먼저 시집 장가가는 자가 있다면 모두 성인으로 인정하고 상복을 입어야 하네. 왜냐하면 남녀가 이미 시집가고 장가갔으면 그 사람은 성인으로 자처한 것이니 나도 성인의 상복을 입어야 하네. 나 또한 어찌 성인으로 대우하지 않을 수 있겠는가.

만일 남녀가 나이가 스무 살이 되었는데 무슨 연고로 관례와 계례를 치르지도 못하고 죽었다면, 그 사람이 비록 머리에 관이나 비녀를 쓰거나 꽂지 못했지만 연한은 이미 찼으니 그를 위한 상복은 틀림없이 동자(童子)로 여기고 강복할 수 없고, 나도 그를 상자(殤者)로 취급해서는 안 됨이 매우 분명하네. 《가례(家禮)》에는 시집 장가가는 것으로 상자의 연한을 단정했으니, 비록 스무 살, 서른 살이 되었더라도 연고가 있어 혼인하지 못한 자는 모두 상자를 위한 강복을 입어야 한다면 어찌 미안하지 않겠는가.

고대의 제도가 한 번 변하여 결론을 내리기 매우 어렵게 되었네. 이에 예가 의심스러울 때에는 후한 쪽을 따른다는 논리가 생겼으니 이 또한 부득이해서 나온 말이네. 망녕된 내 생각에 상복(殤服) 한 조항은 고대의 제도를 따르지 않을 수 없으니 참으로 명형(明兄)의 뜻과 같네. 주자(朱子 주희(朱熹))의 본뜻이 과연 한때의 폐단을 바로잡는 데에 있다고 운운한 것은 훗날 어찌 변통하지 않을 수 있겠는가.

이를 통해 말해 본다면, 나이가 스물이 되지 못한 자가 아무리 관례와 계례를 치렀다고 해도 상자로 대우함이 옳고, 나이가 스물이 되었다면 비록 관례나 계례를 치르지 못했더라도 성인으로 대우하여 상복을 입는 게 옳네. 오직 남자가 이미 장가들고 여자가 시집과 계례를 허락했다는 것만으로는 이 규율을 적용받지 않네. 이와 같이 논리를 세우면 어떻겠는가?

이는 고경(古經)의 본래 취지이니 감히 내가 억측해서 말한 것이 아닐세. 이를 미루어 보면, 남녀가 나이 스물이 되어 관례와 혼례를 치른 것은 어쩌면 그 사람의 몸이 성인이 되어 기년복을 입어줄 자격이 생긴 것이네. 주자의 당초 생각이 아마도 여기에서 나오지 않은 듯하네. 〈상복장(殤服章)〉 중에 혹 참고하지 않고 저술한 것이 아니겠는가?

다만 오직 혼례에서 당사자를 말하고 관례에서 당사자를 말하지 않은 것은 의심을 품을 만하나 망녕된 내 생각에는 서로의 예로써 보아도 또한 무방할 듯하네. 어떻게 생각하는가? 《가례(家禮)》의 상복(殤服) 한 조항은 끝내 타당하지 못한 것이 있으므로 감히 이런 말을 해서 질정을 구하네. 아무쪼록 다음 인편을 통해 가르침을 주게나. 보내온 내용 가운데 '기년복에서 오직 할아버지는 강복하지 않는다'는 것은 《가례》의 본뜻이 이렇게까지 편협하지는 않을 듯하네. 어떻게 생각하는가?

하상(下殤)의 소공(小功)에 관례나 혼례를 치를 수 없다고 한 것은 비록 너무 심한 것 같지만, 다만 상복(殤服)의 개월 수를 줄이기만 하고 상복을 바꿔 입지 않는 것은 슬퍼하기 때문이네. 기년복에서 강복한 소공복은 상복을 입는 동안 길례를 행하지 않으니, 또한 정리상 진실로 그러한 것이네. 5개월이 지나 상복을 벗은 뒤에는 모든 길례를 행할 수 있네. 이로 말미암아 보건대 장상(長殤) 대공(大功)의 끝에 비록 상복을 벗지 않은 상태라도 강복한 소공복을 이미 벗은 것과 대략 같은 만큼, 예를 행하지 못할 이치는 없을 듯하네. 또 《가례》에서 대공에 아직 장사지내기 전만 언급하고 강복한 대공과 소공을 언급하지 않은 것은 이는 실로 고금을 참작해서 중도에 맞는 제도를 만든 것이네. 어찌 굳이 한층 새로운 말을 붙이겠는가? ○방계(旁系) 친속을 위해 기년복을 입는 것은 일반적인 설이 아니나 또한 매우 그럴 만한 이치가 있네. 비록 쪼개어 나눈 것이 매우 심하지만, 자세히 미루어 가면 또한 이와 같음에 지나지 않네. 상자(殤者)를 위한 강복을 입고 관례나 혼례를 치르는 예법을 만약 고대의 제도를 준수한다면 실로 그 중간에 난처함이 없을 것이네. 명형(明兄)이 "미안하다"고 말한 것은 대체로 고금의 제도를 출입하다 보니 생긴 것이네. 어떻게 생각하는가?

종자(宗子)와 지자(支子)가 예를 주관하는 한 조항은, 의당 보내온 내용대로 해야 할 듯하네. 관례나 혼례를 치를 때 종자가 멀리 거처한다면 연고가 있다고 이를 수 있네. 그 아버지가 주관하면 의심이 없을 것 같네. 이미 스스로 그 예를 주관하는데 '임시 종자〔假宗子〕'라고 호칭을 적는 것도 상황과 맞지 않네. 종가에서 제사를 주관하는 의리와는 다소 다르니 또한 보내온 말대로 해야 할 듯하네.

윤효직·여망·길보에게 주는 편지 기축년(1649, 인조27)
與尹孝直汝望吉甫書 己丑

삼가 슬픈 편지를 받고 상중에 잘 견디고 있음을 살피니 구구한 마음에 위로가 되네. 나는 얼마 전 수찬(修撰)에 제수하는 소명이 꿈에도 생각하지 못했는데 갑자기 내려지니[41] 황송하고 낭패스러워 어찌해야 할지 모르겠네.

자네들의 정중한 뜻을 내 비록 어리석지만 또한 전연 모르는 바는 아니네. 다만 스스로 생각건대 변변치 않아 다른 능력이 없는 데다, 출처의 사이에서 다시 이해관계를 따지다가 더욱 온당치 못한 점이 있기 때문에 부득이 생행사귀(生行死歸)[42]의 계획을 세운 것이다. 앞으로 곤경에 처할 것은 점을 치지 않아도 알 수 있으니, 밤낮으로 마음을 졸이며 조심하고 있네.

출발 시기는 보름 뒤가 될 듯하네. 비록 자네들의 편지가 아니었더라도 이와 같은 행색을 하고 어찌 한번 가서 이별하지 않겠는가. 길을 떠나면 여막에서 투숙할 것이네. 미시(未時 오후 1시~3시)가 되기 전에 자네들이 강가에 이르더라도 한가로이 어울리지 못할까 걱정이네.

41 나는……내려지니 : 유계가 1649년 2월 26일에 부수찬(副修撰)에 제수된 것을 말한다. 《承政院日記 仁祖 27年 2月 26日》

42 생행사귀(生行死歸) : 살아서 벼슬에 나아갔다가 죽어서야 고향으로 돌아와 묻힌다는 뜻이다.

윤여망과 길보에게 주는 편지

與尹汝望吉甫書

가을이 끝나가니 그리운 마음이 더욱 간절하네. 나는 일 년 내내 여관에서 지내면서 온갖 고통을 많이 겪었고 말없이 남들이 하는 대로 따라했으니 부끄러움이 어떠하겠는가? 인산일이 박도했고[43] 이외 별다른 소식은 없네만, 근래 심 이부(沈吏部)의 일[44]로 인해 파장이 점점 커져 지금까지 안정되지 않고 괴이하고 경악할 상황이 거듭 나타나고 있으니 진실로 이른바 큰물이 범람해 제방을 무너뜨린다는 격이네. 청로(淸老 김상헌(金尙憲))과 신재(愼齋 김집(金集))가 모두 불안해하니 세도가 참으로 개탄스럽네.

며칠 전에 태지(泰之 이유태(李惟泰))가 한 통의 상소를 올려 조 이부(趙吏部) 일장(日章)과 이 대간(李大諫) 월여(月如)의 바르지 못한 심술을 통렬히 배척하자 이부는 체직되고 대간은 낙향하였으니[45] 이 또한

43 인산일이 박도했고 : 인조(仁祖)의 장례가 임박했다는 말이다. 인조는 1649년 5월 8일에 창덕궁에서 승하하여 이 해 9월 20일에 장례를 치렀다. 《仁祖實錄 附錄 行狀》

44 심 이부(沈吏部)의 일 : 심 이부는 이조 판서 심액(沈詻)을 가리킨다. 1649년 8월 19일에 영돈녕부사 김상헌(金尙憲)이 상차하여 심액이 공의를 두려워하지 않고 오로지 사정(私情)을 부려 상피해야 할 집안의 자제들을 공공연히 벼슬에 제수한 문제를 지적하여 결국 파직시킨 일을 말한다. 《孝宗實錄 卽位年 8月 19日》

45 태지(泰之)가……낙향하였으니 : 조 이부 일장은 이조 판서 조경(趙絅, 1586~1669)을 가리키고, 이 대간 월여는 대사간 이지항(李之恒, 1605~1654)을 가리킨다. 1649년 9월 2일에 공조 좌랑 이유태가 상소하여 이조 판서 조경이 대사헌으로 재직할 때 조석윤(趙錫胤)을 논핵하고 대사간 이지항이 권세가에게 아부한 행태를 비판하자,

하나의 새로운 일이네. 나는 한차례 불안한 정국을 거친 뒤 자리를 옮겼는데 여태껏 말한 바가 있지 않네. 공사(公私)와 의리(義利)의 구별이 한없이 모호하니, 이에 더욱 평소 세운 것이 확립되지 않아 변화에 대응하지 못함을 한스러워한다네. 졸곡(卒哭) 뒤에 만약 즉시 체직된다면 오직 몸을 이끌고 물러날 것이나, 다만 일이 뜻대로 쉽게 되지 않을까 걱정이네.

조경은 이틀 뒤인 4일에 체직되었고 이지항 역시 낙향했던 것이다. 《孝宗實錄 卽位年 9月 2日, 4日》

윤여망과 길보에게 주는 편지

與尹汝望吉甫書

세월이 흘러 소상이 지났으니 삼가 개탄하는 아픔이 더욱 심하리라 생각되네. 나는 객지에서 병들어 한 해가 저물다 보니 돌아가고픈 생각이 굴뚝같네만, 빠져나가기가 매우 힘들어 하루를 참는데도 머리칼이 하얗게 센다네. 체직되고자 귀향하겠다고 말하고 싶어도 연석(筵席)이 이제 막 열렸으니 갑자기 면직되어 돌아간다면 분수로 보면 마땅하지만 남들은 자못 용서하지 않을 걸세. 이 때문에 매우 답답하다네.

요사이 조정은 바람 잘 날이 없네. 이는 송헌(宋憲)의 격양(激揚)하는 논의를 인하여 시의(時議 당시의 여론)에 대단히 모순된 곳이 생겨 지금까지도 안정되지 않았네. 나도 이 때문에 비방을 얻은 게 산더미 같아 매우 고통스럽네. 월여(月如 이지항(李之恒)) 이하의 여덟아홉 사람은 모두 파직되었으나 사헌부에서는 삭판해야 한다고 끊임없이 아뢰고 있네.

영보(英甫 송시열(宋時烈))는 상께서 특별히 인견하였는데 온화한 말로 타이름이 간곡하셨네. 유자(儒者)가 좋은 시대를 만난 건 실로 요즘 보기 드문 경우이네. 이 친구도 감히 갑자기 돌아가지는 못할 걸세. 대로(大老 김상헌(金尙憲))는 청나라 사신 때문에 잠시 교외로 나오긴 했지만 머지않아 돌아갈 것으로 생각되나, 다만 명보(明甫 송준길(宋浚吉))가 헌직(憲職)에서 체직되지 않아 종적이 낭패스러운 것이 탄식할 노릇이네.

얼마 전 본관(本館)에서 차자(箚子) 한 통에 간략히 진술하여 성상의 하교가 온당치 못한 점과 선비를 대우함이 처음만 못한 것을 논하였는데, 성상의 비답이 매우 성대하여 허물을 고치는 모습을 흔쾌히 보이셨네. 앞으로 혹시 입시하는 대열에 외람되이 참여하게 되면 또한 한두 가지 아뢰고 싶은 것이 있네만, 공허하고 실속 없는 몸이라 이에 이르러 더욱 부끄러워 땀이 나네.

윤여망과 길보에게 주는 편지
與尹汝望吉甫書

얼마 전에 찾아가 안부를 묻는데 때마침 집에 초상이 나서 한가로이 어울리지 못하고 돌아오니 안타까운 마음이 더욱 오래되어도 풀리지 않았네. 나는 거처로 돌아온 뒤 상기증(上氣症)[46]이 대단히 심해져 날마다 사는 재미가 없는데 누군가 응대하면 더욱 심란해지니 좋은 근황이라곤 전혀 없네.

요사이 명보(明甫 송준길(宋浚吉)) 중승(中丞)[47]의 편지를 받았네. 그의 소본(疏本)을 보니 사람의 의지를 퍽이나 굳건하게 만들었네. 다만 절목(節目) 부분에서 나열한 것이 부족한 듯한데 자네들 생각은 어떠한가? 지난번에 힘써 타이른 뜻은 평소에 전혀 생각하지 않은 건 아닌데, 반복하여 연구해서 한 단락 논의를 엮으려고 하면 멍해지면서 어떻게 손을 대야 할지 모르겠네. 이에 평소 사리에 어두워 시간만 보낼 뿐 착실히 보고 얻은 것이 없을까 더욱 두려우니, 부끄러워 땀이 나네.

근래 조정의 명령을 들어 보면, 사사로운 주장을 힘쓰는 것이 많고 민생의 조그만 폐단이라도 구제할 수 있는 충분한 타당성을 가진 일은 보이지 않네. 쓸데없는 계책이나 뒤미처 올리는 격이라, 전혀 보탬이라곤 없을 듯하니, 또 사람으로 하여금 탄식을 자아냅니다. 근래 영외(嶺

46 상기증(上氣症) : 피가 머리로 몰려 얼굴이 붉어지고 두통(頭痛) · 이명(耳鳴) 등을 일으키는 증세이다.

47 명보(明甫) 중승(中丞) : 중승은 사헌부 집의로, 송준길이 사헌부 집의에 제수된 것은 1649년 9월 6일이다. 《承政院日記 孝宗 卽位年 9月 6日》

外)의 상소는 끝내 중지할 이치가 없다고 하니, 이 또한 세도가 너무도 어지러워 가는 곳마다 어긋난 것이네. 누가 이 시끄러움을 진정시키겠는가?

회천(懷川 송시열(宋時烈))의 편지를 얻어 매우 위로가 되네. 북쪽에서 온 소식은 놀랄 일이나 어찌하겠는가? 다만 이 일은 이렇게 실체가 없으니 내 생각에는 대단한 변고는 없을 것 같네. 그러나 요행을 바라는 것이 반드시 적중하리라 어떻게 보장하겠는가. 통탄스러움이 그저 간절하네.

윤여망과 길보에게 주는 편지 경인년(1650, 효종1)

與尹汝望吉甫書 庚寅

전에 말한 일은 초고를 대략 만들었으나 잡다해서 볼 만하지 않네. 옛 모양을 잃지 않으라고 말했는데 이 또한 이와 같이 쉽지가 않구려. 이에 큰 도량이 아님을 알겠으니 태재(太宰 이조 판서)의 직책에 대해 의논을 하기가 결코 어렵네. 그저 직접 소매 속에 넣고 가서 질정할 날만 기다릴 뿐이네.

영단(英端)의 편지를 모두 보내네. 이 친구가 소명에 나아가서 다시 별도의 건의를 드릴지는 알 수 없네. 얼핏 들으니 조정에서 공경함을 함께하며 서로 구제하려는 기상이 없다고 하니 이것이 가장 우려스럽네. 만일 이런 상황을 타개하지 않으면 아무리 좋은 생각과 기발한 계책이 조정에 모두 모이더라도 종국에는 공을 이루지 못할 것이니, 어찌 개탄스럽지 않겠는가.

윤여망과 길보에게 주는 편지
與尹汝望吉甫書

전에 답장을 받고 감격하고 위로를 받았네. 청나라 사신이 강을 건넜다고 들었네. 무슨 일로 오는지 모르겠지만 서울은 흉흉한 소문이 하루가 다르게 심해지네. 형제와 친구들이 편지를 보내 내가 오지 않음을 질타하면서 변고에 대비하라고 매우 간절히 얘기하네만, 내 생각에는 모든 일이 하늘에 달린 만큼 진실로 인력으로 할 수 있는 것은 없기 때문에 앉아서 조정의 지휘를 기다릴 뿐이네. 만약 이를 인해 마침내 창황하게 길을 나설 경우 형세가 반드시 급박해서 만나서 작별하기는 어려울 듯하네. 생각이 이에 미치니 마음이 좋지 않구려.

신재(愼齋 김집(金集)) 문장(文丈)과 산중에 있는 유익한 벗들은 모두 근래의 소식을 듣지 못했는가? 방(榜)을 기다리자니 더욱 침통하네. 그저 사적인 정 때문만은 아니네. 서울의 벗들이 편지를 보내 한결같이 하는 소리가, 저들이 만약 발언하면 순종하는 수밖에 다른 방법이 없다고 하였네. 일이 이 지경에 이르렀으니 다시 무엇을 말하겠는가?

윤여망과 길보에는 답하는 편지
答尹汝望吉甫書

마침 그리워하던 차에 홀연 편지가 이르렀네. 요사이 자네들이 기력을 유지하는 것을 알고서 구구한 마음에 감동과 위로를 받았네. 나는 십여 일 전부터 안질이 더욱 심해진 데다 청나라 사신의 조사[48]로 방(榜)을 기다리면서 응접을 자못 번거롭게 하느라 참으로 고통스럽네.

어제 서울에서 온 편지를 받았는데, 청나라 사신이 서울에 들어온 뒤 표문(表文)에 대해 과연 제일 먼저 조사하여 캐물었고, 괴원(槐院 승문원) 사람이 내 이름을 대니 저들은 입대(入對)하라고 명했다가 반신(伴臣 접반사)이 파직되어 지방에 있다고 아뢰자 저들은 도리어 태학사(大學士 대제학)를 힐책하며 조정으로 하여금 법에 따라 죄주라고 했다 하네. 표문을 지은 사람에 대해선 더 이상 추궁하지 않았지만 이러한 상황에서 잘못을 면했다고 말할 수 있겠는가. 그저 스스로 부끄러울 뿐이네.

그 이른바 칙문(勅文)을 보면 별다른 말은 없이 왜(倭)를 끼고 협박하는 것을 전적으로 질책하였고 또 여자 들이기를 요구했을 뿐이네. 이러저러했던 일은 모두 묻지 않았다고 하네. 앞으로 결말이 다시 어떻게 나올지 모르겠지만 여자들에게 재앙이 전가되어서 또한 매우 안타

48 청나라 사신의 조사 : 1650년(효종1) 3월 8일에 청나라 사신이 와서 청나라에 올린 표문을 문제 삼아 조사한 것을 말한다. 표문은 유계가 지은 것이다. 《孝宗實錄 1年 3月 8日》

깝네. 조정의 관리들은 얼굴을 펴고 서로 축하했다고 하네. 이밖에 말할 만한 것이 있겠는가.

영남의 상소에 크게 경악했네. 세도와 인심이 이런 극심한 지경에 이르렀으니 저 천재(天災)와 물괴(物怪)는 다만 소소한 변고일 뿐이네. 어쩌면 좋단 말인가. 공격하여 깨뜨리는 일은 늦출 수 없을 듯한데, 영형(英兄 송시열(宋時烈))이 스스로 감당했으니 여러 벗들이 감히 힘을 다해 그 뒤를 따르지 않을 수 있겠는가?

내가 전에 작성한 초본(草本)을 이 고을 사람 중에 가지고 상경한 자가 있었는데 이미 서원(西原) 사람이 사용했다고 하네. 이후의 문자는 종전의 모양대로 해서는 안 되네. 조목에 따라 변론하는 것은 반드시 인용하여 증거 삼을 곳이 있어야 하니, 부디 사림에서 정론(定論)을 만들어야지 절대 성급하게 처리해서는 안 되네.

이 몸은 병이 심하여 왕래하지 못하니 부디 옥천(沃川)으로 가는 인편을 통해 서로의 생각을 막힘없이 교류하는 것이 어떠하겠나? 돈암(遯巖)의 모임은 깊이 바라는 바이니 달려가지 않을 수 있겠는가. 곧바로 통지해 주기를 바라네.

윤길보가 길제를 논한 것에 답하는 편지 경인년(1650, 효종1)

答尹吉甫論吉祭書 庚寅

〈사우기(士虞記)〉의 글을 반복해서 보니 반드시 달을 넘겨야 하는 뜻은 없어 보이네. 정씨(鄭氏 정현(鄭玄))가 '유미배(猶未配)' 세 글자를 인하여 한 개의 절목(節目)을 다시 만들자 소가(疏家 주석(註釋)을 내는 사람)가 다시 정씨의 주(註)를 인해 범례를 추출하였으니 이제 와서 설파해서 개정하는 것은 쉽지 않을 듯하네.

정씨의 주 중에는 이런 종류가 자못 많네. 생각건대 혹시 대대(大戴)가 엮은 책과 하간(河間)이 얻은 책에 이런 말이 있는가? 아니면 강성(康成 정현의 자)이 의리를 따져 만들어 낸 것인가? 알지 못하겠네.

주자(朱子 주희(朱熹))가 〈상대기(喪大記)〉의 길제(吉祭)를 보고 길제를 상제(常祭 떳떳한 제사)로 여긴 듯하나, 그 위에서 이미 체합(禘祫)의 등속이 되는지 의심해 놓고-정씨가 노례(魯禮)에서 상을 마치고 체합을 지내는 부분을 논한 것은 별도로 지내는 제사로 보이며, 횡거(橫渠)의 설도 여기에 근본한 듯하네.- 의리를 따져 만들어 냈다고 말하는 것이 옳다고 운운하였네. 이미 의리를 따져 만들어 냈다고 말했으면, 상(喪)이 끝난 뒤 지내는 별도의 제사임을 의심할 필요가 없을 듯하네.

《의례통해(儀禮通解)》 중에 길제를 또한 상담(祥禫 대상(大祥)과 담제(禫祭))과 상제(常祭)의 사이에 배열하였는데, 《비요(備要)》의 편차도 또한 여기에 근본한 듯하네. 이미 별도로 지내는 제사라고 했으면

달을 넘겨 맹월(孟月 네 계절의 첫 달)에 행하는 것이 또한 어찌 참람한 혐의가 있겠는가.

윤여망과 길보에게 주는 편지

與尹汝望吉甫書

여름이 끝난 가을 문턱에서 가뭄과 수해가 극도로 심하네. 구구하게 사모하는 마음은 이런 때에 더욱 괴롭구려. 서울 소식은 듣는 것마다 귀를 놀라게 하네. 반궁(泮宮 성균관)이 텅 빈 것은 이미 말할 필요도 없고, 한때의 대로(大老)와 산림의 뛰어난 인재들이 배척을 당하지 않는 이가 없네. 앞으로 어떻게 귀결될지 또한 묵묵히 상상할 수 있네. 어떤 대역량을 가진 자가 이런 높은 물결을 진정시킬 수 있겠는가? 다만 지붕을 쳐다볼 뿐이네.

송상(松相 정철(鄭澈))의 장초(狀草 행장 초본)는 삼가 표시해 둔 부분을 인하여 대략 산정을 했으나 병 때문에 깨끗이 적지는 못했네. 또 내가 보아도 만족스럽지 못한 부분이 많으니 일일이 교정해 주기를 삼가 바라네. 보초(譜草 연보 초본) 및 문집과 일기를 모두 봉하여 보내니, 용안(龍安)[49]과 자세히 의논한 뒤 알려 주는 것이 어떻겠나?

49 용안(龍安) : 송강(松江) 정철(鄭澈)의 손자인 정양(鄭瀁, 1600~1668)으로, 본관은 연일(延日), 자는 안숙(晏叔), 호는 부익자(孚翼子)이다. 1618년 진사시에 합격하였고, 1649년에 용안 현감(龍安縣監)에 제수되었다. 《承政院日記 孝宗 卽位年 12月 17日》

윤여망과 길보에게 주는 편지 신묘년(1651, 효종2)

與尹汝望吉甫書 辛卯

해가 어느덧 바뀌었는데 자네들의 기거는 더욱 조용하고 편안하신가? 남쪽을 향해 마음이 달려가느라 하루가 일 년처럼 느껴진다오. 설을 쇠기 전에 경성 판관(鏡城判官)이 전후로 보낸 네 통의 편지를 전해 주길래 즉시 답장을 써서 보냈고, 그 전에 또 몇 차례 편지를 보냈는데 모두 전달되었는가?

나는 출입문을 막고 흙속에 칩거하면서 또 한 살을 먹었네. 비록 거울을 보면 흰머리 가득하고 나날이 성글지만, 신변에 다른 일 없고 술 끊고 고요히 앉아 있으니 이로 인해 기력이 다소 건강해졌네. 이 밖의 많은 일들은 시간이 점점 오래되면서 제쳐두는 것이 다소 익숙해졌으니 또한 장차 어찌하겠는가?

가족들이 머지않아 북쪽으로 오니, 앞으로 단란하게 모이게 된다면 이 또한 곤궁한 사람에게 있어 하나의 행복이겠지만, 이후의 소식은 더욱 멀어질 계제이니 이 때문에 서글플 뿐이네. 섭호(攝胡)가 이미 죽었지만 그곳의 사변에 대해 또한 알 수 없으니 인사(人事)의 성글기가 이와 같네. 지난날 함께 돌아가자던 계획을 이따금 다시 생각하면 또한 슬픔이 밀려드네.

안숙(晏叔)은 무슨 이유로 벼슬을 그만두었는가?[50] 인편을 통해 편

50 안숙(晏叔)은……그만두었는가 : 안숙은 정양(鄭瀁, 1600～1668)으로, 1649년에 용안 현감에 제수되었다. 《송자대전(宋子大全)》 권191 〈진선 정공 묘표(進善鄭公墓

지를 얻고 멀리 장초(狀草 행장 초본)를 보냈네. 의논해서 고칠 부분이 있는데 갑자기 조목별로 답장하지는 않았네. 마땅히 조만간 있을 인편을 기다릴 것이니, 이번에 가는 편지가 전달된다면 매우 다행일 것이네.

表)〉에 "용안 현감(龍安縣監)이 되었는데 청렴하고 고결한 몸가짐으로 은혜롭게 백성을 사랑하고 보살피니 모두 믿고 따랐다. 때마침 되놈들의 사령(赦令)이 있어 방백(方伯)들에게 그 명을 받들어 반유(頒諭)하게 하자 공이 말하기를 '되놈들은 바로 내 동기(同氣)의 원수인데 이제 그 글을 받들어 행할 수 있느냐.' 하고 드디어 벼슬을 버리고 돌아갔다." 하였다.

윤여망과 길보에게 주는 편지
與尹汝望吉甫書

해가 바뀐 남쪽 하늘에서 자네들의 기거는 신의 도움을 입어 편안하신가? 전후로 부친 편지가 거의 네다섯 번은 되는데 차례대로 전달되었는지 모르겠네. 나는 적막함 속에서 한결같이 지내지만 안질과 상기증(上氣症)[51] 때문에 책 읽는 것은 엄두를 못 내고 있네. 그런데 변경 지역의 몇몇 선비들이 글을 배우겠다고 강력히 애원하니 정리상 또한 거절하기 어려워 하루의 힘을 이곳에 절반은 쓴다네. 비록 교학상장(敎學相長)[52]하는 뜻이 있다지만, 대부분이 몽매해서 계발시켜 주는 것이 전혀 없으니 탄식할 뿐이네.

편지를 쓴 뒤 길보(吉甫 윤선거(尹宣擧)) 형이 설날 전후로 부친 세 통의 편지를 삼가 받고서 박효(朴孝)가 끝내 상(喪)을 견디지 못한 것[53]을 알았네. 너무도 놀랍고 애통하여 마음을 가눌 수 없네. 일찍이

51 상기증(上氣症) : 피가 머리로 몰려 얼굴이 붉어지고 두통(頭痛)·이명(耳鳴) 등을 일으키는 증세이다.

52 교학상장(敎學相長) : 내가 남을 가르치고 남에게서 배우는 것이 모두 상호 간에 보탬이 된다는 뜻이다. 《예기(禮記)》〈학기(學記)〉에 "학문을 해 본 다음에야 자기의 재주가 부족함을 알게 되고, 가르쳐 본 다음에야 어려움을 알게 되나니, 부족한 줄을 안 다음에야 스스로 반성하는 것이며, 어려움을 안 다음에야 스스로 열심히 노력하게 되는 것이다. 그러므로 '가르치는 것과 배우는 것이 서로 증진한다.' 한 것이다."라고 한 데서 온 말이다.

53 박효(朴孝)가……것 : 박효는 윤선거의 사위 박세후(朴世垕, 1627~1650)로 본관은 반남(潘南), 자는 숙후(叔厚)이다. 모친상을 당해 너무 슬퍼하다가 1650년 12월

이 사람은 원대하게 되리라 여겼으니 갑자기 여기에서 그칠 줄 어찌 생각했겠는가. 천도(天道)가 한스러우니, 안타깝고 안타깝네. 대를 이을 자식은 없는가? 생각건대 형의 애통 박절한 심정이야 또 어떠하겠는가? "정축년보다 못하지 않다"는 말[54]에 나도 모르게 슬퍼서 코가 시큰거렸네. 하늘 끝에서 얽매여 몸이라 한 번 술잔을 올릴 방법이 없으니 더욱 비통하구려.

29일에 요절하였다. 《西溪集 卷14 第三兄處士君墓表》 윤선거가 사위의 죽음을 알린 편지는 1651년 1월 4일에 작성한 것이다. 《魯西遺稿 卷11 與兪武仲》

54 정축년보다……말 : 윤선거가 당시 만난 불우한 삶이 정축년에 겪었던 것보다 더 심하다는 뜻이다. 《魯西遺稿 卷11 與兪武仲》

윤길보에게 답하는 편지

答尹吉甫書

우리 집 사내종이 와서 2월 20일 뒤에 보낸 편지를 받았네. 생각건대 형은 공산(空山)에 옥(玉)을 묻고 미망인을 데리고 돌아왔을 것[55]이니, 이는 참으로 인정상 견딜 수 없는 일이네. 매번 이를 생각하면 나도 모르게 서글퍼지네. 우리들은 세상에서 곤궁한 사람이니 사람들에게서 이로움을 얻지 못하는 것은 당연하지만, 어이해 하늘마저 덧없는 인생을 박복하게 하여 또한 이 지경에 이르게 한단 말인가. 슬퍼한 뒤로 다른 아픈 곳은 없는가? 이 때문에 더욱 근심스럽네.

나는 추운 절기가 다 지난 뒤 점차 유배지에서 기력을 회복해서 운신하고 음식 먹는 것이 예전과 같다네. 아마도 점차 풍토에 익숙해져서 그런 것 같네. 가족을 데리고 함께 있으려는 계획은 당초 나 역시 신중하게 접근하였네만, 다시 생각해 보니 이곳과 저곳에 매우 절박한 형편에 놓였기에 부득이 이렇게 서두르게 되었네.

전에 보내준 가르침과 우재(尤齋 송시열(宋時烈))의 편지를 받으니 모두들 부당하다고 말해서 나로 하여금 매우 두려운 마음을 갖게 하였네. 지금 들으니 가속들이 병든 자식을 버려둔 것 때문에 수촌(隋村 수원(水原))에서 체류하면서 경솔히 길을 나섰다며 후회하고 있다고 하네. 우

55 형은……것 : 옥(玉)을 묻은 것은 윤선거가 죽은 사위 박세후(朴世垕)를 장사 지냈다는 말이다. 박세후는 모친상을 당해 너무 슬퍼하다가 1650년 12월 29일에 죽어, 이듬해 2월에 김포(金浦) 마산리(馬山里)에 안장되었다. 이때 윤선거는 과부가 된 딸을 데리고 돌아왔다. 《西溪集 卷14 第三兄處士君墓表》《魯西遺稿 卷11 與兪武仲》

형(尤兄 송시열(宋時烈))에게 답한 편지 중에서 내가 말하기를 "나를 번거롭게 하니 간결하고 조용히 지내는 방법이 아니지만, 저 가속들이 유배지를 따라오는 것은 생사를 함께 하려는 것이요, 고금을 살펴보아도 금지한 법령은 없는 듯하네."라고 하였는데, 이러한 뜻은 어떻게 생각하는가?

근자에 들으니 낙하(洛下 한양(漢陽))에 다시 한차례 바람이 몰아쳐서 중초(仲初 조복양(趙復陽)) 등 여러 벗이 다시 처벌을 면치 못하고,[56] 조상(趙相)은 결말이 또한 어떻게 될지 모르는 상황이라 하니 모골이 송연하네. 이 사건은 가는 길이 다르지만 귀결점은 같은데, 앞으로 여러 국면을 거치면서 용이하지 않을 듯싶네. 죄지은 여생은 더욱 도성으로 들어갈 가망이 없으니 어찌하겠는가?

요즘 현상을 보면 참으로 어떻게 결말이 날지 모르겠네. 살아서 조만간 다시 만날 수 있을지 알 수 없기에 원근에 편지를 쓰면서 그저 슬픔을 더할 뿐이네. 고맙게 보내준 여러 시편을 백 번 소리 내어 읽으며 나는 더욱 감동하였네. 경솔히 지은 화답시는 마음을 표현한 것이니 아무쪼록 장독 뚜껑을 보고 넘기시게.

56 중초(仲初)……못하고 : 《효종실록》 2년 3월 21일 기사에 "전 교리 조복양(趙復陽)이, 일찍이 관직(館職)으로 있을 때 윤방(尹昉)의 시호를 같이 참여하여 논의하였다는 것으로 진소하여 대죄하니, 그 소를 금부에 내릴 것을 명하였다. 금부가 '장 일백・도 이년반'으로 조율하였는데, 상이 속죄를 허락하지 않고 장형을 가하였다. 조복양은 조한영 등과 같은 죄이면서 혼자서만 장형을 받은 것은 그의 아버지 조익(趙翼)이 시장을 지은 것에 좌죄(坐罪)된 것이라고 하였다."라는 내용이 보인다.

윤여망과 길보에게 답하는 편지

答尹汝望吉甫書

전후로 보내준 편지를 받고 위안 받은 것을 말로 형용할 수 있겠는가? 길형(吉兄 윤선거(尹宣擧))이 제수를 받고도 부임하지 않은 건[57] 형세를 대략 생각해 보면 그럴 것도 같지만, 망형(望兄 윤문거(尹文擧))이 홍양(洪陽)을 얻지 못한 것은 또한 은대(銀臺 승정원)에 제수하는 명령에 달려가지 않았기 때문인가?[58] 사람으로 하여금 황송한 마음이 들게 하네.

나는 봄부터 여름까지 다행히 큰 병에 걸리지 않아 음식을 먹고 기거하는 것이 자유롭고 모진 목숨도 그대로이네. 다만 벗들과 홀로 떨어진 고통이 날이 갈수록 심하네. 반나절 동안 몽학들을 가르치는데 사람의 의사를 계발시켜 줌이 없고, 비록 이따금 독서를 하지만 몇 장 넘기지도 못하고 정신이 멍해져서 절반은 꾸벅꾸벅 존다네. 대개 근래 타성에 젖은 게 오래된 데다 훌륭한 벗들과 멀리 떨어지고 근자에는 병까지 걸렸으니 어리석은 자질이 흐리멍덩한 것은 당연하네. 매번 이를 생각하면 너무나 부끄럽고 두렵네.

전에 노성(魯城) 여막에서 《역상도(易象圖)》 책을 보았는데 자세히 연구해 보지는 못하였네. 인편을 통해 보여줄 수 있겠나? 며칠 전부터

57 길형(吉兄)이……건 : 윤선거가 1651년 3월에 전설사 별검(典設司別檢)에 제수되었으나 부임하지 않은 것을 가리킨다. 《魯西遺稿 附錄上 年譜》

58 망형(望兄)이……때문인가 : 윤문거는 1651년 4월 10일에 동부승지에 제수되었으나 신병을 이유로 사직하였다. 《孝宗實錄 2年 4月 10日》《石湖遺稿 卷7 附錄上 年譜》

《역전(易傳)》을 보기 시작했네만, 깊은 뜻은 모르고 자구(字句)만을 따지는 수준이라 한 번 사색에 빠지면 견강부회나 하려고 하네. 어떻게 해야 이런 문제를 해결할 수 있는지 모르겠네. 뒤에 부칠 편지에서 부디 몽매함을 깨우쳐 줄 말을 해주기 바라네.

가족을 데려 오는 일은 본래 멀리 옛날의 역사를 상고한 것은 아니었네. 다만 사정으로 보나 국법으로 보나 무방할 것 같기에 당초의 계획을 대략 바꾼 것이네. 옛사람 중에서는 한 문공(韓文公 당(唐)나라 한유(韓愈))과 당자방(唐子方 송(宋)나라 당개(唐介))이, 가까운 시대에는 유미암(柳眉巖 유희춘(柳希春)) 등 여러 사람이 모두 이렇게 하였네. 의리상 어찌해야 하는지 모르겠네.

신재(愼齋 김집(金集)) 문장(文丈)과 회덕(懷德)·금산(錦山)에 있는 사람들은 모두 잘 있는가? 조대(趙台) 부자가 거듭 엄한 견책을 받은 것은 비록 뜻밖에 일어난 일이지만[59] 그렇다고 반드시 운수과 무관하지만은 않으니 한탄한들 어쩌겠나. 망형(望兄)은 이따금 중초(仲初 조복양(趙復陽))와 서로 어울리시는가? 변방의 달을 대할 때마다 서글피 그리워하지 않은 적이 없다오.

59 조대(趙台)……일이지만 : 조대 부자는 조익(趙翼)과 조복양(趙復陽) 부자를 가리키는 것으로 보인다. 조익은 이식(李植)이 지은 윤방(尹昉)의 시장을 수정해서 조정에 올렸는데, 역적 강씨(姜氏)를 버젓이 빈궁이라고 칭하고 글을 쓸 때 한 칸을 띄운 것이 문제가 되어 조익은 삭탈관직을 당했고, 아들 조복양은《孝宗實錄 2年 3月 14日·18日·21日, 5月 11日》

윤길보에게 답하는 편지
答尹吉甫書

중원일(中元日)[60]에 보낸 편지를 받고 조용히 잘 지내는 것을 알고 위로가 되었네. 어제 저보(邸報)[61]를 보니 여망(汝望 윤문거(尹文擧)) 영형(令兄)이 다시 동래 부사(東萊府使)가 되어 몸을 빼어 출사하게 되었던데,[62] 쉽고 어려운 일은 진실로 가려야 하는 의리는 없지만 또한 이런 일이 끝내 이 형에게 맡겨질 줄 어찌 생각했겠는가. 생각건대 낭패스러운 형편이 나와 다르겠지만 변경의 사정은 계책을 내어 대응하기가 위험하고 불안하니 더욱 사람을 근심스럽게 만드네. 형제들의 마음은 또 어떻겠는가? 나 같은 자는 문득 오천 리 밖에서 그리워하는 사람이 되었으니[63] 인생에서 만나고 헤어짐을 어찌할 수 없음

60 중원일(中元日) : 음력 7월 15일을 말하는데, 백중(百中)이라고도 하고 백종(百種)이라고도 한다. 《국역 해행총재》 동사록(東槎錄) 〈택당이 왜인의 문목에 답함〔澤堂答倭人問目〕〉에 "7월 15일을 중원이라고 하는데, 이 말은 본디 선가(禪家), 불가(佛家)의 글에서 나왔다. 그러므로 승니(僧尼), 도속(道俗)이 다 이를 숭상하여 우란분공(盂蘭盆供), 초제(醮祭), 송경(誦經)의 행사를 치른다. 우리나라의 승가(僧家)에서는 모두 이날 재를 올리고 선사(先師)의 혼령에게 음식을 바친다." 하였다.

61 저보(邸報) : 조선 시대에, 경저(京邸)에서 지방의 각 고을로 보내던 연락 보고 문서를 말한다.

62 여망(汝望)……되었던데 : 윤문거는 1651년 7월 15일에 동래 부사에 제수되었다. 《承政院日記 孝宗 2年 7月 15日》 《석호유고(石湖遺稿)》에 수록되어 있는 〈연보(年譜)〉에는, 윤문거가 그 동안 벼슬을 여러 번 사양하여 불안해하던 차에 동래 부사에 제수되었는데 이마저 사양하면 어려운 일을 기피한다는 혐의를 받을까 걱정하여 부임했다고 주(注)가 달려 있다.

을 잘 알지만 또한 어찌 슬픈 심정을 금할 수 있겠는가.

나는 잠자리에서 받는 고통은 그런대로 면했으나 정신이 나날이 쇠퇴해 책을 읽는 공부는 의미가 들어오지 않으니 매번 가르침을 받을 때마다 이로 인해 무서워서 벌벌 떠네. 집에서 오기로 한 가족들은 마침내 병든 아이로 인해 중지하였네. 두 아이만 머지않아 당도한다고 하니,[64] 만약 단란하게 모인다면 외로움을 달랠 수 있겠으나 먼 지방 풍토 때문에 병에 걸리지나 않을지 걱정이네. 도리어 다른 걱정 없이 혼자 지내는 것이 나을 것 같기도 하네.

63 나 같은……되었으니 : 유계가 당시 함경도 온성(穩城)에 유배되어 있는 상태였기 때문에 이렇게 말한 것이다.

64 두……하니 : 유계의 큰아들 유명윤(兪命胤)과 둘째 아들 유명필(兪命弼)이 이해 9월에 유계의 배소(配所)에 근친하러 떠났다. 《明齋遺稿 卷43 進士兪君行狀》

시남집

제13권

書서

윤길보[1]에게 답하는 편지 신묘년(1651, 효종2)

答尹吉甫書 辛卯

북쪽에서 남쪽으로 내려와 6월과 7월, 그리고 9월에 보낸 세 통의 편지를 연이어 받고 전후로 조용히 잘 지내는 것을 알게 되니 위로되는 마음이 어찌 끝이 있겠는가. 관직에 제수하는 명이 거듭 내려왔지만 형은 형편상 달려가 사은숙배하기 어렵다는 것을 나는 알고 있네. 생각건대 나아가고 물러가는 즈음에는 정적인 삶에서 한결되이 누리는 재미와는 대단히 다를 것이네.

나는 다행히 성은을 입고 살아서 내지(內地)로 양이(量移)되었네.[2] 이는 실로 처음부터 기대했던 것이 아니니 감격에 겨워 흐느끼는 심정을 어찌 말로 하겠는가. 40일을 달려서 이달 초에야 월강(越江 영월(寧越))에 도착하였네. 북로(北路 함경도)에서 동계(東界)의 길을 취해서 북해(北海)와 동해(東海)를 두루 구경하였고 금강산을 조망하고 대관령(大關嶺)을 가로질러 넘어왔네.

평생 멀리 유람하려던 뜻을 이루지 않았다고 말할 순 없지만, 긴박한

1 윤길보(尹吉甫) : 윤선거(尹宣擧, 1610~1669)로, 본관은 파평(坡平), 자는 길보, 호는 미촌(美村)·노서(魯西)이다. 1633년 식년 문과에 급제했으나 병자호란 이후 출사하지 않고 학문에만 전념하였다. 유계(兪棨)와 함께 저술한 《가례원류(家禮源流)》·《후천도설(後天圖說)》 및 이에 관하여 유계와 논변한 편지를 비롯한 많은 저술을 남겼다.

2 나는……양이(量移)되었네 : 유계는 인조(仁祖)의 시호를 논한 것이 효종(孝宗)의 노여움을 사서 1650년 10월에 온성(穩城)으로 유배되었다가 이듬해 8월에 영월로 양이되었던 것이다. 《市南年譜 辛卯年條》

일정으로 모든 것을 구경할 계획은 세우지 못하였네. 육신은 지치고 파리함을 면치 못하고 묵은 병까지 더해져 체력이 크게 꺾였네. 작은아들이 갑자기 왔다가 곧바로 돌아갔네. 왕복 오천 리가 넘는데 숨이 가쁜 증상이 있어 이 때문에 걱정일세. 가족들과 조만간 다시 단란하게 모일 텐데 심산궁곡에 큰 흉년이 들어 식량을 댈 길이 전부 끊어졌네. 이는 분수에 마땅한 바이니, 또한 하늘에 맡길 뿐이네.

어제 내산(萊山)에서 9월 20일 이후에 부친 편지를 받고[3] 놀랍고 위로되었네. 다만 그곳의 일이 뜻대로 되지 않아 변경 지역의 변란이 걱정된다고 하니 개탄스러운 마음이 절절해지네. 전해 들은 말에, 조 태사(趙太史) 등 여러 사람이 다시 견책을 당하였는데 태사의 죄명 한 조목은 불초한 이 사람을 신구(伸救)했기 때문이라고 하니,[4] 이 소식을 들은 뒤로 더욱 송구하고 두려울 따름이네.

이곳에 이르러서 겨우 작은 집을 얻고 병든 몸을 들여놓았네만, 신음하며 시간을 보내느라 책을 펴보지 못하여 지난날 자네가 말한 것을 또한 받들어 다 읽지 못했으니 이 때문에 더욱 부끄럽구려.

3 내산(萊山)에서……받고 : 내산은 동래(東萊)의 고호로, 장산국(萇山國) 혹은 내산국(萊山國)이라고도 하였다. 신라가 점유하여 거칠산군(居漆山郡)을 두었다가 경덕왕(景德王) 때에 지금의 이름으로 고쳐졌다. 《신증동국여지승람 제23권 경상도 동래현》 유계의 친구 윤문거(尹文擧)가 1651년 7월 15일에 동래 부사에 제수되었으므로 윤문거가 보낸 편지로 보이나 그의 문집 《석호유고(石湖遺稿)》에는 보이지 않는다. 《承政院日記 孝宗 2年 7月 15日》

4 전해……하니 : 이 소문은 와전된 것으로 보인다. 조 태사는 대제학 조석윤(趙錫胤)을 가리키는데, 조석윤이 대사헌으로 있을 때 경기 감사 유철(兪㯙)이 호종을 잘못한 죄를 가볍게 처리한 것 때문에 파직되었던 것이다. 아마도 유철과 유계가 같은 성씨이므로 잘못된 소문이 돌았던 듯하다. 《孝宗實錄 2年 10月 9日, 21日, 24日, 26日》

윤길보에게 답하는 편지 임진년(1652, 효종3)
答尹吉甫書 壬辰

동지와 대한에 보낸 두 통의 편지를 차례대로 받으니 매우 위안이 되고 감격스러웠네. 새해가 되어 봄기운을 발하는 요즘 고요한 기거는 신의 도움을 입어 편안하리라 생각되네. 나는 요 몇 개월 동안 다행히 큰 병에 걸리지 않았지만 작은 집에서 단란히 지내는 동안 어린 아이가 시끌벅적대는 통에 독서할 분위기가 영 아니어서 괜찮은 근황이라고는 전혀 없네. 병중에 나이만 먹어 거울을 보면 흰머리만 가득하고 예전 습관은 그대로이니 부끄러워 탄식할 따름이네.

내산(萊山)에서 보낸 편지를 열흘 전에 거듭 받았는데, 파직시킨 상태에서 다시 머무르니 비단 두려움이 매우 클 뿐만 아니라 상하를 서로 받드는 즈음에 점점 괴리되는 단서가 있다고 하니, 사람들의 마음을 괴롭게 만드네. 세상일에 별별 일이 다 있어 흉역이 천지에 가득하니 이 말을 듣고 나서 모골이 송연해졌네. 오직 요얼(妖孽)이 법에 따라 주륙되는 것이 신과 인간의 울분을 다소나마 풀어주는 길인가?

별지(別紙)에서 누차 보여 주었는데도 여태 몽매함을 깨우치지 못했으니 어리석은 나와 지혜로운 자네와의 거리가 30리도 더 되는구려.[5] 부끄럽고 죄송하네.

5 어리석은……되는구려 : 황정견(黃庭堅)의 〈송장림옹부진첨(送張林翁赴秦簽)〉에 "장수하나 단명하나 사만 일을 넘지 않고, 지혜로운 이와 어리석은 이의 거리는 삼십 리라네."라고 한 말을 전용한 것이다. 《山谷集 外集 卷4》

보여준 후천설(後天說)[6]은 북쪽에 있을 때부터 가르침을 받은 지 이미 오래인데, 도로에서 고생하고 병에 걸리다 보니 사색할 시간이 없었다. 지난번에 동지에 보낸 편지 가운데 세 그림을 받고 며칠간 연구해 보았으나 의심만 오히려 커졌는데 오늘 오후에 대한(大寒)에 개정해서 보여준 도설(圖說)을 얻고 나서 비로소 고명한 자네의 뜻이 어디에 있는지 대략 알게 되었네. 이에 대역(大易) 상수(象數)의 무궁함과 자네가 홀로 터득한 심오한 경지, 그리고 비루한 이 사람의 견해는 어리석고 답답함이 매우 심한 것에 깊이 탄식하였네.

삼변도(三變圖)는 자연히 상(象)을 이루어 종(縱)과 횡(橫)이 서로 만나니 진실로 의심할 점이 없고 서괘(序卦)와 잡괘(雜卦)의 상도 자상하게 이루어지지 않은 것이 없지만, 다만 문왕(文王)과 공자(孔子)가 서괘와 잡괘를 만든 본뜻이 반드시 여기에 있고 다른 도(道)가 없다는 것은 끝내 이해하지 못하겠네. 이는 필시 내 비루한 소견이 미치지 못해서이니 추후에 다시 생각하고 질문하겠네. 그러니 우선 기다려주면 어떻겠나?

깊은 산골에 너무나도 서적이 없네. 근자에 《주례(周禮)》 1부(部)를 아침저녁으로 한가로이 읽는데 강성(康成 정현(鄭玄))의 주(註)에 의심스러운 대목이 매우 많네. 그러나 상기증(上氣症)[7]에 정신이 흐

6 후천설(後天說) : 하늘에 뒤진다는 뜻으로 천지조화(天地造化)의 기운(氣運)이 나타나기 이전에 만들어진 어떠한 학설이 천지조화의 이치에 조금도 어긋남이 없는 것을 가리켜 선천설(先天說)이라 한다면, 이 후천설은 천지조화가 발동된 이후에 비로소 거기에 응하여 그에 맞게 꾸며진 학설을 말한다. 세상에는 복희팔괘(伏羲八卦)를 선천설, 문왕팔괘(文王八卦)를 후천설이라고 한다.

리멍덩해서 암송은 못하니 때때로 책을 덮고 더 이상 무언가를 할 수 없음을 알고 스스로 탄식한다네. 고명한 자네가 종사하는 것은 근래 어떤 경서인가? 또한 보여 주기를 바라네.

7 상기증(上氣症) : 피가 머리로 몰려 얼굴이 붉어지고 두통(頭痛)·이명(耳鳴) 등을 일으키는 증세이다.

윤길보에게 답하는 편지
答尹吉甫書

봄도 절반이 지났는데 소식이 끊어지니 그리워하는 마음을 참으로 견딜 수 없구려. 나는 줄곧 병을 앓고 있는데 북쪽에 있을 때[8]보다 심하니, 이는 실로 나이가 들어 병에 걸린 것이네. 앞으로는 쇠퇴하고 게을러져 스스로 힘을 낼 수 없을 것이니 서글프구려.

세 들어 사는 집에서 형편상 오랫동안 거처할 수 없어서 근래 제천(堤川)과 영월(寧越)의 사이에 한 구역 작은 땅을 도모하여 가을쯤 이주하려고 하네. 이곳은 적막하고 황량하기가 금산(錦山)의 산골짝보다 열 배는 더할 걸세. 그러나 스스로 생각건대 근력이 이미 소진된 상태라 아마도 끝내 마련하지 못하고 헛수고만 할 듯하니 우습구려.

지기(志氣)를 이미 수습하지 못하여, 비좁은 거처에 책을 볼 장소가 없다고 몇 달 동안 시간만 보내며 어떤 공부도 하지 않았으니 매우 부끄럽고 두렵네. 생각건대 형은 고요한 가운데 얼마나 공부를 하였소? 편지를 통해 말해 주어서 쇠퇴하고 나태한 이 사람을 흥기시켜 준다면 매우 다행이겠네.

낙하(洛下 한양(漢陽))에 몰아치는 풍랑을 흩어진 사람이 알 수 없네만, 오직 사신(使臣)이 적막한 곳에 먼저 왔는데 북간(北間)[9]의 동정은

8 북쪽에 있을 때 : 유계가 함경도 온성(穩城)에서 유배 생활을 하던 때를 가리킨다.

9 북간(北間) : 의금부와 포도청 등의 북쪽에 있는 옥(獄)을 가리킨다. 남간(南間) 옥의 죄수보다 경한 죄인을 가두었다.

어떠한지 모르겠네. 나라 걱정으로 매일 밤새도록 몸을 뒤척인다네. 무수한 말들을 어찌 편지에 다 적겠나. 그저 고요한 가운데 기거가 더욱 편안해서 천 리 먼 곳에서 그리워하는 마음을 위로해 주기 바라네.

윤길보가 논한 후천설에 답하는 편지
答尹吉甫論後天說書

전에 보여준 세 그림을 반복하여 고찰해 보니, 천박하고 비루한 사람이 감히 말할 바가 아니었네. 삼가 비루한 의견을 진술했지만 다시 이렇게 말해보겠네. 이른바 삼변도(三變圖)는 진실로 자연스러운 법상(法象)이 있네. 정대(正對)·반대(反對)로나, 순서대로 보건 거꾸로 보건 간에 서로 만나지 않음이 없으니, 여기에서 역상(易象)의 무궁함과 고명한 자네가 홀로 터득한 수준을 볼 수 있으니 공경하고 감복하는 마음을 이길 수 없네.

이른바 서괘도(序卦圖)는 세 번 변한 상(象)을 인하여 제출(帝出)의 차례로 서(序)를 삼았고, 잡괘도(雜卦圖)에서도 이것을 가지고 추리하였는데, 음양이 서로 섞여 질서정연하게 문채를 이루니 참되고 지극한 이치가 여기에서 벗어나지 않은 듯하네.

그러나 나의 융통성 없는 식견으로는 끝내 이해하지 못할 부분이 있네. 서괘도가 삼변도를 인하여 진(震)·손(巽)의 순서를 배열했다면 그 체(體)는 보여준 바와 같지 않을 수 없지만, 오직 문왕이 괘의 순서를 정한 뜻이 반드시 여기에서 나오는지를 끝내 찾아볼 수 없네. 보내준 편지에서 16괘로 48괘의 강령으로 삼았지만 강령이 조목을 거느리고, 조목이 강령에 붙은 것에는 또한 정연하여 옮길 수 없는 것이 있음을 보지 못하였네.

이른바 '상하경(上下經)을 돌려가며 보아 두 개의 큰 국면으로 나누면서 모괘(某卦)에 모괘(某卦)가 있는 것은 모괘에 모괘가 있는 것과 같다'는 것은, 그 사이에 진실로 서로 비슷한 것이 있긴 하나 원근이 도리어 바뀌어 또한 모두 같지 않은 것이 있으니, 이것을 가지고 바로 상하경 서괘의 뜻이 이 밖에 벗어나지 않았다고 말하는 건 안 될 듯싶네.

보내온 편지에서 이른바 "천(天)·지(地)·뇌(雷)·풍(風)을 처음과 끝에 나열하고 수(水)·화(火)·산(山)·택(澤)을 중앙에서 교차한다"는 것을 삼변도에서 고찰하면 진실로 이러한 상(象)이 있지만, 서괘도에 적용하면 그 뜻을 찾을 수 없네. 잡괘도에서 음양이 서로 섞여 질서정연하게 문양을 이루는 것은 참으로 보내온 편지와 같네. 다만 잡괘 본문을 가지고 증명할 경우, 이 그림도 반드시 여기에서 나와서 미심쩍은 것이 없음을 보지 못하였네. 이는 방향을 헤매는 견해를 끝내 타개할 수 없는 것인가?

일찍이 기억하건대 주 부자(朱夫子 주희(朱熹))가 후천(後天)을 논한 설에 이르기를, "문왕(文王)이 다시 그 위치를 정하니 그 설이 의미심장하지만 대체로 천착하고 견강부회한 데에 가까웠기 때문에 일찍이 깊이 염두에 두지 않았다." 하였고, 또 이르기를 "설괘(說卦)에서 괘위(卦位)를 말한 것은 끝내 사람들로 하여금 밝게 이해하지 못할 부분이 있으므로 마땅히 제쳐두고 통하게 할 필요가 없다."라고 하였네.[10] 우리들이 오늘날 하는 변론이 혹시 이 훈계를 범한 것인가? 망녕된 내 생각에 후천(後天)에 관한 설들은 오직 항 평암(項平庵)[11]의 일설(一說)이

10 주 부자(朱夫子)가……하였네 : 이 내용은 《회암집(晦庵集)》 권49 〈왕자합에게 답하다〔答王子合〕〉에 보인다.

11 항 평암(項平庵) : 송대(宋代)의 학자인 항안세(項安世)를 가리킨다.

온당한 것 같네.

문왕은 복희 팔괘의 상으로 오행(五行)에 배합시키고, 오행의 차례로써 사시(四時)에 분포시키고 사방 모퉁이에 배치하면 그 상이 자연히 이와 같을 것이며, 설괘 제출(帝出) 장(章)도 또한 이미 정해진 위치를 살펴서 말했을 뿐이니, 어찌 일찍이 64괘의 차례가 여기에서 나왔다고 설명한 것이겠나? 진실로 보내온 편지의 내용과 같다면 부자(夫子)가 서괘를 풀이할 때 틀림없이 일단의 용례가 있었을 것이니, 결코 이와 같이 하고 그치지 않았을 것이네.

잡괘의 글에 있어서는 각 괘의 대의를 단언하되 혹은 한 글자 두 글자로 압운(押韻)하고 구절을 이어 가벼이 말하고 지나갔지만, 정대와 반대의 체(體)는 진실로 보내온 편지 내용과 부합함이 있네. 그러나 글 뜻을 반복하여 읽어보면, 결단코 괘서(卦序)를 배열하고 괘체(卦體)를 대비하는 중에 있지 않네. 진실로 보내준 편지 내용대로라면 또한 배열하고 대비하는 뜻으로 편명을 지었을 것이지 하필이면 '잡괘'라고 이름 지었겠는가?

보내준 편지를 가만히 읽어보니, 비록 그 핵심을 이해하지는 못했으나 대략 생각건대 고명한 자네가 육자(六子)[12]가 서로 바뀌면서 종횡으로 서로 만나는 상에서 파악한 것이 있으므로 이에 반드시 이것을 가지고 후천의 본령으로 삼고 싶어서 서괘와 잡괘의 의리도 모두 여기에서 나왔다고 하고 싶었던 것이네. 그러므로 아마도 책을 너무 깊이 파고든

12 육자(六子) : 팔괘 중에서 방원도의 양대 기준점이 되는 건(乾)과 곤(坤)을 제외한 태(兌)·리(離)·진(震)·손(巽)·감(坎)·간(艮) 육괘(六卦)를 말하는데, 부모격인 건·곤에 대해 아들과 딸들이 되므로 육자(六子)라는 표현을 쓴 것이다.

병통을 면치 못한 듯싶네.

보내준 편지의 도상(圖象)은 진실로 자연스러운 법상(法象)이 있으니, 이것을 가지고 후천팔괘육자변역(後天八卦六子變易)의 그림으로 삼아서 선유(先儒)들이 아직 밝히지 못한 부분을 갖추는 동시에 역상(易象)의 무궁함을 보이는 것도 참으로 안 될 게 없네. 선성(先聖)의 역(易)은 비록 각각 주장하는 바가 있었지만 그 대의는 한쪽으로 치우지지 않았네. 지금 서괘를 문왕의 역으로 삼고, 잡괘를 공자의 역으로 삼고, 괘변을 주자의 역으로 삼아서 정론을 만든다면, 논리를 세움이 너무 통쾌해서 온당치 못함이 있을까 두렵네.

보내준 편지 내용에서 여전히 명확하게 알지 못하는 부분이 많아 장차 가르침을 구하려고 하면서 먼저 이렇게 말을 하며 망녕되이 장단점을 논했는데 도청도설일 뿐이니 매우 두렵구려. 이해하고 끝까지 가르쳐 주길 바라네.

윤길보에게 주는 편지
與尹吉甫書

접때 내산(萊山)의 편지[13]를 통해 형이 장차 석실(石室)의 장례[14]에 가려고 한다는 말을 들었네. 이것을 가지고 따져 보면 지금도 기내(畿內)에서 체류할 듯한데 가을바람 부는 계절에 나그네 삶은 어떠한가?

나는 한결되이 병으로 신음하고 주위에는 훌륭한 친구도 없어서 무너진 습관이 고질이 되었으니 부끄럽고 두렵네. 이달 초에 새로운 거처로 옮겼는데 사방에 이웃이 없어 갑절이나 적막하지만 온 산이 비단에 수를 놓은 것 같아 그윽한 거처에서 호사를 누린다네.

내산의 편지에서 지난번에 충렬서원(忠烈書院)에 대한 기문(記文)을 지어달라고 요청하니 감히 거절하지 못했네만,[15] 다만 죄인의 성명이 문자에 올라가면 안 되기에 우선 남들에게 보이지 말게나. 또 형의 교정을 받았으면 하는데 인편이 급히 돌아가야 해서 적어 보내지 못해 한스럽네.

13 내산(萊山)의 편지 : 윤문거(尹文擧)가 보낸 편지를 가리킨다. 당시 윤문거가 동래 부사로 있었기 때문에 이렇게 말한 것이다.

14 석실(石室)의 장례 : 김상헌(金尙憲, 1570~1652)의 장례로, 1652년 6월 25일 석실재사(石室齋舍)에서 별세하여 이 해 8월 18일에 석실 선영에 예장(禮葬)하였다. 《宋子大全 卷182 石室金先生墓誌銘》

15 내산의……못했네만 : 임진왜란 때 순국한 송상현(宋象賢)을 배향한 동래(東萊)에 있는 충렬서원이 규모가 작고 퇴락하자 윤문거가 중건하고 유계한테 기문을 요청한 것이다. 《시남집(市南集)》 권19에 〈동래충렬서원기(東萊忠烈書院記)〉가 수록되어 있다.

윤길보에게 답하는 편지

答尹吉甫書

낙하(洛下 한양(漢陽))와 수성(隋城 수원(水原))에서 보낸 두 통의 편지가 근래 연이어 당도하였네. 그런데 뜻밖에 구암(龜巖)의 인편이 이르러 이달 12일에 부친 편지를 다시 받고 한겨울 추위에 먼 길을 돌아와 만안하고 온 가족도 잘 지냄을 자세히 살피고는 구구한 마음에 위안을 받았네. 내산(萊山)이 체직되었으니 기쁨이 어찌 끝이 있겠는가. 생각건대 머지않아 형제간에 이불을 나란히 덮는 즐거움이 있겠으나, 의령(宜寧) 대형(大兄)[16]은 다시 영남으로 부임하였으니 사람들이 단란하게 모이기 어려움이 이와 같구려. 어떻게 마음을 가누고 계신가?

나는 상기증(上氣症)[17]이 여전한데, 막내 아이가 창병(瘡病)을 세 달간 앓으며 생사의 기로에서 밤낮으로 절규하는 통에 큰 고뇌에 휩싸였네. 하지만 가난과 질병은 내 소관이 아니라고 여겨 진즉에 분수에 맡기고 살아왔으니 어찌 감히 이로 인해 슬퍼하겠는가.

근래 주서(朱書)를 공부한다고 들었네. 매우 부럽고 부럽네. 이곳은 다른 서적이 없어, 며칠 전 다른 사람의 《춘추집전(春秋集傳)》을 빌려서 근심으로 어지러운 여가에 한번 읽어 보려고 했으나 학설이 다양하

16 의령(宜寧) 대형(大兄) : 윤순거(尹舜擧, 1596~1668)로, 1652년 9월 16일에 의령 현감(宜寧縣監)에 제수되었다. 《承政院日記 孝宗 3年 9月 16日》

17 상기증(上氣症) : 피가 머리로 몰려 얼굴이 붉어지고 두통(頭痛)·이명(耳鳴) 등을 일으키는 증세이다.

고 의례(義例 의리를 밝히는 사례)도 이해할 수 없었네. 정력(精力)을 스스로 헤아려 보건대 절대로 어느 한 부분도 엿보기 어려우니 그저 책을 덮고 크게 탄식할 따름이네.

신재(愼齋 김집(金集)) 문장(文丈)이 계동(鷄東)에서 합석하셨는데 모두들 편안하신가? 세밑에 아들이 선영에 가니 그때쯤 하나하나 소식을 전할 수 있을 걸세.

윤길보가 논한 후천설에 답하는 편지
答尹吉甫論後天說書

후천설(後天說)에 대한 가르침을 받고 해가 바뀌도록 세 번 네 번 서신을 왕복했으나 여전히 요점을 이해하지 못하고 있네. 노둔하고 꽉 막히어 가르침을 받들 자질이 못 되니 매우 부끄럽고 두렵구려. 근자에 전후로 보낸 두 통의 편지를 통해 보여준 것이 명백하고 절실해서 조금 이해하는 것 같았지만 끝내 의심을 풀지 못하고 감히 이렇게 조목별로 질문해서 가르침을 기다리네.

보내온 편지에서 "건(乾)은 삼녀(三女)를 찾고 곤(坤)은 삼남(三男)을 찾는다."라고 운운하였네. 역은 다만 음양이 교역하는 것인데, 삼양(三陽)과 일양(一陽)의 괘로 양(陽)을 삼고 삼음(三陰)과 일음(一陰)의 괘로 음(陰)을 삼으니, 여기에 더해져서 변역이 되면 양이 음이 되고 음이 양이 되는 건 저절로 그렇게 되지 않을 수 없는 것이며, 삼변(三變)과 팔색(八索)의 설은 여기에서 벗어나지 않는 것이네.

보내준 편지에서 "삼변도에서 건·곤·진·손·감·리·간·태는 순서대로 본 24괘의 강령이 되고, 비·태·항·익·함·손·기제·미제는 거꾸로 본 24괘의 강령이 된다"라고 운운하였네. 16괘는 바로 건·곤과 육자(六子)가 사귀고 사귀지 않은 것이니, 팔괘를 위로부터 아래에 이르기까지 그 획이 세 번 변한 뒤에 이미 이루어진 괘를 인하여 순서대로 보아 중괘(重卦)가 되면 그 형세가 복·구 등의 8괘가 이루어지지 않을 수 없네. 반대로 거꾸로 보면 익·항 등 8괘가 강령이 되고 관·장 등 8괘에 이르러서도 또한 형세가 진실로 그러한 것이네. 그러나 그 의리는 또한 건·곤과 육자가 사귀고 사귀지 않는 것에 불과할 뿐이네.

보내온 편지에서 "건은 삼남을 통솔하고 곤은 삼녀를 통솔한다. 일·삼·오와 이·사·육효가 변하면 음양이 분류됨에 각자 무리가 있어서, 강령이 되는 괘를 순서대로 보거나 거꾸로 보는 것에 따라 자연히 바꾼다"고 운운하였네. 일·삼·오와 이·사·육효가 변하면 음양이 분류되는 것은 진실로 보내온 가르침과 같네. 대개 양괘와 양괘가 만나고 음괘와 음괘가 만나는 것은 그 수가 짝수여서 이·사·육의 변화가 되고, 음양의 괘가 서로 섞이는 것은 그 수가 홀수여서 일·삼·오의 변화가 되네. 순서대로 또는 거꾸로 보는 강령의 괘가 자연스레 바뀌는 것은 형세상 저절로 그렇게 되지 않을 수 없는 것이네. 건·곤 등 팔순괘(八純卦)[18]는 바로 양이 양을 만나고 음이 음을 만나 그 수가 짝수인 것이네. 짝수로부터 변하면 부득불 홀수가 되네. 이것이 이·겸 이하의 순서대로 보는 24괘이니, 그래서 일·삼·오의 홀수로 변한 것이네. 비·태 등 사귐으로써 만들어진 8괘는 이미 음양을 서로 섞이어 이루어진 괘이네. 그래서 그 수가 다 홀수이네. 홀수로부터 변하면 부득불 짝수가 되니 이것이 임·둔 이하 거꾸로 보는 24괘이니, 그래서 이·사·육의 짝수로 변한 것이네. 홀수와

18 팔순괘(八純卦) : 건(乾)·감(坎)·간(艮)·진(震)·손(巽)·이(離)·곤(坤)·태(兌)의 중괘(重卦)로 된 팔괘(八卦)를 가리킨 말이다.

짝수가 바뀌는 것은 그 의리가 이에 불과할 뿐이네.

보내온 편지에서 "문왕(文王)의 팔괘와 주자(朱子)의 괘변도(卦變圖)는 같다. 일·삼·오·이·사·육효의 변화는 후천(後天)의 본령인 것 같다"고 운운하였네. 후천 팔괘는 진(震)으로부터 간(艮)에 이르기까지 종횡으로 도형을 그리는 가운데 수세(手勢 손놀림)를 범하지 않으면 참으로 보내온 가르침과 같네. 그러나 이 도형을 일러 '제출도(帝出圖)'라고 하는 것은 참으로 괜찮지만, 그것이 서괘와 잡괘에 부합하는지는 끝내 깨닫지 못하겠네.

이른바 괘도(卦圖)라는 것은 반드시 그 도형을 인하여 그 차례를 선천(先天)의 방원도(方圓圖)처럼 배열한 뒤에야 비로소 '무슨 괘도'라고 칭할 수 있는데 고명한 자네가 지금 보여준 괘도는 제출(帝出) 장의 차례와 음양 변화의 분류한 상(象)은 있으나, 서괘·잡괘의 본문 차례로써 구한다면 자연스러운 선천도와는 같지 않네.

일·삼·오·이·사·육의 변화에 이르러서는 다만 양이 양을 만나고 음이 음을 만남과 음양이 서로 섞이는 구별은 위에서 이미 진술한 것과 같은 뿐이고, 이것을 가지고 그림을 그리면 비록 분류하는 면은 있겠으나 이것이 문왕 서괘의 차례와 어떤 점이 합치되는 것인가? 고명한 자네는 반드시 이것으로 후천의 본령으로 삼고자 하나, 나는 따라야 할지 모르겠네.

괘변도는 육이 변하여 처음과 끝에 나누어 거하고 삼이 변하여 모여서 가운데 거하며, 일·오·이·사는 음양이 착종하고 왕래하면서 교역하니, 주자도 선유(先儒)가 발명하지 못한 바가 있다고 스스로 말했으나 그렇다고 문왕 후천의 본의를 얻었다고 말하지는 않았네. 어떻게 생각하시는가?

잡괘는 보내온 편지 내용으로 사절(四截)을 나누어 보면, 일·삼·오·이·사·육은 분류된 것이 있는 듯하네. 그러나 사절로 나누면서 괘수(卦數)에 이미 다과의 차이가 있어 사·비·동이·대유·수·송·진·명이·손·익·태·비·손·태·감·리가 서로 섞이는 뜻은 끝내 볼 수 없으며, 대과·소과·이·중부는 모두 이·사가 변하고 또한 삼·오가 모여 있는 가운데에 있으니 이 또한 별다른 뜻이 있는 것인가? 이 문제를 해결하지 못하면 또한 감히 기준을 믿지 못하겠네.

첩천(疊天)을 보내온 논설로 고찰하면, 또한 양이 음으로 변하고 음이 양으로 변하는 일례에서 벗어나지 않은 듯하네. 리(離)로써 진(震)·간(艮)이 되고 감(坎)으로 손(巽)·태(兌)가 되는 설로 미루어 보면, 진실로 그러하지만 사우괘(四隅卦)[19]에서 양이 양이 되고 음이 음이 되는 것도 함께 설명하는 가운데 서로 어긋나지 않는가?

후천이 선천으로 변함은 필시 까닭이 있을 것이네. 그러나 문왕은 선천도를 먼저 둔 다음에 후천도를 중첩함으로써 그 합의 여부를 보면서 괘획(卦劃)에 구구하게 얽매인 자가 아닐 것이네. 역은 다만 일개의 음양이 교역하는 것일 뿐이니 어디에서든 변환하지 않음이 없고,

19 사우괘(四隅卦) : 팔괘도에서 동북·동남·서남·서북의 방향에 있는 괘를 말한다.

어디에서든 대치(對値)하지 않음이 없네. 지금 만약 첩천의 설을 가지고 선천과 후천의 뜻에 부합함이 있다고 말하는 것은 괜찮지만, 이로써 선천과 후천이 변역한 본원이나 증거로 삼는다면 감히 쉽게 믿을 수 없네.

일찍이 후천의 역은 단지 선천에서 이미 이루어진 괘를 가지고 오행에 분배한 뒤에 하늘의 사시(四時)와 땅의 팔유(八維)에 오행을 편다면 그 형세가 부득불 이와 같은 것이라고 여겼소. 이것은 내가 시종 주장하는 견해이기 때문에 갑자기 버리지 못하는 것이네.

고명한 자네가 말한 강령이 되는 16괘는 바로 건·곤과 육자(六子)가 사귀고 사귀지 않은 것이니, 건·곤·감·리·함·항·기제·미제·태·비·손·익의 여러 괘는 혹은 서로 수미(首尾)가 되기도 하고 혹은 서로 상하(上下)가 되기도 하여 흡사 대치하는 듯하니, 선유(先儒)가 이미 '참으로 지극한 이치'라고 말하였으며, 보내온 말에 이른바 "건·곤·기제·미제는 수미가 서로 접하고 감·리·함·손은 배와 등이 서로 합한다."라는 것도 지극히 정연하네. 다만 진·손·간·태의 네 강령이 되는 괘가 하경(下經)에만 치우쳐 있는 것도 그 이유를 밝게 말할 수 있겠는가? 16괘가 48괘를 나누어 통솔하는 것을 서괘에서 찾아보아도, 또한 질서정연하여 문란하지 않은 것을 볼 수 없으니 여기에서도 한 단락 설명을 붙여 종류별로 나누어 확실하게 말할 수 있겠는가?

문왕의 후천괘가 바뀌는 차례가 설괘에 보인 것은 다만 제출(帝出)장(章) 하나인데, 전에 보내준 편지에서 서괘를 논하면서 말하기를

"미륜(彌綸)[20]과 합벽(闔闢 열고 닫음)은 제출의 한 조항이 아닌 것이 없다. 반대(反對)는 각기 정대(正對)가 있고, 팔괘는 각각 팔괘를 통솔한다"고 운운하였는데, 제출의 한 조항이 실로 대의가 있는 바여서 여기에 부합한다면 감히 자네의 가르침에 복종하지 않을 수 있겠는가? 다만 보내온 가르침 중 건·곤·태·비가 강령이 된다는 조목을 가지고 살펴보면, 이른바 '제출의 차례'가 보이지 않으니 비록 천지(天地)·뇌풍(雷風)·수화(水火)·산택(山澤)의 형상이 그 속에 갖추어져 있다 해도 차례가 혼란하고 많고 적음이 균일하지 않으며, 지금 편지에서 말한 건·곤·태·비의 사·비·동인·대유 이하 일단도 그런 혼란한 상(象)이 있으며, 이른바 팔괘가 각기 팔괘를 통솔한다는 것도 또한 배정되지 않았으니, 융통성 없는 내 소견이 이 부분에서 크게 고민하는 것이네. 제출의 차례와 팔괘가 각기 통솔하는 의리를 다시금 시원하게 풀어주는 게 어떻겠나?

가만히 생각건대 선천은 음양이 그렇게 되는 까닭을 묘사한 것이고, 후천은 천지가 마땅히 그러해야 하는 바를 정돈한 것이니, 전체(全體)와 대용(大用)은 각각 주된 뜻이 있으니 하나의 예로써 뭉뚱그려 보면 안 되는 것이 이미 선유(先儒)의 정론(定論)이 있네. 서괘의 차례에서 성인의 본뜻은 감히 엿볼 수 없거니와, 예컨대 소요부(邵堯夫 소옹(邵雍))·이환계(李環溪)·호쌍호(胡雙湖 호일계(胡一桂))가 상하경(上下經)의 뜻을 논한 것은 대체로 강령은 있지만 마침내 그 설을 끝

20 미륜(彌綸) : 미(彌)는 끝내고 연합하는 뜻이 있고, 윤(綸)은 선택하고 조리하는 뜻이 있다.

까지 연구하지는 못하였네. 서괘 본문의 뜻은 강유(剛柔)·진퇴(進退)·길흉(吉凶)·치란(治亂)이 혹은 서로 인하여 이어지기도 하고 혹은 서로 뒤집어져 바뀌기도 하는데, 그 뜻은 괘의 이름에 있는 듯하네. 선유가 이른바 경방(京房)의 괘기(卦氣)[21]와 같다는 것이 이것이네. 반드시 괘획을 인하여 배열했다는 것을 도무지 찾아볼 수 없으며, 설령 문왕의 본뜻이 과연 괘획에 있다면 공자가 서괘를 만들 때 분명 일단의 범례가 있었을 것이지 결코 본문과 같은 데에만 그치지 않았을 것이네. 끝까지 이 의혹을 떨쳐 버리지 못할 뿐이네.

보내온 편지에서 "문왕이 팔괘가 세 번 변하는 가운데에 나아가 반대로 중복시켰다"고 운운하였는데, 견해가 밝고 믿음이 독실하지 않으면 어떻게 이렇게 확실하게 글을 쓸 수 있겠는가. 매우 탄복하네만 또한 의심이 없지 않네. 문왕의 후천의 뜻이 과연 고명한 자네 소견과 일치한다면 실로 후세의 자운(子雲)[22]일 뿐만이 아닐 것이니 어찌 천고에 하나의 훌륭한 일이 아니겠는가. 다만 걱정스러운 점은 조금이라도 신뢰하기 어려운 것이 있다면 또한 어찌 갑자기 이와 같이 말

21 경방(京房)의 괘기(卦氣) : 《주역》의 괘효(卦爻)와 월일(月日)의 절기(節氣)를 서로 배용(配用)하여 해석함으로써 절기(節氣)의 변화를 추측하고 인사(人事)의 길흉을 미리 알 수 있도록 한 학설로, 서한(西漢)의 맹희(孟喜)가 맨 처음 창안하고 경방(京房)이 발전시켰다.

22 후세의 자운(子雲) : 자운은 한나라 양웅(揚雄)의 자(字)이다. 양웅이 《주역》을 모방하여 《태현경(太玄經)》을 짓자 사람들이 말하기를 "이처럼 어려운 글을 누가 읽겠는가? 무용지물이 되고 말 것이다." 하였다. 그러자 양웅은 "나는 후세의 자운을 기다린다." 하였다. 이후로 후세의 훌륭한 학자나 문인을 일컫는 말로 쓰인다.

할 수 있겠는가.

가만히 생각해 보면, 성인이 경(經)을 만든 큰 뜻은 명백하고 간단해서 비록 포함한 것이 광대하고 심오하며 정미하다고 해도 또한 일찍이 편벽되고 신기한 의사가 있지 않았네. 문왕이 선천을 변역시킨 것을 비록 어떤 의리가 주가 되었다고 적시할 수 없지만, 만일 "반드시 선천의 팔괘를 인하여 세 번 변역하고, 다시 세 번 변역된 상에 나아가 순역(順逆)이 교환되어 64괘를 그려 내고, 또 반대 경위(反對經緯)의 설과 음양 변획(陰陽變劃)의 유를 만든 뒤에야 비로소 서괘를 배열했다"고 한다면, 성인의 뜻은 반드시 이처럼 지리하고 편벽되지 않을 것이네.

망녕된 내 생각에는, 고명한 자네의 소견은 반복해서 미루어 보면 상(象)을 이루지 않는 것이 없으니, 이것이 바로 소자(邵子)가 말한 '외상(外象)'으로, 또한 역수(易數)의 무궁함을 볼 수 있네. 그러므로 이러한 등속의 괘상(卦象)을 가지고 후천에 부합하는 바가 있는 이론이라고 말하는 건 괜찮지만, 이것이 후천의 본령으로 문왕이 경(經)을 만들 적에 실로 여기에서 말미암았다고 기어이 우긴다면, 본말이 전도되고 처음과 끝이 이상한 데로 쉽게 흘러 마침내 설명이 조리가 닿지 않게 될 것이네. 고명한 뜻을 깊이 헤아리지 못하고 이와 같이 제멋대로 말을 했으니 너무나 외람되네. 부디 고명한 자네가 양찰해서 끝까지 가르쳐 주게나.

윤길보에게 답하는 편지 계사년(1653, 효종4)

答尹吉甫書 癸巳

그리워하던 차에 편지를 받으니 시원한 바람을 만난 듯이 위로가 되었네. 내임(萊壬)의 일은 너무나 해괴하네. 인심이 골짜기보다 험하다는 말이 참으로 명언일세. 망형(望兄 윤문거(尹文擧))이 어린 종이 죽는 액운을 만났는데 또한 곤궁한 집에서 견딜 수 있는 수준이 아니니 슬퍼서 탄식하였네.

나는 한결같이 병으로 헐떡거리고 있네. 근래 《대전(大全)》을 보긴 하지만 아득하여 끝을 모르겠네. 말씀한 것은 그야말로 내 뜻과 같네만 함께 의논하지 못해서 한스럽네. 형이 가닥을 잡고 실마리를 만들면 일을 하며 뒤를 따를 생각이네. 《근사록(近思錄)》과 《강목(綱目)》은 열에 일고여덟은 자연히 알 수 있지만, 시사(時事)와 출처(出處)에 관한 짧은 글들은 또한 별도로 새 제목을 달아야 하니, 참람하여 못하지 않겠는가? 조상(趙相)의 《요류(要類)》[23]는 범례가 어떠한가? 한번 눈으로 보지 못해 아쉽네.

말씀한 갈문(碣文)은 이곳에서 이미 초본(草本)을 구했으니 다시 보낼 필요는 없네. 근래 주 부자(朱夫子 주희(朱熹))가 지은 위원리(魏元履 위섬지(魏掞之)) 묘도 문자[24]를 보았는데, 후일에 대한 깊은 걱정이

23 조상(趙相)의 요류(要類) : 조익(趙翼, 1579~1655)이 만든 《주서요류(朱書要類)》를 가리킨다. 주희(朱熹)의 서간문 가운데에서 학문하는 데 필요한 글을 뽑아 엮은 책으로, 1642년에 간행되었다.

24 주 부자(朱夫子)가……문자 : 《회암집(晦庵集)》 권91에 수록되어 있는 〈국록 위

이 정도에 달하였네. 세상의 재앙이야 고금이 어찌 다르겠나. 이 때문에 개탄스럽네.

김영(金命)이 땅에 묻히는데 의리상 한번 가서 곡하지 않을 수 없네만, 다시 생각해 보니 죽을죄를 진 몸으로 많은 사람이 모인 자리에 당돌하게 나타나서는 안 되겠네. 이미 결정해서 가지 못하니 인생사가 슬프구려.

공 묘지명(國祿魏公墓誌銘)〉을 말한다.

윤길보에게 답하는 편지 을미년(1655, 효종6)

答尹吉甫書 乙未

자네가 언급한 진퇴의 곡절에 대해 태형(泰兄 이유태(李惟泰))과 마주하고 상의했는데 소견이 대략 같았네. 벼슬길에 나아가 상소를 올리는 일은 기필코 부득이한 경우가 아니라면 경솔히 해서는 안 될 듯하네.

'공경히 받는다〔祗受〕'는 한 가지 일은 또한 어떤 옷을 입어야 할지 모르겠네. 다만 비루한 뜻으로 망녕되이 헤아려 본다면, 사직하는 글 속에 새로 받은 직함을 쓰고 싶으면 공복(公服 관리들이 입는 정복(正服))을 갖추지 않을 수 없고, 단지 진사(進士)라고 쓰고 싶으면 야인(野人)의 복장도 또한 방법이 될 듯하네. 만일 전직(前職)을 쓴다면 또한 마땅히 공복이 있어야 하네. 어떻게 생각할지 모르겠네. 다시 생각해서 처리하는 것이 어떻겠나?

강절(康節)이 옷을 갖추고 왕명을 받은 다음 관직에서 물러나 몸을 일으키지 않았던 일이 있었던 것 같은데 어떤 책에서 봤는지 기억이 나지 않네.[25] 바빠서 찾아보지 못하는 게 한일세.

25 강절(康節)이……않네 : 유계가 어떤 책을 보았는지는 미상이다. 다만 《송사(宋史)》 권427 〈소옹열전(邵雍列傳)〉에 "가우(嘉祐) 연간에 황제가 조서를 내려 유일(遺逸)을 구하자 유수(留守) 왕공진(王拱辰)이 소옹을 추천하여 장작감 주부(將作監主簿)에 제수되었고, 다시 일사(逸士)를 등용하여 소옹을 영주(潁州)의 단련 추관(團練推官)에 기용하였다. 소옹이 모두 고사했다가 왕명을 받들었는데 끝내 병을 핑계로 부임하지 않았다."라는 내용이 보인다.

윤여망과 길보에게 답하는 편지

答尹汝望吉甫書

모임을 파하고 돌아올 때 맑은 바람이 소매에 있었는데, 며칠 사이에 비루한 마음이 다시 싹텄네. 병으로 누워 갑절로 그리워하던 차에 편지가 홀연 이르렀고 다들 잘 지내고 있음을 알고는 위로와 감동을 크게 받은 나머지 아픈 몸이 완전히 나은 듯이 느껴졌네.

나는 막 돌아와서 차츰 다시 익숙히 공부하려고 했으나 의도치 않게 성주(城主)가 오라고 하는 바람에 억지로 달려갔네. 백여 리나 되는 일정 속에 아름다운 경치를 보고 마음이 상쾌해지기도 했지만, 말은 지치고 술에 시달리며 근력이 크게 부쳐서 흥미가 사라졌으니, 조용히 국화를 대하고서 시를 읊조리며 유유자적하는 것에 한참 못 미쳤네.

최생(崔生)이 어제 와서 지난날 강론한 것을 전하려고 하였는데, 이미 마음이 막혀서 난해처를 물어볼 방법이 없으니 더욱 부끄럽네. 수성(隋城 수원(水原))으로 가는 것은 이와 같이 고된 상태라 20일쯤 길을 나설 생각이네. 고향에 있는 형제들이 간절히 기다리면서 몇 날 며칠 눈이 시릴 테니 이 때문에 서글프다오.

길보(吉甫 윤선거(尹宣擧)) 형이 은혜롭게 보내준 시를 세 번 반복해서 읊조리니 속인의 마음이 상쾌해졌네. 어떤 감동이 이와 같겠는가. 조만간 흉내 내서 지을 수 있으면 공경히 적어 올려 가르침을 기다리겠네.

지금 이렇게 동백정(冬柏亭)[26]에서 노니는 것은 참으로 뜻밖이네.

이 정자는 백사장과 맑은 파도를 따라 해안선을 삼십여 리 깊숙이 들어가면 기이한 바위가 우뚝 솟아 둘러치고 기수(琪樹)[27]는 무성하여 알록달록 단장한 모습이 자못 자태를 뽐내네. 푸른 바다가 하늘에 닿고 먼 바다 섬들이 광활한 가운데를 수놓은 것은 동해에 뒤지지 않으며, 아스라이 펼쳐진 아름다움은 더러 동해보다 뛰어나기도 하니 평범한 지역이 아니네.

다만 한스러운 건 말 타고 가는 여정이 촉박하고 공사(公私)의 일이 뒤섞이다 보니 도무지 한가하고 정적인 흥취가 없었던 거라오. 취해서 지은 시를 적어 보내니, 아름다운 지역에 누가 되지나 않을지 걱정이네.

26 동백정(冬柏亭) : 충청도 비인현(庇仁縣) 서쪽 26리에 위치한 도둔곶(都屯串)에 있는 정자이다. 《국역 신증동국여지승람 제20권 충청도 비인현》

27 기수(琪樹) : 신선의 세계에 있다는 옥수(玉樹)이다. 손작(孫綽)의 〈천태산부(天台山賦)〉에 "천 길 높이 건목에서 해가 지고 기수에는 반짝반짝 구슬이 매달렸어라.〔建木滅景於千尋, 琪樹璀璨而垂珠.〕"라고 하였다.

윤길보가 논한 귀종[28]에 대해 답하는 편지
答尹吉甫論歸宗書

귀종에 관한 설은, 양부(養父)가 생존해 있더라도 무후(武侯)의 고사[29]를 따르면 안 될 게 없을 듯하네. 춘형(春兄 송준길(宋浚吉))의 설은 너무도 명확히 구별한 듯싶네.

어진 사람을 고른다는 설은 부득이한 상황에 놓인 어떤 가문에서 나온 논리일 것이네. 하나의 설을 결정할 필요 없이 반드시 현행 절목대로 해야 할 듯하네.

28 귀종(歸宗) : 양자(養子)로 갔던 아들이 그 양자를 파하고 본집으로 돌아오는 것을 말한다.

29 무후(武侯)의 고사 : 무후는 촉한(蜀漢)의 명재상인 제갈량(諸葛亮)의 시호이다. 제갈량은 아들이 없어 형 제갈근(諸葛瑾)의 둘째 아들인 교(喬)를 양자로 삼았는데, 뒤에 아들 첨(瞻)을 낳았다. 교는 원래 자가 중신(仲愼)이었는데, 제갈량의 양자가 되고는 자를 백송(伯松)으로 고쳤다. 그 후 제갈근의 아들 각(恪)이 오(吳)나라에서 전가족이 몰살당하자, 교의 아들 반(攀)이 다시 제갈근의 뒤를 이었다.

윤길보에게 답하는 편지 병신년(1656, 효종7)

答尹吉甫書 丙申

가르쳐 보여준 별지는 삼가 절하고 모두 읽었네. 형의 본뜻은 인책(引責)하며 스스로 자신의 잘못을 나열했는데 이미 체직되었다면 이는 나의 본심이 상하에 드러난 것이니 진퇴에 있어 출사하기 어려워하는 다른 선비들과 저절로 구별되어 향후 서울이나 시골에서 거리낌 없이 통행할 수 있다고 생각한 것 같네. 이는 형이 스스로 처신하는 도에 또 다른 견해가 될 수 있겠지만, 다만 오늘날 상하가 형에게 기대하는 것은 형의 생각과 다른 듯하네.

대개 형이 전의 잘못을 극진히 진달한 것이 비록 지극한 정성에서 나왔지만 세상에서 이것을 가지고 형을 믿어줄 사람은 평생 교유하는 친구라도 또한 둘 셋이 안 될 것이니 형이 어디에서 수많은 입을 얻어서 집집마다 두고 스스로 밝히겠는가. 형이 전후로 올린 상소는 비록 인책을 주로 하였지만 또한 병을 핑계대면서 강외(江外)로 돌아감을 면치 못했는데 갑자기 서울에 들어온다면, 이 소문이 구중궁궐에 전해질 경우 형이 생각하는 것처럼 너그러이 용서받을 것인지는 장담할 수 없네. 더구나 매우 많은 사람들이 에워싸고 바라보면서 제멋대로 평론하는 시끄러운 소리를 형은 어떻게 감당하겠는가.

사람의 출처와 행장은 진실로 자신의 뜻을 행하고 남이 하는 소리를 돌아보지 않아야 하네. 지금 이 행동은 나에게 이미 온당하지 않으니 어이해 대중을 거스르면서 수많은 사람의 구설에 오르려고 하는가. 시간이 다소 오래 지난 뒤에는 간혹 크게 구애받는 상황에 이르지 않을 수도 있겠으나 지금은 결코 갑자기 들어와서는 안 되네.

인책하는 것은 자중하는 것과 다르다지만, 인책을 했는데 상하로부터 믿음을 받지 못하면 더욱 두려워하며 물러나 움츠리고 있어야 하니 도리상 또한 이와 같이 하지 않을 수 없는 것이네. 비루한 내 생각은 시종 이와 같네. 형이 사정상 행차를 멈출 수 없다면, 성(城) 밖에서 곧장 장지(葬地)로 향하고 굳이 도하(都下)를 경유하지 않기를 간절히 바라네.

보여준 책들에 대해서는 저마다 의견을 가지고 있네. 사성(思誠 권시(權諰))이 말한 것은 대략 나의 견해와 같은데, 인용한 관중(管仲)에 관한 한 단락 이야기는 정확하고 합당하지 못한 듯싶네. 문산(文山 문천상(文天祥))이 치욕적인 사람이 됨을 면하지 못했다는 것은 형의 논리가 너무 과격한 듯하네. 성심껏 죽음을 구하다가 끝내 죽지 못했으면 생사의 즈음에 본디 또 하나의 문산인 것이니, 어찌 갑자기 이것을 둘로 나누어 보겠는가.

주경(周卿)이 말한 것은 본래 오늘날 형에게 바라는 사람들이 공통으로 하는 말이니 어찌 주경만 그러하겠는가. 대개 내가 인책해야 할 경우에는 진실로 통렬히 자책하지 않을 수 없지만, 만약 온 세상이 오늘날의 수양을 함께 인정하고 기존의 허물을 모두 덮어주는 가운데 간혹 부득이한 형세를 만나거나 훌륭한 일을 할 만한 시대를 만난다면, 군자가 또한 어떻게 평생 하나의 허물만 고지식하게 지키면서 물러나 손을 웅크린 채 삶을 마칠 뿐이겠는가.

타인을 대하고 자신을 대하는 것은 비록 같지 않다고 하지만 그 이치는 일찍이 다르지 않네. 진실로 많은 사람들이 믿어 주고 있다면 홀로 행하는 것은 의롭지 않네. 이는 그야말로 신중히 밝게 변별해서 아무렇게나 할 수 없는 부분이라네. 만일 관중이 벼슬을 맡을 만한 의리가 있고 공을 세워 허물을 보충할 수 있었다고 얘기한다면, 이는 진실로 세상에서 관중으로 관중을 논하는 자의 논리이네. 인용이 부당할 뿐만 아니라 또한 논해서도 안 되네. 고명한 자네 생각은 어떠한가?

윤여망과 길보에게 답하는 편지

答尹汝望吉甫書

뜻밖에 영감의 편지가 지미(止美 윤선거(尹宣擧))의 편지 두 통과 함께 이르니 매우 위로가 되었네. 연산(連山)에 장지(葬地)를 미리 정한 것은 다행이네. 다만 요즘 중들이 너무 못 되서 의도치 않은 변고가 없지 않지만, 만약 이 절을 헐어버릴 수 없다면 주객(主客)의 형세를 끝내 바꾸기 쉽지 않을 것이네. 훗날 떠안을 걱정을 고려하지 않을 수 없는데 전에 상가(喪家)의 생각이 매우 날이 서 있는 것을 보고 모두 말하지 못하고 물러났으니 개인적으로 잊지 못하고 근심한다네.

시장(諡狀)은 동춘(同春 송준길(宋浚吉))이 어찌 고사할 수 있겠는가. 묻기를 청한 일은 내 생각도 자네들 의견과 대략 같네. 포야(浦爺)를 배향하는 일에 대해서는 진실로 이런 소란이 일어날 줄 알고 있었네. 그냥 맡겨 둬야지 어쩌겠나? 성림(聖林)의 모임은 차질이 생겨 이에 이르렀으니 진실로 통탄스럽네. 나는 집이 퇴락해서 형편상 그믐 전에 철거해서 다시 지으려고 하네. 이번 일은 또한 20~30일은 소요될 전망이라 나그네 시름으로 초가을에는 몸을 빼기가 힘들 듯하네. 참으로 인사(人事)에 장애물이 많구려.

이달 보름 전에 길보(吉甫) 형이 만약 용서(龍西 윤원거(尹元擧))와 함께 강을 지나게 된다면, 내 비록 병들었지만 감히 힘을 내지 않을 수 있겠는가? 다만 함께 보낼 수 있는 날을 따져 봐도 십여 일에 불과하니 이 같은 상황에서 몇 권의 책을 보겠는가? 이 때문에 한숨이 나오는구려. 오직 두 분 형이 상의해서 처리하는 데에 달려 있네.

윤길보에게 답하는 편지
答尹吉甫書

혼자 눈 내린 창문을 닫고 있는데 차가운 매화가 꽃을 피웠네. 맑은 향기를 그리워하면서 자네 생각이 더욱 뭉게뭉게 피어올랐는데 뜻밖에 이런 즈음 정겨운 편지가 손안에 들어왔네. 편지를 열어 보고 섣달 추위에 기거가 편안하고 외부로부터 받던 고민도 사라졌음을 알게 되고는 너무나 위로가 되어 무어라 말로 표현할 수가 없네.

나는 강가를 왕래한 뒤에 다시 감기에 걸려서 설 쇠기 전에는 다시 외출할 계획이 없네. 지척에 두고도 어긋나서 갑자기 해를 넘겨 이별하며 인사가 끊기게 되었으니 탄식할 노릇이네. 노선생(老先生)의 행장 초본을 경건히 받고서 읽어 보았네. 다만 인편이 급한 관계로 반복하여 읽지 못한 것이 한일세. 중초(仲初 조복양(趙復陽))의 대사가 임박했는데 가서 만날 방도가 없네. 그저 심부름꾼 하나를 보내 살피게 할 것이니 가슴이 아프네.

이생(李甥)은 갈 길이 바쁜 나머지 가르침을 받지 못할 것으로 생각되네. 이 사람은 아름다운 자질이 있는데 출세를 너무 일찍 했으니 참으로 큰 걱정이네. 이번에 가는 발길을 강력히 만류했지만 저쪽의 계획이 이미 정해져서 말을 듣지 않았네. 앞으로 멀리 있는 사람을 계속해서 상관하기 어려울 듯하니 한스럽구려.

윤길보가 논한 서자를 후사로 삼는 것에 대해 답하는 편지
答尹吉甫論庶子爲後書

서자(庶子)의 아들이 할아버지의 후사가 되면, 아버지의 어머니를 위해 복이 없다고 하였네. 이 한 조항은 서손(庶孫)이 그 조모 복을 입는 분명한 증거일세. 이미 할아버지의 후사가 되지 못했으면, 어찌 감히 그 아버지의 승중(承重)이라 하여 그 조모 복을 입지 않겠는가.

"그 처는 평소와 같이 한다"라고 한 것은 당초 나의 답변에서도 자세히 살피지 못한 듯하네. 다시 본문의 뜻을 살펴본 결과, 이른바 평소와 같이 한다는 것은 아마도 그 본래의 복을 입어야 할 것 같네. 공자(公子)의 처인 경우, 종경이중(從輕而重)의 예(例)는 대개 부인이 압굴(壓屈)되는 혐의가 없네.[30] 지금 평소와 같이 한다고 한 것을 '복이 없다'는 의미로 간주한다면 본의를 잃은 듯하네. 어떻게 해야 할지 모르겠네.

30 공자(公子)의……없네 : 나와 망인(亡人)이 본래는 친속이 아니지만 남편이나 어머니나 임금을 따라 그 친속을 위해 입는 복이 종복(從服)인데, 종복에는 속종(屬從), 도종(徒從), 종유복이무복(從有服而無服), 종무복이유복(從無服而有服), 종중이경(從重而輕), 종경이중(從輕而重) 등 여섯 가지가 있다. 이 가운데 종경이중은 공자(公子)가 임금에게 억압되어 어머니 상중에 연포(練布)로 만든 관(冠)을 쓰는 경복(輕服)을 입지만, 공자의 아내는 시어머니를 위해 기년복을 입는 것이다. 압굴은 존자(尊者)에게 눌려서 정해진 예법보다 등급을 낮추어 행하는 것을 말하는데 압강(壓降)이라고도 한다.

서자가 적자로 오르는 것은 계후(繼後)와 같지 않으니, 아마도 그 외조(外祖)를 고칠 이치가 없는 듯하네. 예경(禮經)에서 찾아보아도 명시된 글이 없네. 우리나라 사람들이 적서귀천(嫡庶貴賤)을 구별하는 것을 익숙히 보았기 때문에 이런 의문이 생긴 것이네. 적모(嫡母)는 이미 군모(君母)이니 비록 외조를 고치지 않더라도 어찌 어머니가 아니겠는가. 서자의 승중(承重)은 제사를 받드는 계실(繼室)의 아들과 대단한 차이는 없는 듯한데 어떤지 모르겠네.

〈상복소기(喪服小記)〉에는 "군모(君母)의 후사가 된 자는 군모가 죽었으면 군모의 당(黨)을 위하여 복을 입지 않는다."라고 하였네. 〈소기〉의 내용이 이와 같으니 유(兪)를 외가(外家)로 삼아야 한다는 소리는 잘못 상고한 듯싶네.

초려(草廬 이유태(李惟泰))의 설은 실로 우재(尤齋 송시열(宋時烈))와 같으니 이런 논의가 있는 줄 본디 알고 있었네. 다만 예(禮)에서 첩의 아들 가운데 승중한 자가 그 외조부모를 위해 입는 복은 없다고 말하고 적모(嫡母)의 부모를 외조부모로 삼는다고 말하지 않는 글에서 더욱 의심스러운 점이 있는 듯하네.

윤길보에게 답하는 편지 정유년(1657, 효종8)
答尹吉甫書 丁酉

상복을 입은 몸으로 과거에 응시하러 가는 말씀에 대해, 나는 일찍이 '정 부자(程夫子)가 조부모의 상복만을 논한 것은 그 뜻이 있을 것'이라고 생각했네. 무릇 방기(旁朞)[31]는 장사를 치른 뒤라면 생각에 따라서는 더러 응시할 수 있기 때문에 평생 스스로 처신하고 남을 대한 것도 이와 같음에 지나지 않았네.

대개 과거에 응시하는 것은 관례나 혼례 같은 길례(吉禮)와는 다르니, 관직에 있는 자가 또한 길복을 입고 공무를 볼 수 있다면, 선비가 잠시 과장(科場)에 나가는 것이 인정과 도리에 어긋나지 않을 듯한데 어떻게 생각하는가? 대공(大功)[32]의 상에 장례를 치른 뒤와, 소공(小功)[33]의 상에서 장례를 치르기 전은 또한 정리상 깊고 얕은 구별이 절로 있으니, 오직 해당자가 참작해서 행할 따름이네. 이 또한 정설을 세울 수는 없을 듯하네.

31 방기(旁朞) : 방계(旁系) 친속을 위해 1년 동안 입는 상복을 말한다.

32 대공(大功) : 5복 중의 하나로, 복상 기간은 9개월이다. 상이 발생했을 때 대공복을 입는 범위의 친족을 대공친이라고 한다. 대공친의 범위는 예서에 따라 조금씩 차이가 있는데, 《경국대전》에는 대체로 주희의 《가례》를 따라, 시조부모, 아들, 손자, 백숙부모, 조카며느리, 사촌 형제, 자매를 대공친으로 규정했다.

33 소공(小功) : 상기(喪期)가 5개월인 경우를 소공이라 하는데 증조부모·재종형제 등의 상이 이에 해당한다.

윤길보가 질문한 나이와 관작에 대해 답하는 편지
答尹吉甫問齒爵書

나이와 관작에 관한 설은 율곡(栗谷) 선생이 이미 주자(朱子)의 학설을 인하여 윤색한 것이니, 이에 의거해서 따른다면 널리 쓰일 전례가 될 수 있을 것이네. 우애(尤哀 송시열(宋時烈))가 말한 것은 매우 곡절이 있으니 대략 변통하지 않을 수 없네. 비록 그 가운데 나이를 숭상한다 하더라도 만약 자제가 된 자로 하여금 갑자기 부형의 자리에 당하게 한다면 참으로 스스로 편안하지 못한 바가 있을 것이네.

50세 이하는 변통하는 절목이 있어야 할 듯하네. 대개 약정(約正 향약(鄕約)의 임원)과 이작자(異爵者 지위가 높은 벼슬아치)는 본디 장로이니 자연히 존자(尊者)의 위치를 차지할 수 있지만, 만약 모두가 나이가 젊다면 간혹 장자의 자리만 설치하고 존자의 자리는 없어도 무방할 듯하네. 정말 부득이해서 자리에 장자가 없을 경우 다만 동서로 서서 뜰에서 읍하는 예를 하는 것도 안 될 것이 없을 듯하네. 어떻게 생각하시는가? 대시(臺侍)[34]는 관계(官階)의 고하나 시임(時任) 여부를 논의해서는 안 될 듯하네.

34 대시(臺侍) : 임금의 시종신인 사헌부와 사간원의 벼슬아치를 말한다.

윤여망에게 주는 편지 무술년(1658, 효종9)

與尹汝望書 戊戌

인편이 이르러 두 통의 편지 및 길형(吉兄 윤선거(尹宣擧))의 편지와 상소 등을 공경히 받고는 매우 위로가 되었네. 길보(吉甫)의 낭패는 진즉 걱정했는데, 요즘은 이런 상황을 어떻게 벗어나고 있는가?

성상의 비답 가운데 "자신의 몸이 더러워질까 걱정하는 듯하다"와 "보기를 부끄러워한다"[35]는 등의 몇 가지 말씀은 크게 사람들을 놀라게 만드네. 성상께서 이렇게 많은 말씀을 하셨는데 끝내 한 가지 설만 고집한다면 대중(大中)의 도(道)가 과연 이 정도에서 그칠지 모르겠네. 이 일은 매우 말들이 많아서 쉽게 처리할 수 없네.

성상께서 이미 작록을 억지로 주지 않겠다는 하교하신 만큼, 이를 인용하면서 스스로의 잘못을 나열한 다음 명을 받들어 사은숙배하고 군신간 대의를 조금 푼 뒤에 종국에 가서 평소의 뜻을 이루어야 할 듯한데 어찌 생각하는지 모르겠네. 만약 범승(范升)[36] 같은 한 명의

35 자신의……부끄러워한다 : 이는 윤선거가 1658년에 대궐에 이르러 올린 세 번째 상소문에 대한 비답이다. 그 내용을 소개하면 "그대의 사정이 비록 슬프긴 하나 임금과 신하의 의리는 천지간에 사라질 수 없는 법인데 대궐의 계단을 지척에 두고도 한번 만나는 것도 달가워하지 않으니 마치 자신의 몸이 더러워질까 걱정하는 듯하다.……백성이 임금을 만나지 않을 의리가 없는데 기어이 여기에 이르지 않으니 나를 보는 것을 수치스럽게 여기는 건 아닌가?"라고 하였다. 《魯西遺稿 卷3 三疏》

36 범승(范升) : 후한(後漢)의 주당(周黨)이 건무(建武) 연간에 부름을 받아 의랑(議郎)이 되었으나 병으로 직을 버리고 민지(黽池)에 가서 살았다. 다시 부름을 받자 그는 단포단의(短布單衣)를 입고 와서 광무제(光武帝)를 뵙고 뜻한 바를 지키기를 원

대관(臺官)이라도 있다면 어찌 이 형에게 큰 다행이 되겠는가마는 그 시대의 풍격을 또한 기대할 수 없으니, 우습구려.

춘(春 송준길(宋浚吉))・우(尤 송시열(宋時烈))는 세상에 드문 총애를 입고 있어 보고 듣는 사람을 놀라게 하는데, 다만 끝내 어떤 보답을 해서 원근의 바람에 부응할는지 모르겠네. 스스로 산비탈 밭에 무성하게 난 싹이 되어[37] 한갓 여러 형들로 하여금 한층 낭패스러움을 면치 못하게 하는 건 아닌가? 크게 걱정되는 부분이네.

한다고 진술하니 광무가 허락하였다. 그러자 박사(博士) 범승(范升)이 그를 헐뜯는 글을 올리니, 광무는 "예부터 명왕(明王)과 성주(聖主)에게는 불빈지사(不賓之士)가 있는 것이다. 백이(伯夷)・숙제(叔齊)가 주(周)의 녹을 먹지 않고 태원(太原)의 주당이 짐의 녹을 먹지 않는 것은 모두 각각 뜻이 있는 것이니, 그에게 비단 40필을 하사하라."라고 하였다. 《後漢書 卷83 逸民列傳 周黨》

37 스스로……되어 : 《시경》〈정월(正月)〉에 "저 비탈 밭을 보건대 무성하게 혼자 자라는 싹이 있거늘, 하늘이 나를 흔드는 것이 마치 나를 이기지 못할 듯이 하는구나." 하였는데, 주희(朱熹)의 주(注)에 "또한 허물을 돌릴 곳이 없어서 한 말이다. 처음에 나를 구하여 법으로 삼으려 할 적에는 행여 나를 얻지 못할까 두려워하더니, 이미 얻고 나서는 또 나를 붙잡기를 견고히 하여 원수처럼 하나, 또한 끝내 나를 등용하지 않는다. 구하기를 매우 어렵게 하고 버리기를 매우 쉽게 하니, 그 무상함이 이와 같은 것이다."라고 하였다.

윤길보에게 답하는 편지
答尹吉甫書

진협(鎭峽)에서 송별하고 지금까지 암울했는데, 이어서 이러지도 저러지도 못하는 형편이라는 소식을 듣고 이 때문에 마음이 괴로웠네. 편지를 받고 훌훌 털고 가서 풍진에 더렵혀지지 않았음을 알았네. 본래 자기가 미리 정한 것이라 무수한 말들이 진실로 관심을 끌기에 충분하지 않았던 것이네.

다만 이러한 도리가 끝내 대중(大中)에 부합하는지는 모르겠네만, 성상을 자극하여 진노하게 한다거나 혹은 세도에 손상을 준다면, 지나친 걱정이 없을 수만은 없을 것이네. 성상의 비답은 한결되이 온화하게 타이르셨으니, 이는 참으로 파격적인 거조이네. 파격적인 거조에 대처하는 방도를 하나의 틀로만 단정해서는 안 될 것이네. 망형(望兄 윤문거(尹文擧))의 견해는 바꿀 수 없는 논리이네.

다시금 바라건대 짤막한 상소를 지어, 과분하여 낭패를 당한 나머지 재차 나아갈 수 없다는 의사를 강력히 피력한다면, 성상께서도 분명 일단은 허락하지 않을 수 없을 것이네. 천만번 다시 생각하고 다시 생각하시게.

윤여망과 길보에게 답하는 편지

答尹汝望吉甫書

우졸(郵卒 역참의 심부름꾼)이 자네들의 편지를 전해 주니 십분 위로가 되었네. 나는 왕명을 들은 뒤로 잠자리에서나 밥 먹을 때나 불안하기만 하네. 이와 같이 외람되이 속이고 훔치는 일을 하니 큰 낭패를 당하지 않을 날이 얼마나 되겠는가? 형편상 시간을 끌 수 없어 24일에 길을 나서기로 정했는데 경유하는 길이 서로 어긋나 가르침을 받지 못하고 가자니 더욱 끝없이 망연자실할 뿐이네.

지미(止美 윤선거(尹宣擧)) 형이 강가 사찰로 왕림하기를 매우 바랐는데 기약한 날이 점점 가는 것으로 보아 또한 허사가 된 듯싶네. 서울에 들어가 왕명을 받는 날에 곧바로 상소하여 스스로 죄상을 진술하고자 하는데, 한 번 올려서 윤허를 얻지 못하면 두 번 세 번 올리는 것은 온당하지 못한 일인가? 아니면 다른 도리가 있겠는가? 헤아려 보고 가르침을 주기 바라네.

상소문을 아직 완성하지 못해 보내어 품의하지 못하니 대단히 한스럽네. 대체로 스스로 죄를 인정할 뿐, 해명하는 말은 감히 언급하지 않으려는데, 모르겠네만 이 또한 어떠한가? 용서(龍西 윤원거(尹元擧)) 대형(大兄)에게 다시 작별 의사를 밝히지 않았고, 아드님 모두에게도 갑작스러워 별도로 편지를 보내지 못하였네. 각자 한마디 말로 미혹한 이 사람을 지도해 주길 바라네.

윤여망과 길보에게 답하는 편지

答尹汝望吉甫書

자네들의 편지를 공경히 받고 이별을 대신하려니 나도 모르게 슬퍼졌네. 세상의 만남과 이별이 이와 같은 줄을 진실로 알지만, 지금의 이 이별은 진실로 꿈속의 꿈이어서 더욱 사람을 탄식하게 만드는구려. 두 형이 가르친 뜻을 감히 받들지 않을 수 있겠는가? 다만 생각건대 사람이 미천해서 임무를 감당할 수 없는 점이 있으니 어쩌면 좋단 말이오?

길형(吉兄 윤선거(尹宣擧))의 별지는 바쁘고 어수선해서 명료하게 눈에 들어오지 않으니, 삼가 행낭 속에 넣고 먼 길을 갈 때 열어 보면서 다른 사람들이 보지 못하게 할 것이네. 나머지 많은 일들은 객지에서 심난한 탓에 뜻을 다 적지 못하고 두 젊은이에게 구두로 모두 전달하네.

윤여망과 길보에게 주는 편지

與尹汝望吉甫書

지난번에 자네들의 편지를 받은 것이 지금까지 위로가 되네. 겨울에 접어든 후로 자네들의 조용한 생활은 신의 도움을 입었는가? 남쪽 구름을 바라보며 그리다 보면 다만 저절로 마음이 그리로 날아간다오. 내가 올린 소장은 윤허를 받지 못하고 얼마 뒤 다시 승진하니 더욱 놀랍고 두렵다네. 감히 질병을 말하지 못하고 그렇다고 인책(引責)도 하지 못한 채 묵묵히 다른 사람을 따라다니고 있으니 끝내 어떻게 결판날지 모르겠네.

우(尤 송시열(宋時烈))·춘(春 송준길(宋浚吉))이 이미 나왔지만 종적이 편하지 않아 또한 자주 서로 만나지 못한 채 상황을 대강 듣고 온갖 근심에 휩싸여 있네. 이른바 동인(同人 뜻이 같은 사람)들이 또한 모두 두려움에 위축되어 물러나 피하니 착한 사람들의 고단함이 이와 같은 상황에서 조치가 있기를 기대할 수 있겠는가? 우암의 생각은 반드시 형들을 끌어들이려고 할 테니 아마도 산야(山野)에서 또한 조용히 유유자적하지 못할 듯싶네.

윤백분과 여망과 길보에게 주는 편지
與尹伯奮汝望吉甫書

지난번에 상소한 유생이 와서 증산(甑山)의 편지[38]를 삼가 받았네. 편지를 보고 그동안 어떻게 생활했는지 알게 되어 십분 위로가 되었네. 나는 근래 연달아 직려(直廬)에 있으면서 세 차례 입시하여 세자를 뵈었는데 의표가 뛰어나고 학문이 크게 늘었으니 진실로 종묘사직의 복이로세. 내전(內殿)의 머리 뒷부분에 생긴 종기가 매우 가볍지 않네. 크고 작은 근심과 시의(時議)가 어수선해서 대화(大和)를 보합하는 것[39]은 용이하지 않을 듯싶네. 이곳의 우려를 다 쓰기는 어려운 상황이네.

흉년에 백성을 구휼하는 정사는 성상께서 특별히 마음을 쓰시는 부분이네. 호남(湖南) 아홉 고을의 전세(田稅)를 모두 탕감한 것은 매우 큰 은혜일세. 환곡 상환에 차등을 두는 일 또한 동춘(同春 송준길(宋浚吉))의 계사(啓辭)를 인하여 이미 각 도(道)에 고지한 상태라오. 다만 군량미 창고를 푸는 것만은 시종 완강히 거부당하니 그때그때 아주 긴급해지면 변통을 해야 할 듯싶네. 세도와 인심이 점점 위험 수위에

38 증산(甑山)의 편지 : 윤문거(尹文擧, 1606~1672)가 보낸 편지를 가리킨다. 윤문거는 석성(石城)의 증산에서 1655년 1월부터 증산에 우거하였다. 《石湖遺稿 卷7 附錄》

39 대화(大和)를 보합하는 것 : 대화는 음양(陰陽)이 잘 조화된 원기(元氣)를 말하고, 보합은 안정시켜 화합하게 하는 것을 말한다. 《주역》 〈건괘(乾卦) 단(彖)〉에 "건도가 변하여 화함에 각각 성명을 바루니, 대화를 보합하여야 이에 이롭고 정하다."라고 하였다.

다다르고 있는 듯하네. 소소한 나쁜 말들이 비등하여 멈추질 않으니, 어떤 등속의 역량으로, 어떤 등속의 군신간 좋은 만남으로 이런 국면을 진정시켜 융합할 수 있겠는가?

춘형(春兄 송준길(宋浚吉))은 바야흐로 돌아갈 뜻이 있는데, 초형(草兄 이유태(李惟泰))은 또한 장차 어떻게 하겠는가? 길형(吉兄 윤선거(尹宣擧))이 전후로 보인 간절한 가르침을 내 어찌 잠시라고 잊을 수 있겠나. 다만 이러한 대절목(大節目)은 현재 형세가 격식에 구애받기 때문에 지금 이리저리 바꾸느라 일일이 가르침에 부응하지는 못할 것 같네. 이는 편지로 다 말하기 어려우니 묵묵히 헤아리시게.

흉년에 구휼하는 정사에서 또한 대단한 논의들이 있네. 구중궁궐에서 고뇌하는 성상의 근심은 정사를 닦는 밤낮으로 매우 절절하시지만, 아래에서 받들어 행하기에는 또한 아쉬운 점이 많아 이 때문에 한 번 개탄하였네.

윤여망과 길보에게 주는 편지 기해년(1659, 효종10)
與尹汝望吉甫書 己亥

해가 이미 바뀌어 삼양(三陽)이 자라는 요즘[40] 자네들의 조용한 생활은 신의 도움을 입고 더욱 편안하신가? 일찍이 역병의 핍박을 받아 동복(僮僕)이 건강을 잃었다고 들었는데 나그네 거처의 자질구레한 것들이 지금은 진정되었는가? 전후로 보내준 편지를 차례로 받고 부지런한 가르침에 내심 감명 받았네만, 다만 즉시 실행하지 못해 죄송하구려.

나는 객지에서 병들고 나이를 먹다 보니 살맛이 거의 없는데, 천만뜻밖에 특명을 받고 병조 참지(兵曹參知)에 제수되었네. 이는 묘당(廟堂)에서 칭찬한 것 때문에 그리된 것이네.[41] 재차 상소하여 애달프고 간절하게 호소했지만 윤허하는 비답을 받지 못하고 여러 논의들에 압박을 받아 부득이 나와서 사은숙배하였네. 세상만사에 진실로 있지 않은 일이 없다오. 옛사람이 말한 '살아서 나갔다가 죽어서 돌아온다'는 것이 앞으로 판가름 났다네.[42] 강호에서 편안히 지내던 즐거움을 회상

40 삼양(三陽)이 자라는 요즘 : 삼양(三陽)은 봄 혹은 1월을 뜻한다. 음력 11월에 하나의 양효(陽爻)가 처음으로 생겨났다가 1월이 되면 세 개의 양효가 하괘(下卦)에 자리하고 세 개의 음효가 상괘에 자리하는 태괘(泰卦)를 이루기 때문에 삼양이라고 말한 것이다. 그리고 〈태괘 단(彖)〉에 "군자를 안에 있게 하고 소인을 밖에 있게 하니, 군자의 도가 자라나고 소인의 도가 없어진다."라는 말이 나온다.

41 천만……것이네 : 《국역 효종실록》 10년 1월 8일 기사에 "이유태(李惟泰)를 진선으로 삼고, 유계(兪棨)를 병조 참지로 특별히 제수하였다. 앞서 송시열과 송준길이 유계의 재주와 학식을 들어 힘껏 추천하였기 때문에 이런 제수가 있었다."라고 하였다.

하니 더욱 애타게 그립구려.

별지

살펴보건대 나랏일이 어수선하여 정치를 바꿀 길이 없네. 아무리 생각을 다해서 죽음으로 나라에 보답하고 싶어도 참으로 착수할 실마리를 얻지 못하겠네. 군적(軍籍)은 건드리지 않을 수 없는 분야지만, 마침 흉년을 만났고 백성을 움직이는 것도 두려워서 어찌해야 할지 모르겠네. 무엇보다 조정에서는 마침내 확실하게 협력할 가망이 없네. 군민(軍民) 등에 관한 국가의 정무는 온 조정에서 모두 혀를 내두르며 회피할 생각이나 하니 이러한 상황에서 오히려 무슨 일을 기대하겠는가?

구구한 나의 생각으로는 또한 오늘날의 형세를 보건대 먼저 여러 폐단을 혁파하고 큰 은혜를 펼치지 않고 정돈하려고 일을 벌인다면, 비단 이루어지지 않을 뿐만 아니라 반드시 큰 낭패가 있을 것이네. 이 때문에 근심하고 두려워서 바야흐로 우(尤 송시열(宋時烈))・춘(春 송준길(宋浚吉))과 상의하고서 장차 진달하려고 하는데, 외롭게도 응

42 옛사람이……났다네 : 살아서 벼슬에 나아갔다가 죽어서야 고향으로 돌아와 묻힌다는 뜻이다. 후한(後漢)의 은사(隱士)인 위환(魏桓)이 환제(桓帝)의 부름을 자주 받자 향인(鄕人)들이 벼슬길에 나가기를 권하였다. 위환이 말하기를 "벼슬을 하는 것은 뜻을 실천하기 위함이다. 지금 천 명의 후궁(後宮)을 줄일 수 있으며, 만 필(萬匹)의 구마(廐馬)를 줄일 수 있으며, 좌우(左右)의 권호(權豪)들을 제거할 수 있겠는가?"라고 하니, 모두 그럴 수 없을 것이라고 대답하였다. 그러자 위환이 탄식하며 말하기를 "이 위환이 살아서 갔다가 죽어서 돌아온다면 제자(諸子)들에게 무슨 도움이 되겠는가?"라고 하고, 마침내 은거하고 나가지 않았다. 《後漢書 卷83 周黃徐姜申屠列傳》

원하는 사람이 없으니 또한 실패로 끝날 듯싶네. 조치하는 사이에 마땅히 시행하고 혁파해야 할 것을 아무쪼록 인편을 통해 조목조목 보여주길 바라네. 전에 한 말이 행해지지 않았다는 이유로 문득 그치지 않는다면 천만다행이겠네.

윤여망과 길보에게 주는 편지
與尹汝望吉甫書

막힌 소식이 봄 들어 더욱 심하니 사모하는 정성이 나날이 더욱 커지고 있네. 나는 병을 무릅쓰고 벼슬을 하자니 부끄러움과 두려움으로 죽고 싶은 심정이네. 전에 입시했을 때 성상의 하교를 친히 받들었는데 나로 하여금 비국(備局)의 문서를 전담하게 하셨고, 어제 다시 입시했을 때에 다시 약간의 말씀을 아뢰었더니 또한 온화한 뜻으로 윤허하셨네. 만 번 죽을 고비를 넘긴 목숨은 앞으로 살아갈 방도가 전혀 없으니, 한밤중에도 근심하지만 어떻게 대처해야 할지 모르겠네. 바라건대 형들이 불쌍하게 여기고 끝까지 가르쳐 주어서 큰 낭패를 면하게 해 주면 매우 다행이겠네.

동춘(同春 송준길(宋浚吉))은 이장(移葬)하는 일 때문에 장차 휴가를 청하려 하니 크게 걱정스럽네. 초형(草兄 이유태(李惟泰))은 사리상 끝까지 사직하기 어려우니 형들이 또한 한번 나오도록 권하는 건 어떻겠나? 이곳은 외롭고 위태로움이 이미 심해서 지방에 있는 벗들에게 기대하지 않을 수 없으니 그 사정이 또한 딱하다네.

전날 길형(吉兄 윤선거(尹宣擧))의 별지에 대해 우암(尤庵)・동춘과 상의했는데, 우암은 "다른 사람을 쓰면 바르고 간사한 것을 분별하지 않았다고 질책할 것이고 같은 사람을 쓰면 사사로운 혐의를 피하지 않았다고 질타할 것이니 앞으로 어디에서 인재를 얻겠는가?"라고 하였고, 동춘은 "이 일은 진실로 우리들이 해결할 문제가 아니다. 이를 제쳐두고 여망이 발을 펴고 길보가 고개를 돌리면 가망이 있다."라고 했는데, 이는 모두 농담 삼아 한 말이네. 아무쪼록 다시 자세히 생각하고 조목조목 가르쳐 주어 길에서 방황하지 않도록 이끌어 주게나.

별지

어제 입시해서 우대(尤台 송시열(宋時烈))와 상의하고 또 상신(相臣)에게 아뢰어 둔장(屯莊)의 폐단을 혁파하려고 논의했는데, 사안에 저해하는 것들이 많아 결국 양서(兩西) 지방 관향(管餉)·둔장(屯莊)의 별장(別將)만 겨우 혁파하고 본읍(本邑)의 수령으로 하여금 주관하게 하였네.

비루한 내가 본병(本兵 병조(兵曹))에 근무하면서 도망자와 죽은 사람, 노인과 약자의 군포를 탕감하고 정병(正兵)에게 거두는 포(布)의 수치를 줄임으로써 군인의 사기를 위로해 줄 것을 청하니 상께서 대신 충당할 포가 없다며 난색을 표하셨네. 그러므로 사대부 및 부역을 하지 않는 품관(品官)이 1필을 봉입하는 의견을 대략 진달하여 믿음을 심어주었네.

만약 군역을 면해야 하는 사족(士族)이 아닌 자는 각 관청에서 일체 봉입을 허락하지 말아서, 지금 이렇게 포를 거두는 것이 귀천을 구별하여 영원히 역을 면제받는 바탕을 마련하는 것이지 강정(降定)[43]하여 봉입을 독촉하는 의도가 아님을 명시하는 것이라고 말씀드렸더니, 성상께서도 자못 경청하시고는 하나의 문자를 만들어 묘당에 의논하게 하셨네. 그러므로 형편상 앞으로 하나의 상소를 올리지 않을 수 없게 되었네. 분분한 많은 논의를 듣다 보니 장차 병이

43 강정(降定) : 신분 또는 벼슬을 낮추어 군역을 시키는 것을 말한다.

나지 않아도 죽게 될 것 같네. 어찌하면 좋겠는가?

윤여망과 길보에게 주는 편지

與尹汝望吉甫書

화창한 봄인데도 북쪽 기운의 영향으로 추위가 한겨울보다 매섭네. 남쪽 지방의 안부를 살피지 못했는데 자네들의 기거는 편안하신가? 소식이 막힌 지 오래이니 그리워서 마음이 괴롭구려. 나는 이런 힘든 상황에서 벼슬하는데 도망치고 싶어도 그러지 못하니 죽을 날이 머지않았음을 스스로 알겠네. 어찌할 도리가 없다오.

성은에 감격하여 보답하려고 참으로 안 해 본 것이 없지만 시세와 인정에 종종 구애받아 어수선한 상태에서 끝나고 말 것 같으니, 이 때문에 한밤중에 탄식하면서 죽고 싶은 마음뿐이라오. 삼가 바라건대 형들이 자세히 헤아리고 충고해 주어 어리석음을 깨우쳐 준다면 더할 나위 없이 다행이겠네.

우(尤 송시열(宋時烈))·춘(春 송준길(宋浚吉))은 모두 다행히 별 탈 없이 지내지만 조치가 아직도 두서 있게 진척되지 않으니 심히 걱정일세. 내 아들이 병든 어미를 모시려고 하니 정리상으로야 억누르기 어렵지만 옛 거처가 황폐하게 버려졌고 선영도 보호할 사람이 없으니 이로 인해 마음이 더욱 좋지 않네. 옛날에 이른바 '살아서 나갔다가 죽어서 돌아온다'는 것을 장차 내 몸에서 직접 보게 생겼으니 괴롭고 괴로운 일이네.

윤백분과 여망과 길보에게 답하는 편지
答尹伯奮汝望吉甫書

형들이 전후로 보내준 편지와 별지의 가르침을 공경히 받고서 매우 위로가 되었네만, 감동과 두려움이 참으로 깊네. 나는 벼슬을 하며 이런 상황에 이르렀고 큰 병이 바야흐로 찾아왔는데, 설상가상으로 시세(時勢)를 헤아리지 않고 망녕되이 어리석은 견해를 진달했다가 세상 가득 욕을 먹고 부질없이 사우(師友)까지 비난의 화살을 받게 하였네. 입 다물고 잘못을 반성하지만 여전히 벗어나서 돌아가지 못하고 그저 스스로 근심할 따름이네.

요즘 상황이 많은 말을 기다릴 필요 없이 시끄러운 소리가 날로 더욱 구름처럼 일어나는데, 낭묘(廊廟)의 위에서는 빈주(賓主)의 뜻이 진(秦)나라와 월(越)나라 관계[44]일 뿐만이 아니니, 이러한 마당에 이룸이 있기를 기대할 수 있겠는가? 범범한 것들은 감히 많이 언급하지 못하네.

별지

길보(吉甫 윤선거(尹宣擧)) 형이 전후로 가르쳐 준 뜻은 귀를 잡고 얼굴을 맞댄 정도일 뿐만이 아니니 받들어 주선하려고 하매 마음이

44 진(秦)나라와 월(越)나라 관계 : 진나라는 서북쪽, 월나라는 동남쪽에 있어 서로 거리가 멀었으므로, 흔히 소원(疏遠)한 사이를 비유하지만, 여기서는 다음 날 아우가 떠나고 나면 서로 멀리 떨어지게 된다는 것을 의미한다.

어찌 끝이 있겠는가. 다만 이곳의 일은 듣고 보며 말하고 행하는 것이 각기 서로 큰 차이가 있네. 위로는 대궐에서 의지하고 중시하는 것이 아직 쇠퇴하지 않았지만, 군국(軍國)의 중요한 일과 공사(公私)간 긴요한 부분에 이르러서는 밝게 아는 부분을 통해 깨우칠 가망[45]이 없는 듯하네.

다음으로 괴극(槐棘)[46]의 반열에 있는 사람들은 걸핏하면 서로 모순되어 아무리 사소한 곡절이라도 융통할 가망이 전혀 없으며, 정승들은 더더욱 개혁을 꺼리니 외부의 객 두세 명이 그 사이에서 분주해 보았자 모든 일의 처음과 끝이 본디 다스려지지 않네. 이렇게 어긋나는 형적으로 어떻게 일을 이루기를 기대할 수 있겠는가?

지난번 양서(兩西) 지방의 관향(管餉)과 둔전(屯田)의 일을 가지고 말하면, 곧바로 별장(別將)의 무리를 혁파하긴 했지만 여러 논의가 분분하여 결국에는 반은 남기고 반만 혁파했으니 이런 규모로 어떻게 감당할 수 있겠는가. 오늘날 병사를 양성하는 등의 큰 폐단은 비록 동춘(同春 송준길(宋浚吉))이 백 명이 있다 하더라도 또한 돌이키

45 밝게……가망 : 임금에게 나아가 말을 함에 있어서 임금이 잘 아는 것부터 말해야 임금이 깨우칠 수 있다는 가능성을 말한다. 《주역》 〈감괘(坎卦) 육사(六四)〉에 "맺음을 들이되 통한 곳으로부터 하면 끝내 허물이 없을 것이다." 하였는데, 정이(程頤)의 전(傳)에 이르기를 "납약은 임금에게 나아가 맺는 도를 말하고, 유(牖)는 개통(開通)의 뜻이다. 사람의 마음은 가려진 바가 있고 통한 바가 있는데, 가려진 바는 어두운 곳이고 통한 바는 밝게 아는 곳이다. 그러니 임금이 밝게 아는 곳에 나아가 아뢰어서 임금이 믿기를 구하면 쉽게 깨우칠 수 있다." 하였다.

46 괴극(槐棘) : 주(周)나라 때 조정에 세 그루의 회화나무〔槐〕를 심고 삼공(三公)이 여기를 향하여 마주 앉고 또 좌우에 각각 아홉 그루의 가시나무〔棘〕를 심고 구경(九卿)이 그 앞에 앉았다는 데서 온 말로, 삼공과 구경, 곧 고관(高官)을 의미한다.

지 못할 걸세. 이런 상황이라면 차라리 이 기회를 통해 면직을 청하는 것이 적절하지 않겠는가?

노형(老兄)이 말한 전날의 가르침은 또한 발의하기 쉽지 않아 우선 주머니 속에 보관하면서 아이들이 보지 못하게 하고 있는데 하물며 외부인의 눈에 널리 보이겠는가? 우암(尤庵 송시열(宋時烈))과 동춘에게 준 것은 다만 전날에 힘쓰도록 권면한 약간의 짧은 편지인데 곧바로 찾아왔네.

윤백분과 여망과 길보에게 주는 편지
與尹伯奮汝望吉甫書

삼가 생각건대 화창한 봄날에 여러분들은 신의 도움으로 만중하리라 생각되네. 용서(龍西 윤원거(尹元擧)) 형이 새로 제수되었으나 움직이기 어렵다는 것을 잘 알고 있네. 부제학(副提學) 형과 사업(司業) 형은 체직될 기약이 없네. 성상의 유지가 날로 압박하니 일을 장차 어찌하겠는가? 지난번 경연에서 관직에 제수되었는데 사직하고 편안히 물러나는 사람에게 일체 체직을 허락하지 않는다는 주상의 하교가 있었던 만큼 이 일의 결말이 틀림없이 쉽지 않으니 마음이 괴롭고 괴롭네.

형들이 내게 책임을 지운 것이 여러 번이었지만 이는 내가 실로 참여하지 못한 일이어서 지난번에 우대(尤台 송시열(宋時烈))를 위해 상세히 말해 줬는데, 중초(仲初 조복양(趙復陽))의 여러 논의는 대단히 그렇지 않다고 여겼고, 우대 또한 자유롭지 못한 상황이네. 요사이 성상이 온화하시어 중외가 감격하지만 천재지변의 참혹함이 날이 갈수록 심하니 재앙의 기틀이 어느 곳에 도사리고 있을지 알 수 없어 밤낮으로 근심하고 두려워하면서 어찌해야 할 바를 모르고 있네.

미촌(龍西 윤선거(尹宣擧))이 타일러 꾸짖은 말은 반드시 마음에 간직하겠네. 비록 들은 소문이 반드시 죄다 사실은 아니겠지만 모두가 근원이 있을 것이니 어찌 감히 가슴에 새기지 않을 수 있겠는가.

별지

형들의 오늘날 형세는 대단히 우려스럽소. 용서(龍西 윤원거(尹元擧))는 절로 여유롭지만, 증산(甑山 윤문거(尹文擧))과 미촌(美村 윤선거(尹宣擧))은 상께서 체직을 허락할 길이 전혀 없으니 끝내 어찌할지 알 수 없어 사람들로 하여금 걱정하게 만드는구려.

오늘날 일이 돌아가는 형세를 가만히 보면, 겉으로는 동류들과 함께 진출하는 경사[47]가 있는 것처럼 보이나 안으로는 우리가 제지당하는 탄식이 있다네. 출사하지 않은 사람들이 도리를 즐기니 삶이 쾌적하지 않은 게 아니라오. 다만 성상께서 목마른 사람처럼 어진 이를 구하는 정성을 끝내 저버릴 수 없으니 형들은 앞으로 어떻게 하시겠소? 병든 다리를 억지로 일으키기 힘들고 평소에 품은 뜻을 돌리기 곤란하겠지만, 운명을 만드는 자가 사람을 이기는 이치가 간혹 있지요?[48]

47 동류들과……경사 : 이는 《주역》 〈태괘(泰卦) 초구(初九)〉에 보이는 말로 "띠풀의 엉켜있는 뿌리를 뽑는 것과 같아 동류들과 함께 감이니, 길하다."라고 하였다. 군자(君子)가 벗들과 함께 나아감, 즉 조정에 선류(善類)가 많이 등용됨을 뜻한다.

48 운명을……있지요 : 운명을 만드는 자는 여기서는 임금을 가리킨다. 임금의 노력 여하에 따라 윤씨(尹氏) 형제들이 출사할 수도 있다는 말이다.

윤여망에게 답하는 편지
答尹汝望書

임편(林便)[49]이 와서 공경히 편지를 받으니 십분 위로가 되네. 나는 다시 승정원으로 자리를 옮겼네.[50] 정력이 지치고 다해서 나라에 보답하려는 마음이 장차 여기에서 그칠 것이니 부끄럽고 가련하네.

요즘 소식 중에는 특별히 말할 만한 게 없네. 다만 민간(閔諫)이 김 영돈녕(金領敦寧)의 수장(隧葬)을 개장해야 한다고 거론하자[51] 조 간의(曺諫議)가 노기를 뿜고 공격하면서 이를 시론(時論)이라고 규정하였네.[52] 우대(尤台 송시열(宋時烈))가 장차 들어가려고 하는데, 이곳의 상황을 어떻게 생각하는가?

49 임편(林便) : 임천(林川)에서 인편이 이른 것으로 보인다.

50 나는……옮겼네 : 유계는 1659년 4월 13일에 승정원 동부승지에 제수되었다. 《承政院日記 孝宗 10年 4月 13日》

51 민간(閔諫)이……거론하자 : 민간은 당시 헌납(獻納)으로 있던 민유중(閔維重)을 가리키고, 김 영돈녕은 김육(金堉)을 가리킨다. 김좌명(金佐明)이 그의 아버지 김육의 장사(葬事)를 지내면서 수도(隧道)를 만들었는데, 민유중이 이는 참람한 예법을 사용했다고 지적하면서 개장하기를 요구한 것이다. 수장은 땅에 굴을 파서 통로를 만들고 매장하는 것으로 왕(王)의 장례에 사용되었다. 《孝宗實錄 10年 4月 8日》

52 조 간의(曺諫議)가……규정하였네 : 조 간의는 당시 대사간 조한영(曺漢英)을 가리킨다. 민유중이 김육의 수장(隧葬)을 논척한 다음날, 조한영이 사간원의 수장으로 있으면서 민유중으로부터 이런 내용을 보고 받지 못한 것은 무시당한 것이라고 하면서 체직을 요청하였다. 그리고 열흘 뒤 조한영은 상소하여 "근래의 법규라는 말을 유중(維重)이 한번 창언하자 시론이 쓸리듯이 동조하고 나서니 누가 감히 무어라 따질 수 있겠습니까."라고 하면서 시론을 운운하였다. 《孝宗實錄 10年 4月 9日, 19日》

민간의 논의가 비록 바르긴 하나 개장은 너무 과하기 때문에 어느 정도 공정한 마음을 지닌 사람들은 그의 논의를 바르게 여기면서도 그 과격함을 비난하지 않는 이가 없네. 지금 과연 이렇게 되었으니 형은 앉아서 귀착점을 생각할 수 있을 것이네. 혀를 끌끌 차지만 어찌겠는가?

요사이 모든 일이 가는 곳마다 구애를 받아 조치를 취할 가망이 없지만, 그래도 성상께서 선(善)을 향하는 본원(本源)에는 잘못된 거조가 없으니 다행이네. 불행하게 점점 번뇌를 일으키는 단서가 생겼기에, 오늘 내가 입시했을 때 진달하여 대신(臺臣)을 업신여긴 과실을 구하려고 하니 비록 윤허를 받긴 했으나 또한 쾌활하지는 않네.[53] 만약 이렇게 전전하다 보면 종국에 어떻게 될는지 모르겠네.

춘대(春台 송준길(宋浚吉))는 병 때문에 목욕을 하러 갔고, 우대(尤台)는 꼿꼿해서 다른 사람을 포용하지 못하고, 대이(大而 홍명하(洪命夏)) 이하는 의견 차이가 없지 않네. 비루한 이 몸이 중간에 처했으나 말이 가벼운 탓에 경청하게 만들지 못하니 일생을 돌아보고 부끄러울 따름이네.

53 오늘……않네 : 《국역 효종실록》 10년 4월 20일 기사에 "상이 옥당의 강관을 소대(召對)하여 《심경》을 강하였다. 강을 마치고 나서 참찬관 유계(兪棨)가 아뢰기를 '임금의 말은 신중을 기하지 않으면 안 됩니다. 한 글자 한 글귀도 관계되는 것이 매우 중대한 것인데 어제 간신(諫臣)에게 내린 비답에 업신여기고 희롱하는 뜻이 현저하였습니다. 그 사람이 비록 미관 말직에 있을지라도 이름이 간관(諫官)이니, 대성인(大聖人)이 널리 포용하는 도량에 있어 이렇게 하는 것은 부당한 것 같습니다. 신은 아주 가까운 자리에 있는 몸이므로 품고 있는 생각을 감히 진달하지 않을 수 없습니다.' 하니 상이 이르기를 '그 말이 옳다.' 하였다."라고 하였다.

윤여망에게 주는 편지

與尹汝望書

"밤에 모이니 새장의 새와 같은데, 새벽빛에 서로 의지할 곳 잃었네"[54]라고 하더니 새벽 풍경을 돌이켜 보매 옛사람이 진실로 먼저 터득했구려. 우암(尤庵)이 성을 나갔다는 말을 뒤늦게 듣고 달려가서 작별하니 심사가 더욱 좋지 못하네. 이 세상은 참으로 고해로세. 군빙(君聘)의 회문(回文)은 삼가 서명을 해서 보내니 이 때문에 서글퍼 눈물이 흐르네.

54 밤에……잃었네 : 이는 당(唐)나라 맹교(孟郊)의 〈한유·이고·장적와 작별 인사를 하다〔與韓愈李翺張籍話別〕〉에 나오는 구절이다. 《孟東野詩集 卷8》

윤여망과 길보에게 주는 편지 경자년(1660, 현종1)
與尹汝望吉甫書 庚子

봄이 또 끝나니 맑은 향기를 사모하며 자나 깨나 간절히 그립구려. 진(陳)나라와 채(蔡)나라 사이의 근심[55]이 매우 박도했다고 들었네. 이는 진실로 우리 집에 항상 있는 일인데 형들이 들판에서 굶주리게 되었으니 도(道)가 액운을 만하고 나라가 부끄러운 상황에 놓인 것이 어찌 아니겠는가. 이 때문에 끊임없이 개탄하네. 팔도의 백성들이 바야흐로 도탄에 빠진 것은 고기 먹는 자들[56]의 죄이니 참으로 도피할 수 없네.

근래 허헌(許憲 허목(許穆))이 소(疏)에서 내세운 주장[57]과 춘대(春台

55 진(陳)나라와……근심 : 매우 곤궁한 생활을 뜻한다. 《장자(莊子)》 〈양왕(讓王)〉에 "공자가 진나라와 채나라 사이에 있을 때 곤궁하여 칠일 동안 익힌 음식을 먹지 못하고 콩죽과 쌀가루도 들어 있지 않은 음식을 먹었다."라고 하였고, 또 《장자(莊子)》 〈천운(天運)〉에 "진나라와 채나라 사이에서 포위되어 7일간이나 불로 음식을 짓지 못하여, 삶과 죽음이 서로 이웃이 될 정도였다."라고 하였다.

56 고기 먹는 자들 : 벼슬아치들을 지칭한다. 《춘추좌씨전》 장공(莊公) 10년 기사에 "고기 먹는 자들이 잘 알아서 할 텐데, 또 뭣 때문에 끼어드는가?〔肉食者謀之, 又何間焉?〕"라고 묻자 "고기 먹는 높은 분들은 식견이 낮아서 멀리 도모하지 못하기 때문이다.〔肉食者鄙, 未能遠謀.〕"라고 조귀(曹劌)가 대답하였다.

57 근래……주장 : 1660년 3월 장령(掌令) 허목(許穆)이 올린 〈상복이 예에 어긋남을 추후에 바로잡는 상소〔追正喪服失禮疏〕〉를 가리킨다. 《記言 卷64 拾遺》 효종이 1659년 5월에 서거한 이후, 당시 정권을 주도하고 있던 서인들은 계모(繼母)인 자의대비(慈懿大妃)의 상복을 기년복으로 정하고자 하였다. 이는 효종이 인조의 중자(衆子)였기 때문이다. 그러나 남인 학자였던 윤휴(尹鑴)는 국왕의 상에는 모든 친족이 참최복(斬衰服)

송준길(宋浚吉)) · 초려(草廬 이유태(李惟泰))의 설을 대강은 보았으리라 생각되네. 허목의 견해는 가공언(賈公彦)의 소(疏)에 '차적(次嫡)을 세워 장자(長子)를 삼는다'는 설을 고수하고 있어 참으로 공파하기 어렵네. 사성(思誠 권시(權諰))의 견해는 집요하게 의리상 상복을 입어야 한다고 주장하는데, 이는 대통(大統)을 주관하니 상복을 입지 않을 수 없다는 뜻이네.

제현(諸賢)들이 말한 "장자를 위한 상복을 이미 입었으면 차적(次嫡)을 위해 상복을 입지 않는다"는 설로 과연 저들의 마음과 입을 꺾고 감복시키기에 충분한가? 형은 반드시 이미 정해 놓은 설이 있을 테니, 부디 협의한 뒤 회답을 주어 몽매한 사람을 계발시키고 따르게 하는 것이 어떻겠나?

을 입는다는 《주례(周禮)》규정을 들어 참최복을 주장하였으나 채택되지 않았다. 1660년 3월에 기년복의 기한이 다가오자, 남인 허목(許穆)이 '왕위를 계승한 아들은 장자로 간주한다'는 《의례》 주소(註疏)를 근거로 자의대비의 복제 개정을 주장한 것이다.

윤길보에게 주는 편지
與尹吉甫書

무더운 절기에 조용히 지내는 생활이 편안한지 살피지 못하니 그리워하는 고통으로 하루가 일 년 같구려. 나는 수개월 전부터 온갖 병에 걸리고 육신의 탈도 또한 절로 난감하다오.

요즘의 일에 대해 말할 수 있겠는가? 사특한 설이 나올 것은 본래 알았지만, 뜻밖에 방안의 창〔戈〕[58]이 어지러이 함께 일어나서 호(湖 윤휴(尹鑴))의 의론이 탄(炭 권시(權諰))보다 갑절은 매섭네. 다행히 태양 같은 성상께서 위에 계시기에 화란이 일어나지는 않았지만 이와 같은 기상이니 어찌 끝내 지탱할 수 있겠는가. 나의 차자(箚子)는 또한 부득이한 상황에서 올린 것이나 아마도 땔나무를 안고 불을 끄는 꼴[59]이 되고 말걸세.

초형(草兄 이유태(李惟泰))이 요사이 군신간의 깊은 교분을 드디어 정했으니 사림의 행복이네. 다만 대소(大疏)[60]를 갑자기 모두 시행하기

58 방안의 창 : 그 사람의 학설을 가지고서 그 사람을 공격하는 것을 이른다. 곧 하휴(何休)가 공양학(公羊學)을 좋아하여, 《공양묵수(公羊墨守)》, 《좌씨고황(左氏膏肓)》, 《곡량폐질(穀梁廢疾)》을 저술했었는데, 정현(鄭玄)이 반박하는 《발묵수(發墨守)》, 《침고황(鍼膏肓)》, 《기폐질(起廢疾)》을 쓰자, 하휴가 보고 한탄하기를 "강성(康成 정현)이 내 방에 들어와 내 창을 가지고 나를 친다."라고 했다 한다. 《後漢書 卷35 鄭玄列傳》

59 땔나무를……꼴 : 잘못된 방법으로 재해를 없애려다 도리어 더 안 좋은 상황을 불러일으킨다는 말이다. 《戰國策 魏策3》

60 대소(大疏) : 큰 상소라는 뜻으로, 이유태가 1659년(현종 즉위년) 5월에 올린 〈기

어려운데, 세속에 얽매이는 논의들이 도처에서 모순을 야기할까 봐 걱정이구려. 증산(甑山 윤문거(尹文擧)) 영형(令兄)은 다시 이렇게 돌아가기로 결정하니 떠나고 머무는 즈음에 마음이 매우 좋지 않다오. 보잘것없는 나는 무슨 일을 하겠다고 한결되이 골몰하는지 모르겠소. 참으로 부끄럽고 참으로 한탄스럽구려.

해봉사(己亥封事)〉를 말한다. 《草廬集 卷2》 〈기해봉사〉는 2만 849자에 달하는 매우 긴 상소로 본래 기해년 즉 1659년(효종10)에 올리려던 것이다. 따라서 효종의 북벌과 내치를 염두에 두고 지었다가 승하로 올리지 못하고 현종이 즉위한 뒤 올렸다. 이 〈기해봉사〉는 현종 연간 이유태가 정치에 참여하는 명분으로 작용하였다. 시정(時政)의 7가지 폐단을 열거하고 3강 16목으로 구제책을 제시하였다. 《김경희, 한국문집총간해제, 초려집 해제》

윤여망과 길보에게 답하는 편지 신축년(1661, 현종2)
答尹汝望吉甫書 辛丑

설 전후로 거듭 편지를 받고 해가 바뀔 즈음의 기거가 신의 도움으로 더욱 좋은 것을 알고서 위로되고 하례하는 마음이 매우 크네. 귀하의 상소가 이미 들어갔는데도 여태 내려오지 않으니 곧바로 체직되는 것은 쉽지 않아 보이네. 다시 얼마의 문자를 더 지어야 한단 말인가? 지미(止美 윤선거(尹宣擧)) 형의 편지를 오랫동안 받지 못해서 그리운 마음을 견딜 수 없네. 정양(靜養)하는 재미가 비록 좋을지 모르나 누추한 마을에서 표주박이 자주 비는 곤궁함[61]을 어떻게 견디고 지내는가?

용서(龍西 윤원거(尹元擧))의 소본(疏本)을 큰소리로 읽고 탄복하였네. 다만 성상의 뜻이 반드시 이르게 하려고 하시는데 줄곧 나오지 않으려고 버틴다면 도리상 또한 어떠하겠는가? 군주의 명에 한번 사은숙배하고 바른 말을 모두 아뢰고 나서 맞지 않아 돌아간다면 누가 말리겠는가? 바빠서 별도로 적지 못하니 부디 이 편지를 함께 본 뒤 회신해 주면 어떻겠나?

나는 머리가 온통 백발이 되었으니 생기가 얼마나 있겠는가? 이런

61 누추한……곤궁함 : 가난한 생활을 가리킨다. 《논어》 〈옹야(雍也)〉에 "어질구나, 안회(顏回)여! 한 대그릇 밥과 한 표주박의 물로 누추한 마을에서 지내는구나. 사람들은 그 근심을 감당치 못하는데 안회는 그 즐거움을 고치지 아니하니, 어질구나, 안회여!" 하였고, 《논어》 〈선진(先進)〉에 "안회는 거의 도에 가까웠지만 자주 끼니를 굶었다." 하였다.

상태에서 입동(入冬) 이후에 질병까지 걸려 결코 버틸 수 없는 상황에 놓였기에 근래 다시금 차자(箚子)를 한차례 올려[62] 자못 이것을 가지고 거취를 결정하려고 했는데, 성상께서 온화하게 타이르시고 대략적으로 채택을 해 주시니 이로 인해 황공해서 곧바로 물러나지 못하였네. 게다가 관장하는 일이 아직까지 두서 있게 진행되지 않아서 형편상 좀 더 시간을 기다려야 하니, 개인적인 답답함은 참으로 말로 표현하기 어렵네.

차자 가운데에서 진달한 내용은 절목(節目)이 많지는 않네. 어린아이에게 거둔 포(布)를 봉입하지 말도록 하고, 어영군(御營軍)은 2월부터 번(番)을 세우지 말 것과, 호위청(扈衛廳) 군관(軍官)을 혁파하는 것을 가지고 바야흐로 대신(大臣)들과 상의하면서 결정짓지 못한 점, 도감(都監)의 병사를 일단 증원하지도 말고 보충하지도 말 것, 군자별창(軍資別倉)은 추포(秋浦)가 논의한 한 조항을 준용하도록 청함과 동시에 조정의 의견이 여럿으로 갈린 상황에서 성상께서 특별히 명하여 여러 궁가(宮家)와 각 아문(衙門)의 어염(魚鹽)과 선척(船隻)을 모두 한번 계산해서 그 실제 수치를 얻은 뒤에 의논하여 처리하기를 요구하였네.

여승이 거처하는 절의 혁파는 성상께서 결정하신 것으로, 이는 그들이 궁금(宮禁)과 서로 내통하면서 지나치게 많이 제사지내는 것을 증오하셨기 때문이네. 그리고 각 도에서 포흠(逋欠)을 거둘 방법이 없는

62 근래……올려 : 《시남집(市南集)》 권11에 수록되어 있는 〈옥당에서 시무를 논한 차자〔玉堂論時務箚〕〉를 가리킨다. 이 차자는 1661년 1월 4일에 올렸다. 《顯宗實錄 2年 1月 4日》

것은 또한 각 도에서 책으로 만들어 장차 탕척하고, 중이 환속하는 일은 큰 혼란에 빠질 수 있으니 우선 중지하도록 하라는 내용이었네.

윤여망과 길보에게 주는 편지
與尹汝望吉甫書

요즘 소식이 막혀 그리운 마음이 몇 배나 간절하였는데 인경(仁卿 윤증(尹拯))이 홀연 재공(材公)과 함께 남쪽과 북쪽으로 와서 모였네. 한참을 이야기하다 보니 자네들과의 만남을 대신하기에 충분해서 다소 울적한 회포를 풀 수 있었네만, 너무도 바쁜 것이 그저 한스러울 따름이네.

봄기운이 화창한 이때, 조용히 지내는 생활은 더욱 신의 도움을 받고 계신가? 나는 병을 무릅쓰고 분주히 움직이느라 견딜 수 없는데, 다만 국가에 일이 많은 관계로 감히 인책하고 들어가지 못하고 있네. 서울과 지방의 기근은 눈으로 보면 참혹하고 귀로 들으면 경악할 만하네. 동쪽의 것을 떼어 서쪽을 기워 보지만 걸핏하면 으레 모순이 생겨 비방이 산적하고 심신은 모두 지쳤네. 이런 상황에서 어떻게 쓰러지지 않을 수 있겠는가. 밝으신 성상께서 정신을 가다듬는 것은 종묘사직의 복이지만, 아래에 있는 사람이 위로 임금을 받들고 아래로 백성에게 베푸는 방법이 있지 않으니, 이것이 매우 한스러운 점이네.

어제 회서(懷書)를 보니 우대(尤台 송시열(宋時烈))가 권면하는 가운데 많은 말들이 있었네. 이는 참으로 자신이 스스로 기약하고 책임져야 할 일을 나 같이 별 볼 일 없는 사람에게 기대한 것이니 아마도 감당할 바가 아닌 듯싶네. 춘대(春台 송준길(宋浚吉))는 요즘 소명에 나아갈 뜻이 있으니 이는 세도를 위해서 다소 위안이 되는 부분이네. 진휼하는 일은 약간의 조치를 취하긴 했지만, 무엇보다도 밀가루가 들어 있지 않은 국수나 다름없어[63] 종국에는 구제할 방법이 없으니 어찌하면 좋은가?

별지

오늘날 진휼책은 참으로 손을 댈 곳이 없네. 비루한 사람들의 생각으로는, 국가가 불행하게 이 지경에 이르렀으니 그저 평소의 규례를 벗어나 백방으로 노력하여 대략 일 년 치 경상비용의 수치를 마련한 뒤 올해 봉입할 것을 덜어내 내년 봄에 백성을 구하는 자금으로 만들어야 하네.

삼남(三南) 지방의 전삼세(田三稅)와 대동(大同) 등의 미(米)는 모두 위로 운반하지 않았으면 하는데, 조정의 논의가 일치하기 어렵네. 전삼세는 호조가 또한 텅 빈 상태라 형편상 중지할 수 없고, 대동미 역시 주관하는 관리가 괴로울 정도로 간하고 있어 일이 끝내 어떻게 될지 모르겠네.

영남(嶺南)과 호좌(湖左)에서 대동미가 없는 곳은 물목(物目)을 감면해야 하는데 아직까지 정하지 못하고 있으니 참으로 답답하네. 무릇 군인의 신역(身役)은 당초 흉년이 심한 지역은 전부 없애고 지차읍(之次邑)은 반쯤 감하려고 했으나 이마저도 중론이 통일되지 않아 지차읍에 대한 논의를 세울 수 없을 듯하네.

대체로 보면 한 나라의 곡물은 나누어 주는 데에 모두 포함되어 있는데, 강도(江都)와 남한(南漢)의 6, 7 만 곡(斛) 및 양서 지방의

63 밀가루가……다름없어 : 어떤 성과를 내려고 하면서 근본적인 요소가 준비되어 있지 않은 것을 말한다. 《晦庵集 卷26 上宰相書》

군량미 몇 만 곡을 제외하면 남아 있는 비축분이 전혀 없으니 나라의 재정이 망극한 지경에 이르렀다고 말할 수 있네. 가장 답답한 부분은 용처를 줄이지 못한 채 그저 없는 것에서 무언가를 마련하려고 하니 마치 짧은 끈으로 둘레를 빙 두르려는 것과 같네. 백방으로 따져 봐도 끝내 좋은 계책이 없으니 어찌하면 좋은가? 만일 가르쳐 줄 내용이 있으면 정성껏 알려 주시게.

윤여망과 길보에게 답하는 편지
答尹汝望吉甫書

내한(內翰)[64]이 돌아올 때 공경히 편지를 받은 것이 지금까지 위로가 되네. 종묘사직에 경사가 있어 원자(元子)가 탄생하니[65] 온 나라의 신하와 백성이 모두 고무되었네. 횡거(橫渠)의 기쁨[66]이 밤낮으로 공무를 보는 대열에서 줄어들지 않을 듯싶네.

나는 공사(公私)간에 근심 걱정뿐인데 이전에 앓던 병에다 새 병까지 생겨서 살맛이 전혀 없네. 죽을 날이 임박했으니 혀만 끌끌 찰 뿐, 더 이상 할 말이 없구려. 요즘은 조정의 일이 매우 많네. 개탄스러운 점은, 이 몸도 또한 이러한 속에 있으면서 진정시키지는 못하고 그저 비난만 받고 있다는 것이네. 괴로운 상황을 참으로 견딜 수 없다오.

64 내한(內翰) : 한림(翰林)이라고도 하는데, 예문관(藝文館)의 대교(待敎)와 검열(檢閱)을 일컫는 말이다. 여기서는 윤순거(尹舜擧)의 아들 윤절(尹晢, 1625~1662)로 보인다. 《승정원일기》를 보면, 1661년 5월에 윤절이 검열과 대교로 재직했던 사실을 확인할 수 있다.

65 원자(元子)가 탄생하니 : 훗날 조선의 제19대 임금으로 즉위하는 숙종(1661~1720)이 태어났다는 말이다. 숙종은 현종의 외아들로 모후는 청풍부원군(淸風府院君) 김우명(金佑明)의 딸인 명성왕후(明聖王后)이다. 1661년 8월 15일, 경덕궁 회상전(會祥殿)에서 태어났다. 《顯宗實錄 2年 8月 15日》

66 횡거(橫渠)의 기쁨 : 횡거는 송(宋)나라 학자 장재(張載)로, 자는 자후(子厚)이다. 《근사록(近思錄)》 권14 〈관성현류(觀聖賢類)〉에 "장자후가 황자(皇子)가 태어났다는 소식을 듣고는 매우 기뻐하였다."라고 하였다.

윤여망과 길보에게 답하는 편지 임인년(1662, 현종3)

答尹汝望吉甫書 壬寅

지난번에 인편을 통해 두 분 형의 편지를 받고서 지금까지 위로가 되고 있네. 봄이 끝나고 여름이 왔는데 여러분의 기거는 어떠하신가? 나는 전조(銓曹)에 재직한 뒤[67]로 형식적인 글로 두 형에게 걱정을 끼치고 싶지 않았기 때문에 잘못된 인사 조치가 있으면 주선을 하였었네. 그런데 지금은 여러 논의가 크게 일어나서 동료들이 있는 자리에서 서로들 자기주장만 강하게 고집하니 나도 또한 어찌할 도리가 없구려. 형을 편안하지 못하게 하였으니 매우 개탄스럽네.

출처를 평소 정했으니 감히 권하거나 만류하지 못하네만, 오늘날 나라의 재정과 농사가 이런 망극한 지경에 이르렀는데 천체를 관찰하면 운한(雲漢)이 하늘을 따라 돌고 있으니[68] 이러한 때 일을 맡아서 차라리 죽고 싶은 심정이거니와, 매번 소녀가 굶주리는 것[69]을 생각하

67 나는……뒤 : 여기에서 전조는 이조(吏曹)를 가리킨다. 유계가 1662년 1월 2일에 이조 참의에 제수되었기 때문에 이렇게 말한 것이다. 《顯宗實錄 3年 1月 2日》

68 운한(雲漢)이……있으니 : 가뭄이 들었다는 뜻이다. 운한은 은하수로, 《시경》 〈운한(雲漢)〉에 "밝은 저 운한이여, 빛이 하늘을 따라 도는도다.〔倬彼雲漢, 昭回于天.〕" 하였는데, 은하수가 밝게 빛나면 날씨가 맑아서 비가 오지 않는다고 한다.

69 소녀가 굶주리는 것 : 《시경》 〈후인(候人)〉에 "울창하고 무성한 남산에 아침에 구름 기운이 피어오르도다. 어리고 예쁜 소녀가 이에 굶주리도다.〔薈兮蔚兮, 南山朝隮. 婉兮孌兮, 季女斯飢.〕" 하였는데, 주희(朱熹)의 주(注)에 "초목이 울창한 남산에 아침에 구름기운이 올라감은 소인(小人)이 많아 기염(氣燄)이 성함을 말한 것이요, 소녀가 어리고 예쁘며 스스로 보전하여 망령되이 남을 따르지 않는데 도리어 굶주리고 곤궁함

면 더욱 서글퍼진다오.

우옹(尤翁)이 금강산 유람을 갔는데[70] 부적절한 시기는 아닌가? 춘대(春台 송준길(宋浚吉)) 역시 출사할 마음이 없지만, 마침내 성상으로 하여금 인재를 초치하는 노력을 게을리 하게 만든다면 또한 어찌 아래에 있는 사람의 죄가 아니겠는가. 나는 괴로운 상황을 끝없이 대하다 보니 살고 싶은 마음은 이미 사라지고 조만간 쓰러질 몸인데 여전히 어두운 밤길을 걷고 있으니[71] 부끄러워서 참을 수 없구려.

인경(仁卿 윤증(尹拯))이 편지로 권면하였는데, 지극한 뜻에 깊이 감동하였네. 고질병을 앓던 중 치료약에 대해 들었으니 끝까지 마음속에 간직하겠네만, 지금 대궐에 있으면서 경황이 없는지라 답장을 쓰지 못했으니 다음 인편을 기다릴 것이네.

은 현자(賢者)가 도(道)를 지키다가 도리어 빈천(貧賤)해짐을 말한 것이다."라고 하였다.

70 우옹(尤翁)이……갔는데 : 우옹은 송시열(宋時烈)을 가리킨다. 송시열은 이 해 3월에 금강산 여행을 하고 돌아왔다. 《宋子大全 附錄 卷4 年譜》

71 어두운……있으니 : 사람이 도리를 알지 못하고 억측(臆測)으로 생각하여 행동함을 비유한다. 양웅의 《법언(法言)》 〈수신편(修身篇)〉에 "맹인이 지팡이로 땅을 짚으면서 길을 찾아다니는 것과 같을 뿐이다."라고 하였다.

윤길보에게 답하는 편지 계묘년(1663, 현종4)

答尹吉甫書 癸卯

돌 위의 소나무가 바람에 많이 시달려 궁지에 있는 형으로 하여금 또 다시 이런 절박한 슬픔을 만나게 했구려. 형의 만년 삶이 다시 어떤 모양이 되어야 하는 것이요? 이 때문에 내 몸이 아픈 것처럼 슬프구려. 어제 편지를 받고 기거를 살피고는 괴롭던 회포가 다소 풀렸다오.

나는 병의 뿌리를 제거하지 못했는데, 은대(銀臺 승정원)에 제수하는 명[72]이 마침 이런 때에 내려왔네. 성상의 침(針) 시중을 드는 일이 급하여 감히 고사하지 못하고 밤낮으로 일을 시작한지도 이제 며칠이 되었으니, 이곳의 답답한 마음이야 어찌 말로 표현할 수 있겠나.

몸이 나자빠지는 건 나의 분수이나, 자네의 부지런한 가르침에 부응하지 못하는 것 때문에 더욱 죄송하고 한스러운 마음이 드는구려. 자네가 언급한 황원(黃院)[73]의 문자는 또한 이런 환경에서 할 수 있는 시간이 없으니, 후일 여력이 있을 때 주선할 수 있을 것이네.

72 은대(銀臺)에 제수하는 명 : 유계가 1663년 10월 15일 도승지에 제수된 것을 가리킨다.《承政院日記 顯宗 4年 10月 15日》

73 황원(黃院) : 현재 충청남도 논산시에 있는 죽림서원(竹林書院)을 가리킨다. 1626년(인조4)에 이이(李珥)・성혼(成渾)・김장생(金長生)을 추모하기 위해 지방 유림들이 세운 황산사(黃山祠)가 그 기원으로, 1665년(현종6) '죽림'이라 사액되어 서원으로 승격하였다. 이때 조광조(趙光祖)・이황(李滉)까지 배향하였다. 이곳은 1653년(효종4년) 송시열과 윤선거(尹宣擧)가 만나 주희(朱熹)의 사상을 비판하고 개혁적 사상을 가진 윤휴를 두고 논쟁을 벌였던 곳이다.

조석윤[74] 낙정에게 주는 편지 임진년(1652, 효종3)

與趙 錫胤 樂靜書 壬辰

상께서 진노하시어 조야에서 깜짝 놀랐는데, 곧바로 우악한 은혜를 내려 영동(嶺東)으로의 이배(移配)를 허락하셨다고 들었네. 수고로운 나랏일을 잠시 내려놓고 선경을 거닐면서 시를 읊조리는 것은 참으로 성상의 은택이 깊고 하늘이 내린 복이 두터운 것일세. 모르겠네만, 눈 내린 고개를 삼천리 왕복하느라 고생했을 텐데 건강은 어떠하신가? 신명(神明)이 위로해 주는 사람이니[75] 절로 잘 지내겠지만 구구하게 사모하는 마음은 실로 견디기 힘들구려.

일찍이 중문(仲文) 영감[76]의 허락을 받아 편지 한 통과 아울러 졸렬한 시를 올렸는데 조만간 전달되리라 생각되네. 다시 한 가지 소식이 있어서 기성(箕城) 편에 부친 것은 정녕 홍교(洪喬)[77]가 되었네. 용렬

74 조석윤(趙錫胤) : 1606~1655. 본관은 배천(白川), 자는 윤지(胤之), 호는 낙정(樂靜)이다. 1628년(인조6) 별시 문과에 장원으로 급제하였다. 1652년에 이조 판서인 정세규(鄭世規)를 비방한 죄로 10월에 강계(江界)로 귀양 갔다가 11월에 간성(杆城)으로 옮겨진 뒤 풀려났다.

75 신명(神明)이……사람이니 : 이 말은 《시경》 〈한록(旱麓)〉에 "화락한 군자는 신이 위로하네.〔豈弟君子, 神所勞矣.〕"라는 구절에서 유래한 것으로, 여기서는 조석윤을 신이 위로한다는 말이다.

76 중문(仲文) 영감 : 김익희(金益熙, 1610~1656)를 가리킨다. 김익희는 김집의 조카로, 1651년 10월 19일에 강원도 관찰사에 제수되었다. 《承政院日記 孝宗 2年 10月 19日》

77 홍교(洪喬) : 서신이 제대로 전달되지 않는 것을 말한다. 자(字)가 홍교인 진(晉)

한 나는 귀신이 되는 것을 면했으나 갖가지 병에 걸리고 근심걱정으로 시일을 보내다 보니 이것 말고는 달리 말할 만한 게 없구려. 바라건대 천만 자중해서 공사(公私)간의 기대에 부응해 주시게. 이따금 원(原) 편을 통해 답신을 주게나. 정은 넘치지만 종이가 모자라 이만 줄이네.

나라 은선(殷羨)이 예장군(豫章郡)의 태수(太守)로 있다가 임기를 마치고 떠날 적에, 사람들이 100여 통의 편지를 모아 경성에 전달해 줄 것을 청하였는데, 석두(石頭)까지 와서 모조리 물속에 던져 놓고는 "가라앉을 놈은 가라앉고 떠오를 놈은 떠올라라. 내가 우편 배달부 노릇을 할 수는 없다."라고 말한 고사에서 나온 것이다. 《世說新語 任誕》

윤인경과 서경[78] 추 에게 답하는 편지 병신년(1656, 효종7)
答尹仁卿恕卿 推 書 丙申

올해가 다 가서 그리움으로 몇 배 괴롭던 차에, 편지를 받고 선달 추위에 어버이를 봉양하는 가운데 편안히 지내는 것을 알게 되니 십분 위로가 되었네. 병들어 추한 이 몸은 상기(上氣)[79]와 편허(偏虛)[80]로 인해 머리가 어지럽고 무릎이 펴지지 않는 증상이 갖가지로 나타나 매일 응접할 겨를이 없는데 설상가상으로 쇠퇴하고 나태해지기까지 해서 책을 마주할 시간이 아주 드물다네. 때때로 눈가림용으로 책을 보기도 하지만[81] 책을 덮으면 멍해지니 이 일은 마땅히 후배에게 양

78 서경(恕卿) : 윤추(尹推, 1632~1707)로, 윤선거(尹宣擧)의 아들이자 윤증(尹拯)의 동생이다. 과거에는 응시하지 않았으나 학문과 능력을 인정받아 1674년(현종15) 이지렴(李之濂)·한기(韓埜)·이동규(李同揆)와 함께 특별히 인재로 천거되어 장령을 지냈다. 학문적으로 우계학파(牛溪學派)의 적통을 이어 창녕 성씨의 가학(家學) 전통을 파평 윤씨 가학으로 계승하였고, 형 윤증과 함께 소론파 유학을 정립하였다.

79 상기(上氣) : 피가 머리로 몰려 얼굴이 붉어지고 두통(頭痛)·이명(耳鳴) 등을 일으키는 증세이다.

80 편허(偏虛) : 기혈(氣血)이 허약하고 제대로 통하지 못해서 기운이 없어지는 증상을 이른다.

81 눈가림용으로……하지만 : 그저 남의 눈가림용으로 책을 보는 시늉이나 한다는 의미이다. 당(唐)나라 선승(禪僧) 약산 유엄(藥山惟儼)이 불경을 보고 있을 때 어떤 승려가 묻기를 "화상께선 남에겐 불경을 보지 못하게 하시면서 혼자서는 왜 불경을 보십니까?" 하자 "나는 그저 남의 눈을 가리려고 할 따름이다.〔我只圖遮眼〕"라고 대답하였는데, 그 승려가 다시 "저도 화상을 본받고 싶은데 되겠습니까?" 하자 "그대라면 쇠가죽도 뚫어 볼 수 있을 것이다."라고 대답한 일화가 전한다. 《景德傳燈錄 卷14》

보해야 하네. 부끄러워 탄식하지만 어찌하겠나?

별지

《춘추(春秋)》에서 끝내 요령을 얻지 못한 것은 진실로 보내온 편지 내용대로이네. 나는 일찍이 종류별로 경(經)을 기록하려고 하였네.-맹회(盟會)나 정벌(征伐) 같은 종류이네.- 그 아래에 전안(傳案) 및 사전(四傳)[82]의 중요한 뜻을 간략히 주(註)를 내어 전후 범례(凡例)를 상고한다면 간혹 편리하고 이해하기 쉬울 듯하네.-주를 붙일 때 좋은 의론이 있으면 수록해도 무방하네.-

이 밖에 또 경의 큰 뜻을 별도로 모아서-대일통(大一統)과 정명분(正名分) 같은 종류이네.- 강령으로 세우고, 그 아래에 여러 전(傳) 가운데서 해당되는 내용을 종류별로 모아 주를 내면,-종류별로 기록한 부분에서 이미 나온 것은 중복하여 기록할 필요는 없네. 그저 어느 부분에서 나왔다고 밝히기만 하면 되네.- 이 경서의 범례와 주된 뜻을 더러 참고하여 이해할 수 있을 것이요, 일에 봉착해서 전례를 참조할 적에도 간혹 근거할 것이 있을 것이네. 어떻게 생각하는가?

아무쪼록 이러한 뜻을 존부(尊府 상대방의 부친)에게 여쭈어 보게. 노형(老兄)이 만일 이것을 인하여 가감을 해서 양가(兩家)에서 사적으로 기록한 문자를 만든다면, 다행이겠네. 아마도 갑자기 남들에게

82 사전(四傳) : 《춘추》를 해설한 《춘추좌씨전(春秋左氏傳)》·《춘추공양전(春秋公羊傳)》·《춘추곡량전(春秋穀梁傳)》을 춘추삼전(春秋三傳)이라고 하고, 여기에 송(宋)나라 호안국(胡安國)이 지은 《호씨전(胡氏傳)》을 합쳐서 춘추사전(春秋四傳)이라고 한다.

보여서 유개(柳開)의 칼날을 부르면[83] 안 될 것이네. 나는 이 일에 뜻을 둔 지 오래이나 비단 정신이 흐릿할 뿐만 아니라 주위에 대필할 사람도 없어 오랫동안 착수하지 못하였네.

83 유개(柳開)의 칼날을 부르면 : 유개(柳開, 947~1000)는 중국 북송 때의 문인으로 자(字)가 중도(仲途)이다. 사륙문(四六文)의 유행에 반대하여 고체(古體)로의 복귀를 제창한 고문(古文) 운동의 선구자이다. 본문의 내용은 무엇을 가리키는지 미상이다.

윤인경에게 답하는 편지
答尹仁卿書

마침 그리워하던 차에 홀연 편지를 받고 계동(鷄東)의 여러 곳을 왕래하고 고요한 생활이 좋음을 알게 되니 십분 위로가 되네. 병들어 추한 이 몸은 겨우 버티고 지내지만, 입춘 이후로 끊임없이 끙끙대느라 한결같이 그만두고 있으니 부끄러워 말할 수 없네.

동춘(同春 송준길(宋浚吉))이 물러나서 자신의 집에 있은 것은 잘못된 계책이 아니지만, 성상의 은혜가 대단히 크고 널리 인재를 구하는 것도 참으로 절실한데 산림에서는 한 사람도 성상의 뜻에 보답하는 이가 없으니 구구하게 나라를 걱정하는 마음에는 이런 요구를 일체 저버려서는 안 될 듯하네. 사람은 각자가 상황에 대처하니 장차 어찌하겠는가?[84]

84 동춘(同春)이……어찌하겠는가 : 이 부분은 《시남집》 별집(別集) 권6 〈윤인경에게 답하다〔答尹仁卿〕〉에도 보인다.

윤인경에게 답하는 편지 무술년(1658, 효종9)
答尹仁卿書 戊戌

존부(尊府 상대방의 부친)가 누추한 집을 방문하니 비록 바쁜 것이 한스러웠지만 그리워하는 마음을 크게 달랠 수 있었네. 서경(恕卿 윤추(尹推))이 뒤이어 오고 정성 어린 서한을 받으니 더욱 기뻤네. 이곳은 질병과 쓸데없는 일 때문에 견디기 힘든데, 서경과 마주하여 비루한 마음이 다소 사라진 것이 그나마 다행일세. 해남(海南)의 상소[85]는 참으로 하나의 무지개[86]이네. 다행인 건 밝으신 성상께서 진압하시어 풍랑을 만들지 않은 것이네. 그러나 막판에 일어날 근심은 예측하기 어려우니 어찌하겠는가?

85 해남(海南)의 상소 : 해남에 사는 윤선도(尹善道)가 올린 상소문을 가리킨다. 윤선도는 이 해 상소를 올려 정개청(鄭介淸)의 신원 등을 주장하면서 조야를 술렁이게 하자 효종은 윤선도를 파직시킴으로써 사건을 일단락지었다. 《孝宗實錄 9年 4月 6日, 8月 11日 · 12日》

86 무지개 : 무지개는 천지의 음기(淫氣)가 뭉쳐서 된 것이므로 음흉하고 간사한 사람을 가리킨다. 《시경》 〈체동(蝃蝀)〉에 "무지개가 동쪽에 있으니, 감히 이를 가리킬 수 없네.〔蝃蝀在東, 莫之敢指.〕"라고 하였다.

윤인경에게 답하는 편지
答尹仁卿書

한 해가 장차 다해 가는데 나그네 생각은 아득하여 하루도 노봉(魯峯)과 석호(石湖)의 사이에 있지 않은 적이 없었네. 정겨운 편지가 멀리서 이르니 어버이를 모시는 여가에 공부하는 생활이 더욱 편안함을 알고는 참으로 깊이 위로가 되었네. 《원류(源流)》[87]를 시작했다니 더욱 기쁘네. 바라건대 정력을 집중해서 큰 책으로 만들어 죽기 전에 볼 수 있게 해 준다면 매우 다행이겠네.

나는 황송하여 침묵하고 있는데 병의 상태가 여러 가지여서 틀림없이 조만간 쓰러질 것으로 여겼다가 마침내 안정을 찾은 지 얼마 되지 않았네. 세도가 어수선하여 가망이 없을 듯하니 병중의 회포가 더욱 좋지 못하다오.

87 원류(源流) : 유계가 여러 글을 분류, 정리한 《가례원류》를 가리킨다. 이 책은 《가례》의 본문을 기본으로 삼고, 삼례(三禮) 즉 《주례(周禮)》·《의례(儀禮)》·《예기(禮記)》에서 관계되는 사항을 뽑아서 주석으로 삼아 이를 원(源)이라 하고, 주희(朱熹) 이후 여러 학자들의 사례(四禮)에 관한 예절을 나누어 모아 유(流)라 하였다. 이는 《가례》의 연원과 그 발달을 비교, 고찰하여 가례의 본질과 그 전개 과정을 이해하는 데 참고가 되게 하기 위함이었다. 그런데 이 책은 유계가 단독으로 엮은 것이 아니라 윤선거(尹宣擧)와 같이 엮은 것이고, 그 뒤 윤선거의 아들이자 유계의 문인이기도 한 윤증(尹拯)도 여기에 많은 증보를 하였던 만큼 훗날 노론과 소론의 분쟁요인의 하나가 되기도 했다. 《가례원류》는 사례의 발달과정을 항목별로 이해하는 데에는 많은 참고가 되지만, 여러 고전에서 관계 사항을 발췌하여 엮은 것일 뿐 엮은이 주장이 전혀 없어 조선시대 가례인식의 한 면모를 여기에서도 볼 수 있다.

윤인경에게 답하는 편지 임인년(1662, 현종3)

答尹仁卿書 壬寅

지난번에 자네의 수레가 금강산에 들어가 동해를 두루 지난다는 말을 듣고[88] 그저 누런 황새와 땅벌레를 보는 것 같았는데,[89] 도성이 매우 바쁜 관계로 여태 편지 한 통 보내지 못하고 바야흐로 절실히 걱정하였네. 그러던 차에 갑자기 편지를 받고 유람을 다녀온 뒤 한층 건강한 사실을 알게 되니 더욱 대단히 위로가 되네.

이 몸은 공사(公私)간에 근심과 질병으로 머리는 하얗게 세고 정신과 체력은 바닥이 나서, 봄에 자네가 보인 뜻을 생각할 때마다 개탄하지 않은 적이 없네. 너무도 답장하고 싶었지만 그대가 멀리 있는 데다 나 역시 골몰하느라 시간이 없었네. 그믐쯤 임향(林鄕 임천(林川))으로

88 지난번에……듣고 : 윤증(尹拯)은 1662년 3월 20일경에 영월 군수로 있던 중부(仲父) 윤순거(尹舜擧)의 부름을 받아 영동(嶺東)으로 가는 행렬을 따르게 되었다. 이에 금강산에 올라 총석정(叢石亭)·죽서루(竹西樓) 등을 보고 5월에 영월(寧越)로 돌아왔다. 《明齋遺稿 卷9 上市南》

89 그저……같았는데 : 황새와 땅벌레는 현격한 차이가 나는 대상을 비유할 때 쓰는 말로, 도성에게 속무(俗務)에 골몰하던 유계가 금강산 여행을 가는 윤증을 부러워하면서 이런 비유를 든 것이다. 《회남자(淮南子)》 〈도응(道應)〉에 "노오가 북해에서 노닐다가 몽곡의 들에 이르러 한 선비가 귀각을 거둬서 합리를 파먹고 있는 것을 보았다. 노오가 말하기를 '부자는 나와 더불어 벗이 되어 주시오.' 하자, 선비는 한탄하기를 '나는 방금 남으로 망랑의 들에서 노닐고 북으로 침묵의 고을에서 쉬고 서로 명명의 마을에 닿았고 동으로는 홍몽의 빛을 꿰뚫는다.'라고 하고는 몸을 솟구쳐 구름 속으로 들어가니, 노오는 쳐다보며 '나는 부자에 비하면 땅벌레와 누런 황새의 관계와 같다.'라고 하였다."라고 한 데서 온 말이다.

성묘를 갈 것이니, 그때 만나서 이야기할 수 있기에 우선 기다릴 뿐이네.

윤여망과 길보에게 주는 편지 갑진년(1664, 현종3) 2월에 쓴 유서

與尹汝望吉甫書 甲辰仲春日遺書

추후에 간행할 때 들어간 것이다.

존 빙모(尊聘母 상대방의 장모)이 생원(李生員) 댁이 끝내 병으로 죽었으니, 일가의 정리가 침통하여 어떻게 감내하겠는가? 지금은 자네들이 상중에서 잘 견디리라 생각되네. 나는 병을 조심하지 못하고 몇 년간 고생하였는데 위태로운 증상이 일시에 거듭 나타나서 새해 들어 문득 저승의 문턱으로 떨어졌네. 하루를 버티는 것도 이상할 정도라오. 죽고 사는 것에 대해 평소 마음을 정한 지가 오래여서 진실로 터럭만큼도 죽음을 슬퍼하며 마음을 동요할 리는 없네.

다만 끝없이 부끄럽고 한스러운 것은, 일찌감치 강호로 돌아가서 조용하고 한가로운 지역에서 서로 어울리지 못한 것일세. 금년에는 확고하게 정했다고 스스로 생각했는데 조물주가 허락하지 않으니 어찌하겠는가? 다소 걱정을 떨치지 못하는 점은 혼사가 어긋난 것이네. 영애(令愛 상대방의 딸)의 나이가 찼으니 어떻게 기다릴 수 있겠는가.

길형(吉兄 윤선거(尹宣擧))과 지난겨울에 하룻밤 나눈 대화는 또한 큰 행운이었네. 허다한 이야기들을 어떻게 줄줄이 언급하겠는가. 중숙(仲叔)의 첨시(僉侍) 및 용서(龍西 윤원거(尹元擧)) 노형(老兄)의 앞으로 각각 서신을 쓰지 못하니 이 편지를 함께 보기를 바라오. 인경(仁卿 윤증(尹拯))과 자상(子上)[90] 등 여러 종유하는 이들에게도 기운이 없어

90 자상(子上) : 윤단(尹摶, 1628~1675)으로, 윤문거(尹文擧)의 아들이다. 송시열

두루 미치지 못하네. 부탁한 일은 비록 죽은 뒤라도 반드시 들으리라 생각하네. 이만 줄이네.

의 문인이자 그의 사위가 되었다. 과거에 실패한 뒤 오직 학문에만 전념하였고, 훗날 송시열과 윤증 사이에서 화의를 붙이려고 노력했으나 실효를 거두지 못하였다. 저서로 《매촌미정유고(梅村未定遺稿)》가 있다.

시남집

제14권

잡저 雜著

책문제 策問題

통문 通文

잡저 雜著

족제비의 화 신묘년(1651, 효종2)

貂禍 辛卯

이하 여섯 수는 북쪽으로 귀양 갔을 때[1] 지은 것이다.

어떤 북쪽 백성이 두만강 남쪽에서 사냥을 하다가 족제비를 만나 그것을 쫒았는데, 족제비가 궁지에 몰려 나무에 올라가자 긴 장대에 노끈을 묶어 목에 걸어 족제비를 생포하였다. 백성이 크게 기뻐할 뿐 아무것도 모른 채 돌아와 친족들을 모여 놓고 자랑하며 말하기를 "나는 추운 골짜기에서 나고 자라 헤진 갈옷을 백 번 기워 입으며 항상 해를 마칠 때까지 추위에 고통스러웠다. 지금 다행히 이 족제비를 잡아서 내가 시장에 내다 팔면 내 옷에 솜을 넣어 저고리와 바지를 해 입어 내 몸을 따뜻하게 할 수 있으니 나에게 얼마나 다행인가."라고 하였다.

1 북쪽으로 귀양 갔을 때 : 유계는 1649년 인조가 죽자 홍문관부교리로서 왕의 장례 절차를 상소하여 예론에 따를 것을 주장하였는데, 인조의 묘호를 정할 때 조(祖)자의 사용을 반대하고 종(宗)자를 주장하다가 이듬해 선왕을 욕되게 하였다는 죄로 온성(穩城)에 유배되었다가 1651년 영월(寧越)로 이배되었다. 아래 여섯 작품은 온성에 유배되었을 때 지은 것이다.

칼을 갈아 그 가죽을 벗기려하는데 족제비가 갑자기 사람의 말을 하며 백성에게 다음과 같이 말하였다. "어리석구나, 백성이여. 너는 한갓 내 가죽을 벗겨서 추위를 구원할 줄만 알고 너의 가죽이 장차 벗겨져 몸을 지키지 못할 것을 알지 못하는구나. 내가 스스로를 슬퍼할 겨를도 없이 너를 위해 슬퍼하노라." 백성이 믿지 않고 말하기를 "나를 속이는구나, 짐승이여. 네가 죽을 지경에 이르니 나를 불쌍하다고 하면서 요행히 죽기를 면하려고 하는가."라고 하였다.

족제비는 웃으며 다음과 같이 말하였다. "너는 다만 이익을 얻는다고 여기면서 생각을 할 줄 모르는구나. 내가 너를 위해 말해주겠다. 내가 들으니, 서울에서 붉은 옷을 입고 요직에 있는 귀한 분들이 좋은 관직과 후한 녹봉을 내걸어 우리를 구하려고 매우 바쁘다고 한다. 무릇 변방의 관원으로서 우리를 잡아 구매하려는 사람에게 응하는 자들을 어찌 다 헤아릴 수 있겠는가. 다만 우리 족속은 강북 쪽에 많은데 지역을 한정하여 잡는 것을 법으로 금지하였는데도 오히려 엄한 법령이 관계 되지 않는 야인(野人)에게 연결하고 부탁해서 꼭 얻으려고 하니, 만약 변방 백성들 중에 우리 족속을 잘 잡는 자가 있다면 그 무리한 요구를 면할 수 있겠는가. 지금 내가 마침 강을 건너서 너에게 잡힌다면 우리 족속은 틀림없이 나를 따라 남쪽으로 올 놈은 없을 것이니 네가 한 해에 몇 마리의 족제비를 잡을 수 있겠느냐. 그런데 관가에서 네가 나를 잡았다는 소식을 듣는다면 반드시 네가 우리 족제비를 잡는 것을 독촉할 것이다. 너는 얼음과 눈을 무릅쓰고 험한 바위를 오르느라 손발이 동상에 걸리고 피부가 쩍쩍 갈라져도 오히려 잡지 못하고 채찍과 매질만이 따라올 것이니, 가죽과 살은 구더기에 문드러지고 근골은 곪아 잘라내야 할 것이다. 이에 그 혹독함을 견디지 못하고 소와 말을 팔아 야인에게 몰래 무역하여 한 때의 고통을 면하려고 하지만, 일이 혹 발각되는 날에는 몸과 머리가 따로 떨어지고 처자는 구렁에 빠지게 되며, 네가 죽은 뒤에 포획을 독촉하는 명령이 너의 친족과 이웃에게 미쳐 친족과 이웃도 남아나지 않을 것이다.

또 나는 비록 죽지만 나의 가죽을 얻는 사람이 난초와 사향을 피우고 비단을 덧입으며 선이(蟬珥)를 붙이고 금옥을 드리운 채 묘당을 오르내리며 궁궐을 출입할 것이니 나는 사후에는 편안할 것이다. 피부와 살갗이 벗겨지고 문드러지며 사지육신이 갈가리 찢겨 까마귀와 솔개, 개와 돼지의 먹이가 되는 너와 비교하면 그 영욕이 과연 어떠하겠는가."

백성은 그 말을 듣고 크게 근심하였으나, 여전히 그 이익이 많다고 여겨 차마 놔주지 못하였다. 곁에 있던 친족 노인이 줄줄 눈물을 흘리면서 손을 저어 백성을 제지하며 말하였다. "믿을만하다. 족제비의 말이 속이는 것 같지 않다. 옛날 내가 젊었을 때에 우리 친족 아무개와 이웃집 아무개가 족제비 잡는 일을 업으로 하는 것을 보았는데 그 재앙이 하나같이 족제비의 말과 같이 되어 지금 그들이 살던 곳이 모두 숲이 되었네. 변방 백성들 중에 이와 같은 이들이 얼마나 많겠는가. 너는 장차 너의 몸이 화를 당하게 할 것이고 우리들도 화를 당할 것이니, 네가 빨리 족제비를 놓아주거라. 그렇지 않으면 우리들이 또한 너를 쫓아내서 자취를 없앨 것이다."

백성은 이에 칼을 던지고 족제비를 풀어주었다. 이후로 산에 사는 백성이 혹 족제비를 만나도 모두 팔을 휘두르며 지나가고 보지 못한 것처럼 하였으며, 또한 감히 남들에게 어느 곳에 족제비가 있다고 말하지도 않았다.

인삼의 독

參毒

서울의 어떤 행상이 북쪽 노인을 대상으로 매우 간절하게 인삼을 구매하고자 하였다. 노인이 행상에게 말하기를 "객은 인삼을 어디에 쓰려고 그렇게 고집스레 구합니까."라고 하였다. 행상이 말하기를 "인삼은 백약 중에 으뜸입니다. 그 값은 은화와 비교하여도 매우 가볍고 쉽게 휴대할 수 있으니 어찌하여 보배로 여기지 않겠습니까."라고 하였다. 노인은 이마를 잔뜩 찌푸리며 "인삼이 백약 중에 으뜸이 되는 것은 보양하여 사람을 살리기 때문이오? 아니면 독이 있어서 사람을 죽이기 때문이오?"라고 하였다. 행상이 깜짝 놀라며 "《본초강목》에서 말하지 않았습니까. 인삼의 성질은 따뜻하게 보양하면 능히 혈액을 만들어 기운을 도와 죽은 사람을 일으켜 살아나게 합니다. 이 때문에 여러 약재에서 으뜸이 되는 것이지요. 만약 인삼에 독이 있어서 사람을 죽인다면 사람들이 또한 어찌 인삼을 숭상하겠습니까."라고 하였다.

노인이 말하기를 "저는 시골 백성입니다. 일찍이 황농서(黃農書)[2]를 읽은 적도 없고 그렇다고 한 뿌리의 인삼을 복용하여 병을 치료한 적도

2 황농서(黃農書) : 황제씨(黃帝氏)와 신농씨(神農氏)가 만든 의약 의술서를 말한다. 《황제내경(黃帝內經)》은 중국 고대 신화상의 인물인 황제(黃帝)와 신하이자 명의인 기백(岐伯)이 의술에 관해 토론한 것을 기술한 책이다. 신농씨는 각종 초목의 맛을 보며 온갖 질병에 대해 처방을 제시했는데, 후세에 이를 전승하여 《신농본초(神農本草)》라는 책을 만들었다고 한다.

없으니 참으로 그 성질이 어떠한지 알지 못합니다. 그러나 내가 보고 들은 바로는 천하의 독한 물건으로 인삼 같은 것이 없습니다."라고 하였다. 행상은 믿지 않고 그에 대한 설명을 요구하였다.

노인은 이에 다음과 같이 말하였다. "옛날 우리 마을은 관북에서 성대한 마을이었습니다. 우리 친족과 이웃 주민들이 무려 수십 백 집이었고, 모두 인삼을 캐고 판매하는 것을 업으로 삼았습니다. 그런데 인삼이 나는 곳은 본국의 국경 안쪽이 아니라 오랑캐 땅 깊고 궁벽한 지역에 많습니다. 가을이 되어 잎이 떨어질 때면 우리 친족과 이웃들은 항상 짝을 맺어서 인삼을 캐러 가는데, 국가의 금령이 두려워 밤을 틈타 강을 횡단하다가 익사하는 자가 문득 여러 명이고, 오랑캐 땅은 일찍 추워져 팔월이면 반드시 눈이 내리고 산속 깊숙이 들어가면 옷이 흠뻑 젖어서 덜덜 떨다가 병들어 죽는 이가 또 거의 절반입니다. 간혹 다리를 다친 자가 걷는 것이 양호하지 못하면 식량은 떨어지고 빨리 돌아와야 하니 여러 사람들이 머물러 기다릴 수 없으므로 숲속 나무에 결박하고 그 귀와 코를 가지고 돌아와 처자에게 전해주고 병들어 죽었다는 증거로 삼습니다. 불행히도 때때로 야인을 만나면 혹 대부분은 죽거나 약탈당하고, 다행히 별다른 우환이 없어 변경을 지나다가 변방의 순라에게 발각되면 법을 준수하는 변장(邊將)은 바로 효수하여 돌립니다. 중간에 봇짐의 인삼을 수탈하여 감옥에 가두는 것을 모면해주기도 하기 때문에 맨손으로 집에 돌아오니 생계가 막막하여 또한 굶주림과 추위 속에서 죽습니다.

제가 인삼을 찾는다고 짝지어 강을 건너는 사람들을 몇 차례 보았는데 우리 친족과 이웃은 지금 거의 다 죽었고, 마을에 남은 것은 겨우 몇 집 뿐입니다. 다만 이 뿐만이 아니라 야인들이 이미 인삼 캐는 이들을 잡아 국가에 이첩(移牒)하면 국가는 관리들이 제대로 금지하지 못한다고 하여 연좌되어 처벌받는 사람들이 계속 이어집니다. 예전에 변방의 장수가 토졸(土卒)을 오랑캐 땅으로 보내 인삼을 캐오게 하였다가 일이 발각되자 장수와 토졸 모두 처형되고 연루된 자가 십여 명이었으니, 이 일은 내가 목격한 것이지요. 지난번 들으니 나라에서 변방의 관료가 인삼을 실어 보낸 것을 적발하여 특별히 팽아(烹阿)의 법[3]을 베풀었다고 하였는데 이 또한 인삼이 사람을 죽인 것입니다.

내가 거의 7기(紀)[4]를 살았는데 인삼이 사람을 죽이는 것을 본 것은 매우 많았지만 인삼이 죽는 사람 한 명을 살리는 것을 본 적은 없습니다. 이로 말미암아 말한다면 천하에 독성의 물건으로 인삼보다 심한 것이 무엇이겠습니까.

무릇 약 중에 독한 것으로는 사람을 죽일 수도 있는 오부(烏附)와 뇌짐(腦鴆)이 있습니다. 그러나 오부와 뇌짐은 그저 사람의 장기를 망가뜨려서 화가 한 몸에 미치게 할 뿐, 몸과 머리를 나누고 일가 친족을 멸하는 인삼의 독처럼 가혹하지는 않습니다. 또 오부와 뇌짐은 반드시 사람을 죽일 수 있다는 것을 모든 사람들이 알기에 그것을 피하여 복용하지 않기 때문에 오부와 뇌짐이 실제로 사람을 죽인 적은 없습니

3 팽아(烹阿)의 법 : 탐관(貪官)을 처벌하는 극형을 의미한다. 전국 시대 제(齊)나라의 위왕(威王)이 처음에 모든 지방 정치를 경대부(卿大夫)에게 위임하였다. 여러 경대부들 가운데 아 대부(阿大夫)가 정치를 가장 잘한다는 예찬의 소리가 날로 들리기에, 사람을 보내 아(阿) 땅을 살펴보았더니 실제로는 정치는 가장 못하고 왕의 좌우 사람들에게 뇌물을 써서 여론을 조작한 것이었다. 이에 위왕이 당장 아 대부를 불러 가마솥에 삶아 죽였다. 《資治通鑑 周紀 烈王 6年》

4 7기(紀) : 1기는 12년을 말하므로 84세를 살았다는 말이다.

다. 그러나 인삼 때문에 죽는 자은 늪에 갈대처럼 많은 데도 사람들은 등불의 나방처럼 그리로 가면서 미혹되어 돌아올 줄 모릅니다. 내가 그윽이 생각건대 인삼은 천하의 독성 물질일 뿐만 아니라 또한 천하의 요물입니다. 그대의 식량이 남았다면 그대의 집으로 돌아가 자신을 해치거나 남을 해치지 마시오."

행상이 그 말을 듣고서 혀를 내두르고 물러갔다. 노인의 이웃에 사는 선비가 그 말을 듣고서 나에게 알려 주었다. 나는 무릎을 치면서 감탄하며 "유식하구나. 노인의 말이여! 그가 장수하는 것이 마땅하구나. 어찌 유독 인삼만 그러하겠는가. 모든 천하의 아름다운 물건에는 반드시 심한 해악이 있으니, 내가 세상에서 본 것도 또한 많도다. 소자가 이 말을 적어서 변방 백성들 중에 이익에 골몰하는 자가 경계하도록 하고 또한 사대부 중에 명리를 구하는 자가 모퉁이를 돌이켜 보고[5] 귀감으로 삼도록 하노라."라고 하였다.

5 모퉁이를 돌이켜 보고 : 원문의 반우(反隅)는 한 가지를 알면 이를 미루어 그와 유사한 것을 유추하여 안다는 뜻으로, 《논어》 〈술이(述而)〉의 "한 귀퉁이를 들어 보여줌에 이것을 가지고 남은 세 귀퉁이를 반증하지 못하거든 다시 더 일러주지 않는다.〔擧一隅, 不以三隅反, 則不復也.〕"라는 구절에서 유래하였다.

북쪽 지역의 중
北僧

북쪽 땅에는 중이 매우 적다. 온성(穩城)에 작은 사찰이 있는데 이 지역의 중 대여섯이 거주한다. 내가 한가한 날에 관동(冠童)을 따르게 하고서 지팡이를 짚고 찾아갔다. 그 정원에 들어서니 초목이 우거지고 당에 오르니 먼지와 흙이 시커멓고 벽에 달팽이가 달라붙고 틈에는 쥐구멍이 있었다. 탑전의 불상은 겨우 한 자 정도인데 비에 젖고 이끼로 덮여서 얼굴과 등을 분간할 수 없었다. 시렁에는《법화경(法華經)》한 책이 있었는데 글자의 반 이상 좀을 먹었다.

중을 불렀더니 모두 절 뒤편 토실(土室)에서 나왔다. 수염과 머리가 얼굴의 반을 가리고 더러운 기운이 사람을 엄습해 구토가 나와 가까이할 수 없었다. 절에서 지내지 않고 따로 집을 만들었냐고 물었더니, 모두들 아내와 자식을 숨기고 소와 말을 기르기 때문이라고 버젓이 말하면서 조금도 부끄러워하는 기색이 없었다. 데리고 있는 사미승에 대해 물으니, "저의 아들이거나 아니면 친구 중이 나은 아이입니다."라고 하였다.

어떤 사미승의 손에는 여러 책을 추려서 베껴 쓴 몇 장 분량의 작은 책이 들려 있었는데 읽게 하자 구두를 떼지 못하였다. 이 책을 읽어서 무엇을 하느냐고 물었더니 "남에게 제공(齋供)을 받았을 때 온전히 입을 다물고 있을 수만은 없기 때문입니다."라고 하였다. 시험 삼아《법화경》을 빼서 책 이름을 물었는데 역시 대답하지 못하였다. 따라 간 관동들이 손뼉을 치며 크게 웃고는, 모두가 중들의 어설픔을 비웃었고 나 또한 적잖이 놀랐다.

조금 있다가 갓을 쓴 자를 불러 앞으로 나오게 하고 "너희들은 모두 고을 향교에 속해 있는가?"라고 하니, 말하기를 "그렇습니다."라고 하였다. 묻기를 "고을 향교는 수리를 했는가?"라고 하니, 말하기를 "황폐함이 이미 심하여 거의 무너질 지경입니다."라고 하였다. "너희들은 모두 아침저녁으로 그곳을 지키고 있는가?"라고 물으니, 말하기를 "봄가을에 올리는 석채례(釋菜禮)[6] 때 외관(外官)이 돌아가며 숙직을 서라고 명령했으나 각자 먹고 사는 것에 분주하여서 숙직을 실천하는 자는 거의 드뭅니다."라고 하였다. "향교에 경서를 소장하고 있는가?"라고 물으니 "있습니다."라고 하였고, "능통했는가?"라고 묻자, "저희들은 아직 어떤 책이 경(經)인지 어떤 책이 서(書)인지 알지 못하니 누가 감히 한 글자라도 살펴보았겠습니까."라고 하였다. "그렇다면 너희들은 무엇을 공부하느냐?" 하니, "나라에서 때때로 고강(考講)[7]을 시행하기에 모든 향교에 소속된 자는 《대학》·《소학》에 종사하면서 고강에 응시할 뿐입니다."라고 하였다. "그 뜻을 통달한 자가 있는가?"라고 하니, "장구(章句)도 분별하지 못하는데 어느 겨를에 문의(文義)를 통달하겠습니까." 하였다.

내가 이에 한심스러워 다음과 같이 탄식하였다. "학교의 행정이 오래

6 석채례(釋菜禮) : 서원(書院), 또는 서당(書堂)에서 선성(先聖)·선사(先師)에게 올리는 제사이다. 석(釋)은 '올린다' 또는 '바친다'는 의미이고, 석전(釋奠)은 양(羊) 따위를 제물(祭物)로 하고 석채에는 오직 빈(蘋)·조(藻)만 제물로 바친다. 《禮記 月令》

7 고강(考講) : 조선시대 관찰사와 유수(留守)가 관내 유생들을 대상으로 제술과 고강을 시험하고 여기에 합격하면 소과(小科) 복시에 응시할 자격을 주었다.

도록 폐해진 것이 어찌 다만 북쪽 지역뿐이겠는가. 성균관으로부터 거의 다 그러하다. 무릇 석가의 도는 이단(異端)이니, 그 무리가 법을 무너뜨리고 자기들이 해야 할 일을 태만히 하더라도 세교(世敎)에 무방하지만, 우리 선성(先聖)의 가르침은 우주를 지탱하는 동량이자, 백성의 삶에 없어서는 안 될 물과 불같은 존재인데도 높여 숭상하고 칭송하며 본받는 것이 이와 같이 엉성하구나. 아, 향교에 소장된 경서는 시렁 위의 《법화경》이 아니겠으며, 《대학》·《소학》의 구두를 떼는 것도 사미승이 베껴 쓴 책을 읽는 수준과 같지 않겠는가.

만약 성현의 가르침으로 지금 선비들의 행실을 따져 본다면 중의 신분으로 가정을 꾸리고 사는 이들보다 죄가 대부분 클 것이다. 지금 선비 된 자들은 중들에게 비웃음을 당하기에도 부족한데 또 어찌 중을 탓할 수 있을지 나는 걱정스럽다. 나 또한 지금의 선비이다. 선비의 행실을 잘하지 못하면서 바야흐로 억지로 공허한 말을 하면서 중이 어떠니 선비가 어떠니 하였으니 또한 많은 선비들에게 죄글 지은 것이다. 이에 서로 경계하고 삼가야 마땅할 것이다."

마침내 모퉁이에 있는 총각을 시켜 붓을 잡고 기록하게 하였다.

변방의 창녀
邊娼

변방 풍속은 창녀를 귀하게 여기고 처녀를 천하게 여기며 무예를 중시하고 선비를 경시하니 그들의 성향이 그런 것인가. 그렇지 않다. 무릇 바른 것을 좋아하고 음란한 것을 미워하며 덕을 높이고 무력을 낮게 보는 것은 천하의 일반적인 정서이니, 어찌 다만 북쪽 땅의 성향만 이렇게 다르겠는가. 이것은 아마도 백성들의 생업이 아직 마련되지 않고 선비의 기풍이 진작되지 못하였기 때문에 휩쓸려 유행이 된 것일 뿐이다.

북쪽 땅은 춥고 고달픈 지역으로 솜과 명주가 나지 않고 다만 마(麻)를 심어서 업을 삼는다. 비록 조금 부유하다고 일컬어지는 백성이라도 해를 마치도록 길쌈한 양은 몇 베틀을 채우지 못하는데 그것도 곧바로 공세(公稅)로 모두 실어 나른다. 그러므로 북쪽 지역 남자들은 여름이나 겨울 할 것 없이 오직 개가죽으로 된 옷과 바지 한 벌 뿐이고 아녀자들은 가죽 옷이 없어 낡은 베옷을 백 번 꿰매고 기워서 몸을 가린다. 위아래를 하나로 마름질하여 웃옷과 치마의 구별이 없고 바지도 입지 않고 버선도 신지 않는다. 날씨가 다소 추워지면 모두 토실(土室)에 웅크리고 들어가 떡갈나무와 참나무로 솜을 대신하고 집의 벽을 옷으로 삼으며 개를 끌어안아 몸을 따뜻하게 하고 눈을 녹여 물 긷는 것을 대신하는데 오직 대소변을 볼 때만 이에 재빨리 나갔다가 들어온다. 그러므로 북쪽 백성이 딸을 낳으면 양인이나 천민을 막론하고 창녀의 일을 하도록 가르치니, 다행히 남쪽에서 온 나그네를 만나 한 벌의 의상을 얻으면 이웃 마을에서도 모두 반색하며 경사로 여긴다. 그중에 애교가 있어서 나그네에게 잘하는 자는 혹 상자에 비단이 넉넉하니 저 가난한 여인들이 부러워하며 흠모하는 것은 당연하다.

선비도 마찬가지이다. 유자(儒者)의 관을 쓰고 명색이 선비라는 자에게 성현의 말을 물으면 "들은 적이 없다."라고 하고 성현의 책을 물으면 "본 적이 없다."라고 한다. 개중에 한 부의 《대학》을 외우는 자가 있더라도 다만 고강(考講)할 때 체면치레하는 용도일 뿐 또한 어느 강(綱)이고 어느 목(目)이며 무엇이 경(經)이고 무엇이 전(傳)인지 알지 못한다. 이른바 과거에 응시하는 수재(秀才)는 대부분 구절을 따오고 글자를 연결해서 가까스로 변경 지역의 방(榜)에 이름을 올리는 정도에 불과하고 큰 고개를 조금이라도 넘어 서울을 구경한 적은 없다. 이렇기 때문에 고을 수령은 천하게 바라보고 백성들은 또래로 대하여 모두 곤궁하게 늙어가지만 이룬 것이 없다.

하지만 활을 잡고 무예를 업으로 한 저들은 비록 크게 영달하지는 못하지만 대부분 서울에 출입하고 낮에는 변방의 성루에서 비단옷을 입고서는 스스로를 오(吳)・촉(蜀)의 사마상여(司馬相如)[8]와 주매신(朱買臣)[9]에 견주며, 향당(鄕黨) 사람들은 모두 대단하게 여긴다. 아,

8 사마상여(司馬相如) : 한(漢)나라 사마상여가 촉(蜀)을 떠나 장안(長安)으로 향할 때, 성도(成都)의 승선교(昇仙橋) 다리 기둥에 "네 마리 말이 끄는 붉은 수레를 타지 않고서는 이 다리를 건너지 않겠다."라고 써서 출세의 포부를 밝혔던 고사가 있다. 《藝文類聚 卷63》

9 주매신(朱買臣) : 한(漢)나라 무제(武帝) 때 사람이다. 출세해서 고향을 다시 찾은 것을 말한다. 주매신이 불우한 환경에서 독실하게 공부하다가 50세의 늦은 나이로 입사(入仕)하여 구경(九卿)의 지위에까지 올랐는데, 회계 태수(會稽太守)에 임명되었을

해진 솜옷을 입더라도 여우나 담비 가죽옷을 입은 자에게 부끄러워하지 않는 것[10]은 성인의 문하에서도 하기 어려운 일이었으니 만약 내면이 무겁고 특별히 확립한 자가 아니면 누가 저것을 먼저 하고 이것을 나중으로 여기지 않겠는가.

묻는 이가 "그렇다면 이 풍속은 끝내 고칠 수 없는 것입니까?"라고 하기에 나는 다음과 같이 말하였다. "아니다. 아니다. 어찌 불가하겠는가. 진실로 위에 있는 자가 백성의 생산을 마련하는데 법도가 있어서 뽕나무와 삼을 힘써 기르게 하고 포루(布縷)의 세금을 낮추어, 길쌈하는 아녀자로 하여금 남은 베가 있게 하여 옷을 만드는데 모자라지 않게 한다면, 저들도 떳떳한 본성이 있는 백성이니 어찌 기꺼이 좋아하는 바른 것을 버리고 천하게 여기는 음란함을 숭상하겠는가. 사풍(士風)의 성쇠도 참으로 위에 있는 자가 인도하는 바에 달리기도 했지만 또한 선비가 된 사람들이 스스로 어떻게 힘쓰는가에 달려 있는 것이다.

하늘이 재주를 내려주실 때 내지와 외지, 멀고 가까움에 따라 더하고 덜한 차이는 없다. 좋은 재주와 아름다운 바탕을 지닌 사람이 습속에서 스스로 벗어나지 못하고 마침내 매몰되어 일컬어지지 않는 자들이 얼마나 많겠는가. 진실로 한두 명의 호걸지사(豪傑之士)가 발분하고 창도하여 성현의 책을 읽고 성현의 말을 말하며 성현의 행실을 실천하고

때 인수(印綬)를 차고 고향에 가서 사람들을 놀라게 했던 고사가 전한다.《漢書 卷64上 朱買臣傳》

10 해진……것 : 온포(縕袍)는 수삼으로 둔 솜옷으로 몹시 값싼 옷을 말하고, 호학(狐狢)은 여우나 담비가죽으로 만든 갖옷으로 아주 귀한 옷을 가리킨다. 공자(孔子)가 "해진 솜옷을 입고서 여우나 담비 가죽으로 만든 갖옷을 입은 자와 같이 서 있어도 부끄러워하지 않을 자는 자로(子路)일 것이다."라고 하였다.《論語 子罕》

그 나머지를 미루어 입신양명(立身揚名)하여 문호를 빛내 영광스럽게 하고 후생의 준수한 자로 하여금 뒤따라 일어나게 한다면, 사람들이 어찌 위험한 궁마(弓馬)와 봉인(鋒刃)을 즐기고 귀중한 도덕과 문장을 경시하겠는가." 어떤 선비가 찾아와서 글자를 물으므로 이에 써서 보여 준다.

밀수 상인

潛商

후춘부(後春部)의 오랑캐는 공주(孔州) 강 북쪽에 있는, 오십 리 정도의 가까운 거리로[11] 불 때는 연기가 서로 바라보이고 묘시(卯時)에 출발하면 사시(巳時)에 도착할 수 있다. 오랑캐 사람들은 작은 배를 타고 강 안팎을 베 짜는 북처럼 드나드는데, 얼음이 얼면 더욱 자유롭게 오가되 금지하여 막지 않으니, 우리 백성들과 아침저녁으로 매우 친하게 어울리면서 간간이 토산물을 가지고 교역을 요구한다. 우리 백성들은 가격이 저렴하다는 이유로 너도나도 법을 어겨가며 밀거래를 하지만 자금을 계속 조달하기 어렵기에 마을의 풍우마(風牛馬)를 도둑질하여[12] 그 값을 충당하는데 이것이 점차 습속이 되어 몇 년 사이에 더욱 빈번해졌다. 이때 일이 발각되어 사형을 당한 자가 있었는데도 오히려 그치지 않았다.

고을 수령이 이를 근심하여 고을 사람을 모아 그 폐단을 그칠 수 있는 방법을 도모하였는데 그 중의 한 사람이 뜨락 아래에서 웃는 이가 있었다. 수령이 크게 노하여 잡아오라 명하고 목에 형구를 채우고는

11 후춘부(後春部)의……거리로 : 후춘은 혼춘부락(渾春部落)이라고도 하고 민간에서는 후춘(後春)이라고 부른다. 함경북도 경원(慶源)의 강 북쪽 10여 리에 있으며 공주(孔州)는 경원(慶源)과 경흥(慶興) 일대의 옛 지명이다.

12 풍우마(風牛馬)를 도둑질하여 : 《춘추좌씨전》에는 본래 풍마우로, 동물의 암컷과 수컷이 서로 유인하고 그리워함을 말하는데, 여기서는 그러한 동물의 속성을 이용해서 도둑질을 하여 팔아먹는다는 뜻이다.

꾸짖기를 "내가 백성들이 간사한 짓을 하는 것이 걱정되어 고을 사람들과 도모하는 중인데 아전 따위가 감히 뜰에서 나를 비웃었구나. 너는 반드시 간사한 무리일 것이다. 해명할 수 있으면 괜찮겠으나 해명하지 못하면 죽일 것이다."라고 하였다.

아전이 대답하기를 "소인은 감히 희롱하며 깔본 것이 아닙니다. 다만 관령(官令)을 실행하기 어렵기 때문에 웃은 것입니다. 소인은 어렸을 적에 대강 역관의 일을 배웠습니다. 중년에 통역하는 일로 도성에 간 일이 있었는데 통역관이 금으로 장식한 허리띠에 담비 귀걸이를 한 것을 보고 처음에는 '저 사람은 필시 국가에 큰 공로가 있는 자일 것이다.'라고 생각했습니다. 그런데 수행하여 북국(北國 청나라)에 도착하니 그는 날마다 저들 나라의 담당자와 재잘거리기만 했고, 나누는 말이 매우 진지한 가운데 우리나라에서 온 사신(使臣)은 도리어 업신여겼습니다. 소인은 미천한 사람이라서 참으로 저들이 재잘거리며 무슨 말을 하는지 알지 못했습니다. 그러나 매번 저들 나라에서 날마다 금은보화를 거듭 역관에게 주는 것을 보았는데 소인은 참으로 그것이 이상하였습니다. 어찌 저들에게 바친 것도 없는데 이처럼 친밀하게 대접받고 성대하게 큰 것을 얻었겠습니까. 돌아와 명을 받들어 보고하니 나라에서는 역관이 공이 있다고 하여 벼슬을 더하고 헤아릴 수 없는 상을 주었습니다. 소인 역시 그 여분을 받았습니다. 궁궐 문을 나오는데 어떤 이가 소인을 가리키며 남모르게 욕하며 말하기를 '나라를 팔아먹은 졸개일 뿐이다.'라고 하였습니다. 소인은 비로소 크게 부끄럽고 두려웠으며 앞에서 한 의심을 더욱 확신하고 이에 병으로 사양하고 북쪽으로 돌아왔습니다. 대저 천하에 큰 죄는 상을 주고 작은 죄를 금지하는 이치는 없습니다. 또한 나라의 사정과 이웃사람의 우마(牛馬)는 그 경중이 어떠하겠습니까. 나라를 판 저 사람은 상을 주고 가축을 판 사람은 죽이니 죽임을 당한 자가 그것을 안다면 반드시 원통함을 품고 불복할 것입니다."라고 하였다.

수령이 오랫동안 생각하다가 이에 서리를 풀어주라고 하였다. 조금 있다가 서리는 다시 진술하기를 "소인이 앞에서 드린 말은 다만 제가 본 것을 말씀드렸을 뿐입니다. 그러나 밀수 상인의 폐단은 끝내 바로잡아서 엄하게 막지 않으면 안 됩니다. 무릇 도적에는 크고 작은 것이 없고 이익에는 가볍고 무거운 것이 없습니다. 지금 번종(蕃種)들이 필수로 여기는 것은 다행히 소와 말에 그칠 뿐이지만, 혹시라도 저들이 필수로 여기는 것이 소와 말보다 더 진보하는 것이 있을 때에는 장차 반드시 한 고을을 팔고 한 도(道)를 바치는 자가 있을 것이니, 반드시 이러한 일에서 싹이 트지 않으리라고 못합니다. 어찌 크게 걱정할 일이 아니겠습니까. 속히 마땅히 오랑캐 우두머리와 약속을 단단히 하고 법령으로 거듭 신칙해서 관시(關市)를 엄하게 사찰해야 합니다. 진실로 법을 범한 사람은 반드시 징벌하여 관대함이 없게 하신다면 거의 만에 하나 조금이라도 그칠 수 있을 것입니다."라고 하였다.

수령은 "알겠다."라고 하고 이에 술을 하사하여 보냈다.

거세한 병사
閹卒

관북의 절도사 중에 군정(軍政)을 인자하고 어질게 하는 자가 있었는데, 병이 들어 거세한 병사를 보고 그의 병을 가련히 여겨 군역을 면제해 주라고 명령하였다.

몇 개월 후 병사들을 점검하며 튼튼하고 강성한 이와 늙고 병이 든 것으로 병사들의 등급을 평가하게 되었다. 그 중 병사 몇 명이 지팡이를 잡고서 앞으로 나와 거세한 것을 스스로 하소연하며 전례(前例)를 들어 군역을 면제해 달라고 빌었다. 절도사는 그런 이들이 많아진 것을 괴이하게 여겨 그 이유를 물었다. 군리(軍吏)가 앞으로 나와 말하기를 "이들은 절도사께서 거세한 이에게 군역을 면해주라고 명령한 일이 있음을 듣고서 모두 스스로 거세하여 면제를 바라는 것입니다. 만약 이들을 다시 면제해 준다면 북쪽 땅 병사들은 거의 다 거세를 할 것이니 북쪽 백성들은 거의 후사가 끊길 것입니다."라고 하였다. 절도사는 매우 놀라 쫓아내 보내라고 명을 하고 마침내 그들을 면제해주는 것을 허락하지 않았다.

그 중에 한 병사가 마침 내가 세 들어 사는 집 옆에 사는 사람이다. 내가 불러 그를 위로하며 말하기를 "너는 어찌 고통스러운데도 스스로 거세를 하였느냐."라고 하니, 병사가 대답하기를 "제가 이것이 좋아서 한 것이 아니라 어찌 할 수 없어서였을 따름입니다. 제가 군오(軍伍)에 보충되고부터 피나는 고생이 날마다 심하고 피부는 날마다 벗겨져 뼈와 심장이 벗겨지고 깎일 지경이었습니다. 죽을 때까지 고통스러울 것을 근심하여 하루도 살고 싶은 마음이 없었습니다. 이에 감히 신체를 훼손하여 한 번 면제됨을 바랐는데, 지금 그렇게 되지 못했으니 제 운명인 것을 어찌 한탄하겠습니까."라고 하였다. 내가 듣고서 슬퍼하며 또 말하기를 "무릇 거세한 사람은 반드시 썩힌 연후에 양기를 잘라야 거세하는 것이 순조롭다. 지금 보니 너는 아직 수염이 다 없어지지 않고, 모습과 목소리가 아직 변하지도 않았다. 거의 살점은 없어졌으나 아직 썩지 않은 것은 내가 피부를 살려 근육을 잇는 처방을 하면 아직 양근을 살릴 수 있을 것이다. 너는 그것을 원하느냐."라고 하였다. "아닙니다." 병사는 일어나 사양하며 말하기를 "참으로 손님께서 염려해주시는 뜻은 좋지만, 그러나 제가 원하지 않습니다. 북쪽의 풍습으로 아들을 낳아 둘이 되면 무릇 군역이 거듭 겹치는 것을 두려워하여, 낳자마자 묻습니다. 저는 매번 이웃 마을에서 아들을 묻는 것을 볼 때마다 또한 그것 때문에 슬퍼한 지 여러 날이었습니다. 혹시라도 제가 어그러진 남근이 회복되어 온전해져 불행하게도 아들을 두게 된다면 제가 또한 어찌 차마 묻겠습니까. 지금 비록 제 육신의 고통을 면제받을 수 없을지라도 자식을 낳을 수 있는 방법은 이미 단절하여 눈앞에서 또 다시 군역의 장정을 보탤 일이 없으니, 이것이 스스로 위로가 되겠습니다. 설령 손님께서 과연 신묘한 처방이 있다고 하실지라도 저는 진실로 원하지 않습니다."라고 하였다. 말이 채 끝나기도 전에 내가 그를 위해 옷소매를 들어 줄줄 흐르는 눈물을 닦으며 "안타깝구나."라고 하였다.

집안에 아버지와 아들간의 즐거움은 사람이라면 모두 하고자 하는 바이다. 참으로 지극한 고통이 있는 자가 아니라면 사람이 어찌 이것을 버리고 이런 마음을 갖지 않는 이가 있겠는가. 북쪽 지역 사람만 유독 인정이 없는 것인가.

지금 천하를 가지고 주문(注文)을 하면서 모집을 설치한 사람이 말하기를 "왼손으로 무엇인가를 움켜잡으면 오른손을 잘라 없애고, 오른손으로 무엇인가를 움켜잡으면 왼손을 없앤다."[13]라고 하고, 만승(萬乘)을 가지고 주문을 하면서 모집을 설치하는 사람이 말하기를 "이것을 얻으면 자식이 있는 사람은 자식이 없게 되고, 얻지 못하면 자식이 없는 자는 자식이 있게 된다."라고 한다면, 비록 천한 사내와 가난한 사람일지라도 또한 달아나 돌아보지 않을 것이다. 그렇다면 한 몸이 천하보다 귀중하고, 부자(父子)가 만승보다 크다는 것이 분명하다.

지금 제 한 몸의 고통을 견디지 못하여 천하와 만승보다 중대한 것을 버리기를 마치 흙으로 빚은 인형만큼도 여기지 못할 뿐만이 아니니, 아, 슬프도다. 또한 혹독하도다. 여기에서 군역의 고통은 진실로 자세히 물어 볼 필요도 없이 이 두 가지를 들어 분명히 알 수 있다.

사람의 마음은 물과 같아서 감당하지 못하는 바가 있으면 반드시 무너져 터지게 된다. 무릇 사람으로 하여금 살점을 자르는 데도 고통을 느끼지 못하고, 자식을 묻어도 안타까워하는 마음이 없도록 하는 데에 이르게 한다면 사람의 마음이 감당하지 못하는 것이 또한 심한 것이다. 만약 감당하지 못하는 마음이 심해져서 차마 하지 못하는 바가 없게 된다면 하루아침에 용이 되고 뱀이 되고 호랑이가 되고 맹수가 되어서

13 왼손으로……없앤다 : 《장자》 〈양왕(讓王〉 제 6장에 "왼손으로 무엇인가를 움켜잡으면 오른손을 잘라 없애고, 오른손으로 무엇인가를 움켜잡으면 왼손을 없앨 것이지만 그래도 그것을 움켜잡는 자에게는 반드시 천하를 줄 것이다."라고 가정하여 자화자(子華子)가 소희후(昭僖侯)에게 이런 경우 그것을 움켜잡겠느냐고 물어본 내용 중에 나오는 말이다.

독을 뿜어내고 이빨을 드러내게 되니 그 재앙 또한 어느 곳인들 이르지 못하겠는가. 내가 이미 슬프고 애처로우며 근심하는 마음이 들어서 대략 그 말을 기록하노니, 병정(兵政)을 주관하는 자가 가려 살피기를 바란다.

책문제 策問題

치도
治道

왕은 이르노라. 태극에는 음과 양이 없을 수 없다. 그러므로 치도(治道)에도 동(動)과 정(靜)이 없을 수 없다. 두 가지는 선후·본말의 차례가 있어서 때를 어기고 역행할 수 없는 것인가.

요·순의 정치는 일월을 관찰하고[14] 물과 땅을 고르게 다스리며 순수(巡狩)와 정벌(征伐)을 하느라 쉴 겨를이 없었는데, 정사가 잘 다스려진 연유를 논한 것은 "문사안안(文思安安)"[15]과 "안여지(安汝止)"[16]라고

14 일월(日月)을 관찰하고 : 《서경》 〈요전(堯典)〉에 "이에 희씨(羲氏)와 화씨(和氏)에게 명하여 하늘의 운행을 따라서 해와 달과 별의 운행을 관찰하여 백성들에게 농사철을 알려 주게 하였다.〔乃命羲和, 欽若昊天, 曆象日月星辰, 敬授人時.〕"라고 한 것을 가리킨다.

15 문사안안(文思安安) : 《서경》 〈요전(堯典)〉에 보이는 말로 "옛 제요(帝堯)를 상고해 보면, 방훈이시니 공경스럽고 밝고 문채가 드러나고 생각이 심원함이 편안하고 편안하시며 진실로 공손하고 능히 겸양하시어 광채가 사표에 미치셨고 상하에 이르셨다.〔曰若稽古帝堯, 曰放勳, 欽明文思安安, 允恭克讓, 光被四表, 格于上下.〕"라고 하였다.

16 안여지(安汝止) : 우(禹)가 순(舜)에게 "당신의 마음이 그치는 바에 편안히 하여 기미를 생각하고 편안히 할 것을 생각하시며, 보필하는 신하가 곧으면 행동하는 대로

말하는데 불과하였다. 모르겠지만 당시 치도에 숭상한 것이 동인가, 정인가? "하늘에 밝게 이름을 오래하고 오래함〔昭格遲遲〕"[17]과 "훌륭하고 훌륭하여 공경함이 이르는 것〔穆穆敬止〕"은 탕(湯)·문(文)의 덕으로, 정(靜)을 위주로 하였다고 할 수 있는데, "어지러우면 잡아들이고 망치면 모욕을 가한다〔取亂侮亡〕"[18]와 "한번 크게 노하는 것〔一怒〕"[19]과 "도의 지극함에 먼저 오른다〔先登〕"[20]는 것에 미쳐서는 또한 얼마나 움직임이 민첩한 것인가. 《주역》은 고요함에는 길함이 많고 움직임에는 흉함이 많다고 하였고, 〈홍범(洪範)〉에서는 "조용히 일을 하면 길하고 일을 일으키면 흉하다."[21]라고 진술하였다. 정과 동의 길흉이 이와

크게 응하여 뜻을 기다릴 것입니다.〔安汝止, 惟幾惟康, 其弼直, 惟動, 丕應徯志.〕"라고 하였다. 《書經 益稷》

17 하늘에……오래함 : 《시경》 〈장발(長發)〉에 탕 임금의 덕을 노래하여 "성스러운 공경이 날로 올라가서 하늘에 밝게 이름을 오래하고 오래하여 상제를 이에 공경하셨다.〔聖敬日躋, 昭格遲遲, 上帝是祇.〕"라고 하였다.

18 어지러우면……가한다 : 《서경》 〈중훼지고(仲虺之誥)〉에 "제후가 어질면 돕고 덕이 있으면 돌봐 주며, 충성스러우면 드러내고 훌륭하면 이루어 주소서. 유약하면 아우르고 어리석으면 칠 것이며, 어지러우면 잡아들이고 망치면 모욕을 가하소서.〔佑賢輔德, 顯忠遂良, 兼弱攻昧, 取亂侮亡.〕"라고 하였다.

19 한번……것 : 왕이 끝내 한번 노하여 군대를 출동시켜 천하를 평정하는 것을 말한다. 《맹자》 〈양혜왕 하(梁惠王下)〉에 "문왕(文王)이 한 번 노하여 천하의 백성을 편안케 하였다."라고 하였다.

20 도의……오른다 : 《시경》 〈황의(皇矣)〉에 "상제가 문왕에게 이르기를 '그렇게 이것을 버리고 저것을 잡으려 들지 말며 그렇게 흠모하고 부러워하지 말아서 크게 먼저 도의 경지에 오르라.' 하셨다."라고 하였다.

21 조용히……흉하다 : 《서경》 〈홍범(洪範)〉에 "거북점과 시초점이 모두 사람의 뜻과 어긋날 경우, 조용히 일을 하면 길하고 일을 일으키면 흉하다."라고 하였다.

같이 확연하다면 성인의 말씀이 어찌 치우쳐서 정을 위주로 하지 않고 매번 함께 거론하였는가. 한(漢) · 당(唐) · 송(宋) 이후에 치도가 동과 정을 숭상하기를 좋아하면서 성패가 분명히 드러난 경우를 아울러 차례대로 진술할 수 있겠는가.

나 소자(小子)가 왕업을 외람되이 계승하여 마침 나라에 우환으로 많은 일이 생겼다. 봄에 살얼음을 건너고 호랑이의 꼬리를 밟는 듯하나[22] 구제할 방법을 알지 못하겠다. 일찍이 유학의 가르침을 돈독히 숭상하여 세도(世道)를 드높이려 하였으나 청류(淸流)와 탁류(濁流)가 서로 부딪쳐 조정이 큰 혼란에 빠졌고, 기강을 엄숙히 잡아 왕법을 정돈하려했으나 죄망(罪網)을 거두지 않아 인심이 더욱 놀랐다. 군사를 확대하여 뜻밖의 사태에 대비하려 하면 향락과 안일에 젖은 지 이미 오래되어 한갓 소란만 일어났고, 달아난 자들을 찾고 거두어 폐단을 쇄신하려 하면 유랑자들이 속출해서 안정될 희망이 없어 보였다. 무릇 이 몇 가지는 혹 정하고자 하다가 도리어 동에 이르렀고 혹은 한갓 동하기만 할 뿐 정으로 돌아가지 못했다.

나는 모르겠도다. 동과 정을 베푸는 순서를 잃어서 그런 것인가, 동정의 도에 그 방법을 다하지 못해서 그런 것인가. 아니면 혹시 동도 아니고 정도 아니면서 지극히 마땅함과 지극히 중정(中正)한 도가 있는데 내가 미처 알지 못하는 것인가. 만약 정치를 하고 명령을 베풀 때에 정하면서도 떳떳함이 있고 동함에 마땅함을 잃지 않으며 황극(皇

22 봄에……듯하나 : 두려워하며 조심하는 마음을 가졌다는 말이다. 《서경》 〈군아(君牙)〉에 "내 마음의 근심되고 위태로운 것이 마치 범의 꼬리를 밟은 듯, 봄날의 얼음 위를 걷는 듯하다.〔心之憂危, 若蹈虎尾, 涉于春氷.〕"라는 말이 나온다.

極)이 치우치지 않고 인정(人情)이 크게 순응하며 조정이 맑고 형벌을 쓰지 않게 되어 밖으로 편안하고 안도 편안하게 되려면 그 도는 어디에서 말미암는 것인가.

그대 대부들은 치도에 마음을 두어서 반드시 먼저하고 나중에 할 것과 이완과 긴장에 대해 적중한 논의가 있을 것이니, 각자 답안지에 모두 기술하라.

화란

禍亂

왕은 이르노라. 천하 국가의 재앙은 반드시 겉으로 드러난 것에 있지 않고 생각이 미치지 못하는 곳에서 많이 일어난다. 진(秦)나라는 참위설(讖緯說)을 이용하여 만리장성을 쌓았으나 마침내 호해(胡亥)의 변이 있었고,[23] 한(漢)나라는 환관으로 고통받아 사방에서 병사를 징발하였다가 결국 동탁(董卓)의 화를 자초하였다.[24] 진(晉)나라의 근심은 오(吳)나라에 있었으나 유석(劉石)이 중화를 어지럽혔고,[25] 양(梁)나라의 우환은 위(魏)나라에 있었지만 후경(侯景)이 난을 일으켰다.[26] 당(唐)나라는 번진(藩鎭) 때문에 곤욕스러웠으나 황궁(皇宮)

23 진(秦)나라는……있었고 : 진 시황 때에 도참서인 〈녹도서(錄圖書)〉에 "진나라를 망칠 자는 호이다.〔亡秦者胡也〕" 하였으므로 시황이 북방의 오랑캐를 방어하기 위해 만리장성을 쌓았는데 뒤에 진나라는 시황의 아들 호해(胡亥) 때문에 망했다고 한다.

24 한(漢)나라는……자초하였다 : 동탁(董卓)은 처음에 한나라 조정을 어지럽게 하는 환관(宦官)을 죽인다는 명분으로 양주(凉州)에서 군사를 거느리고 들어왔다. 《後漢書 72 董卓列傳》

25 진(晉)나라의……어지럽혔고 : 유석(劉石)은 전조(前趙)를 세운 유연(劉淵)과 후조(後趙)를 세운 석륵(石勒)을 가리킨다. 유연은 본래 흉노족(匈奴族)이었는데, 사마씨의 진나라가 황제의 자리를 놓고 다투는 사이에 세력을 키워 대선우(大單于)라고 칭하였으며, 다시 나라를 세워 국호를 한(漢)이라 하고 황제를 칭하였다. 《晉書 卷104 載記 石勒》

26 양(梁)나라의……일으켰다 : 양나라의 초대 황제인 고조(高祖) 소연(蕭衍)은 처음에 유학을 숭상하였으나 나중에는 불교에 심취하여 지나치게 관대한 정사를 펼쳤는데, 동위(東魏)를 배반하고 투항한 장군 후경(侯景)을 받아들였다가 얼마 안 되어 그가

이 전복된 것은 유적(流賊)에서 비롯되었고,[27] 송(宋)나라는 요하(遼夏)에 대비하였으나 두 황제가 몽진한 것은 여진(女眞) 때문에 생겨난 일이다.[28] 무릇 이 몇 대의 환란은 모두 사람의 꾀로는 미치지 못하는 바여서 예방할 방법이 없었던 것인가? 아니면 밝고 지혜로운 식견이 있어서 일에 앞서 헤아렸다면 사람의 힘으로 또한 하늘을 이길 수 있어서 나라가 멸망하는 데에는 이르지 않았을 것인가?

불선한 내가 왕위에 오른 후 마침 우환의 때를 당하여 화란이 바뀌는 조짐에 대해 깊이 생각하면서 감히 태만하게 한 적이 없거늘, 근래에 천재지변이 너무 심하고 민심이 안정되지 못하여 예측하지 못한 화가 조만간 일어날듯하니 나의 근심과 두려움이 깊은 골짜기에 빠진 것 같다. 오늘날 재앙의 조짐은 남쪽인가, 북쪽인가. 아니면 혹 안에서부터 생겨난 것인가. 지금 군대를 정돈하고 단속하여 국경의 방비를 경계하면 중외가 소란하여 화를 자초할까 염려되고, 백성을 회유하고 안정

일으킨 반란으로 인해 대성(臺城)에 유폐되어 죽었다. 《南史 卷7 梁本紀》

27 당(唐)나라는……비롯되었고 : 당 덕종(德宗) 이괄(李适)은 즉위한 뒤에 중앙 집권을 강화하기 위해 각 지방의 번진(藩鎭)들을 진압하려 하였으나 유력한 번진들이 잇달아 반란을 일으켜 실패하고 결국 그들의 자립을 인정하였다. 결국 당나라를 멸망시키고 후량(後梁)의 태조가 된 주전충(朱全忠)은 원래 황소(黃巢)의 적도(賊徒) 출신이다. 당나라에 귀순하여 사진절도사(四鎭節度使)에 이르고 양왕(梁王)에 봉해졌는데, 그 뒤 소종(昭宗)과 애제(哀帝)를 시해하고 국호를 양(梁)으로 바꿨다. 《舊唐書 卷12 德宗本紀》

28 송(宋)나라는……일이다 : 두 황제는 송나라의 휘종(徽宗)과 흠종(欽宗)을 가리킨다. 1127년에 금(金)나라 군대가 남하하여 송나라의 수도 변경(汴京)을 함락시키고 휘종과 흠종 두 황제와 황족들을 포로로 잡아 오국성(五國城)에 억류하였으며, 이로 인해 북송이 망하였다. 《宋史 卷19 徽宗本紀》

시켜서 우선 많은 비방을 사라지게 하고자 하면 갑작스럽고 다급한 상황에서 변고에 대응할 수가 없다. 나는 참으로 어떠한 말이 좋은 것인지 알지 못하겠다. 그대 제생들은 반드시 시무를 알고 세상을 걱정하면서 곁에서 객관적으로 살피고 속으로 헤아린 것이 있을 것이니, 각자 화단(禍端)의 소재를 분명히 말하고 바로잡아 구제하는 계책을 모두 진술하라. 내가 비록 불민하나 시험 삼아 채택하겠다.

폐단을 바로잡는 계책

救弊之策

왕은 이르노라. 이리 오라, 그대 많은 선비들이여. 모두 궁정에 이르렀으니 내가 멀리 옛것을 인용할 겨를 없이 다만 지금의 절박하고 급한 폐단을 묻노라.

조정은 국가의 복심(腹心)이며 온 나라의 근본이거늘 붕당(朋黨)의 화가 거의 백 년 동안 있어서 조정의 관원들이 화목하지 못하고 간계와 모함이 성행하며 옳고 그름이 어지럽게 섞여 국론이 정해지지 못하였다. 풍속은 백성들의 일상생활로서 치란(治亂)에 영향을 받는 것이거늘 사치하는 습속이 날로 더욱 심해져 예방(禮防)은 크게 무너지고 이욕(利慾)은 서로 내달려 귀한 사람이나 천민이나 구별이 없고 여론은 어지럽다. 조세(租稅)의 수입은 한번 전안(田案)을 살펴보면, 나라에 공한지(空閑地)가 없는데 전결(田結)이 크게 줄어드니 차례대로 측량해 경계를 바로잡고 방부(邦賦)를 균등이 하자는 의론이 그치지 않고, 기강이 서지 않아 평민들이 물고기처럼 흩어지는 상황에서 인구는 날로 번성하여도 호구(戶口)는 늘어나지 않으니 호패(戶牌)를 만들어 시행하여 백성들의 호구를 단속하고 군액을 충당하자는 말은 또한 일리가 있는 것 같다.

학교는 도를 높이고 선비를 기르는 곳이지만 선비들이 회피하는 곳이며 부역을 피하는 자들이 몸을 숨기는 장소가 되어, 근래에 법령과 제도를 거듭 밝히지 않은 것이 아니지만 더욱 어수선해져 맑게 다스려질 수가 없게 되었고, 속오(束伍)[29]는 군정(軍政)을 변통한 것이지만 피폐한 백성에게 고통이 편중될 뿐 교활한 자들은 종전대로 편안히 놀고 먹으니 봉족(奉足)을 더 지정해 역을 고르게 하려 했으나 원망과 해악이 나란히 일어나 잘못된 것을 보완하지 못한다. 이외에도 노비를 추쇄(推刷)하는 일 같은 것은 사태가 온전히 끝났는데도 논하는 이들이 오히려 분란을 일으켰다고 탓하고 있고, 성과 해자를 수축하는 부역은 큰 공사에 해당하지 않건만 인심은 살게 해주는 도리로 백성을 수고롭게 하는 것[30]임을 믿지 않는다.

무릇 이 몇 가지 말에 대해 나는 절충할 줄 모르겠다. 장차 그것을 시세(時勢)에 맡겨 황폐해지도록 방치하고 그 사이에서 손을 떼어야 하는가? 아니면 여러 사람의 의견을 어기고 독단하여 힘을 다해 추진함으로써 만 분의 일이라도 효과를 거두기를 바라야 하는가. 만약 폐정을 개혁하고 좋은 법을 시행한다면 민심이 흡족하고 나라의 운명은 새롭게 될 것이니 그 방도는 무엇을 말미암아야 하는가. 그대 유생들은 모두 지금 시대의 선비이니 지난 옛 것에 구애되지 말고 각기 오늘날의 폐단을 바로잡는 계책을 서술하라.

29 속오(束伍) : 속오군(束伍軍)을 말한다. 임진왜란을 계기로, 공사(公私)의 역(役)이 없는 양인(良人)과 벼슬이 없는 양반으로서 훈련을 감당할 만한 사람을 골라 편성한 군대인데, 평소에는 군포(軍布)를 바치게 하고 유사시와 연습할 때에만 소집하였다.

30 살게……것 : 《맹자》 〈진심 상(盡心上)〉에 "편하게 해 주는 도리에 입각해서 백성을 부리면 아무리 수고롭더라도 백성이 원망하지 않고, 살게 해 주는 도리에 입각해서 백성을 죽이면 비록 죽더라도 백성이 죽이는 자를 원망하지 않는 법이다.〔以佚道使民, 雖勞不怨, 以生道殺民, 雖死不怨殺者.〕"라는 맹자의 말이 나온다.

도의를 먼저 하고 공리를 뒤로 하다
先道義後功利

왕은 이르노라. 그 의리를 바르게 하고 그 이익을 도모하지 않으며, 그 도(道)를 밝히고 그 공적을 헤아리지 않는다.[31] 이것은 진실로 유자(儒者)의 바꿀 수 없는 정론(定論)이지만, 나라를 도모하고 병사를 쓸 때에는 다 그렇게 할 수 없는 것이 있는 것 같다.

《주역》에서는 이익에 대해 많이 말하였고 소자(邵子)는 "삼왕(三王)은 공적을 숭상하였다."라고 하였으니, 그렇다면 성인도 또한 공리(功利)의 설을 면치 못한 것인가? 《시경》에서 "태왕(太王)은 진실로 비로소 상(商)나라 명맥을 자르셨도다."[32]라고 하였고, 맹자는 구천(句踐)이 하늘을 두려워하여 큰 나라를 섬겼다고 하였으니,[33] 태왕과 구천의

31 그……않는다 : 이 말은 한(漢)나라 동중서(董仲舒, 기원전 197~기원전 104)의 말을 인용한 것으로 《한서(漢書)》 권56 〈동중서전(董仲舒傳)〉에 보이고 뒤에 《근사록》에 실렸다. 전한의 경학가 동중서는 광천(廣川) 사람이다. 경제 때 박사가 되었으며, 무제 때에 강도상(江都相) 등을 역임하였다. 〈현량대책(賢良對策)〉을 올려 유학을 높이고 이단을 배척할 것을 주장하여, 경학의 지위를 높이는 데 큰 영향을 끼쳤다.

32 시경에서……자르셨도다 : 《시경》 〈비궁(閟宮)〉에 "후직(后稷)의 후손이 진실로 대왕이신데 기산의 남쪽에 거주하시어 진실로 비로소 상(商)나라 명맥을 자르셨도다. 〔后稷之孫 實維大王, 居岐之陽, 實始翦商.〕"라고 한 말을 가리킨다.

33 맹자는……하였으니 : 이 내용은 《맹자》 〈양혜왕 하(梁惠王下)〉에 나온다. "제 선왕이 '이웃나라와 사귐에 도가 있습니까?'라고 하니, 맹자가 대답하기를 '있습니다. 오직 인자(仁者)만이 대국을 가지고 소국을 섬길 수 있습니다. 그러므로 탕왕(湯王)이 갈(葛)나라를 섬기시고, 문왕(文王)이 곤이(昆夷)를 섬기신 것입니다. 오직 지자(智者)만이 소국을 가지고 대국을 섬길 수 있습니다. 그러므로 태왕이 훈육(獯鬻)을 섬기

마음은 과연 모두 한결같이 도의에서 나온 것으로 공리의 사사로움이 없었는가?

한(漢)나라 고조(高祖)가 흰 옷을 입혀서 초나라를 친 것[34]과 당(唐)나라 태종(太宗)이 의병을 일으켜 수(隋)나라를 친 일[35]은 사실 도의(道義)를 빌려 공리(功利)를 이루어 마침내 대업의 기초를 세운 것이다. 송(宋)나라 양공(襄公)은 진을 치지 않은 적을 압박하지 않았고[36] 진여(陳餘)는 속이는 계책을 쓰지 않았으니[37] 또한 도의를 먼저하고 공리를 나중에 한 것이라고 할 수 있으나 마침내는 전쟁에서 패하고 나라는 망하는 데에 이르렀다. 그 이유를 들을 수 있겠는가.

제갈공명(諸葛孔明)의 학문은 신불해(申不害)와 한비자(韓非子)가

시고, 구천(句踐)이 오(吳)나라를 섬긴 것입니다."라고 하였다.

34 한(漢)나라……것 : 한나라 유방(劉邦)이 파촉(巴蜀)에서 출사(出師)하여 항우(項羽)를 칠 때에 항우가 초(楚) 의제(義帝)를 죽인 것을 기화로 의제를 위하여 발상(發喪)하여 군사들을 흰 비단으로 된 상복〔縞素〕을 입히고 나아가 싸워 이겼다. 《史記 卷8 高祖紀》

35 당(唐)나라……일 : 당 태종(唐太宗) 이세민(李世民)이 당시 진양 영(晉陽令)이었던 유문정(劉文靜)과 대사(大事)를 계획하고 당시 태원 유수(太原留守)로 있던 자기 아버지 이연(李淵)에게 권유하여 진양에서 군대를 일으켰다. 이를 시작으로 끝내 수나라를 멸망시키고 당나라를 세운 것을 가리킨다.

36 송(宋)나라……않았고 : 송나라 양공(襄公)이 제후의 패자(覇者)가 되려 하여 초(楚)나라와 싸울 때에 강을 건너 대열을 정비하기 전에 격파하자는 말을 듣지 않고서 "군자는 곤경에 빠진 상대를 궁지에 몰아넣지 않는다."라고 하다가 도리어 패하였다. 《春秋左傳 僖公 22年》

37 진여(陳餘)는……않았으니 : 진여는 한신이 조(趙)나라를 칠 때 조왕을 보좌하며 방어하였는데, 유자(儒者)로 자처하여 이좌거(李左車)가 제시한 기습 작전을 채택하지 않고 정면으로 한신과 싸우다가 대패하였다. 《史記 卷92 淮陰侯列傳》

섞였으나 왕통(王通)은 제갈공명이 예악을 거의 흥기시킬 수 있었을 것이라고 인정하였고,[38] 진동보(陳同甫)가 왕도(王道)와 패도(霸道)를 함께 행하려 하니 주자는 "무쇠를 점화하여 황금을 만든다."라고 기롱하였다.[39] 현인의 말이 이처럼 같지 않은 것은 어째서인가.

나 소자가 외람되이 왕위를 이어받았는데 마침 국가에 근심이 있고 변고가 많은 때를 만났다. 무릇 나라의 계책과 병사에 대한 방책을 밤낮으로 생각하느라 쉴 겨를이 없다. 지금 오로지 의리를 바로잡고 도를 밝히는 것을 우선으로 하고 공리에 관한 계책을 버린다면 기밀이 비밀스럽지 않아 군사들이 누설하여 곧바로 화가 닥칠까 걱정이고, 이를 경계하여 더욱 공리의 말을 위주로 하려 하면 도의가 밝지 못하고 명분과 말이 어긋나서 마침내는 환란과 패망으로 귀착될 것이다.

이에 참으로 따라야 할 바를 알지 못하겠다. 차라리 장차 화란을 초래하더라도 도의는 조금도 잃지 말아야 하는 것인가? 아니면 장차 공리를 함께 다스려 나라의 위망을 구하면서 혹 도의에 크게 벗어나지 않게 해야 하는가? 만약 의리가 바르고 도가 밝으면서도 공리가 함께 따라와서 병사에 대한 방책과 나라의 계책이 모두 온전히 반드시 완성되고 실패함이 없게 하려면 그 방도는 무엇을 말미암아야 하는가.

38 왕통(王通)은……인정하였고 : 왕통은 수(隋)나라 학자로, 자는 중엄(仲淹), 시호는 문중자(文中子)이다. 《근사록집해(近思錄集解)》 권3 〈관성현(觀聖賢)〉에 "문중자가 말하기를 '만일 공명(孔明)이 죽지 않았다면 예악(禮樂)이 일어나게 됐을 것이다.〔文中子曰, 使孔明而無死, 禮樂其有興乎.〕' 하였다."라고 한 내용이 있다.

39 진동보(陳同甫)가……기롱하였다 : 진동보는 진량(陳亮)으로 자가 동보이다. 주희(朱熹)가 진량과 왕패(王霸)에 대해 논쟁한 일은 《회암집(晦庵集)》 권36 〈진동보에게 답한 편지〔答陳同甫〕〉에 보인다.

그대 대부들은 유자(儒者)의 옷과 관을 썼으니 참으로 도의를 말하고 또한 한갓 지나치게 높거나 너무 우활한 소리는 하지 말라. 다시 시세를 헤아리고 권략(權略)을 참작하여 되도록 착실한 논의를 펼쳐야 하니, 내가 장차 들어서 적용해 보겠다.

준수와 경장

遵守更張

묻노라. 예부터 계세(繼世)의 도를 논한 것에는 두 가지가 있는데 준수(遵守)와 경장(更張)이다. 두 가지는 모두 다스림을 할 때에 급하게 힘써야 하는 것이지만 실상은 반대되는 일이다. 준수라는 것은 반드시 사업을 일으키는 것을 잘하지 못하다 보니 앞 세대의 일을 그대로 답습하는 것이 늘 걱정이고, 경장이라는 것은 반드시 고요함을 지키지 못하기에 항상 어지러움을 근심하니, 그 까닭은 무엇인가.

요순(堯舜)과 삼대(三代 하(夏)·은(殷)·주(周))의 시대에도 준수 경장에 대해 말할 만한 것이 있는가. 무제(武帝)는 문경(文景)의 정치[40]를 계승하였으나 동자(董子)는 개혁에 대한 논의를 맨 먼저 말하였다.[41] 현종(玄宗)은 중종(中宗)과 예종(睿宗)의 혼란함을 계승하였으나 송경(宋璟)이 법을 수호하여 칭송을 받았으니,[42] 그 뜻을 들을 수

40 문경(文景)의 정치 : 한나라 문제(文帝)와 그 아들 경제(景帝)를 함께 말한 것이다. 문제는 여태후(呂太后) 사후 대신들에 의해 추대되었는데, 아들인 경제와 함께 황로학(黃老學)의 무위지치(無爲之治)를 통치 철학으로 확립하여 소모적인 대외 원정을 피하는 한편, 경제를 안정시켜 문경지치(文景之治)를 이룩하였다.

41 동자(董子)는……말하였다 : 동자는 한(漢)나라 무제(武帝) 때 강도상(江都相)을 지낸 동중서(董仲舒)를 말한다. 무제가 즉위하여 현량(賢良)과 문학(文學)의 선비를 많이 등용하였는데, 동중서는 현량으로 뽑혔다. 동중서는 〈현량대책(賢良對策)〉에서 "비유하자면 금슬이 조화가 되지 않음이 심하면 반드시 줄을 풀어 다시 조여야만 연주할 수 있고, 정치가 행해지지 않음이 심하면 반드시 변화시켜 교화해야만 다스릴 수 있다."라고 하여 법도를 고치고 경장(更張)할 것을 청하였다. 《漢書 卷56 董仲舒傳》

있겠는가. 자산(子産)이 나라의 기강을 고치자 정(鄭)나라가 다스려졌고,[43] 안석(安石)이 법을 바꾸니 송(宋)나라 왕실이 위태로웠으며,[44] 호광(胡廣)은 고사(故事)에 숙달했지만 세상에서 중용(中庸)이라고 기롱하였고,[45] 이항(李沆)은 조용한 것을 좋아했으나 사람들이 어진 재상이라고 칭찬하였다.[46] 이것은 한 일은 대략 같은데도 득실이 하늘

42 현종(玄宗)은……받았으니 : 송경(宋璟, 663~737)은 당 현종(唐玄宗) 때의 명상(名相)으로, 임금의 뜻을 거슬려가며 직간(直諫)을 잘하였으며, 요숭(姚崇)을 이어 재상에 올라 현종을 보좌하면서 개원(開元) 연간의 선치(善治)를 이루었다. 《舊唐書 卷96 宋璟列傳》《통감절요(通鑑節要)》 권40에 " 송경은 법을 잘 지켜 공정(公正)함을 유지하였다.〔璟, 善守法持正.〕"라고 하였다.

43 자산(子産)이……다스려졌고 : 자산은 춘추 시대 정(鄭)나라의 공손교(公孫僑)를 가리킨다. 그의 자(字)는 자산으로, 강대국인 진(晉)·초(楚) 사이에 낀 정나라를 위하여 안으로는 예법으로 강족(强族)을 억제하고, 밖으로는 강국과 외교를 잘하여 수십 년 동안 정나라를 무사히 다스렸다. 《春秋左氏傳 昭公 20年》

44 안석(安石)이……위태로웠으며 : 북송(北宋) 시대 정치가요 문장가였던 왕안석(王安石, 1021~1086)이 신종(神宗) 때에 재상이 되어 정치를 개혁하고자 여러 가지 신법(新法)을 시행하였으나, 많은 유신(儒臣)들의 반대로 당쟁이 격화되고 시행과정 중에 문제가 많았다. 신종 때에는 요(遼)나라에게 북방의 땅을 잃게 되었고, 휘종(徽宗) 때에는 송나라가 더욱 쇠약해져서 마침내 남도(南渡)하게 되는 원인이 되었다. 《宋史 卷327 王安石列傳》

45 호광(胡廣)은……기롱하였고 : 호광은 후한(後漢) 때 사람으로 자는 백시(伯始)이다. 여섯 임금을 섬기는 동안 후한 예우를 받았으나 임기응변에 능했을 뿐 직언을 하지 않았으므로 세상 사람들이 '천하의 중용(中庸)'이라고 놀렸다. 《後漢書 卷44 胡廣列傳》

46 이항(李沆)은……칭찬하였다 : 이항(947~1004)은 북송 진종(眞宗) 때의 명상(名相)으로 자는 태초(太初), 시호는 문정(文靖)이다. 정승으로 있을 적에 평소에 말수가 적어서 사람들이 '입 없는 조롱박'이라고 불렀는데, 이를 듣고도 개의치 않고 "구차하게 뜻을 굽히고서 나라에 도움 되지 않는 말을 지껄여 은총이나 사려는 것은 바로 세상에

과 땅처럼 큰 차이를 보이는 것 어째서인가.

장제(章帝)[47]는 너그럽고 후덕하고 덕종(德宗)[48]은 엄하고 각박하였는데 똑같이 개혁하였으나 한 번은 다스려지고 한 번은 혼란했으며, 철종(哲宗)은 계승하고[49]과 조참(曹參)은 획일적이었는데[50] 함께 옛것을 준수했으나 혹은 흥기하고 혹은 침체되었으니, 그 까닭은 또한 무엇인가.

지금 성신(聖神)이 서로 계승하여 정치와 교화가 새로운데 지금 현인들의 논의는 하나로 합하지 못한다. 어떤 이는 "나라가 세대를 거친지가 오래되다 보니 법이 오래되고 폐단이 발생하여 부득불 변통할

서 '농락한다'고 말하는 것이다. 농락하는 짓을 나는 못한다."라고 하였다. 《宋史 卷282 李沆列傳》

47 장제(章帝) : ?~88. 중국 후한(後漢)의 제3대 황제이다. 장제는 명제의 아들로, 세금을 감면하고 유학을 부흥시키는 등 재위 기간에 좋은 정치를 펼친 인물로 평가된다. 《後漢書 卷3 章帝紀》

48 덕종(德宗) : 742~805. 당 덕종 이괄(李适)은 즉위한 뒤에 중앙 집권을 강화하기 위해 세력을 떨치던 각 지방의 번진(藩鎭)들을 진압하려 하였다. 집권력을 강화하는 과정에서 많은 폐단이 발생하고 훗날 당나라 멸망의 또 다른 원인이 되었다. 《舊唐書 卷12 德宗本紀》

49 철종(哲宗)은 계승하고 : 송나라 신종(神宗) 때 왕안석(王安石)이 재상이 되어 신법(新法)을 시행하다가 곧 그만두었는데, 철종이 즉위하여 채경(蔡京)이 정사를 전횡하면서 이전의 법을 계승하여〔紹述〕 신법을 시행한다고 하면서 '소술'을 국시(國是)로 삼았다. 《宋史 卷471 姦臣列傳1》

50 조참(曹參)은 획일적이었는데 : 한나라 초기에 소하(蕭何)가 간편하게 법을 제정하였는데, 조참이 그의 뒤를 이어 상국(相國)이 된 뒤에도 변경하는 일 없이 그대로 준수하자 백성들이 노래를 지어 부르면서 "소하가 제정한 법이 일자를 긋듯 명백했는데, 조참이 대신해 지키면서 그 정신 잃지 않았다네.〔蕭何爲法, 顜若畫一, 曹參代之, 守而勿失.〕"라고 찬미한 고사가 있다. 《史記 卷54 曹相國世家》

것이 생겨 많은 것에서 덜어 적은 것에 보태고 물건을 저울질하여 베풂을 공평하게 하는 것이니 이것이 대동 균세법을 만들어 시행하는 이유이다."라고 하고, 어떤 이는 말하기를 "지금 시세가 매우 혼란하고 민심이 흩어진 상황이기에 동요시켜서 새로운 법령으로 혼란을 야기하면 이익은 하나인데 해는 백 가지가 되어 안되니, 이것이 또 진정(鎭靜)하고 평상시의 법을 지키자는 논의가 일어난 이유이다."라고 하는데, 두 가지 사이에서 또한 시비 득실을 분별할 수 있겠는가.

만약 시의(時宜)를 참작하고 치도를 닦고 밝혀서 옛 것을 고수하되 앞 세대의 것을 답습함에는 이르지 않고 개혁을 하더라도 어지럽게 동요하는 데에 이르지 않고자 한다면 그 도는 어디에 있는가. 제생들이 학문을 닦는 여가에 세상의 일에 마음을 두어 반드시 적확한 논의가 있을 것이니, 그 말을 듣고자 하노라.

백성과 국민 중에 무엇이 나은가
民國孰優歟

묻노라. 백성은 나라에 의지하고 나라는 백성에게 의지하니 참으로 둘로 볼 수 없는 관계이다. 그러나 고금의 경우를 살펴보면 모두 그런 것은 아니다. 국가의 일을 우선으로 하는 사람은 백성들의 피폐함을 돌아보지 못하는 경우가 많고, 백성의 궁핍함을 급선무로 하는 사람은 혹 공가(公家)의 비용을 소비함을 면하지 못하니, 그 까닭은 무엇인가.

〈주서(周書)〉에서는 '별도로 가르침을 펴서 백성들에게 큰 명예를 구하는 것'을 죽을죄로 여겼는데,[51] 윤탁(尹鐸)은 백성의 호수(戶數)를 덜어내는 것으로 보장(保障)을 삼았다.[52] 그 관리를 가르치고 나라를

51 주서(周書)에서는……여겼는데 : 《서경》 〈강고(康誥)〉에 "법도를 따르지 않는 자들은 철저히 형법을 적용하여 다스려야 한다. 더군다나 외제자(外諸子)로서 사람을 가르치는 자, 벼슬아치, 부절(符節)을 잡은 소신 등이 조정의 명령과는 별도로 선전하고 전파하여 선심을 쓰면서 백성들에게 큰 명예를 구하기만 할 뿐, 임금을 생각하지도 않고 국법을 적용하지도 않아 임금의 정사를 해치는 경우야 더 말해 무엇 하겠는가. 이는 바로 악을 조장하는 것으로서 내가 미워하는 바이니 그냥 놔둘 수 있겠는가. 그대는 속히 이 의리를 따라 그런 자들을 모두 주륙하라."라는 말이 나온다.

52 윤탁(尹鐸)은……삼았다 : 윤탁은 춘추 시대 조 양자(趙襄子)의 부친인 조 간자(趙簡子)가 진양 태수(晉陽太守)로 임명한 사람이다. 윤탁이 "세금을 많이 걷을까요, 아니면 백성을 안정시켜 나라의 보장이 되게 할까요?" 하고 물으니, 보장이 되게 하라고 대답하였으므로, 윤탁이 호구(戶口) 수를 줄여 백성의 부세(賦稅)를 경감하였다. 그 결과 민심을 얻은 덕분에 지백(智伯)의 침입으로 위기에 처했을 때, 조 양자가 진양으로 피신해서 지백의 군대를 대파하고 나라를 중흥하였다. 《戰國策 趙策1》 《國語 晉語9》

견고하게 하는 뜻이 이처럼 같지 않은 것은 어째서인가.

노(魯)나라가 재원이 부족하여 애공(哀公)은 세금을 더 거두는 방법을 물었던 것인데 유약(有若)은 "어찌하여 철법(徹法)을 쓰지 않습니까."라고 대답하였고,[53] 위(魏)나라가 날로 세력이 위축되어 혜왕(惠王)은 부국강병에 뜻을 두었으나 맹자(孟子)는 먼저 백성을 구제하라고 논하였으니[54] 이 어찌 의견이 서로 차이가 나는 것인가.

급암(汲黯)은 황제의 명령을 사칭한 뒤 창고를 열었으나 무제(武帝)는 그에게 죄를 주지 않았고,[55] 연령(延齡)은 조세를 함부로 거둬 남는 것을 진상하였는데 덕종(德宗)이 매우 그를 중하게 여겼으니,[56] 두 임

53 노(魯)나라가……대답하였고 : 노나라 애공(哀公)이 흉년이 들어서 재용이 부족하다고 하자, 공자의 제자 유약(有若)이 철법(徹法)을 쓰라고 권유하니, 애공이 10분의 2를 거두어도 부족하다고 불평하였는데, 이에 유약이 "백성이 풍족하면 임금 혼자 부족하게 남겨지지 않을 것이요, 백성이 부족하면 임금 혼자 풍족하게 누릴 수 없을 것이다."라고 대답한 말이 《논어》 〈안연(顏淵)〉에 나온다.

54 위(魏)나라가……논하였으니 : 《맹자》 〈양혜왕 상(梁惠王上)〉의 내용을 말하는 것이다.

55 급암(汲黯)은……않았고 : 급암은 한 무제(漢武帝) 때의 강직한 현신(賢臣)이다. 하내(河內)에 어사(御史)로 갔을 때, 형편상 편의대로 창고의 곡식을 내어 빈민을 진휼하고 나서 조정의 명을 빙자해 일을 처리한 데 대한 벌을 받을 것을 청하니, 무제가 현명하게 여겨 용서해 주었다. 《史記 卷120 汲黯列傳》

56 연령(延齡)은……여겼으니 : 연령은 배연령(裴延齡)으로, 당 덕종(唐德宗) 때의 간신이다. 선여(羨餘)는 원래 주례(周禮)에서 가구당 1인 이상 도역(徒役)을 시키지 못하게 한 규정을 초과했을 경우 그 초과분을 선(羨)이라고 한 데에서 유래한 것인데, 배연령이 이러한 명목을 붙여 덕종에게 총애를 받으려 개인적으로 진상한 것을 말한다. 덕종은 그를 승상으로 삼으려고 하였으나 당시 간의대부(諫議大夫)였던 양성(陽城)이 극구 반대하자 덕종이 결국 취소하였다. 《新唐書 卷157 陸贄列傳》 《新唐書 卷194 陽城列傳》

금의 일은 어느 것이 더 낫고 나쁜 것인가. 당(唐)나라 태종(太宗)의 "제 살을 도려내어 배를 채운다"는 비유[57]와 맹헌자(孟獻子)의 "차라리 도둑질하는 신하를 두어라."[58]라고 한 뜻을 일일이 서술하며 끝까지 말할 수 있는가.

지금 국가에 일이 많고 공사(公私)간에 모두 병들었다. 그리하여 위로는 대신으로부터 아래로 낮은 관원에 이르기까지 백성의 고통에 성심을 다하면서 백성을 품어 보호하는 일을 급선무로 여기는 사람은 대부분 공용(公用)을 제거하고 덜어내지만, 시론(時論)은 백성을 우선시하고 나라의 일을 뒷전으로 하는 것을 병통으로 여긴다. 한편, 나랏일에 전력을 쏟으면서 가지런히 처리하는 것을 급선무로 여기는 사람은 또한 곤궁한 백성에게 기대어 요구하는 경우가 많은데 시론은 나라를 먼저 생각하다가 백성은 뒷전이 됐다며 단점으로 여긴다. 두 가지 견해 중 어떤 것이 나은 것인지 모르겠다. 하나는 옳고 하나는 그른 것인가? 아니면 모두 옳고 모두 그른 것이어서 그 사이에 별도로 중도(中道)가 있는 것인가? 제생들은 장차 출사하여 정치에 종사할 것이니 반드시 평소에 정해둔 의론이 있을 것이다. 어찌 각자의 뜻을 말하지 않으리오.

57 당(唐)나라……비유 : "군주는 나라에 의지하고 나라는 백성에게 의지하니, 백성에게 가혹하게 하여 군주를 받들면 자기 살을 베어 배를 채우는 것과 같아서 배가 부르면 몸이 죽고 군주가 풍족하면 나라가 멸망하게 된다."라고 하였다. 《通鑑節要 卷35 唐紀》

58 맹헌자(孟獻子)의……두어라 : 《대학장구》에서 맹헌자가 말하기를 "백승지가(百乘之家)에서는 취렴하는 신하를 기르지 않는다. 취렴하는 신하를 두기보다는 차라리 도신(盜臣)을 둘 것이다."라고 하였다.

교린의 도
交隣之道

묻노라. 맹자가 교린(交隣)의 도를 논한 것은 "낙천(樂天)"과 "외천(畏天)"을 말한 데에 불과하였으나 그 효과는 천하의 국가를 보전하는 것에서 궁구하였으니,[59] 그 이유를 들을 수 있겠는가?

탕(湯) 임금은 갈(葛)나라를 갑자기 다시 정벌하였고[60] 문왕(文王)은 곤이(昆夷)에게 끝내 원망함을 이루었으니[61] 어디에 그 나라를 섬기는 마음이 있었겠는가. 태왕(太王)이 빈(邠) 땅을 떠나 훈육(獯鬻)을 피하였고,[62] 구천(句踐)이 오(吳)나라를 섬겼지만 또한 부차(夫差)를

59 맹자가……궁구하였으니 : 전국 시대 제 선왕(齊宣王)이 사대교린(事大交隣)의 도리에 대해서 묻자, 맹자 대답한 내용 중에 "대국으로 소국을 섬기는 자는 천리(天理)를 즐거워하는 자요, 소국을 가지고 대국을 섬기는 자는 천리를 두려워하는 자이니, 천리를 즐거워하는 자는 온 천하를 보전하고, 천리를 두려워하는 자는 자기 나라를 보전한다.〔以大事小者, 樂天者也, 以小事大者, 畏天者也, 樂天者保天下, 畏天者保其國.〕"라는 말이 나온다. 《孟子 梁惠王下》

60 탕(湯) 임금은……정벌하였고 : 옛날 탕왕(湯王)이 갈백(葛伯)과 이웃 나라가 되었을 때, 갈백이 무도하여 정사를 힘쓰지 않고 죄 없는 어린애까지 살해해 가며 먹을 것을 탈취하자, 탕 임금이 갈(葛)나라를 쳐서 그곳 백성들을 구제한 일을 말한다. 《書經 仲虺之誥)》《孟子 滕文公下》

61 문왕(文王)은……이루었으니 : 주나라 문왕이 천하를 통일하기 전에 국력이 미약하여 강성한 오랑캐를 섬겼던 것을 말한다. 《맹자》 〈양혜왕 하(梁惠王下)〉에 "오직 어진 사람만이 소국(小國)으로서 대국을 섬길 수 있습니다. 그러므로 탕 임금이 갈(葛)을 섬기고 문왕이 곤이(昆夷)를 섬겼던 것입니다."라고 한 것을 가리킨다.

62 태왕(太王)이……피하였고 : 주나라 태왕은 적인(狄人)이 침입해 왔을 때에 백성

사로잡았으니[63] 하늘을 두려워하는 도가 참으로 이와 같은 것인가. 한(漢)나라는 황금이며 비단을 오랑캐에게 바쳤고,[64] 송(宋)나라가 강남(江南)으로 금(金)나라에 복종한 것은 또한 큰 나라가 작은 나라를 섬긴 것에 가깝거늘 가생(賈生)은 머리와 발이 도치되었다고 애통해하였고 호전(胡銓)은 개돼지에게 굴복하여 절하는 것이라 격분했으니[65] 그 까닭은 무엇인가? 소찰(蕭詧)이 서위(西魏)를 섬긴 것과[66] 전숙(錢俶)이 송나라 조정으로 귀화한 것[67]은 또한 작은 나라가 큰 나라를 섬긴

을 보호하기 위해 혼자서 빈(邠) 땅을 떠나 기산(岐山)의 아래에 도읍을 정하고 거주하자, 빈 땅 사람들이 "인자한 사람이니 놓쳐서는 안 된다."라고 하면서 모두 그곳으로 따라와 살았다는 고사가 있다. 《孟子 梁惠王下》

63 구천(句踐)이……사로잡았으니 : 춘추 시대 월(越)나라의 제2대 왕 구천이 오(吳)나라 왕 부차(夫差)와 싸우다가 크게 패하여 회계산(會稽山)에서 굴욕적인 화의(和議)를 체결하고 귀국한 뒤에 20년 동안 와신상담(臥薪嘗膽)하여 부차를 죽이고 오나라를 멸망시켜 회계의 치욕을 씻은 고사가 있다. 《史記 卷41 越王句踐世家》

64 한(漢)나라는……바쳤고 : 한나라의 고조(高祖)와 문제(文帝)가 흉노(凶奴)에게 금과 비단을 바친 적이 있었는데 가의(賈誼)는 머리와 발이 도치(倒置)되었다고 말하였다.

65 호전(胡銓)은……격분했으니 : 호전(1102~1180)의 자는 방형(邦衡), 호는 담암(澹菴)이다. 송 고종(宋高宗) 때 금(金)나라의 침입을 당하여 진회(秦檜)가 화친을 주장하자, 상소하여 진회를 벨 것을 청하는 등 시종 척화(斥和)를 주장하였다. 《宋史 卷374 胡銓列傳》

66 소찰(蕭詧)이……것과 : 소찰은 북주(北周) 사람으로, 서위(西魏)의 공제(恭帝) 초(初)에 우문태(宇文泰)가 소찰을 세워 양주(梁主)로 삼아 강릉(江陵)의 동성(東城)에 거(居)하였는데, 소찰이 그 나라에서 황제를 칭(稱)하고 후량(後梁)을 세웠다.

67 전숙(錢俶)이……것 : 전숙은 전홍숙(錢弘俶, 929~988)을 가리킨다. 중국 오대십국 시대 오월(吳越)의 제5대 왕이자 마지막 왕으로, 자는 문덕(文德)이다. 송 태종(太宗)에게 13주(州)를 바치고 등왕(鄧王)에 봉해졌다. 《宋史 卷480 吳越錢氏傳》

것이라고 할 만한데 그러나 양씨(梁氏)의 사직은 진멸했고 오나라 월나라의 혈식(血食)은 마침내 끊어졌으니[68] 그 설 또한 말할 수 있는가.

대개 큰 나라로 작은 나라를 섬기는 자가 굴욕을 면하지 못하고 끝내 겸병하면 자취는 성실하지 못한 것에 가깝고, 작은 나라로 큰 나라를 섬기는 자가 세력이 마침내 약해지고 간혹 반복된다면 섬김이 속이고 바르지 못한 것이니, 낙천(樂天)과 외천(畏天)의 실제가 끝내 낙착되는 것을 보지 못하게 된다. 만약 작은 나라를 섬기되 굴욕에 이르지 않고 큰 나라를 섬기되 쇠약함을 면할 수 있으며 겸병해도 성실함에 해가 되지 않고 반복해도 바름이 어긋나지 않게 하려면, 그 방도는 무엇을 말미암아야 하는가? 제생들은 독서를 통해 연마하여 분명 정해 놓은 이론이 있을 것이니, 그 설을 듣고자 하노라.

68 양씨(梁氏)의……끊어졌으니 : 양(梁)나라가 망하고 오월(吳越)이 망한 것을 말한다. 혈식(血食)은 고대에 희생을 죽여 날고기로 올리는 제사를 말한다.

국보

國寶

묻노라. 나라를 다스리는 자는 반드시 보배로 여기는 것이 있는데 옛날 국보(國寶)라고 일컬은 것은 똑같지 않았다. 〈주서(周書)〉에는 보배를 진열하는 예가 있었고 《주관(周官)》에는 보배를 보관하는 부서가 있었으니 나라에서 보배로 여기는 것은 반드시 진귀한 볼거리를 제공해서 폐할 수 없는 것인가? 혜왕(惠王)은 주옥(珠玉)을 보배로 여겼고[69] 무후(武侯)는 산하(山河)를 보배로 여겼고,[70] 제(齊)나라 위왕(威王)은 신하를 보배로 여겼으며,[71] 초(楚)나라에서는 선인(善人)을 보배로 여겼다.[72] 이 몇 사람이 보배로 여긴 것에 대해 또한 득실

69 혜왕(惠王)은……여겼고 : 전국 시대 위(魏)나라 혜왕이 제(齊)나라 위왕(威王)과 평륙(平陸)에서 회합했을 적에 "우리나라가 작기는 하지만 그래도 열두 채의 수레를 앞뒤로 비출 수 있는 구슬이 열 개나 된다."라고 자랑한 일이 있다. 《資治通鑑 周顯王 14年》

70 무후(武侯)는……여겼고 : 전국 시대 위나라 무후가 배를 타고 서하(西河)의 중류(中流)를 내려가다가 오기(吳起)를 돌아보고는 산천이 험고한 것이야말로 위나라의 보배라고 자랑하자, 오기가 "사람의 덕에 달려 있지, 산천의 험고함에 있는 것이 아니다. 만약 통치자가 덕을 닦지 않으면 이 배 안에 있는 사람들 모두가 적국의 사람이 될 것이다."라고 대답한 고사가 전한다. 《史記 卷65 孫子吳起列傳》

71 제(齊)나라……여겼으며 : 제나라 위왕은 위나라 혜왕과의 회합에서 답하기를 "내가 보배로 삼는 것은 왕과 다르다."라고 하고는, 단자(檀子)와 반자(肦子)와 검부(黔夫)와 종수(種首) 등 네 명의 신하를 차례로 거론하며 "장차 이들로 천리를 비출 것이니, 어찌 다만 열두 채의 수레에 그치겠는가."라고 하였다. 《資治通鑑 周顯王 14年》

72 초(楚)나라에서는……여겼다 : 《대학장구》 전 10장에 "〈초서〉에 이르기를 '초나라

과 선악을 말할 수 있겠는가. 맹자는 토지(土地)·인민(人民)·정사(政事)를 세 가지 보배로 여겼는데[73] 이 중에 또 경중과 본말의 차례가 있는가.

나라에 물산이 부족하고 적어서 보물이 나오지 않고 토지는 작고 좁아서 논밭을 개간하지 못한다. 산하가 없지 않으나 적이 이르면 지키지 못하고, 인재를 급히 구하지 않는 것은 아니지만 나라에 훌륭한 장수는 부족하다. 백성들은 날로 피로하여 지치고 정사는 잘 다스려 행해진다는 소식을 듣지 못했다. 무릇 이 몇 가지 중에 어느 것이 가장 급한 것인가? 만약 보배가 될 만한 것을 얻어 나라를 비중 있게 하려면 그 방도는 무엇을 말미암아야 하는가. 제생들은 보배를 품고서 나라의 혼란을 방치하는 사람[74]이 아니니 각자 그것을 팔도록 하시오.

는 보배로 삼을 것이 없고 오직 선한 사람을 보배로 삼는다.' 하였다.〔楚書曰, 楚國無以爲寶, 惟善以爲寶.〕"라고 하였다.

73 맹자는……여겼는데 : 맹자가 호생불해(浩生不害)에게 한 말로 "제후의 보배가 세 가지이니, 토지와 백성과 정사이니 주옥을 보배로 여기는 자는 앙화가 반드시 몸에 미친다.〔諸侯之寶三, 土地人民政事, 寶珠玉者, 殃必及身.〕"라고 하였다. 《孟子 盡心下》

74 보배를……사람 : 《논어》 〈양화(陽貨)〉에 "보배를 품고 있으면서 나라를 혼란하게 하니, 어질다고 이를 수 있겠는가." 하였는데, 주희(朱熹)의 주(注)에 "공자가 벼슬을 하지 않으니 이는 보배를 품고 있는 것이고, 나라가 다스려지지 않는 것을 알고도 정사를 하지 않으니 이는 나라를 혼란하게 한 것이다."라고 하였다.

나라에 백관이 있는데 하나의 관직이라도 폐해지면 나라가 나라노릇을 하지 못한다

國有百官 一官廢則國不國矣

묻노라. 사람은 각종 신체 부위가 있는데 하나의 신체라도 잘못되면 사람이 사람노릇을 하지 못하고, 나라에는 백관(百官)이 있는데 한 개의 관직이라도 폐해지면 나라가 나라노릇을 하지 못한다. 고굉(股肱)·심복(心腹)·이목(耳目)·폐부(肺腑)·후설(喉舌)·우익(羽翼)·조아(爪牙)의 부류는 어느 책에서 나왔으며 그 뜻은 무엇인지 들어볼 수 있겠는가.

지금 성상께서 정사에 임하여 백관을 한창 다스리는데 보필하는 신하가 없어 고굉[75]의 훌륭함을 듣지 못하였고, 조정은 분열되어 복심으로 맡길만한 신하가 없으며, 언로(言路)는 막혀서 이목이 거의 가려졌고, 번병(藩屛)이 되어 덕택을 베푸는 것이 폐기되니 수족은 거의 마비되었다. 출납에 윤허가 없으니 후설이 장차 막힐 지경이고, 훈구대신들이 간계를 부려 모함하니 폐부는 막혀 훼손되는 데 이를 것이다. 산림으로 은둔한 선비들은 우익의 신하가 되어 보좌하는 모습을 볼 수 없고, 장수들은 우둔하고 용렬하니 조아처럼 호위하는 장면을 볼 수 없다. 그 까닭은 무엇인가? 세상에 훌륭한 인재가 부족하여 벼슬을 맡길

75 고굉(股肱) : 고굉지신(股肱之臣)으로, 팔다리처럼 믿고 중히 여기는 신하를 가리킨다. 《서경》 〈익직(益稷)〉에 "황제가 말하기를 '신하는 고굉과 이목이 된다.〔臣作股肱, 耳目.〕' 하였다."라고 하고, 공영달의 소에는 "임금은 원수가 되고 신하는 고굉과 이목이 되니 대체로 한 몸이다.〔君爲元首, 臣爲股肱, 耳目, 大體如一身也.〕"라고 하였다.

신하가 없어서 그런 것인가? 아니면 인재를 쓰는 방법이 어긋나 직책에 맞지 않아 그런 것인가? 만약 관청에 사람이 모자라지 않고 관리가 직책을 잃지 않아서 각종 신체 부위가 모두 완전하고 나라의 명을 넓히고 정밀하게 하려면[76] 그 도는 무엇을 말미암아야 하는가?

76 나라의……하려면 : 《시경》 〈호천유성명(昊天有成命)〉에 "하늘이 정한 명이 있거늘, 문왕과 무왕이 받으셨도다. 성왕이 감히 편안히 지내지 못하고, 밤낮으로 그 명을 다져 넓히고 정밀히 하였다.〔昊天有成命, 二后受之, 成王不敢康, 夙夜基命宥密.〕"는 말이 있다.

통문 通文

석담서원[77]에 우계 선생을 함께 배향하는 통문
石潭書院牛溪先生竝享通文

율곡(栗谷) 이 문성공(李文成公)과 우계(牛溪) 성 문간공(成文簡公) 두 선생은 같은 세상에 태어나 도가 같고 덕이 합하였으므로 학자들이 존경하고 우러러보기를 하남(河南)의 두 정 부자(程夫子)[78]와 같이 하였습니다. 문간공이 문성공을 일컬어 말하기를 "나와 이 아무개는 살아서는 뜻을 같이하고, 죽어서는 같이 전해질 것이다."[79]라고 하

77 석담서원(石潭書院) : 황해도 해주(海州)의 석담(石潭)에 있던 서원이다. 이이가 석담에 주자의 사당을 세우고 조광조(趙光祖)와 이황(李滉)을 향사하였는데, 이이 사후에 사액되어 이이와 성혼(成渾), 김장생(金長生), 송시열(宋時烈)을 뒤이어 배향하였다.

78 하남(河南)의 두 정 부자(程夫子) : 송(宋)나라의 명도(明道) 정호(程顥, 1032~1085)와 이천(伊川) 정이(程頤, 1033~1107) 형제를 말한다.

79 살아서는……것이다 : 왕안석(王安石)이 재상으로 막강한 권력을 휘두를 때 천자에게 여러 차례 바른말을 한 것으로 유명한 범진(范鎭)은 사마광(司馬光)과 일생 동안 두터운 우정을 유지하였는데, 사마광에게 말하기를 "그대와는 살아서는 뜻을 함께하고 죽어서는 전을 함께할 것이다."라고 하였다. 《緇衣集傳 卷3 壹類章》 같은 성향의 인물이 열전(列傳)에 함께 기록되는 것을 이르는 말인데 곧 성혼이 이이와 뜻과 취향이 같다는

였으니 두 선생이 함께한 바를 여기에서 볼 수 있습니다.

무릇 두 선생은 뜻을 잡음에 방향을 같이하고 도를 경영함에 방법을 함께 하였기 때문에[80] 사림에서 똑같이 스승으로 높였으니, 하나이며 둘이 아니고 같아서 다르지 않았습니다. 그러니 선생들이 머무시던 곳과 제사를 지내며 흠모하는 곳에서 함께 거론하고 배향하지 않을 수 없는 것이 분명합니다.

문성공이 일찍이 석담(石潭) 가에 집을 지었는데 산수 구곡(九曲)의 멋진 경치를 인하여 자양(紫陽)의 유풍(遺風)을 흠모하여 서원을 지은 뒤[81] 주 부자(朱夫子)의 위판을 설치하고 국조의 명현인 정암(靜庵) 조 문정공(趙文正公)·퇴계(退溪) 이 문순공(李文純公) 두 선생을 배향하였습니다. 이는 주 부자가 창주정사(滄洲精舍)에서 선성(先聖)을 제사 지내고 당시 현인을 배향한 전례를 따라 아침저녁으로 우러러 참배하는 장소로 삼았던 것입니다. 이윽고 또 서원 안에 강당을 짓고, 문간공을 맞이하여 만년에 왕래하며 강학하는 장소로 삼으려고 하였는데, 집이 완성되자 문성공이 세상을 떠났습니다. 배우는 자들이 문성공의 신판(神版)을 공경히 받들어서 정암·퇴계 두 현인의 반열에 추가

것을 표현한 말이다.

80 뜻을…… 때문에 : 《예기(禮記)》 〈유행(儒行)〉에 "선비는 뜻이 합함에 학업을 같이하며 도예(道藝)를 하는 데 방법을 같이한다."라고 한 구절을 인용한 것이다.

81 문성공이……뒤 : 주희(朱熹)는 1184년 복건(福建) 숭안(崇安)의 무이산(武夷山)에 자양서원(紫陽書院)을 짓고 무이산에 아홉 굽이의 골짜기가 있어 이곳의 경치를 따라 〈무이구곡가(武夷九曲歌)〉를 남겼다. 이이는 주희를 흠모하여 1575년(선조8) 석담(石潭)의 아홉 구비 풍광을 구곡(九曲)이라 하고 석담서원을 세우고 주희의 시를 본 따〈고산구곡가(高山九曲歌)〉를 지었다.

로 배향하였습니다. 그 후에 문간공이 이 지역에 와서 살았는데 이 강당에서 시간을 보내며 머무는 동안 덕음(德音)이 이미 아득해진 것을 슬퍼하고 예전 뜻을 이루지 못한 것을 개탄하시면서 참으로 도끼질 솜씨를 발휘하지 못하고[82] 거문고 줄을 끊었던 옛사람의 슬픔[83]이 있으셨으니, 이 지역의 문생과 원로들이 그 모습을 목격하고 말을 전하는 이들이 많았습니다.

문간공이 세상을 떠나고 지금 다시 갑자가 돌아오고도 몇 년이 지났습니다. 유림들의 논의는 한결같이 "문성공이 이미 사당에 배향된 이상 문간공을 사당에 나란히 배향하지 않는 것은 참으로 두 선생이 평생 어울리던 의리가 아니니 사문(斯文)의 빠뜨린 전례가 이보다 큰 것이 없다."라고 하였습니다. 그러던 차에 고을의 수령 나후(羅侯)가 개연히 성대한 사업을 이루려는 뜻이 있어서 많은 선비들을 나오게 해서 힘쓰게 하고 당대의 선생과 어른들을 두루 찾아뵈었는데 모두 다른 의론이 없었습니다. 그런 뒤에 사우 가운데에 감실 하나를 증설하고 이번 2월 중정일(仲丁日)[84]에 문간공의 위판을 봉안하여 문성공의 위판과 동서

82 도끼질……못하고 : 《장자(莊子)》 〈서무귀(徐無鬼)〉에 장자가 혜자(惠子)의 무덤을 지나면서 영(郢) 땅의 장석(匠石)이 도끼를 휘둘러 상대방의 코끝에 붙은 흙만을 떼어내는 기술을 지녔었는데, 그 사람〔質〕이 죽은 뒤에는 그런 기술을 발휘하지 못했다는 비유를 들어 혜자가 죽었으므로 더불어 이야기할 사람이 없다고 말한 내용이 보인다.

83 거문고……슬픔 : 절현(絶絃)은 중국 춘추 시대 초(楚)나라의 음악가인 백아(伯牙)가 자신의 거문고 소리를 정확하게 이해해 주던 친구 종자기(鍾子期)의 죽음에 거문고 줄을 끊어 버리고 다시는 거문고를 타지 않았다는 고사에서 나온 말이다. 자기를 알아주는 절친한 벗의 죽음을 슬퍼한다는 뜻으로 쓰인다.

84 중정일(仲丁日) : 그 달의 두 번째 정일(丁日)을 말한다.

로 마주보게 하려고 합니다.

아아, 두 선생이 책상을 마주하고 도를 강론하려던 뜻을 비록 당대에는 이루지 못했지만 사당에서 만세토록 함께 배향하는 것이 칠십여 년 뒤에 정해졌습니다. 석담의 소현(紹賢) 사당[85]으로 하여금 고정(考亭)·운곡(雲谷)과 더불어 고금에 함께 칭송되어 사문이 이에 의지하고 사림에 광영이 한층 더하게 된다면 이 일은 참으로 우연한 일은 아니며 시기 역시 기다림이 있었던 것입니다.

봉안하는 날 서울과 지방의 많은 선비들이 반드시 와서 모이고 예를 참관할 것입니다. 이에 감히 일의 연유를 대략 진술하여 멀고 가까운 곳에 널리 알려서 뜻을 같이하는 선비들이 모두 다 살피도록 합니다.

85 소현(紹賢) 사당 : 1610년(광해군2)에 '소현'이라고 사액되었다.

황산서원[86] 중창을 위한 통문

黃山書院重刱通文

율곡(栗谷)·우계(牛溪) 두 선생을 모시는 서원을 40년 전에 여산(礪山)의 황산 강가에 창건하여 충청도와 전라도의 선비들이 우러러보고 사모하며 학문에 전념하는 곳으로 삼았습니다. 그 후에 또 사계(沙溪) 선생의 위판을 받들어 추가로 함께 배향하였는데, 사우(祠宇)와 강당이 오래된 나머지 상(象)을 보호하고 예의를 갖추기에 부족하여, 많은 선비와 유생들의 논의가 이를 매우 안타깝게 여기지 않은 이가 없었습니다.

지금 장차 묘우(廟宇)를 고쳐 새롭게 하고 규모를 더욱 넓히려 하는데 이 사안이 크고 물력 또한 많이 필요하므로 감히 통문을 돌리지 않을 수 없습니다. 바라건대 각자 재용(財用)을 내어서 사문(斯文)의 중요한 사업을 도와 중단되지 않도록 해 준다면, 더할 나위 없이 매우 다행이겠습니다.

86 황산서원(黃山書院) : 충청도 연기(燕岐)에 사계 김장생(金長生)이 1626년(인조4)에 세운 서원이다. 처음에는 율곡 이이(李珥)와 우계 성혼(成渾)을 제향하였고 김장생 사후에 김장생을 배향하였다. 1663년(현종4)에 다시 조광조(趙光祖)와 이황(李滉)의 위패를 봉안하고 마지막으로 송시열(宋時烈)을 봉안하였다. 1665년에 '죽림(竹林)'이라는 편액을 하사받아 이후로는 죽림서원이라 불렸다.

시남집

제15권

잡저 雜著

독역쇄설 5조

讀易瑣說 五條

64괘는 반대(反對)로 된 것과 정대(正對)로 된 것[1]이 있다. 이른바 반대로 된 것은 〈둔(屯)〉과 〈몽(蒙)〉 이하가 다 그러하니, 모두 한 괘를 뒤집어 거꾸로 하여 다른 한 괘를 만든다. 오직 〈건(乾)〉·〈곤(坤)〉·〈감(坎)〉·〈리(離)〉·〈이(頤)〉·〈대과(大過)〉·〈중부(中孚)〉·〈소과(小過)〉의 여덟 괘는 비록 반대가 되어도 도리어 본괘가 된다. 문왕(文王)이 괘의 순서를 정할 때 모두 반대를 취하였는데, 오직 이 여덟 괘만은 반대가 없고 정대를 취하였을 뿐이다.

이른바 정대로 된 것은 하나의 괘가 음과 양이 함께 변하는 것이니, 예컨대 건괘가 곤괘가 되고 〈감(坎)〉이 〈리(离)〉가 되는 종류가 바로 이것이다. 64괘가 스스로 서로 변하고 바뀌는데, 오직 〈건〉·〈곤〉·〈태(泰)〉·〈비(否)〉·〈수(隨)〉·〈고(蠱)〉·〈감〉·〈리〉·〈이(頤)〉·〈대과〉·〈점(漸)〉·〈귀매(歸妹)〉·〈중부〉·〈소과〉·〈기제(旣濟)〉·〈미제(未濟)〉는 2괘씩 서로 순서를 이룬다. 나머지는 모두 흩어져 나와서 상하경(上下經)[2] 중에 각각 12괘는 서로 변하고 그 밖의 괘는 상하경의

1 반대(反對)로……것 : 반대는 반대괘(反對卦)로, 둔괘(屯卦 ䷂)와 몽괘(蒙卦 ䷃)처럼 여섯 효의 순서를 180도 회전시킨 것을 말하고, 정대(正對)는 정대괘(正對卦)로, 건괘(乾卦 ䷀)와 곤괘(坤卦 ䷁)처럼 여섯 효의 음양이 서로 정반대가 되는 것을 말한다.

2 상하경(上下經) : 《주역》은 상경(上經)과 하경(下經)으로 나뉘는데, 상경은 〈건괘(乾卦)〉부터 〈이괘(離卦)〉까지의 30괘로 이루어져 있고, 하경은 〈함괘(咸卦)〉부터 〈미제괘(未濟卦)〉까지의 34괘와 〈계사전(繫辭傳)〉·〈설괘전(設卦傳)〉·〈서괘전(序卦

정대가 각각 상하의 경 속에 있다.

선유들이 반대 괘를 가지고 미루어 말하기를, 64괘 중에 반대가 아닌 것은 8괘로 〈건〉·〈곤〉·〈이〉·〈대과〉·〈감〉·〈리〉·〈중부〉·〈소과〉이고, 나머지 56괘 중에 서로 반대는 28괘가 되어 모두 36괘이다. 반대가 아닌 것 중에 6괘는 상경에 있고 2괘는 하경에 있다. 상하경은 각각 18괘로 이것을 가지고 상경과 하경으로 분경(分經)하니 또한 저절로 지극한 이치가 있다. 지금 정대 괘를 가지고 미루어보면 정대로서 상경의 괘는 상경에 있고 하경의 괘는 하경에 있어서 스스로 서로 순서를 이루는 것이 〈건〉·〈곤〉 이하로 모두 16괘가 되는데, -위에 보인다.- 10괘는 상경에 있고 6괘는 하경에 있다. 정대의 괘로 상경은 스스로 상경에 있고 하경은 스스로 하경에 있어서, 스스로 서로 순서를 이루는 것 16괘를 제외하고 나머지 48괘는 서로 24괘가 되니, 합하여 40괘가 된다. 상하경이 각각 20괘씩 점한다면 나의 생각에 이것 역시 상경과 하경으로 분경하는 하나의 이치가 될 것이다.

잡괘(雜卦)에 〈건〉·〈곤〉 이하로부터 〈함〉·〈항〉 이상까지 12괘는 하경에서 왔고, 〈함〉·〈항〉 이하 12괘는 상경에서 왔다. 지금 정대의 괘를 상고해 보면 상하경이 서로 변하는 것은 각각 12괘이니, 이 또한 의미가 있을 듯하다. 다만 잡괘에 서로 바뀌는 괘 중에 정대로서 서로 바뀌는 괘는 없다. 그렇다면 이것은 감히 알 수 없는 것이니 당연히 더욱 생각해 보아야 할 것이다.

傳)〉·〈잡괘전(雜卦傳)〉으로 이루어져 있다.

정대가 상경에 있으면서 스스로 서로 차례가 되는 것은 〈건〉·〈곤〉·〈태(泰)〉·〈비(否)〉·〈수(隨)〉·〈고(蠱)〉·〈이(頤)〉·〈대과(大過)〉·〈감(坎)〉·〈리(离)〉로 모두 10괘이고, 함께 상경에 있으면서 서로 차례가 되지 않는 것은 〈사(師)〉·〈비(比)〉·〈소축(小畜)〉·〈리(履)〉·〈동인(同人)〉·〈대유(大有)〉·〈겸(謙)〉·〈예(豫)〉로 모두 8괘이다. 그 나머지 12괘는 정대인 것이 모두 하경 속에 있으니 예컨대 〈둔(屯)〉이 〈정(鼎)〉이 되고 〈몽(蒙)〉이 〈혁(革)〉이 되는 종류가 이것이다.

정대가 하경에 있으면서 스스로 서로 차례가 되는 것은 〈점(漸)〉·〈귀매(歸妹)〉·〈중부(中孚)〉·〈소과(小過)〉·〈기제(旣濟)〉·〈미제(未濟)〉로 모두 6괘이고, 함께 하경에 있으면서 서로 차례가 되지 않는 것은 16괘이니, 〈함(咸)〉·〈항(恒)〉·〈가인(家人)〉·〈규(睽)〉의 종류이다. 그 나머지 12괘는 정대인 것이 모두 상경 속에 있으니, 예컨대 〈돈(遯)〉이 〈임(臨)〉이 되고 〈장(壯)〉이 〈관(觀)〉이 되는 종류가 이것이다.

정대와 반대의 체(體)는 그 의미가 서로 반대되는 것이 있고 또한 서로 이어받는 것이 있으니, 반대의 의미는 이미 64괘 속에 나타나 있다. 서로 반대되는 것은 〈비〉·〈태〉·〈손〉·〈익〉 같은 종류이고 서로 이어받는 것은 〈둔〉·〈몽〉·〈함〉·〈항〉 같은 종류이니, 괘명(卦名)을 고증할 수 있으며 괘의 순서도 차례가 있는 것이다. 정대의 설도 또한 서로 반대되고 서로 이어받는 데에서 벗어나지 않으니, 길(吉)에서 흉(凶)으로 변하는 것이 있고 흉에서 길로 변하는 것이 있어서 길흉이 변하여 미진한 것이 있다. 길하면서 길을 이어받고 흉하면서 흉을 이어받는 것도 또한 괘체(卦體)와 시의(時義)가 어떠한지에 달려 있으니, 자세히 살펴보면 알 수 있을 것이다.

〈건괘 용구(用九)〉에 "앞장서지 말라."라고 한 것은 건이 곤으로 가는 것이고, 〈곤괘 용육(用六)〉에 "영구(永久)하고 정고(貞固)하다."라고 한 것은 곤이 건으로 가는 것이니, 이것이 그 사례이다. 〈둔(屯)〉이 변하여 〈정(鼎)〉이 됨은 어려운 것이 변하여 안정으로 가는 것이다. 〈둔괘(屯卦) 상(象)〉에 "경영〔經綸〕한다"라고 하였고, 〈정괘(鼎卦) 상〉에 "자리를 바르게 하여 명령을 무겁게 내린다."라고 하였으니, 이것은 어려움에 처하고 평화로움에 거처하는 구별이다. 〈몽(蒙)〉이 변하여 〈혁(革)〉이 됨은 어리석은 자가 명철하게 결단하는 것이니, 그러므로 〈몽〉은 몽매함을 계발하고[3] 몽매함을 깨치는[4] 상(象)이 있으며, 〈혁〉은 범이 변하듯 하고[5] 표범처럼 변한다[6]는 말이 있는 것이다. 〈정〉으로

3 몽매함을 계발하고 : 《주역》 〈몽괘(蒙卦) 초육(初六)〉에 "몽매함을 계발하되〔發蒙〕 사람을 형벌하여 몽매한 질곡(桎梏)을 벗겨줌이 이롭다."라고 하여, 형벌을 밝혀 몽매함을 다스린다는 의미이다.

4 몽매함을 깨치는 : 《주역》 〈몽괘 상구(上九)〉에 "몽매함을 쳐야 하니〔擊蒙〕, 침략을 하는 것은 이롭지 않고 침략을 막는 것은 이롭다."라고 하여, 몽매함을 깨우친다는 의미이다.

5 범이 변하듯 하고 : 《주역》 〈혁괘(革卦) 구오(九五)〉에 "대인이 범이 변하듯 함이니, 점치지 않아도 믿음이 있다.〔大人虎變, 未占有孚.〕"라고 한 데서 온 말로, 호랑이 등의 무늬가 다채롭게 변하듯이 대인이 악을 버리고 선으로 옮겨가서 그 아름다움이 더욱 드러남을 뜻한다.

6 표범처럼 변한다 : 《주역》 〈혁괘 상육(上六)〉에 "군자는 표범처럼 변한다.〔君子豹變〕"라고 한 데서 온 말로, 어린 표범이 자라면서 털 무늬가 점점 빛나고 윤택해지는 것처럼 사람이 개과천선하는 것을 의미한다.

하여금 〈둔〉으로 가게 하고 〈혁〉으로 하여금 〈몽〉으로 가게 하면 그 길흉은 이와 반대로 보아야 할 것이다.

은(殷)나라의 시조는 설(契)이고 주(周)나라의 시조는 직(稷)인데, 설과 직은 모두 제곡(帝嚳)의 아들이다. 그런데 《시경》 서문에 이르기를 "탕(湯)임금이 설과 떨어진 것이 14대이고 무왕(武王)이 직과 떨어진 것이 16세대이다."라고 하였다. 당(唐)·우(虞)·하(夏)·은의 시대가 1200여 년인데, 어찌 처음부터 끝까지 1200여 년 동안 16세대만 있을 리가 있겠는가. 또한 어찌 은나라 세대가 짧고 주나라 세대가 긴 것이 이와 같이 서로 현격한 차이를 보이겠는가. 그러므로 후직(后稷)의 후손이 틀림없이 세대를 잃어버린 것을 알 수 있으니, 이른바 16세대라고 한 것은 아마도 문왕(文王)과 무왕 시대의 명백한 글이 아니고 세계(世系)를 억지로 갖다 붙인 잘못일 것이다.

〈관저(關雎)〉 한 편은 분명히 궁중 사람이 지은 것이다. 그러나 '오매반측(寤寐反側)'과 '금슬종고(琴瑟鍾鼓)' 등의 일[7]을 모두 궁중 사람에게 돌린다면 아마도 옳지 않을 것이다. 공자가 이르기를 "〈관저〉는 즐거워하되 음란하지 않고, 슬퍼하되 마음을 상하지 않는다."라고 하였으니, 시를 짓는 자들이 비록 즐거워하되 음란하지 않고 슬퍼하되

7 그러나……일 : 《시경》 〈관저(關雎)〉에 "요조숙녀를 자나 깨나 구하도다.……아득하고 아득해라 엎치락뒤치락 반측하노라. 요조숙녀를 거문고와 비파 치며 벗한다.……요조숙녀를 종과 북을 치며 즐겁게 한다.〔窈窕淑女, 寤寐求之.……悠哉悠哉, 輾轉反側. 窈窕淑女, 琴瑟友之.……窈窕淑女, 鍾鼓樂之.〕"라고 하였다.

상하지 않는 기상을 형용할 수 있을지라도 문왕 스스로 즐거워하되 음란하지 않고 슬퍼하되 상하지 않는 성정이 있지 않다면 시를 짓는 자들이 무엇을 가지고 모색하겠는가. 그렇다면 이 관저 편이 즐거워하되 음란하지 않고 슬퍼하되 상하지 않는 까닭은 그 요점이 실상 문왕에게 있는 것인데, 하물며 '오매반측'과 '금슬종고'를 궁중 사람에게 돌린다면 의미가 부족할 듯하다. 소주(小註)에 문공(文公)의 이른바 '외부 사람은 이런 말을 지을 수 없다.'[8]라는 것이 아마도 올바른 의미일 듯하다.

공자가 말하기를 "〈주남(周南)〉과 〈소남(召南)〉을 배우지 않으면, 마치 담장을 마주한 것과 같다."[9]라고 하였는데, 이 말은 간파하기가 어렵다. 이남(二南)을 읽으면 담장을 마주한 것을 면한다는 것은 결국에는 어떤 경지인가? 읊던지 외던지 무젖던지를 막론하고 성인의 성정의 바름을 얻는 것인가, 아니면 이남을 오늘날 여항(閭巷)의 가요와 같이 집안과 고을과 나라에서 널리 불리는 노래로 여겨 학자들이 이것을 읽지 않으면 가는 곳마다 보는 것마다 전혀 깨우치는 바가 없

8 소주(小註)에……없다 : 문공(文公)은 주희(朱熹, 1130~1200)로, 자는 원회(元晦)·중회(仲晦), 호는 회암(晦庵)·회옹(晦翁), 시호는 문공으로 후에 주자(朱子)라고 불렸다. 《시경》 〈관저(關雎)〉 소주에 "주자가 말하기를 '이 시를 읽어 보니 이것은 바로 첩과 잉첩(媵妾)이 지은 것이다. 이 때문에 오매반측(寤寐反側)한 일을 잘 형용할 수 있었던 것이니, 외부 사람은 이런 말을 지을 수 없다.'"라고 하였다.

9 주남(周南)과……같다 : 《논어》 〈양화(陽貨)〉에 나오는 구절로, 공자가 아들 백어(伯魚)에게 훈계하는 말이다. 〈주남〉과 〈소남〉은 《시경》 첫머리에 나오는 편명으로, 문왕의 교화를 선양하는 내용이다.

기 때문에 이렇게 말한 것인가.

이상은 주남(周南)이다.

○〈소남〉을 보면 성인(聖人)의 교화가 깊었음을 알 수 있다. 상(商)나라 말기에 풍속이 음란하고 괴벽하니 대개 온 천하가 주왕(紂王)의 도성 같았는데,[10] 형주(荊州)와 양주(楊州) 사이는 토지가 비옥하고 풍속이 사치스러워 물들음이 더욱 깊었다. 〈표매(摽梅)〉는 〈탁혜(蘀兮)〉의 선해짐이고, 〈사균(死麕)〉은 〈만초(蔓草)〉의 변함이다.[11] 문왕의 교화가 한 세대를 지나지도 않았는데, 정풍(鄭風)과 같이 음란하고 괴벽한 것이 한번 변하여 이남이 되었으니 풍속과 교화의 변화를 어찌 속일 수 있겠는가. 하물며 백성의 성품은 두터움과 박함이 있고 악에 오염되는 데에도 깊고 얕음이 있으며 교화를 따름에도 어렵고 쉬움이 있다. 무릇 강한(江漢)에서 봄을 그리워하며 놀러 나온 여자에게도 옥 같은 자질을 칭송함이 있었고,[12] 변하기 어려운 것이 이와

10 대개……같았는데 : 원문의 매방(沫邦)은 은나라 주왕(紂王)의 도성으로, 여기서는 온 천하가 매방처럼 문란하다는 말이다.

11 표매(摽梅)는……변함이다 : 〈표매〉는 정풍(正風)에 속하고 정풍(鄭風)의 〈탁혜(蘀兮)〉는 남녀상열(男女上悅)의 일로 음풍(淫風)에 속한다. 이 두 편은 서로 같은 내용이면서도 치세와 난세의 지도에 따라 달라진다는 뜻이다. 〈야유사균(野有死麕)〉은 정풍(正風)에 속하고 〈야유만초(野有蔓草)〉는 정풍(鄭風)으로 변풍(變風)에 속하는데, 이 두 편도 남녀상열의 일은 같지만 지도자가 어떻게 하느냐에 따라 정변(正變)이 나뉜다는 뜻이다.

12 무릇……있었고 : 강한(江漢)의 유녀(游女)는 《시경》 〈한광(漢廣)〉에 "한수에 놀러 나온 여자가 있으니, 구할 수 없도다.〔漢有遊女, 不可求思.〕"라고 한 데에서 온 말이다. 그 주석에 보면 강한의 풍속은 여자들이 놀기를 좋아하였는데, 문왕의 교화가 강한

같은데 양민(良民)이 쉽게 교화한 것은 진실로 이미 순수해서이다.

〈혼의(婚義)〉에 이르기를 "부인이 시집가기 3개월에 앞서서 조묘(祖廟)가 아직 훼철되지 않았으면 공궁(公宮)에서 가르치고, 조묘가 이미 훼철되었으면 종가에서 가르치되 부덕(婦德)과 부언(婦言)과 부용(婦容)과 부공(婦功)을 가르쳐서 가르침이 완성되면 선조에게 제사하는데, 희생은 어물을 사용하고 국은 빈조(蘋藻 마름)로 끓이니,- 어물과 빈조는 모두 물에서 생산되는 부류이다.- 이는 며느리의 순함을 이루는 것이다."라고 하였다. 지금 〈채빈(採蘋)〉 시를 살펴보면 이미 '종실유하(宗室牖下)'와 '유제계녀(有齊季女)'를 가리켜 말하였으니,[13] 그 큰 뜻은 바로 이 예를 가리켜서 말한 것인 듯한데 과연 그러한지 아닌지 감히 알지 못하겠다.

사냥은 죽이는 것을 숭상하면서도 추우(騶虞)[14]를 기리니 이것은 간

에 미쳐 음란한 풍속을 변하게 하여 놀러 나온 여자들이 정숙해졌다고 하였다. 〈한광〉과 함께 《시경》 〈야유사균(野有死麕)〉에 "여자가 봄을 그리워하거늘……여자가 옥처럼 아름답도다.〔有女懷春……有女如玉〕"라고 한 말을 인용하여 여자의 옥 같은 자질을 칭송하였다.

13 지금……말하였으니 : 《시경》 〈채빈(採蘋)〉에 "이에 올리기를 종실의 창문 아래에서 하도다. 누가 이 일을 주관하는가, 공경하는 어린 여자로다.〔于以奠之, 宗室牖下. 誰其尸之, 有齊季女.〕"라고 하였다. 이 시는 문왕의 교화를 입어 대부의 아내가 제사를 잘 받들고 법도를 잘 따랐음을 찬미한 것이다.

14 추우(騶虞) : 《시경》 〈추우〉에 "저 무성한 갈대밭에 다섯 암퇘지를 한 발에 쏘아 잡네. 아 이것이 추우로다."라고 한 데서 온 말로, 전설상의 짐승 이름이다. 흰 호랑이 모양에 검은 무늬가 있으며 살아 있는 풀은 밟지 않고 살아 있는 생물은 먹지 않는 신령스러운 짐승으로 주나라 문왕(文王) 때 나타났다고 한다.

파하기가 어려울 듯하다. 왕이 된 자가 지친(至親)에게 친히 하고 나서 백성에게 인(仁)하며 백성에게 인하고 나서 물건을 아끼니,[15] 물건에 대해서 아껴준다고 한 것이지 죽이지 않는 것은 아니다. 번성하게 하고 모두 순하게 하며 시기에 맞게 취하고 절도 있게 죽이는 것이 바로 아껴주는 것이다. 저 후세에 짐승을 방생하고 밀가루로 희생을 만들어 쓴 것을 가지고 추우(騶虞)라고 말할 수 있겠는가.[16]

이상은 소남(召南)이다.

◯〈백주(柏舟)〉에는 "또한 형제가 있지만 의지할 수 없다."라고 하였는데, 보씨(輔氏)[17]는 안으로는 그 남편에게 사랑을 받지 못하였고 밖으로는 형제에게 사랑을 받지 못하였다고 여겼는데, 본뜻이 아닌 듯하다. 대개 장강(莊姜)의 형제는 제(齊)나라의 군주였으니, 의지할 만한 세력이 없는 것이 아니었다. 다만 여자가 시집을 가면 부모와 형제가 멀어지게 되니[18] 이제 남편에게 사랑을 받지 못하면 비록 형제가 있더라도 또한 의지할 수 없는 것이다.

15 지친(至親)에게……아끼니 : 《맹자》 〈진심 상(盡心上)〉에 보인다.

16 후세에……있겠는가 : 밀가루로 희생을 만들어 썼다는 것은 어진 마음을 뜻하는데, 어질게만 하는 것이 아껴주는 것은 아니라는 말이다. 양(梁)나라 무제(武帝)가 불교를 숭상하여 모든 제사에 동물 희생을 없애고 밀가루로 빚어 대신하게 하는 등 어진 마음으로 정치를 하였으나 뒤에 후경(侯景)의 반란을 진압하지 못하고 대성에서 굶주려 죽었다고 한다. 《梁書 卷3 武帝本紀下》

17 보씨(輔氏) : 경원 보씨(慶源輔氏) 보광(輔廣)으로, 자는 한경(漢卿), 호는 잠암(潛菴)이다. 송나라 사람으로 당시에 부이(傅貽) 선생이라 불렸다.

18 여자가……되니 : 《시경》 〈천수(泉水)〉에 보인다.

〈포유고엽(匏有苦葉)〉은 편 속의 말의 의미를 드러내고자 하여도 감히 하지 못하는 점이 있으니, 마침내 신대(新臺)의 일[19]을 가리킨 듯하다. 만약 당시에 선강(宣姜)의 종자(從者)가 지은 것이라고 한다면 더욱 분명할 듯하다. 《집주(集註)》에 남자가 아내를 데려오는 것을 가지고 선공(宣公)을 풍자한 말이 아니라고 했으니, 지금 만약 급(伋)을 가리켜 남자라고 하고 혼기가 차지 않았음을 탄식한 것이라고 해도 또한 어찌 안 될 것이 있겠는가.

이상은 패풍(邶風)이다.

◯'아침에 무지개가 서쪽에 뜨니 아침만 비가 오도다.'[20]를 지금 증험해보니 그렇지 않은 적이 없었다. 아마도 옛날에 풍상(馮相)이 점후(占候)함에[21] 이미 이러한 말이 있었던 것인가. 어찌 그리도 이 말이 정확히 증험되는가. 〈간모(干旄)〉는 소열제(昭烈帝 유비)가 삼고초려(三顧草廬)하는 뜻이 있다.[22]

이상은 용풍(鄘風)이다.

19 신대(新臺)의 일 : 〈신대〉는 《시경》 패풍(邶風)의 편명으로, 위(衛)나라 선공(宣公)을 풍자한 시이다. 선공이 아들 급(伋)을 위하여 제(齊)나라 여인 선강(宣姜)에게 장가들게 하였는데, 그녀가 아름답다는 말을 듣고는 자기가 취하고자 하여 하수(河水)가에 신대라는 누대를 짓고 그녀를 맞이하였다 한다.

20 아침에……오도다 : 《시경》 〈체동(蝃蝀)〉에 보인다.

21 풍상(馮相)이 점후(占候)함에 : 풍상은 주(周)나라 때 관직 이름으로, 천문(天文)에 관계된 일을 맡았다고 한다. 《周禮 春官 馮相氏》 점후는 천문의 변화를 보고 인사(人事)에 맞추어서 길흉을 예언하는 것을 말한다.

22 간모(干旄)는……있다 : 〈간모〉는 《시경》 용풍(鄘風)의 편명으로, 위(衛)나라 대부가 수레에 쇠꼬리로 장식한 깃대를 꽂고 현자(賢者)를 찾아가는 내용이다.

○〈기욱(淇澳)〉에 이르기를 "해학을 잘하니 지나침이 되지 않는다." 라고 하니, 지금 무공(武公)의 여러 작품을 보면 잔치하고 술을 마시는 사이에서도 마음을 한결같이 하여 언어와 위의(威儀)에 깊이 마음을 썼으니, 아마도 무공의 사람됨이 화락하고 여유가 있지만 어쩌면 장엄함은 부족했던 것인가. 그렇다면 〈빈연(賓筵)〉과 〈억계(抑戒)〉는 바로 패현(佩弦)의 의미[23]이고, '다듬고 갈며 치밀하고 굳세다.'[24]라는 것은 바로 이른바 '극복하기 어려운 곳부터 이겨 나가야 한다.'라는 것인가.

〈고반(考槃)〉의 뜻은 결연하고, 〈형문(衡門)〉은 분수를 정하였다.[25]

이상은 위풍(衛風)이다.

○〈군자양양(君子陽陽)〉의 큰 뜻은 국풍(國風) 중에는 이아(二雅)의

23 빈연(賓筵)과……의미 : 빈연은 《시경》 〈빈지초연(賓之初筵)〉으로, 위 무공(衛武公)이 일찍이 술을 마시고 실수한 것을 후회하여 스스로를 뉘우치며 지은 것이다. 억계(抑戒)는 《시경》 〈억(抑)〉으로, 위 무공이 95세에 자신을 경계하기 위해 지은 시이다. 패현(佩弦)은 항상 팽팽한 활시위를 차고 다니면서 스스로를 긴장하게 하여 자신을 바로잡는 것을 말한다.

24 다듬고……굳세다 : 위 무공의 덕(德)을 칭찬할 때에 "잘라놓은 듯 다듬어 놓은 듯 쪼아놓은 듯 갈아놓은 듯하도다. 치밀하고 굳세도다.〔如切如磋, 如琢如磨. 瑟兮僩兮.〕"라고 한 데서 온 말이다.

25 고반(考槃)의……정하였다 : 〈고반〉은 《시경》 위풍(衛風)의 편명으로, 고(考)는 이룬다는 뜻이고 반(槃)은 한가히 노닌다는 뜻인데 현자의 은둔 생활을 노래하였다. 〈형문(衡門)〉은 《시경》 진풍(陳風)의 편명으로, 나무를 가로질러 만든 보잘것없는 문을 가리키는데 안분자족(安分自足)하는 은자(隱者)의 거처를 말한다.

군신과 빈주(賓主)가 서로 주고받는 사례와 같이 애초에 두 편의 문의(文義)가 서로 이어진 것이 없다. 그러므로 이 시의 큰 뜻은 마땅히 윗 편의 영향을 받아서는 안 될 것이다. 주자가 처음 풀이하기를 세상을 업신여기며 공손하지 않은 자일 것이라고 한 것이 맞을 듯하다. 〈서리(黍離)〉의 시를 읽고 신(申)나라에서 수자리 한 일을 살펴보면 평왕(平王)의 죄가 송 고종(宋高宗)보다 더하다는 것을 알 수 있다.[26]

왕장(王章)과 곡영(谷永), 저수량(褚遂良)과 허경종(許敬宗)은 한·당의 치토(雉兎)일 것이다.[27]

26 서리(黍離)의……있다 : 〈서리〉는 《시경》 왕풍(王風)의 편명으로, 동주(東周)의 대부(大夫)가 서주(西周)의 옛 도읍인 호경(鎬京)을 지나다가 옛 궁실과 종묘가 폐허로 변한 채 잡초만 우거진 것을 보고 탄식하여 부른 노래이다. 《시경》 〈양지수(揚之水)〉에 "나와 함께 신나라로 오지 못하였도다.……어느 달에나 내 집에 돌아갈런고.〔不與我戍申.……曷月予還歸哉.〕"라고 하였는데, 그 주(註)에 "평왕(平王)은 신나라가 초나라와 가까워 자주 침탈을 당하기 때문에 기내(畿內)의 백성을 보내어 수자리 시키니, 수자리 간 자들이 원망하고 그리워하여 이 시를 지었다."라고 하였다. 신나라는 평왕의 외가이다. 주나라 유왕(幽王)이 포사(褒姒)에게 빠져 정사를 어지럽혔는데 유왕이 죽은 뒤 의구(宜臼)가 평왕이 되었다. 이후 견융이 수도 호경(鎬京)으로 침범하자, 주나라는 수도를 낙양(洛陽)으로 옮겨 결국 서주(西周) 시대가 끝이 났다. 송 고종(宋高宗)은 송나라 제10대 임금으로, 이름은 구(構)이다. 휘종과 흠종이 금(金)나라의 포로가 되자, 강남(江南) 임안(臨按)에 도읍을 정하고 남송(南宋)을 세워 마침내 북송 시대가 끝이 났다.

27 왕장(王章)과……것이다 : 《시경》 〈토원(兎爰)〉에 소인이 난을 이루고도 교묘한 꾀로 화를 면하는 것을 토끼에 비유하고, 군자가 허물이 없으면서도 충직함으로써 화를 받음을 꿩에 비유하였다. 왕장은 한 나라 성제(成帝) 때 사람으로, 당시의 권신인 왕봉(王鳳)을 탄핵하다가 왕봉의 모함을 받아 죽음을 당하였고, 곡영(谷永)은 왕봉에게

이상은 왕풍(王風)이다.

○〈장중자(將仲子)〉는 〈자금(子衿)〉보다 한두 등급 위이고, 〈야유사균(野有死麕)〉보다 30리 아래이다.[28]

〈계명(鷄鳴)〉의 오리와 기러기를 주살로 잡고 〈동문(東門)〉의 꼭두서니를 즐기는 것은, 선한 마음이 근검함에서 생긴 것이다. 〈봉(丰)〉 시의 비단옷과 〈진유(溱洧)〉의 많이 모여 꽉 찬 것은 삿된 생각이 사치에서 생긴 것이다. 정풍(鄭風) 가운데 여자가 닭이 울었다고 하고 남자가 동문(東門)에서 한 말은 또한 사람의 눈을 뜨게 하기에 충분하다.[29]

이상은 정풍(鄭風)이다.

아부함으로써 자신의 영달을 추구하였다. 저수량(褚遂良)은 당나라 태종(太宗)에서 고종(高宗) 때 사람으로 고종에게 간언(諫言)하다 죽임을 당하였고, 허경종(許敬宗)은 측천무후(則天武后)를 도와 저수량을 축출하고 장손무기(長孫無忌)와 상관의(上官儀) 등을 죽게 하였다.

28 장중자(將仲子)는……아래이다 : 정풍(鄭風)의 〈장중자(將仲子)〉와 〈자금(子衿)〉 간의 차이는 미미하지만, 〈장중자〉와 〈자금〉은 남녀상열의 시로 변풍(變風)에 속하고 〈야유사균(野有死麕)〉은 같은 남녀상열의 시이지만 정풍(正風)에 속하니, 정변(正變)의 차이가 분명하다는 뜻이다.

29 정풍(鄭風)……충분하다 : 여자가 닭이 울었다고 한 것은 〈여왈계명(女曰鷄鳴)〉을 가리키니 아내가 남편을 위해 어진 말을 하였고, 남자가 동문(東門)에서 한 말은 〈출기동문(出其東門)〉을 가리키니 남편이 자기 아내를 좋아하여 다른 여자에게 관심을 두지 않았기 때문이다.

○제풍(齊風)은 〈계명(鷄鳴)〉 한 편 외에는 취할 만한 선이 하나도 없다. 계자(季子)가 풍속을 살피면서 그 성대함을 여러 번 감탄했던 뜻[30]은 어디에 있는 것인가. 음절(音節) 사이에 절로 대국의 기상이 있는 것이 아닌가. 아니면 공자가 시를 정리하기 전이어서 이른바 성대한 대국의 풍도를 지닌 것이 별도로 있었던 것인가.

이상은 제풍(齊風)이다.

○광한 장씨(廣漢張氏)는 〈원유도(園有桃)〉[31]는 검소함이 예에 맞지 않는 시라고 여기고 급박하고 자질구레한 뜻이 있다고 말한 반면, 정자(程子)와 주자(朱子)가 풀이한 것은 근심이 깊고 생각이 원대하다고 하였으니 어느 학설이 나은지 알지 못하겠다. 만약 장씨의 학설을 따른다면 부(賦) 체로 간주해야 할 것이다.

〈벌단(伐檀)〉은 비(比) 체로 간주하는 것이 좋을 듯하니, 《집주(集註)》의 풀이 또한 진실로 비 체로 여겼다. 군자는 대식(代食)의 뜻을 가지고 있고 소인은 척호(陟岵)의 원망이 있으며,[32] 근심하는 마음으

30 계자(季子)가……뜻 : 계자는 춘추 시대 오(吳)나라의 계찰(季札)을 말한다. 계찰은 외교에 뛰어나 사신으로서 열국을 방문하고 각국의 음악을 듣고는 칭찬도 하고 비평도 하며 그 나라의 풍속을 살폈다. 《춘추좌씨전》 양공(襄公) 29년 기사에 계자가 제(齊)나라의 음악을 듣고 말하기를 "아름답고 성대하구나. 대국의 풍도(風度)로다. 동해(東海)의 제후들에게 모범이 되는 것은 아마도 강태공(姜太公)의 음악이겠구나."라고 하였다.

31 원유도(園有桃) : 《시경》 위풍(魏風)의 시로, 국가의 정치가 잘못되어 그 군주가 검소하고 인색하여 백성을 제대로 쓰지 못하고 위망의 길로 치닫는 것을 걱정하는 내용이다.

로 국중(國中)을 다니는 자는 복숭아와 대추를 먹고 세금을 마음대로 거두는 큰 쥐 같은 자는[33] 기장과 보리를 배불리 먹으니, 이것이 위(魏)나라가 망한 이유이다.

이상은 위풍(魏風)이다.

○〈산유추(山有樞)〉는 〈이괘(離卦)〉 구삼(九三)의 뜻이 있다.[34]

명령이 있음을 듣고도 감히 남에게 말하지 못하였다면 단지 그를 위하여 숨겨준 것뿐만이 아니다.[35] 이미 감히 못한다〔不敢〕고 말하였다면 또한 두려워하기도 한 것이다. 백성은 두 가지를 다 사랑하지 않

32 군자는……있으며 : 대식(代食)은 현명한 사람 대신 탐관오리를 벼슬자리에 두어 녹을 먹게 하는 것을 가리킨다. 〈척호(陟岵)〉는 효자가 멀리 부역을 나가서 어버이를 잊지 못하는 심정을 노래한 시로, 척호의 원망은 효자가 부역을 나가 어버이를 만나지 못하는 원망을 말한다.

33 세금을……자는 : 《시경》 〈석서(碩鼠)〉의 내용을 가지고 한 말이다. 석서는 큰 쥐라는 뜻으로, 과중하게 세금을 거두는 위(魏)나라 군주의 학정을 극성스러운 쥐에 비유하여 노래하였다.

34 산유추(山有樞)는……있다 : 〈산유추〉는 《시경》 당풍(唐風)의 편명으로, 인생을 즐기면서 살라는 뜻을 노래하였다. 《주역》 〈이괘(離卦) 구삼(九三)〉에 "기운 해가 걸려 있음이니, 질장구를 두드리며 노래하지 않으면 대질(大耋)을 슬퍼하는 것이다. 흉하리라."라고 하였는데, 이는 인생의 황혼기에 접어들어 노쇠해지는 현상을 당연한 것으로 받아들여 노래를 부르며 천명에 순응하고 즐겨야 한다는 뜻이다.

35 명령이……아니다 : 《시경》 〈양지수(揚之水)〉의 내용을 가지고 한 말이다. 감히 남에게 말하지 못하였다는 것은 진 소공(晉昭公)이 숙부인 환숙(桓叔)을 옥(沃)에 봉해주었는데, 훗날 환숙이 진나라를 전복시키려 하자 백성들이 그를 위하여 숨겨준 일을 말하니, 이것은 그가 성공하기를 바란 것이다.

으니 골육처럼 저것을 사랑하면 원수와 같이 나를 미워하고, 백성은 두 가지를 다 두려워하지 않으니 신명(神明)과 같이 저것을 두려워하면 토개(土芥)처럼 나를 업신여길 것이니, 이것이 소공(昭公)이 옥(沃)에 병합된 이유이다.

〈갈생(葛生)〉의 '누구와 더불어 혼자 지낼까.〔誰與獨處〕'라는 구절의 주석에 "누구와 더불어 여기에서 혼자 지낼까."라고 하였다. 지금 만약 '나의 아름다운 분이 여기에 없으니 누구와 거처하겠는가. 오직 나 홀로 거처한다.'라고 해도 통할 듯한데, 어떠한지 알지 못하겠다.

〈채령(采苓)〉은 동래(東萊)[36]가 이르기를 "〈채령〉에서 교외의 들판을 말하지 않고 수양(首陽)을 말한 것은 참소하는 말을 들어주기를 마땅히 멀리해야 함을 일으킨 것이다."라고 하였으니, 만약 여동래의 설을 따른다면 마땅히 흥(興) 체로 간주해야 할 것이다. 수양 두 글자는 함께 산 이름으로 하면 마침내 두루 막힘없이 통할 듯하다.

이상은 당풍(唐風)이다.

○진 양공(秦襄公)이 마침내 주(周)나라 서도(西都)의 기내(畿內)에 8백 리 땅을 소유하게 되었다. 풍성 주씨(豐城朱氏)는 8백 리의 땅은 방(方) 1백 리를 봉해준 것이 8개라고 하였는데, 이것은 옳지 않다. 방 8백 리의 땅은 마땅히 방 1백 리를 봉해준 것이 64개가 되어야 한

36 동래(東萊) : 송나라 학자 여조겸(呂祖謙, 1137~1181)으로, 자는 백공(伯恭), 호는 동래, 시호는 성공(成公)이다.

다. 그러므로 공씨(孔氏)는 동도(東都)의 방 6백 리 땅을 서도의 8백 리와 합하여 방 천리의 땅이 된다고 하였다. 대개 방 6백 리의 땅은 방 1백 리인 것이 36개인데, 서도의 방 1백 리인 것 64개와 합하면 두 도읍의 땅은 방 1백 리인 것이 100개가 되어 진실로 방 천리의 폭과 둘레가 된다.

먼저 〈관저(關雎)〉와 〈인지(麟趾)〉를 보고, 뒤에 〈거린(車鄰)〉과 〈소융(小戎)〉을 보면 주나라와 진나라의 내막을 알 수 있을 것이다.[37]

이상은 진풍(秦風)이다.

◯〈묘문(墓門)〉의 '예부터 그러했도다〔誰昔然矣〕'라는 구절의 주석에 "수석(誰昔)은 옛〔疇昔〕이란 말과 같으니, 예부터 이미 그랬던 것으로 하루에 쌓인 것이 아니다."라고 하였다. 지금 만약 '그 사람의 불량함을 온 나라 사람들이 모두 알고 있는데도 고치지 않는데, 이 사람의 이 악함이 누가 예부터 그러했다고 생각했겠는가. 지금 와서 다만 심해진 것이다.'라고 한다면 말의 뜻이 충후(忠厚)해 질 듯하다.

37 먼저……것이다 : 〈관저(關雎)〉는 문왕의 후비(后妃)인 태사(太姒)의 덕을 노래하였고, 〈인지(麟趾)〉는 문왕 후비의 인후(仁厚)한 덕에 감화된 자손을 기린 내용이다. 《시경》 〈관저〉의 소서(小序)에 "〈관저〉와 〈인지〉의 교화는 왕자의 풍(風)이기에 이것을 주공에 연계시켰다."라고 하였다. 〈거린(車鄰)〉은 진중(秦仲)을 찬미한 시로, 진중이 나라를 강대하게 만들어 거마(車馬)와 예악(禮樂)의 아름다움이 있음을 읊었다. 진중은 진양공(秦襄公)의 조부로, 주선왕(周宣王) 때 처음 주나라의 대부(大夫)로 임명되었다. 〈소융(小戎)〉은 진(秦)나라의 군대가 서융(西戎)을 정벌하는 과정을 읊은 내용이다.

〈택피(澤陂)〉에서 아름다운 사람을 생각하면서 이미 과도한 슬픔을 언급하였다. 그런데 슬퍼하기를 그치지 않고 자나 깨나 하염없이 생각하였으니, 여기에 오로지 매달리어 더 이상 다른 일을 일삼지 않았고, 하염없이 생각하는 것도 부족해 눈물과 콧물을 줄줄 흘렸으니 본심을 잃은 것에 가깝다. 이것이 변풍(變風)의 지극함이 되는 이유이다.

이상은 진풍(陳風)이다.

○임금이 천자의 자리에 존귀하게 거처하여 신령스런 위엄이 자기 몸에 있으니 욕심이 많고 방자한 자는 종종 음악과 여색, 유람과 사냥, 토목공사, 전쟁에 마음을 쓰는 자가 있다. 오직 옷을 잘 입고 겉모습을 꾸미는 것을 일삼는 것은 자질구레함이 너무 심한 것이다. 회풍(檜風)의 첫째 장 〈고구(羔裘)〉와 조풍(曹風)의 첫째 장 〈부유(蜉蝣)〉는 계자(季子)가 비평하지 않은 것이 마땅하다.[38]

〈대동(大東)〉과 〈울류(菀柳)〉를 읽은 뒤에야 〈비풍(匪風)〉과 〈하천(下泉)〉이 지극히 충후함을 알 것이다.[39]

38 회풍(檜風)의……마땅하다 : 회풍 이하는 워낙 나라들이 미약해서 비평할 필요도 없다는 뜻이다. 춘추 시대 오(吳) 나라 계찰(季札)이 노(魯)나라에 사신으로 가서 주남(周南)과 소남(召南)을 비롯하여 각국의 음악을 차례로 듣고는 일일이 비평을 하다가 "회나라 이하부터는 비평하지 않았다."라고 한 데서 온 말이다. 《春秋左氏傳 襄公29年》

39 대동(大東)과……것이다 : 〈대동〉과 〈울류(菀柳)〉는 모두 《시경》 소아(小雅)의 편명이다. 〈대동〉은 주나라가 기울기 시작한 것을 개탄하였고, 〈울류〉는 제후들이 주나라에 조회하지 않으려 하여 나라를 안정시킬 수 없음을 논평하였는데, 회풍(檜風)의

이상은 회풍(檜風)과 조풍이다.

○주공(周公)이 나라 동쪽에 거처한 사실을 〈금등(金縢)〉[40]의 집주에서는 많은 곡절(曲折)을 끌어다 놓았는데, 〈치효(鴟鴞)〉[41]의 큰 뜻을 따르는 것이 분명하고 간략함이 되는 것만 못하다. 대개 주자 만년의 정론은 "삼숙(三叔)[42]이 유언비어를 퍼뜨렸을 때 주공이 형제 사이에 처하여 어찌 응당 한 토막 짧은 말 때문에 갑자기 병사를 일으켜 정벌하겠는가. 또 성왕(成王)이 주공을 의심하였으니 주공은 진실로 청하지 않고 스스로 토벌할 수 없으며 성왕에게 요청해도 반드시 허락하지 않았을 것이다."라고 운운하였다.

지금 '아지불피(我之不辟)'의 '피(辟)' 자를 자세히 살펴보면 마침내 '형벌을 이루었다[致辟]'의 피(辟)와 같다. 만약 주공이 스스로 혐의를 피했다면 굳이 선왕을 끌어댈 필요는 없을 것이다. 삼숙의 의도가 비록 의심스러운 일로 주공을 흔들었지만 주공의 거취는 진실로 선왕 종사(宗祀)의 존망과 관련되어 있다. 만약 주공이 구구하게 혐의를 피하여

〈비풍(匪風)〉과 조풍(曹風)의 〈하천(下泉)〉은 주나라가 망해가는 것을 한탄하며 안정되기를 희망하였기 때문에 이 시를 읽으면 충후해진다는 것이다.

40 금등(金縢) : 금등은 쇠사슬로 봉함했다는 뜻으로, 《서경》의 편명(篇名)이기도 하다.

41 치효(鴟鴞) : 《시경》 빈풍의 편명이다. 관숙(管叔)과 채숙(蔡叔)은 주공(周公)이 왕위를 넘보고 있다는 유언비어를 퍼뜨리며 주왕(紂王)의 아들 무경(武庚)을 받들어 반란을 일으켰다. 그 뒤에 주공이 반란을 평정하고 돌아왔으나 성왕(成王)이 여전히 주공의 본심을 의심하기에 치효라는 악조(惡鳥)를 무경에게 비유하여 이 시를 지음으로써 자신의 결백을 밝혔다.

42 삼숙(三叔) : 주공의 형제인 관숙(管叔), 채숙(蔡叔), 곽숙(霍叔)을 말한다.

삼숙을 처단하지 않았다면 선왕의 종사가 무너졌을 것이니, 스스로의 처지를 위해서는 득이 될지라도 저승에서 선왕에게 무엇으로 고하겠는가. 하물며 삼숙의 유언비어는 실로 주공이 물러난 뒤 기회를 얻으려고 한 것이다. 주공이 물러나지 않으면 간계(奸計)를 이룰 수 없어 그 형세가 서로 용납되지 못하니 반드시 군대를 움직인 뒤에야 그칠 뿐이다.

옛 책은 서술이 간략하여 비록 곡절이 자세하지는 않지만 주공이 동쪽을 정벌한 것은 반드시 한마디 말 때문에 군대를 일으킨 것은 아닐 것이다. 또 주공이 나라의 정사를 섭정하여 성왕이 재위하지 않은 것과 같았으니, 주공이 요청하고 요청하지 않은 것과 성왕이 들어주고 들어주지 않은 것을 상고할 수 없기도 하지만 또한 의거하여 증명할 수도 없다. 주공이 동쪽을 정벌한 지 2년 만에 죄인을 찾아내고 그 다음해에 성왕이 주공을 맞이해 돌아왔다면, 〈동산(東山)〉의 '지금 3년이 되었다〔于今三年〕'라는 말과 서로 부합된다. 지금 동쪽에 거처한 지 2년 만에 맞이하여 돌아왔고 맞이하여 돌아온 뒤에 비로소 동쪽을 정벌하기 시작하여 다시 3년이 지나서야 이겼다고 한다면 말이 되지 않을 듯하다.

다만 주공이 동쪽을 정벌하던 처음에는 일이 종국(宗國)과 관계되니 자기의 사적인 혐의를 돌아볼 겨를이 없었고, 죄인을 찾은 뒤에는 갑자기 곧바로 돌아와서 애초에 혐의가 없는 사람처럼 할 수 없었다. 그러므로 머뭇거리며 왕명을 기다려 행여 임금이 한 번 깨우치기를 바랐으니, 이것이 붉은 신이 편안하신[43] 까닭으로서 〈치효(鴟鴞)〉의 시를 남

43 붉은 신이 편안하신 : 《시경》 〈빈풍(豳風) 낭발(狼跋)〉에 "공이 큰 아름다움을 사양하시니, 그 붉은 신이 편안하시도다.〔公孫碩膚, 赤舃几几.〕"라고 한 데에서 온 말로,

기지 않을 수 없었던 것이다. 만약 주공이 처음에 동쪽을 정벌하지 않고 스스로 유언비어를 피하였다면 저 혐의가 없는 두 사람이 분명 스스로 조치를 취했을 것이니, 또한 어찌 한마디 말도 없이 기필하기 어려운 하늘에만 맡기고 기다릴 수 있겠는가. 〈금등(金縢)〉은 일의 시작과 끝을 서술하였고 〈대고(大誥)〉는 오로지 동쪽을 정벌한 내용이니, 〈금등〉의 뒤에 놓이지 않을 수 없다. 주공이 이미 돌아온 뒤에 무경이 반역을 해서 〈대고〉를 지은 것이 아니다.

정씨(鄭氏)는 '주공이 나라 동쪽에 거처하였다.〔周公居東〕'라는 말을 동도(東都)에 피하여 거처한 것이라고 여겼다.[44] 지금 주공의 채지(采地)를 살펴보면 기주(岐周)의 옛 땅에 있으므로 주공이라고 칭한 것이다. 주공이 만약 유언비어를 피하였다면 자연히 자신의 채읍(采邑)으로 물러났어야 마땅하니 어찌 반드시 동도에 거처하였겠는가. 주공의 채지는 경사(京師)의 서쪽에 있으니 그렇다면 동쪽에 거처하여 유언비어를 피한 것이 아님을 알 수 있고, 삼숙(三叔)이 소요를 일으킨 곳은 바로 동도와 가까운 땅이니 주공이 또한 어찌 반드시 자신의 채읍을 버리고 난리를 일으키려는 옆 지역에서 머물겠는가.

○지금 《서전집주(書傳集註)》를 살펴보면 순 임금이 요 임금의 아들

주공이 성왕(成王)에게 의심을 받아서 마치 이리처럼 진퇴양난의 처지를 당하였지만, 조금도 동요함이 없이 의연하게 잘 대처한 것을 말한다.

44 정씨(鄭氏)는……여겼다 : 정씨는 후한(後漢)의 정현(鄭玄, 127~200)으로, 자는 강성(康成)이다. 《서경집전》 〈금등〉 소서(小序)에 "정씨 《시전》에 말하기를 '주공이 관숙과 채숙의 유언비어를 피하여 동도에 거처하였다.'〔鄭氏詩傳言, 周公以管蔡流言, 辟居東都.〕"라고 하였다.

을 피하였다는 것을 가지고 주공이 피하여 거처하였다는 증거를 삼았다. 그러나 이 두 가지는 서로 차이가 있는 일이니, 순 임금의 혐의는 자신에게 있고 천자의 지위는 결코 찬탈이라는 혐의를 무릅쓰면서 가볍게 취할 수 있는 것이 아니다. 하물며 남하(南河)로 간 것[45]이 종국(宗國)이 망하는 것과 관계가 없다면 피하지 않을 수 없는 것이다. 그러나 관숙(管叔)과 채숙(蔡叔)의 변란은 종국과 크게 관련이 있으니 주공이 만약 사사로운 혐의를 이유로 스스로 피했다면 종국이 망하는 것을 어찌하겠는가. 결단코 조용히 사양할 때가 아니니, 이른바 '비바람이 뒤흔드는지라, 내 울부짖는 소리를 급히 하노라.'[46]라는 것이다. 순 임금이 단주(丹朱)를 피한 일과는 상황이 다를 듯하다. 하물며 주공은 삼숙의 유언비어가 결단코 교활한 계획을 세워 천자를 보좌하는 신하를 동요시키려는 것임을 명백히 알고 있으니, 성인(聖人)의 마음이 비록 명백하고 정대하여 자잘한 계책을 용납하지 않는다 해도 또한 어찌 종국을 지키는 중임(重任)을 맡은 몸을 가볍게 움직여서 스스로 간사한 사람의 계책에 빠지겠는가. 공자께서 양화가 없는 틈을 타 사례하러 가신[47] 뜻을 미루어 본다면 주공은 가볍게 물러나서는 안 될

45 남하(南河)로 간 것 : 《맹자》 〈만장 상(萬章上)〉에 "요 임금이 돌아가시고 삼년상을 마치자, 순은 요 임금의 아들 단주(丹朱)를 피하여 남하(南河)의 남쪽으로 가 계셨다."라고 하였다.

46 비바람이……하노라 : 《시경》 〈빈풍(豳風) 치효(鴟鴞)〉에 보인다.

47 공자께서……가신 : 이 일은 《논어》 〈양화(陽貨)〉 제1장에 보인다. 양화가 공자를 만나고자 하였으나 공자께서 만나주지 않자 공자에게 삶은 돼지고지를 선물로 보냈다. 당시 풍습에 사(士)가 집에서 선물을 받지 못했으면 반드시 대부(大夫)의 집에 가서 절을 하도록 되어 있었는데, 공자께서 양화를 만나주지 않고자 일부러 양화가 집에

것이다.

화양 범씨(華陽范氏)[48]가 빈풍(豳風)은 풍(風)의 끝이 되고 아(雅)의 처음이 된다고 하니, 그 말이 가장 정확하다.

《주례》〈약장(籥章)〉에 이르기를 "빈풍으로 겨울과 여름을 맞이하고 빈아(豳雅)로 전조(田祖)에게 풍년을 기원하고 빈송(豳頌)으로 납향제를 지내면 늙은 물건을 안식하게 한다."라고 하였다. 지금 〈칠월(七月)〉, 〈대전(大田)〉, 〈보전(甫田)〉, 〈재삼(載芟)〉, 〈양거(良耟)〉 등의 편을 나누어 세 계절에 예속시키는 것이 가장 제목에 들어맞을 것이다. 주자의 가장 마지막 설이 정론이 되어야 할 것이다.

이상은 빈풍(豳風)이다.

○〈녹명(鹿鳴)〉과 〈사모(四牡)〉 등의 편을 읊으면 음절이 온화하고 부드럽다는 것을 저절로 느끼고, 변아(變雅)[49]의 여러 작품을 읊으면 몹시 절박하고 처량하며 애달픈 생각이 있으니 치세와 난세의 음악이기에 자연히 같지 않다.

없는 틈을 타 사례하러 가다가 길에서 우연히 양화를 마주친 일을 말한다.

48 화양 범씨(華陽范氏) : 북송 화양 사람 범조우(范祖禹, 1041~1098)로, 자는 순보(淳甫)·몽득(夢得), 시호는 정헌(正獻)이다.

49 변아(變雅) : 《시경》의 소아(小雅)와 대아(大雅)에 정아(正雅)와 변아가 있는데, 변아는 주나라가 쇠퇴하여 정치가 문란했던 시대를 반영하는 내용으로 되어 있다. 소아(小雅)의 〈6월(六月)〉부터 〈하초불황(何草不黃)〉까지 58편을 변소아(變小雅)라 하고, 대아(大雅)의 〈민로(民勞)〉부터 〈소민(召旻)〉까지 23편을 변대아(變大雅)라고 한다.

여씨(呂氏)가 이르기를 "상체(常棣)는 꽃과 꽃받침이 서로 이어 매우 힘이 있다."라고 하였다. 그렇다면 '악(鄂)' 자는 마땅히 꽃받침〔萼〕과 같은 의미일 듯하니, 악연(鄂然)히 밖으로 드러난다는 뜻은 어디에 근거를 둔 것인지 알지 못하겠다.

〈상체(常棣)〉를 읽고서 우애로운 마음이 뭉클하게 일어나지 않으면 반드시 형제에게 야박한 사람일 것이다.

백성 중에 수고롭고 고생스러워 윗사람을 원망하는 자들은 항상 윗자리에 있는 자들이 자신들의 심정을 다 알아주지 못한다고 말을 한다. 돌아오는 군대를 넉넉히 잔치를 베풀어주면서 윗사람이 위로해 주는 것이 〈채미(采薇)〉와 〈체두(杕杜)〉 등에서의 말과 같다면[50] 비록 군사들로 하여금 스스로 자신의 심정을 말하게 하더라도 반드시 이렇게 말하지는 않았을 것이다. 이른바 진실로 나의 마음을 알아준다면 사람이 누군들 기뻐하고 감동하지 않겠는가.

이상은 녹명지십(鹿鳴之什)이다.

○옛날에 손님과 주인이 서로 만날 때는 서로 예악(禮樂)으로 보이고 서로 시 읊기를 권하였다. 예컨대 〈남산유대(南山有臺)〉와 〈육소

50 돌아오는……같다면 : 〈채미(采薇)〉와 〈체두(杕杜)〉는 모두 《시경》 소아(小雅) 녹명지십(鹿鳴之什)의 편명으로, 주(周)나라 때 조정에서 장수와 병졸들에게 연회를 베풀 때 읊은 시이다. 《시경》 〈채미〉 모시 서(毛詩序)에 군대를 수자리 보낼 때 "〈채미〉를 노래하여 보내고, 〈출거(出車)〉를 노래하여 개선하는 장수를 위로하고, 〈체두〉를 노래하여 돌아오는 군사들의 노고를 치하하였다."라고 하였다.

(蓼蕭)〉 등과 같은 시를 연향(燕饗)에서 사용하였는데, 손님이 간사하여 보잘것없는 자라면 반드시 부끄러워 땀을 흘리고 두려워 움츠러들어 감히 편안히 있지 못할 것이다. 보통 이상의 자질을 가진 사람이라면 또한 감동하고 흥기하여 자신도 모르는 사이에 착한 마음이 성대하게 생길 것이니 시가 어찌 작은 도움만 되겠는가.

이상은 백화지십(白華之什)이다.

○〈청아(菁莪)〉에 이르기를 "이미 군자를 만나보니, 즐겁고 또 예의가 있도다.〔旣見君子, 樂且有儀.〕"라고 하였는데, 그 주석에 "내 마음 기쁘고 즐거우며 군자가 예의가 있다."라고 하였다. 보씨(輔氏)가 이를 풀이하면서 쓸데없는 말을 많이 하였지만 끝내 시원하게 설명하지는 못한 듯하다. '무성한 새발쑥〔菁莪〕'을 군자의 위의(威儀)에 비유하여 분명하게 만든 혹자의 설만 못하다.

〈6월(六月)〉과 〈채기(采芑)〉 등의 여러 편을 살펴보면 선왕(宣王)은 여왕(厲王)이 죽은 뒤에 남쪽과 북쪽 지방을 정벌하여 다시 왕의 기강을 떨쳤으니 중흥의 성대함이라고 할 만하다. 그러나 겨우 한 세대를 전하여 유왕(幽王)에 이르러 주나라가 갑자기 동쪽으로 천도했으니[51] 하늘의 운명을 피할 수 없는 것인가. 아니면 왕위에 오른 지 오래되어서 처음에는 부지런하였으나 나중에는 게을러져서 이궐(貽厥)의 계

51 겨우……천도했으니 : 중국의 서쪽 풍호(豐鎬)에서 도읍하던 주(周)나라는 제10대 여왕(厲王), 제11대 선왕(宣王), 제12대 유왕(幽王), 제13대 평왕(平王)으로 이어진다. 주나라는 선왕이 나라를 중흥시켰으나 한 세대만에 유왕이 학정(虐政)을 일삼다가 견융(犬戎)에게 살해된 후, 평왕이 동쪽 낙읍(洛邑)으로 도읍을 옮기었다. 이것을 동천(東遷)이라 하여 이때부터를 동주(東周)라고 하고, 이 이전을 서주(西周)라 한다.

책[52]이 어쩌면 미진했던 것인가. 성패의 자취는 진실로 사람을 가지고 논할 것이 없지만, 내 생각으로는 선왕의 공열(功烈)은 광무(光武)의 아래이고 헌종(憲宗)의 위였다. 다만 선왕은 문무(文武)의 업적을 회복하였으므로 성취한 바가 순수하고, 광무는 뒤섞인 패도의 뒤를 계승하였으므로 성취한 바가 순수하지 못하였으니 이것은 각각 처한 시기에 고하(高下)가 있기 때문이다.

〈홍안(鴻雁)〉의 두 번째 장에서는 끝내 편안한 집을 얻을 것이라고 하였고, 세 번째 장에서는 슬피 우는 것을 말하였으니 시인이 일을 서술하는 법이 없는 듯하다. 풍성 주씨(豐城朱氏)의 '비통한 일이 안정된 후에 비통함을 생각했다.'라는 말은 아마도 옳지 않은 듯하다.

이상은 동궁지십(彤弓之什)이다.

○만약 서문의 말대로 〈기보(祈父)〉와 〈황조(黃鳥)〉를 선왕(宣王) 때의 시라고 한다면 선왕의 중흥의 공렬이 또한 엷어질 것이다.

선왕의 아들에는 유왕(幽王)이 있고 길보(吉甫)의 후손에는 정사를 어지럽힌 사윤(師尹)[53]이 있고 신백(申伯)[54]의 후손은 실로 견융(犬

52 이궐(貽厥)의 계책 : 자손을 위하여 남기는 계책이나 교훈을 말한다. 《시경》〈문왕유성(文王有聲)〉에 "자손에게 계책을 남겨 주어 공경하는 아들을 편안하게 하셨다.〔詒厥孫謀, 以燕翼子.〕"라고 하였다.

53 사윤(師尹) : 주(周)나라의 태사(太師) 윤씨(尹氏)를 가리킨다. 《시경》〈절남산(節南山)〉에 "혁혁한 태사 윤씨여, 백성이 모두 그대를 바라본다."라고 하였다.

54 신백(申伯) : 주나라 선왕(宣王) 때의 어진 재상으로, 선왕의 외숙이기도 하다.

戎)을 불러들여 종주(宗周)를 멸망하게 했으니 대대로 덕을 쌓기가 어려운 것이다.

〈무양(無羊)〉의 "씩씩하고 꿋꿋하다.〔兢兢矜矜〕"라는 구절에 대해 임천 왕씨(臨川王氏)가 목인(牧人)이 그 본성을 잃지 않고 견강(堅强)함에 이르게 한 것이라고 하자, 주자도 이 설을 따르면서 다만 '견강'으로 풀이하였다. 말의 뜻을 반복해보면 아마도 옳지 않은 듯하다. '씩씩하고 꿋꿋하다.'라는 것은 기르는 양이 무리 지어 가는 뜻이 자연히 내포되어 있다.

혹자는 〈정월(正月)〉은 동천(東遷)한 뒤에 지은 것이라고 하였다. 안성 유씨(安城劉氏)[55]가 이 설을 따라 종주(宗周)가 아직 멸망하지 않았고 포사(褒姒)가 총애를 독차지하니, 시인이 이렇게 직접 지적하지 못했을 것이라고 하였지만 아마도 이것은 옳지 않을 듯하다.

포사가 주나라를 멸망시킨 것을 당시 사람들 중에 진실로 모르는 자는 없을 것이다. 〈시월지교(十月之交)〉는 분명히 유왕 6년에 지어진 것인데도 이미 "아름다운 아내〔艶妻 포사〕가 화를 일으키며 그대로 있도다."라고 말하였고, 〈첨앙(瞻卬)〉 또한 종주가 아직 멸망하기 전에 지어졌는데, "명철한 부인은 나라를 전복시키느니라." "부인이 말을 많이 함이여." "올빼미가 되고 솔개가 되도다."라고 하였으니, 시인이 지

《시경》〈숭고(崧高)〉에 "산악이 신명을 내어, 중산보(仲山甫)와 신백을 낳았네."라고 하였다.

55 안성 유씨(安城劉氏) : 원(元)나라 학자인 유근(劉瑾, ?~?)으로, 자는 공근(公瑾), 호는 안성(安成)이다. 저본에 안성(安城)이라고 하였는데, 성(成) 자를 오인한 듯하다.

극히 비통하고 상심하여 자신도 모르는 사이에 말을 너무 박절하게 한 것이다. 하물며 〈정월〉 한 편만을 만약 이미 지나간 일을 말한 것이라고 간주한다면 전혀 의미가 통하지 않으니, 반복해서 읊조려 보면 자연히 이해할 수 있을 것이다.

"산이 낮다고 하나 산마루가 되고 구릉이 되느니라. 백성의 유언비어를 편안히 여겨 징계하지 않도다."라는 구절의 주(註)에 "백성들의 유언비어가 이와 같거늘 왕은 오히려 이를 편안히 여겨 그치게 하지 않는다."라고 하였다. 지금 만약 "산이 낮다고 이르나 그 실상은 높은 산마루와 구릉이 되니, 백성의 유언비어가 비록 평범한 듯하지만 험악한 민심은 실로 두려워해야 하는데, 왕은 어찌 두려워하여 그치게 하지 않는가."라고 운운한다면 더욱 뜻이 잘 통할 듯하다.

"마침내 매우 험한 곳을 넘어감이 일찍이 예상외로 수월하리라."라는 구절은 혹자의 설을 따라 '왕은 이것을 생각하지 않는가.'라는 뜻으로 보는 것이 더 나을 듯하다.

〈정월〉을 지은 자는 당대에 중망(重望)을 받았으나 조정에 헛되이 얽매여 나아가서는 도를 행할 수 없고 물러나서는 자신의 몸을 보존할 수 없는 상황에서 총애 받는 소인들이 정치를 좀먹어 종국(宗國)이 장차 멸망하려는 것을 목도하였으니 어찌 몹시 슬프지 않았겠는가.

〈시월지교〉의 주(註)에 "달은 29일하고 기(奇)에 하늘을 한 바퀴 돌며, 또 해를 따라잡아 해와 만난다."라고 운운한 것은 대개 자세히 미루어 살피지 못한 것이다. 달의 운행은 27일하고 기에 하늘을 한 바퀴 돌고 또 2일하고 기에 비로소 해와 만나니, 이것은 바꿀 수 없는 정해진 수이다. 〈요전〉 기삼백(朞三百)[56] 장(章)의 주에 자세히 보인다.

"황보(皇父)가 경사(卿士)이다."라는 구절에 대해 주자는 "육경(六卿) 이외에 다시 도관(都官)을 두어 육관(六官)의 일을 총괄하게 한 것이다."라고 하였다. 또 혹자의 설을 인용하여 "태재(太宰)의 등속으로서 지위는 낮지만 권력은 중하다."라고 운운하였다. 지금 상송(商頌)을 보면 이윤(伊尹)을 일컬어 '경사'라고 하였고, 〈홍범(洪範)〉에서는 "경사는 달을 살핀다."라고 하였고, 《좌전(左傳)》에서는 "정무공(鄭武公)이 평왕(平王)의 경사가 되었다."[57]라고 하였으니, 아마도 진한(秦漢) 시대에 재상(宰相)이라고 한 것과 같이 당시에 상공(上公)을 경사라고 일컫는 말이 있었던 것 같다. 더구나 시의 뜻이 황보(皇父)에게 전적으로 책임을 지우면서 서술하였거니와, 사도(司徒) 이상은 결코 혹자의 말처럼 낮은 관직이 아니다.

〈우무정(雨無正)〉의 큰 뜻에 대해 주자는 "기근이 든 뒤라서 모든 신하들이 흩어지자 떠나지 않은 자가 시를 지어 떠나간 자들을 책망한

56 기삼백(朞三百) : 《서경》 〈요전(堯典)〉의 기삼백육순유육일(朞三百六旬有六日)에서 온 말로, 1년의 날수를 가리킨 것이다. 원래 기(朞)는 366일이지만 기삼백이라고 말한 것은 끝수를 약한 것이다.

57 정무공(鄭武公)이……되었다 : 《춘추좌씨전》 은공(隱公) 3년 기사에 보인다.

것이다."라고 하였다. 주석의 풀이는 서설(序說)의 정대부(正大夫)가 유왕(幽王)을 풍자하였다는 뜻을 참작하였는데, 이 한 편을 자세히 살펴보면 전혀 왕을 책망하는 의사가 없다. 지금 만약 서설의 풀이를 버리고 한결같이 큰 뜻을 따라 해석한다면 좋을 것이다.

두 번째 장에 "행여 왕이 선을 행하기를 바랐는데 도리어 나와서 악행을 하는구나."라는 구절은 다만 정대부와 방군(邦君)과 제후를 책망한 것으로 보아도 안 될 것이 없으니, 반드시 왕으로 귀결할 필요는 없다.

네 번째 장에 "병란이 나도 악행이 물러가지 아니하며 기근이 들어도 선행이 나아가지 않는다."라는 구절을 주(註)에서 "병란이 이미 이루어지되 왕의 악행이 물러가지 아니하고 기근이 이미 이루어지되 왕이 선행으로 옮겨 이루지 아니한다."라고 하였는데, 굳이 이렇게 풀이할 필요는 없을 듯하다. 만약 "병란이 이미 이루어져 화란(禍亂)이 날로 다가오는데도 물러가지 않고, 기근이 이미 이루어져 살아갈 방도가 없어졌는데도 이루지 않는다."라고 한다면 문리(文理)가 매우 자연스러울 것이다. 대개 이 시편은 군주를 가까이에서 모시는 신하가 지은 것으로서 질책의 대상이 되는 자는 바로 떠나간 대부를 가리킨 것이지 애초에 군주를 원망하고 허물하려는 의사가 없다. 서(序)에 이른바 "정대부가 유왕을 풍자하였다."라는 것은 전혀 맞지 않다.

여섯 번째 장에 "사람들은 가서 벼슬할 것이라 하나 벼슬길이 심히 급박하고 위태롭도다. 부릴 수 없다고 일러지는 자는 천자에게 죄를 얻게 되고 부릴 수 있다고 일러지는 자는 원망이 붕우에 이르도다."

라는 구절에 대해 《집주(集註)》에서 소씨(蘇氏)의 설을 인용하여 말하기를 "이 때를 당하여 도를 곧게 하는 자는 왕의 이른바 부릴 수 없다는 것이고, 도를 굽히는 자는 왕의 이른바 부릴 수 있다는 것이다. 도를 곧게 하는 자는 군주에게 죄를 얻고, 도를 굽히는 자는 벗에게 원망을 당하게 되니, 이것이 벼슬하기가 어려운 이유이다."라고 운운 하였는데, 이 또한 왕을 풍자하는 것으로 보았기 때문에 이와 같이 말이 많은 것이다. 대개 이 시편은 본래 군주를 가까이에서 모시는 신하가 떠나가서 벼슬하지 않는 자들을 책망한 것이다. 그러므로 군주를 가까이 모시는 자가 떠나간 자에게 고할 경우라면 '벼슬할 만하다'라고 말하겠지만, 시기로써 본다면 실로 매우 다급하고 위태로운 때가 된다.

만약 벼슬할 수 없는 시기여서 밖에 있는 자를 몰아서 부릴 수 없다고 한다면 왕의 조정에 신하가 없게 되어서 천자에게 죄를 얻는 것이고, 만약 매우 위급한 시기지만 밖에 있는 자를 모두 몰아서 부릴 수 있다면 떠나간 친구들로 하여금 스스로 편안할 수 없게 하여서 원망이 자신에게 모일 것이다. 저리하나 이리하나 죄를 벗어나지 못하니 이 때문에 혀로 말할 뿐만이 아니라 몸도 이에 병들어가는 것이다.[58] 비록 그렇지만 왕의 조정에서의 일은 공적이고 급한 것인 반면 친구의 일은 사사롭고 가벼운 것이므로 끝내는 벼슬을 권하지 않을 수 없는 것이다. 그러므로 마지막 장에서 운운하였다.

58 혀로……것이다 : 《시경》 〈우무정(雨無正)〉에 "슬프다 말을 잘하지 못하는 이여, 혀로 말을 할 뿐만 아니라, 몸이 이에 병들도다.〔哀哉不能言, 匪舌是出, 維躬是瘁.〕"라고 한 데에서 나온 말로, 충직한 사람이 곧은 말을 하면 몸이 화를 당한다는 의미이다.

네 번째 장에서 이른바 "모든 군자들이 즐겨 아뢰려 하지 않고, 말을 들으려 하면 대답만 하며 참소하는 말이 이르면 물러간다."라고 한 것은, 이것이 이른바 "가하다 말을 잘하는 이여. 말을 잘하여 물 흐르듯이 하여 몸을 편안한 곳에 처하게 하도다."라는 것이다. 여섯 번째 장에서 이른바 "부릴 수 없다고 일러지는 자는 천자에게 죄를 얻게 되고, 부릴 수 있다고 일러지는 자는 원망이 친구에 이르도다."라고 한 것은, 이것이 이른바 "가엾다 말을 잘하지 못하는 이여. 혀로 말을 할 뿐만 아니라 몸이 이에 병들도다."라는 것이다.

이상은 기보지십(祈父之什)이다.

○"너의 아들을 잘 가르쳐서 좋은 방향으로 너와 닮게 하라."는 것은 복을 주어 효자가 끊임이 없게 하려면 이보다 큰 것이 없을 것이다. 〈하인사(何人斯)〉는 시 읊기를 가장 잘하여 깊이 장자의 풍모가 있다. 다섯 번째 장에서는 반복하여 책망하였지만 오히려 누구인지를 바로 지적하여 말하지 않았고,[59] 여섯 번째 장에서 "돌아갈 때에도 들어오지 아니하니 들어오지 않음을 알기 어렵다."라고 하여 비로소 은미하게 지적하였다. 그러면서도 오히려 "한 번만 온다면 나로 하여금 편안하게 할 것이다."라고 말하면서 여전히 기대감을 갖고 있으니 후하다고 할 만하다. 동씨(董氏)는 "이 시편의 여섯 번째 장은 그 말이 더욱 완곡하여 그가 참소함을 모르는 듯하다."라고 하였다. 집주 또

59 오히려……않았고 : 〈하인사(何人斯)〉는 포공(暴公)이 소공(蘇公)을 참소하자 소공이 이 시를 지어 끊어 버린 것인데, 곧바로 포공을 지적하고 싶지 않아 그 수행하는 자를 가리켜서 말하였다.

한 그의 설을 인용하여 "돌아갈 때에도 들어오지 않으니 너의 마음을 내가 알 수 없다."라고 하였으니, 어느 설이 더 나은지 모르겠다.

맹세하는 것을 누가 처음 시작하였는지 알지 못하겠다. 《예기(禮記)》에 또한 그릇에 피를 바르고 지붕에 피를 바른다는 글이 매우 자세하게 있는데, 이 역시 맹세하는 종류이다. 사실이 상서롭지 못함에 가까우니 요컨대 성인이 제작하신 것이 아니라면 나는 제거하고자 한다.

〈항백(巷伯)〉의 세 번째 장과 네 번째 장은 깊이 충고하고 가르쳐주는 뜻이 있다. 옛 사람은 충후하고 질박하여 그 원망하고 미워하는 바에 대하여 일체 말하지 않았으니, 이것은 후세에서 미치지 못하는 점이다.

이하(李賀)[60]의 〈감풍(感諷)〉 시는 대체로 〈대동(大東)〉[61]의 영향을 받았다.

이상은 소민지십(小旻之什)이다.

◯〈소명(小明)〉의 위 세 개 장은 서쪽으로 떠난 대부가 집을 생각하는 말을 한 것이다. 네 번째 장과 다섯 번째 장은 어찌할 수 없음을

60 이하(李賀) : 790~816. 당나라 때의 시인으로, 자는 장길(長吉)이다.

61 대동(大東) : 《시경(詩經)》 소아(小雅)의 편명이다. 대동은 주(周)나라의 동쪽 나라라는 뜻으로, 주나라를 왕래하는 귀인과 신하들로 인하여 동쪽 나라의 백성들이 고역을 당하고 있음을 노래한 시편이다.

알고서 스스로 돌이켜 편안히 여기려는 말로 삼으면 순탄할 듯한데, 선유(先儒)들이 언급하지 않았으니 감히 전고(典故)도 없이 마음대로 기술할 수 없다.

〈보전(甫田)〉 첫 번째 장의 끝에 "크게 여기고 그치는 바에 우리 준사(俊士)들을 나오게 하여 위로하도다."라는 두 구절에 대하여 집주의 해석이 매우 상세하다. 관자(管子)의 설을 인용하여 증거를 한 것도 매우 분명하고 조리가 있다. 그러나 내 생각에는 만약 첫 번째 장의 끝 두 구절을 두 번째 장에 연결하여 읽으면 더욱 분명하여 많은 말을 할 필요가 없을 듯하다. 대개 이 시(詩)는 본래 방사(方社)와 전조(田祖)에게 제사하는 것이다. 지금 만약 남묘(南畝)를 김매고 북돋아 곡식이 무성한데 크게 여기고 머무르는 곳에 우리 준걸스런 선비들을 나오게 한다고 한다면 마침내 우리 자성(齊盛)과 희생 양을 가지고 방사(方社)와 전조(田祖)에 제사하여 곡식을 기원하고 단비를 기원한다고 운운하고, 세 번째 장에서는 민첩하게 농사를 짓는 것을 말하고, 네 번째 장에서는 많이 수확하는 것에 대해 말하였다고 한다면, 말이 순서가 있어서 문맥이 자연스럽다.

《집주》에 "사에 제사하고 방에 제사한다.〔以社以方〕"의 '방(方)'에 대하여 《주례(周禮)》의 "중추(中秋)에 금수를 바쳐 방(祊)에 제사한다."의 '방'과 같다고 하여 마침내 방(方) 자를 가을에 사방(四方)에 제사하여 만물을 이루어줌에 보답하는 제사라고 풀이하였다. 지금 글의 맥락을 자세히 보면 가을에 제사하여 만물을 이루어줌에 보답한다는 것은 두 번째 장의 첫머리에 곧장 나와서는 안 될 듯하며, 전조에 제사하고 단비를 기원한다는 구절의 위에는 더더욱 있어서는 안 될 것이다. 이어서 생각해보면 사(社)의 제사가 이미 봄과 가을에 있다면 사방에 지내는 제사 또한 후대에 곡식을 지원하는 제사와 같이 봄에 지내는 경우가 더러 있을 것이니, 어찌 반드시 가을 제사로 단정할 수 있겠는가.

〈보전〉에서의 '증손(曾孫)'은 김매는 것을 살폈고, 〈대전(大田)〉에서의 '증손'은 수확하는 것을 살폈다.

"그 모두를 가지고 있는지라 이 때문에 그와 같도다.〔維其有之, 是以似之.〕"[62]라는 구절이 가장 좋은 말이다. 군자가 덕이 성대하고 예가 공손하여 자연히 법도에 맞는 자라면 어찌 일찍이 꾸미는 데에 뜻을 두었겠는가. 또한 안에서 성실하여 밖으로 나타났을 뿐이다. 저 소인이 선을 드러내는 것은 비록 온갖 방법으로 교묘히 꾸밀지라도 사람들이 진실로 그 속을 훤히 본다.

이상은 북산지십(北山之什)이다.

○〈상체(常棣)〉는 의리가 간절한 반면, 〈기변(頍弁)〉은 정이 깊다.

경박하고 요염하게 치장함은 여인의 덕의 말단이다. 풍(風)에서는 석인(碩人)을 아름답게 여겼고 아(雅)에서는 석녀(碩女)를 칭송했으니, '석(碩)'은 정중한 의미가 담겨 있다.

62 그……같도다 : 《시경》 〈소아(小雅) 상상자화(裳裳者華)〉에 보인다.

〈빈지초연(賓之初筵)〉은 무공(武公)이 스스로 뉘우친 것일 뿐만 아니라 또한 손님들을 위해 깊이 경계한 것이다.[63]

〈각궁(角弓)〉과 〈울류(菀柳)〉를 읊으면 친척이 이산(離散)하고 뭇 백성이 배반함을 볼 수 있으니, 아마도 유왕(幽王)과 여왕(厲王)을 풍자한 시일 것이다.

이상은 상호지십(桑扈之什)이다.

◯〈서묘(黍苗)〉의 시편은 선왕(宣王)을 풍자한 바가 없지 않으니 반복하여 읊으면 저절로 의미를 알 수 있을 것이다.

또 〈숭고(崧高)〉[64]에 해설이 보인다.

〈습상(隰桑)〉[65]의 "마음에 사랑하니 어찌 말하지 않으리오마는 마음에 간직하고 있거니 어느 날인들 잊으리오."라는 구절에 대한 주(註)에 "내가 마음에 군자를 진실로 사랑하니 이미 만나본다면 어찌 마침

63 빈지초연(賓之初筵)은……것이다 : 스스로 뉘우쳤다는 것은 위(衛)나라 무공이 술을 마시고 스스로의 과오를 뉘우쳐 지은 시라는 말이다. 손님들을 위해 깊이 경계했다는 것은 《시경》 〈빈지초연〉 주석에 "저 취한 자는 하는 바가 불선함을 스스로 알지 못하여 취하지 않은 자로 하여금 도리어 부끄럽게 만든다.……너는 세 잔의 술을 마심에 이미 혼몽하여 기억하는 바가 없는데 하물며 감히 더 마신단 말인가 하였으니 또 정녕(丁寧)히 경계한 것이다."라고 하였다.

64 숭고(崧高) : 대본에는 '嵩高'로 되어 있는데, 《시경》 〈숭고(崧高)〉에 의거하여 '嵩'을 '崧'으로 바로잡아 번역하였다.

65 습상(隰桑) : 대본에는 '濕桑'으로 되어 있는데, 《시경》 〈습상(隰桑)〉에 의거하여 '濕'을 '隰'으로 바로잡아 번역하였다.

내 이 마음을 말하지 않으리오마는 다만 마음속에 간직하고 있으니 장차 어느 날인들 잊을 수 있겠는가."라고 하였다. 《초사(楚辭)》의 "공자(公子)를 그리워함이여! 감히 말하지 못한다."라는 구절을 인용하여 증거를 삼았다. 지금 다만 '마음에 사랑하니 어찌 말하지 않으리오마는 사랑하고 좋아하는 정성을 마음에 간직하고 있으니 어느 날인들 잊을 수 있으리오.'라고 한다면 또한 저절로 통하고 순탄할 것이다. 이른바 "어찌 말하지 않으리오."라는 말은, 윗 장에 "그 즐거움이 어떠한가."와 "어찌 즐겁지 않으리오."와 "덕음(德音)이 매우 견고하도다."라고 하면서 한 번 말하고 두 번 말하고 세 번 말하고도 그만두지 못한 것이다.

〈백화(白華)〉 두 번째 장의 "영롱한 흰 구름도 저 왕골과 띠풀에 이슬을 내리는데, 하늘의 운수가 몹시 어렵거늘 그대는 도모하지 않도다."라는 구절에 대해 집주에서 천보(天步)를 시운(時運)이라고 해석하였을 뿐, 강후(姜后) 자신의 시운을 다시 말하지 않았으니 독자들이 언뜻 보면 깨닫기 어렵다. 대개 이 시는 모두 여덟 장으로 되어있는데 모두 자기 신상에 관계된 일을 말하였고, 애초에 시세(時勢)를 언급하지 않았으니 이른바 "하늘의 운수가 몹시 어렵다."라는 것은 바로 자신의 시운을 가리킨 것이다. 횡거(橫渠)가 말하기를 "흰 구름이 고르게 적시고 왕골과 띠풀에 이슬을 내리는데 어찌 천보가 몹시 어렵거늘 그대는 이와 같지 않은가."라고 했으니, 마땅히 천보를 가리켜 유왕(幽王)이라고 풀이하고 유(猶)를 '같다〔似〕'라고 해야 한다.

〈면만(綿蠻)〉의 큰 뜻에서 "새의 말을 하여 자신을 비유한 것이다."라고 했기 때문에 육의(六義) 중에 또한 비(比)에 속한다. 하지만 내 생각에 이 시편은 결단코 흥(興) 체이다. 지금 단지 "면만(緜蠻)히 우는 황조(黃鳥)여, 모퉁이에 앉아 있도다. 길이 멀기도 하니 내 수고로움이 어떠한가."라고 한다면 문맥이 매우 통하고 순탄하다. 게다가 "나에게 음식을 먹여주고 나를 가르쳐주며 저 뒷 수레에 명하여 태우라고 이를까."라고 한 것은 사람에게는 알맞고 새에게는 알맞지 않다. 반복하여 읊어보아도 새의 말로 볼 수 있는지 끝내 알 수 없다.

보씨(輔氏)는 〈초지화(苕之華)〉 편을 천운이 다했다고 여기고, 〈하초불황(何草不黃)〉 편을 사람의 일이 극도에 달한 것이라 여겼으니, 그 말이 확고하다.

이상은 도인사지십(都人士之什)이다.

○주자(朱子)가 〈문왕(文王)〉 7장을 해설하면서 순서대로 자세하고 분명하게 밝혔으니, 진실로 주공(周公)이 아니면 지을 수 없으며 주자가 아니면 해석할 수 없다.

〈역복(棫樸)〉과 〈한록(旱麓)〉은 모두 문왕의 덕을 읊었으니,[66] 혹 산천에서 일이 있음으로 인하여 읊은 것인가. 시편 속에 제사를 지내는

66 역복(棫樸)과……읊었으니 : 《시경》 〈역복〉에 문왕(文王)의 덕을 찬양하여 "잘 다듬은 그 문장이요, 금옥 같은 그 바탕이로다.〔追琢其章, 金玉其相.〕"라고 하였다. 〈한록(旱麓)〉에서 문왕의 덕을 칭송하며 "화락하신 군자는 신명이 보우하는 바이로다.〔豈弟君子, 神所勞矣.〕"라고 하였다.

뜻이 담겨 있다.

〈황의(皇矣)〉 세 번째 장의 "그 경사를 돈독히 하사 영광을 형에게 주셨다."라는 구절에 대한 주에 "왕계(王季)가 이미 태백(太伯)의 양보를 받고서는 더욱 그 덕을 닦아 주가(周家)의 경사를 두터이 하여 사양한 덕의 영광을 형에게 주었으니, '사람을 알아본 밝은 지혜를 드러낸 것이다.'라고 말한 것과 같다."라고 하였으니, 너무 깊게 본 것이 아니겠는가. '영광을 주셨다〔錫光〕'의 '광(光)'의 대상을 반드시 태백으로 귀결할 필요는 없을 듯하니, 어떤지 알지 못하겠다.

일곱 번째 장의 "상제께서 문왕에게 이르시되 너의 원수의 나라에 물으며 너의 형제국과 함께 하여 너의 사다리와 너의 임거(臨車)와 충거(衝車)로써 숭(崇)나라의 성을 치라고 하셨다."라는 구절에 대해 집주에서는 "구방(仇方)은 원수의 나라"라고 하였고, 구씨(丘氏)[67]는 "구방은 바로 숭(崇)이다."라고 하였다. 지금 살펴보건대 나라를 정벌하는 것은 큰일이니 원수의 나라에 물을 수 있는 것이 아니다. 하물며 정벌하는 대상이 숭나라의 성인데 또한 어찌 숭나라의 성을 정벌하려 하면서 숭나라와 모의(謀議)하는 이치가 있겠는가. 염소를 보고 안주를 도모하고 여우를 보고 갖옷을 도모하는 데에 거의 가깝지 않겠는가. 그렇다면 '구방'의 '구(仇)'는 마땅히 '좋은 짝〔好仇〕'의 '구'가 되어야 할 것이니 어떤지 알지 못하겠다.

67 구씨(丘氏) : 명나라의 학자이자 정치가인 구준(丘濬, 1420～1495)으로 자는 중심(仲深), 시호는 문장(文莊)이다.

'하무(下武)'는 《집주》에서 미상(未詳)이라고 하였다. 지금 살펴보건대 시편 가운데에 "그 선조의 발자취를 계승한다.〔繩其祖武〕"의 '무(武)' 자가 있으니, 시편을 이름 지은 뜻이 어쩌면 여기에서 나온 것인가.

이상은 문왕지십(文王之什)이다.

◯〈기취(旣醉)〉 마지막 장의 "그 따르는 것은 무엇인가, 너에게 훌륭한 여사를 줌이로다. 너에게 훌륭한 여사를 주고, 훌륭한 자손으로써 따르게 하리로다."라는 구절에 대해 집주에서는 "여사(女士)는 여자 중에 선비의 행실이 있는 자이니 정숙한 여자를 낳아 배필이 되게 하고 또 어진 자손을 낳음을 이른다."라고 하였다. 지금 살펴보건대 제여섯 번째 장에서 "길이 복록과 자손을 주리로다."라고 하였고, 일곱 번째 장에서 "그 자손은 무엇인고. 하늘이 너에게 복을 입혀, 군자에게 만년토록 큰 명이 따르리라."라고 하였으니, 여덟 번째 장에서 이에 운운한 것이다. 이른바 "너에게 훌륭한 여사를 준다."라는 것은 곧 여섯 번째 장의 자손을 준다는 실제다. 그러므로 일곱 번째 장의 주석에서도 말하기를 "아래 장에서 자손의 일을 말한 것이다."라고 한 것이다.

지금 만약 너에게 훌륭한 여사를 주는 것을 가지고 하늘이 복록과 자손을 주는 실제라고 한다면 여자만을 말하는 것은 부당할 듯하다. 아마도 '여사(女士)'는 '남녀'라고 말하는 것과 같은데, 다만 협운(叶韻) 때문에 '여(女)' 자가 '사(士)' 자보다 앞에 왔으니, 〈사간(斯干)〉[68]에

68 사간(斯干) : 《시경》 〈소아(小雅)〉의 편명으로, 주 선왕(周宣王)이 궁실을 완성한

"조비(祖妣)와 조고(祖考)를 계승한다."라는 사례와 동일하다. 하물며 주나라 사람은 동성 간에는 혼인하지 않는데, 〈행위(行葦)〉와 〈기취(旣醉)〉는 바로 주나라 초기에 군신과 부형들이 서로 주고받으며 정숙한 여자와 후비를 말하였으니 아마도 본문의 뜻이 아닐 것이다.

〈공류(公劉)〉 한 편을 한마디로 요약하여 말하면 "편안히 거처하지 않는다."라는 것이다. 사람들이 안일함과 고식적인 생각이 있다면 결코 원대하게 성취할 수 있는 이치가 없을 것이다. 공류는 마음을 한결같이 하여 항상 스스로 편안히 거처하지 않았으니 이 때문에 빈(豳) 땅으로 천도하여 제왕의 공업을 이룰 수 있는 터를 닦았다.

전(傳)에 이르기를 "풍(風)에 〈채빈(采蘋)〉이 있고, 아(雅)에 〈형작(泂酌)〉이 있으니 충신(忠信)을 밝힌 것이다."라고 하였다. 길가의 빗물〔行潦〕도 오히려 왕공에게 올릴 수 있고, 귀신에게 바칠 수 있는 것은 물건이 아니라 정성 때문이다. 군자가 백성의 부모가 되는 것이 어찌 번다한 글과 겉만 번지르르한 말에 달려 있겠는가. 또한 정성을 말할 뿐이다. 한결같은 정성은 금석(金石)을 관통하고 돼지와 물고기도 감동시킬 수 있는데, 하물며 백성이겠는가.

〈판(板)〉 두 번째 장의 "말을 화하게 하면, 백성들이 화합할 것이며, 말을 기쁘게 하면, 백성들이 안정되리라."라는 구절에 대해 집주에서는 "말을 화하게 하고 기쁘게 하면 말을 반드시 선왕의 도로 할 것이

것을 읊은 시이다.

니, 이 때문에 백성들이 화합하지 않는 이가 없고 안정되지 않는 이가 없는 것이다."라고 하였다. 화곡 엄씨(華谷嚴氏)[69]는 "이 시는 동료가 말을 냄이 옳지 못하며 계책이 원대하지 못함을 책망하였다. 그러므로 말하는 사이에 서로 화합해서 백성을 안정시켜야 한다고 경계하였다."라고 하였는데, 엄씨의 설로 귀결되어야 할 듯하다.

"백성들은 간사함이 많으니, 스스로 간사함을 세우지 말라."라는 것은 바로 원숭이에게 나무에 올라가도록 가르치는 것과 서로 비슷하다. 작게는 팽총(彭寵)과 자밀(子密)의 관계이고 크게는 조조(曹操)와 사마의(司馬懿)의 경우[70]이니 모두 스스로 간사한 짓을 하면서 가르친 것이다.

이상은 생민지십(生民之什)이다.

○〈억(抑)〉 시에 대해 여동래(呂東萊)[71]는 여왕(厲王)을 풍자한 시라

69 화곡 엄씨(華谷嚴氏) : 송나라의 경학가 엄찬(嚴粲, ?~?)으로, 자는 명경(明卿)·탄숙(坦叔)이다. 저서에 《시경》에 주를 달은 《엄씨시집(嚴氏詩緝)》이 있다.

70 작게는…… 경우 : 자밀(子密)과 사마의(司馬懿)는 모두 자신의 군주를 배반한 사람이다. 후한(後漢)의 대장군 팽총(彭寵)이 광무제(光武帝) 유수(劉秀)를 도와 공을 세웠으나, 논공(論功)에 불만을 품고 군사를 일으켜 배반하자 그의 종인 자밀이 그를 살해하여 그의 머리를 바치니, 광무제가 자밀을 불의후(不義侯)로 봉하였다. 《後漢書 卷12 彭寵列傳》 사마의는 원래 조조(曹操)의 신하로 4대(代) 동안 조씨를 섬겼는데, 후에 애제(哀帝) 조방(曹芳)과 조상(曹爽)이 궁궐 밖으로 나간 틈을 타 정변을 일으켜 조상을 살해하고 위(魏)의 권력을 장악함으로써 그의 손자인 사마염(司馬炎)이 제위를 찬탈하여 서진(西晉)을 세우는 기초가 되었다. 《三國志 魏書 卷9 曹爽傳》

71 여동래(呂東萊) : 송나라의 학자 여조겸(呂祖謙, 1137~1181)으로, 자는 백공(伯

고 하였고, 주자는 무공(武公)이 스스로 경계한 시라고 하였는데, 〈빈지초연(賓之初筵)〉 또한 그렇다. 지금 두 가지 설을 취하여 조목마다 논변해 보면, 〈빈지초연〉의 모씨 서(毛氏序)에는 위 무공(衛武公)이 유왕(幽王)을 풍자하였다고 하였고, 한씨 서(韓氏序)에는 위 무공이 술을 마시고 과오를 뉘우쳤다고 하였다. 주자는 시의 말뜻이 〈억〉 시와 서로 비슷하다고 여겼으므로 한씨 설을 따랐다. 〈억〉 시에 대해 모씨는 여왕을 풍자하였다고 하였는데, 여씨가 이 설을 따랐다. 《국어(國語)》에 좌사(左史)인 의상(倚相)이 "위 무공이 〈의계(懿戒)〉를 지었다."라고 하였는데, 위소(韋昭)가 "의(懿)는 억(抑)으로 읽는다."라고 하니, 주자가 이 설을 따랐다.

지금 살펴보면 〈빈지초연〉은 왕을 풍자하였다고 보아도 통하고 스스로 뉘우쳤다고 보아도 통하니, 대단하게 분별할 수 있는 부분은 없다. 〈억〉 시는 말과 논의가 지극하여 진실로 스스로를 경계하는 의미가 많이 있다. 하지만 열두 번째 장과 열세 번째 장에 이르러서는 스스로 경계하는 것으로 보고자 하여도 끝내 미루어 적용할 수 없으니 명백하게 왕을 풍자하는 말이다. 하물며 이아(二雅)의 편십(篇什)[72]은 비록 시기의 순서가 질서 있게 배열되어 있지 않지만, 그러나 이 〈억〉 시는 〈탕(蕩)〉과 〈상유(桑柔)〉의 사이에 있다. 〈상유〉의 아래는 선왕(宣王) 시기의 여러 시편이 있고 또 그 아래에 유왕(幽王) 시기의 시편으로

恭), 호는 동래, 시호는 성공(成公)인데, 후에 충량(忠亮)으로 고쳐졌다.

72 이아(二雅)의 편십(篇什) : 이아는 《시경》의 소아(小雅)와 대아(大雅)를 말한다. 편십은 아와 주송(周頌)이 10편을 1십(什)으로 묶었기 때문에 만들어진 단어로, 후세에 시가(詩歌)의 뜻으로 사용되기도 한다.

끝맺어 아(雅)가 여기에서 끝난 것을 밝혔으니, 탕지십(蕩之什)의 순서는 진실로 매우 분명하다. 〈억〉 시는 명백히 여왕을 풍자한 것이다. 그렇지 않다면 무공이 스스로 뉘우친 시편이 어찌 갑자기 여왕과 선왕 시기의 여러 작품 사이에 편입될 수 있겠는가.

안성 유씨(安城劉氏)는 〈빈지초연〉과 〈억〉시가 소아와 대아 속에 편입되어 있는 것을 의심하면서 "무공이 이 두 시를 지은 것은 혹 무공이 왕조(王朝)의 경사(卿士)가 되었을 때일 것이다."라고 하였는데, 이 말이 가장 그럴 듯하다. 지금 세가(世家)를 참고해보면 여왕에서 무왕(武王)까지의 거리가 십세(十世)가 되고, 무공에서 강숙(康叔)까지의 거리 또한 십세가 되어 시세(時世)가 서로 정확히 일치한다. 무공이 일찍이 왕조에서 경사가 되어 왕의 음탕한 짓을 보고 풍간(諷諫)하고자 하여 이 두 시를 지어 명목상으로는 스스로 경계한다고 하면서 실제로는 왕을 풍자했던 것인가. 과연 이 말과 같다면 앞뒤의 두 가지 설은 진실로 병존하여 어긋나지 않으며, 〈빈지초연〉은 유왕을 풍자한 것이 아니고 또한 마땅히 여왕을 풍자한 것이 된다.

〈빈지초연〉과 〈억〉 시는 글의 뜻이 서로 비슷한 곳이 많으니 과연 한 사람의 손에서 나온 듯하다. 〈억〉 시의 다섯 번째 장에 "너의 제후로서의 법도를 조심한다."라고 말하였으니, 진실로 제후의 말인 듯하다. 그러나 만약 무공이 스스로 경계하면서 왕을 풍자하는 말을 하였다면 당시 제후의 말을 사용하더라도 왕을 풍자하는 데에 진실로 지장을 주지는 않을 것이다.

〈억〉시의 끝부분에 거듭 소자(小子)를 말하면서 "좋고 나쁨을 알지 못하는가."라고 하고 "귀를 당겨 말해주고 대면하여 가르친다."라고 하고 "또한 이미 아들을 안고 있다."라고 하고 "너를 가르치기를 간곡히 한다."라고 하고 "내 계책을 들어 쓴다면 거의 큰 후회가 없다."라고 한 것은 분명히 원로대신이 어린 임금을 부지런히 가르치는 말이다. 만약 무공이 95세 때 지은 것이라고 한다면 비록 스스로 겸손히 하더라도 또한 어찌 반드시 스스로 '소자'라고 하겠는가.

◯"설령 지식이 없다고 하나 또한 이미 늙었도다."라고 한 것은 윗장의 "또한 이미 아들을 안고 있도다."라고 한 말과 글의 형세가 서로 비슷하지만 어린 임금을 풍자한 말로는 끝내 적합하지 않으니 매우 의심스럽다. 그러나 시 속에 같은 양식의 문자를 가지고 상대를 들어 함께 말하여 피차에 나누어 속한 것이 많다. 지금 이 장의 말을 음미해보면 "큰 하늘이 매우 밝으시니 우리 삶이 즐겁지 않도다. 너를 가르치기를 간곡히 하는데도 너는 내 말을 건성으로 듣는구나. 가르쳐준다고 여기지 않고 도리어 사납다 하는구나. 설령 지식이 없다고 하나 또한 이미 늙었도다."라고 한 것은 바로 〈판(板)〉 시에 "늙은 지아비는 정성을 다하거늘 소자는 교만하고 교만하도다. 내 말이 노망나서 하는 말이 아니거늘 너는 걱정할 일을 농담으로 여기는구나."라고 한 것과 글의 뜻이 서로 비슷하다. 지금 윗 장에서의 '아들을 안고 있다'는 것을 왕에게 귀속시키고, 이 장에서의 '이미 늙었다'는 것을 무공에게 귀속시키면 또한 저절로 뜻이 통할 것이다.

"국운이 멸망하여 서글프다.〔國步蔑資〕"라는 구절에 대해 주(註)에서는 멸(蔑)은 멸함〔滅〕으로 풀이하고, 자(資)는 서글퍼함〔咨〕으로 풀이하였다. 지금 만약 곧 본 글자대로 읽어서 《주역》의 이른바 "그 자부(資斧)를 상실하다."와 같이 '자뢰(資賴)하는 바가 없다'라는 의미로 보아도 글 뜻에 지장을 주지는 않을 듯하다. 〈판〉 시에 "상란(喪亂)을 당하여 멸망함이 서글프니 일찍이 우리들을 사랑하는 이가 없구나."라는 구절도 이런 의미로 보면 더욱 그럴 듯하다.

〈운한(雲漢)〉 한 편은 힘을 다해 기도하여 제사지내는 일을 지극히 말하였는데, 애초에 자신을 돌이켜 자책하는 마음이 없으니 아마도 상림(桑林)의 일[73]보다 한 등급 아래가 아니겠는가.

〈숭고(崧高)〉[74]는 신백(申伯)[75]이 임금의 은총을 자주 받았음을 지극히 말하였고, 〈증민(烝民)〉은 중산보(仲山甫)[76]의 덕행이 순정하게 갖추어 있음을 지극히 말하였으니, 두 시편의 주된 뜻은 본디 같지 않다.

73 상림(桑林)의 일 : 은(殷)나라 초기에 큰 가뭄이 들자 탕 임금이 6가지 일을 가지고 상림에서 비를 빌며 자책(自責)한 일을 말한다. 《여씨춘추(呂氏春秋)》 〈순민(順民)〉에 "정치에 절도가 없는가, 백성들이 직업을 잃었는가, 궁궐을 너무 호화롭게 지었는가, 부녀자의 청탁이 성행하는가, 뇌물이 행해지고 있는가, 참소하는 사람이 일어나고 있는가."라고 자책하니, 말이 끝나기도 전에 비가 내렸다고 한다.

74 숭고(崧高) : 대본에는 '嵩高'로 되어 있는데, 《시경》 〈숭고(崧高)〉에 의거하여 '嵩'을 '崧'으로 바로잡아 번역하였다.

75 신백(申伯) : 주 선왕(周宣王) 때의 어진 재상으로 선왕의 외숙(外叔)이며 유왕(幽王)의 장인이기도 하다.

76 중산보(仲山甫) : 주 선왕 때의 명신 번목중(樊穆仲)으로, 자는 중산보이다. 선왕을 도와 주나라의 중흥을 이룬 공으로 번국(樊國)에 봉해졌다.

〈숭고(崧高)〉는 신백의 덕을 칭송하면서 그저 "유순하고 또 정직하다."라고 말하였을 뿐이니, 〈증민〉 시와는 현격한 등급의 차이가 있다. 생각건대 신백은 친족으로 지위가 높아서 이미 주공과 소공의 밑에서 부하가 될 수 없다. 왕 된 자가 공신을 대할 때에 나누어 봉해주고 은총을 내려줌에 자연히 떳떳한 예가 있으니, 지금 선왕(宣王)이 왕조의 대신을 보내어 군대를 수고롭게 하고 백성을 동원하면서 봉토(封土)를 정해주는 것은 지나친 일이다. 저 특별한 은총을 입은 신하가 분수를 앎이 드물고 당연하게 여겨 한 가지라도 만족스럽지 못한 것이 있으면 도리어 원수같이 생각하여 틈이 생기니, 이것이 한(漢)나라의 곽씨(霍氏)가 모반을 하게 된 이유이다.[77] 선왕이 신백에게 은총을 내려줌이 너무 무거웠기에 그 뒤에 유왕(幽王)이 신후(申后)를 쫓아내게 되었다.[78] 임금된 이가 비록 지극히 무도하더라도 견융의 난리를 신후(申侯)가 실로 불러들였으니,[79] 어찌 그 조짐을 스

77 한(漢)나라의……이유이다 : 곽씨(霍氏)는 한 무제(漢武帝) 때의 곽광(霍光)의 일족(一族)을 말한다. 곽광이 무제(武帝)의 유조(遺詔)를 받들어 소제(昭帝)를 잘 보필하였으며, 소제가 죽은 뒤 그를 계승한 창읍왕(昌邑王)을 폐하고 선제(宣帝)를 세웠다. 그러나 곽광이 죽은 뒤 선제는 곽씨의 세력이 너무 큰 것을 부담스럽게 여겨 곽씨의 병권(兵權)을 거두고, 모반(謀反)했다는 이유로 멸족시켰다. 《漢書 卷68 霍光傳》

78 유왕(幽王)이……되었다 : 유왕은 원래 신후라는 왕후가 있었는데, 유왕이 포사(褒姒)에게 빠져 왕후인 신후와 태자 의구(宜臼)를 폐하고 포사와 포사의 아들 백복(伯服)을 왕후와 태자로 책봉하였다. 이로 인해 유왕은 폐출되어 주나라가 망하기 시작하였다.

79 견융의……불러들였으니 : 신후의 아버지 신백(申伯)은 자기 딸이 왕후로 책봉되었을 때 신후(申侯)로 봉해졌는데, 자기 딸인 신후가 내쫓기자 이에 격분하여 서쪽의 이민족인 견융(犬戎)을 끌어들여 주나라를 치니, 유왕이 여산(驪山) 아래에서 견융의

스로 초래한 것이 아니겠는가. 나는 왕풍(王風) 〈양지수(揚之水)〉의 원망[80]은 진실로 〈서묘(黍苗)〉의 사읍(謝邑)[81]을 경영한 날에 이미 싹텄다고 생각한다.

〈상무(常武)〉에서 일컬은 경사(卿士) 황보(皇父)는 의심컨대 곧 〈시월지교(十月之交)〉에서 풍자한 황보인 듯하다. 대개 중인(中人) 이상의 재주가 넉넉하지만 덕이 부족한 자들은 종종 치세(治世)에 능력을 발휘하다가도 어지러운 조정에서는 잘못을 하는 수가 있다. 예컨대 허경종(許敬宗)[82]과 이적(李勣)[83] 같은 무리들은 정관(貞觀)의 때[84]에 재능 있는 신하라고 할 수 있었지만, 고종(高宗)이 어둡고 무씨(武氏)[85]가 선동하는 때를 당하자 아첨하고 악을 조장하여 못하는 짓이

군대에 살해되었다. 《史記 卷4 周本紀》

80 양지수(揚之水)의 원망 : 〈양지수〉는 평왕(平王)이 자신의 아버지 유왕을 시해한 원수인 신백을 토벌하지 못하고 도리어 은혜로 여겨 그를 위해 백성들을 수자리 보낸 것을 개탄하고, 변방을 지키러 간 군사들이 왕을 원망하며 지은 시이다.

81 사읍(謝邑) : 신(申)나라의 도읍 이름으로, 주 선왕이 신백을 사읍에 봉하였다.

82 허경종(許敬宗) : 592~672. 자는 연족(延族)이다. 당(唐)나라 태종(太宗)·고종(高宗) 때 사람으로, 저수량(褚遂良)을 내쫓고 장손무기(長孫無忌)를 죽이는 등 간신(奸臣)이었다.

83 이적(李勣) : 당나라 태종(太宗) 때의 이세적(李世勣, 594~669)으로, 본 이름은 서세적(徐世勣), 자는 무공(懋功)이다. 당 고조에게 투항한 후 이씨(李氏) 성을 하사받았으며, 당 태종의 이름이 세민(世民)이기 때문에 세(世) 자를 휘하여 이적이라 하였다. 《舊唐書 卷67 李勣列傳》

84 정관(貞觀)의 때 : 당 태종은 즉위한 이래로 멸망한 수(隋)나라를 거울삼아 문치(文治)를 숭상하고 위징(魏徵) 등 유능한 인재들을 발탁함으로서 인구가 증가하고 경제가 번영하는 등 태평 시대를 구가하였는데, 이 시기를 정관지치(貞觀之治)라고 한다.

없었다. 한 사람의 몸으로써 전후로 충직함과 간사함이 온전히 구별되었으니 이것이 소인의 정상적인 모습이다. 지금 이 황보 또한 허경종과 이적의 부류일 것이다. 그러므로 억지로 끌어들여서 두 사람으로 구분하여 볼 필요가 없을 것이다. 하물며 이 시편은 첫 장에 황보를 거론하고 특별히 찬미하는 말이 없으니, 상편에서 소호(召虎)[86]를 말한 것과 같다. 두 번째 장에서 정백휴보(程伯休父)[87]를 일컫고 세 번째 장 이하로는 오로지 왕에게 공덕을 돌렸으니, 〈상무(常武)〉의 황보는 또한 별다른 큰 덕과 큰 공로가 없음을 볼 수 있다.

〈첨앙(瞻仰)〉에서 "선인(善人)이 없구나."라고 거듭 말한 뒤, "나라가 끊기고 병들 것이다."라고 하고, "마음에 서글퍼하도다."라고 하였다. 생각건대 당시에 믿고 의지하던 소호와 산보(山甫)[88] 같은 사람이 막 죽은 것이니, 마치 한나라 사람이 무후(武侯)[89]를 잃고서 이들이 막

85 무씨(武氏) : 무씨는 무조(武曌, 624~705)로, 시호는 측천순성황후(則天順聖皇后)이다. 여성으로 당나라의 황제가 되었던 인물로 무후(武后), 무태후(武太后), 무측천(武則天), 측천무후(則天武后), 측천제(則天帝) 등으로도 불린다. 690년 당(唐)의 국호를 주(周)로 고치고 스스로 황제가 되어 15년 동안 중국을 통치하였다.

86 소호(召虎) : 주나라 선왕(宣王) 때의 명신 소목공(召穆公)으로, 군사를 거느리고 회이(淮夷)를 토벌하여 평정하였다.

87 정백휴보(程伯休父) : 주나라의 대부로, 선왕 때 사마(司馬)가 되어 회수(淮水) 북쪽에 있는 서주(徐州)의 오랑캐를 정벌하였다.

88 산보(山甫) : 주 선왕 때의 명신 번목중(樊穆仲)으로, 자는 중산보(仲山甫), 시호는 목(穆)이다. 선왕을 도와 주나라의 중흥을 이룬 공으로 번국(樊國)에 봉해졌다.

89 무후(武侯) : 촉한의 승상 제갈량(諸葛亮, 181~234)으로, 자는 공명(孔明), 시호는 충무후(忠武侯)이다.

죽어 세상을 떠나니 장차 오랑캐처럼 될 것을 탄식한 것과 같다. 그렇지 않다면 반드시 선량한 이를 베어 없애는 일이 있었을 것이니 이것이 나라를 망하게 하는 끝 조목이다. 시의 말은 분명하게 가리키는 것이 있으니 예사롭게 한 말이 아니다.

〈첨앙〉과 〈소민(召旻)〉은 애통하고 절박하여 사람들로 하여금 눈물 흘리게 하니, 비유하면 병든 사람이 거의 죽음에 가까운 것이다. 이것이 아(雅)의 마지막에 있는 이유이다.

이상은 탕지십(蕩之什)이다.

○《서대전(書大傳)》에 "주공(周公)이 당에 올라가서 〈청묘(淸廟)〉를 노래할 적에 사당의 안에 있으면서 일찍이 문왕을 뵌 적이 있는 자는 근심스레 다시 문왕을 보신 듯이 하였다."라고 하였다. 지금 〈청묘〉를 살펴보면 찬양하는 말이 많이 없는 가운데 사람들로 하여금 소리와 모습 사이에서 성인(聖人)을 상상하게 하니, 진실로 성인이 아니면 지을 수 없다.

〈시매(時邁)〉에 이르기를 "밝은 주(周)나라가 지위에 있는 자들을 차례로 서열하고, 방패와 창을 거두며 활과 화살을 활집에 넣고, 내 아름다운 덕을 구하여 이 중국에 베풀었다."라고 하였는데, 이른바 지위에 있는 자들은 의심컨대 당시 날짜를 약속하지 않았는데도 모인 팔백 명의 제후를 이르는 듯하다.[90] 생각건대 반드시 옛 봉작을 인하

90 당시……듯하다 : 불기이회(不期而會)의 고사이다. 《서경》 〈목서(牧誓)〉 채침(蔡

여 지위에 있는 자들을 차례로 서열하되, 국가의 봉작을 다 바꾸지는 않았을 것이다. 이미 간과를 거두어 보관한 뒤에 다시 열 사람의 잘 다스리는 신하의 부류[91]와 같은 아름다운 덕이 있는 사람을 구하여 중국에 나누어 봉해주니 이것이 진실로 왕이 천명을 보존하신 까닭이다.

후직(后稷)의 공적은 백성들이 곡식을 먹게 한 데에 있으니, '사문(思文)'이라고 말한 것은 곧 문왕의 무공(武功)을 칭송하고 무왕의 문덕(文德)을 기린 것과 같다. 이른바 "떳떳한 도를 이 중국에 베푸셨다."라는 것은 사문의 실제이다.

이상은 청묘지십(淸廟之什)이다.

○〈민여소자(閔予小子)〉·〈방락(訪落)〉·〈경지(敬之)〉 등 여러 편은 성왕(成王)이 지은 것이 아닌 듯하다. 필시 주공이 섭정하면서 이것을 지어 경계시키고 가르친 것이다. 만약 성왕이 과연 중인(中人) 이상의 자질이라면 어찌 척연(惕然)히 경계하고 두려워하여 이어 밝히는 공부[92]를 완성하지 않을 수 있겠는가.

沈)의 주에 "무왕(武王)이 은(殷)의 주왕(紂王)을 정벌할 때에 날짜를 약속하지 않고도 모인 것이 8백 개의 나라였다.〔武王伐紂, 不期會者八百國.〕"라고 하였다.

91 열……부류 : 《논어》〈태백(泰伯)〉에 "무왕이 말하기를 '나는 잘 다스리는 신하 열 사람을 두었다.'"라고 하였다.

92 이어 밝히는 공부 : 《시경》〈경지(敬之)〉에 "날로 나아가고 달로 진전하여, 배움을 이어 밝혀서 빛나는 경지에 이르고자 한다.〔日就月將, 學有緝熙於光明.〕"라고 하였는데, 이것은 선왕의 학문을 이어서 밝힌다는 의미이다.

'천우기운(千耦其耘)'[93]의 '운(耘)'은 싹 사이의 풀을 제거하는 것이 아니다. 주자의 처음 해석이 옳은 듯하니,[94] 마땅히 안성 유씨(安城劉氏)의 설을 따라야 한다.

"아 성대한 왕사(王師)로, 도를 따라 힘을 길러 때로 감추어, 이에 크게 밝아진 뒤에야, 이에 큰 갑옷을 쓰셨도다."[95]라고 한 말이 왕 된 자가 군사를 쓰는 마음가짐을 가장 잘 표현하였다. 이와 같이 하지 않으면 어찌 천명에 응하고 인심을 따를 수 있겠는가. 저 후세에 힘써 정벌하여 경영하고자 하는 자는 마땅히 멸망하기에 바쁠 것이다.

〈환(桓)〉 첫 번째 장의 "천명에 게을리하지 않았다."라는 구절은 마땅히 사람이 하는 일로 보아야 할 것 같다. 천명은 일정하지 않고 공경하는 사람만을 친하게 대하니, 비록 천명이 있더라도 게을리하면 잃을 것이다. 무왕의 "그 선비들을 보유하사 사방에 사용하여 그 집안을 안정시키니, 아! 하늘에 빛난지라 황제가 되어 대신하심에 이르렀다."라는 것은 게을리하지 않은 실제이다. 양호(羊祜)가 이르기를 "시운(時運)은 비록 하늘이 주지만 공업(功業)은 반드시 사람으로 인해 이루어진다."라고 하였는데, 여기에서 볼 수 있다.

이상은 민여소자지십(閔予小子之什)이다.

93 천우기운(千耦其耘) : 《시경》 〈재삼(載芟)〉에 보인다.

94 주자의……듯하니 : 주희(朱熹)는 처음에 정현(鄭玄)의 전(箋)을 따라 운(耘)을 초목의 뿌리와 그루터기를 제거하는 것이라고 하였다가 다시 지금의 주석으로 고쳤다.

95 아……쓰셨도다 : 《시경》 〈작(酌)〉에 보인다.

○노송(魯頌)은 송(頌)에 배열되어 있고, 〈비서(費誓)〉는 《서경》에 실려 있는데, 그 뜻이 어디에 있는 것인가.[96] 공자께서는 노나라에 대해서 일찍이 한 번 바뀌면 도에 이를 것이라고 칭송하였다.[97] 상(商)나라와 주나라의 왕업이 이미 쇠하여 제왕의 영향을 어느 곳에서도 찾을 수 없게 되었는데, 노나라는 비록 제후국이지만 오히려 주나라의 예법을 지키고 있어서 그 문물과 음악을 취할 만한 부분이 있었다. 참절(僭竊)한 허물에 대해서는 깊이 책망할 겨를도 없었으므로 공자께서 더 이상 보고 싶지 않다는 탄식을 하시고[98] 마침내 시서(詩書)에 그 말을 실었다. 대개 성인께서 왕자(王者)가 나오지 않음을 상심하면서도 사람의 선함을 묻히지 않게 하셨다. 〈비궁(閟宮)〉 240여 구를 〈청묘(淸廟)〉 여덟 구와 비교해 보면[99] 의미가 도리어 부족하

96 노송(魯頌)은……것인가 : 〈비서(費誓)〉는 《서경》 맨 마지막에 나오는 편명이고, 〈노송〉은 《시경》 맨 마지막에 나오는 시편인데, 모두 천자국과 관계가 없는 제후국의 문(文)과 시(詩)이다. 그런데도 공자가 〈비서〉를 주서(周書)에 편입시키고, 노(魯)에 송(頌)이라는 글자를 붙여서 천자국의 시가처럼 대우해 주었다.

97 공자께서는……칭송하였다 : 《논어》 〈옹야(雍也)〉에 "공자께서 말씀하시길 '제(齊)나라의 풍속이 한 번 바뀌면 노나라 수준에 이를 것이고, 노나라의 풍속이 한 번 바뀌면 선왕(先王)의 도에 이르게 될 것이다.'"라고 하였다.

98 공자께서……하시고 : 성왕(成王)은 주공이 큰 공로가 있다고 여겨 노나라에 체제를 하사하였는데, 체제(禘祭)는 천자가 지내는 제사로 이는 예가 아니다. 그런데 후대로 내려오면서 제사를 지내는 태도 또한 점점 해이해지고 태만해져서 공자 시대에 와서는 볼 만한 것이 없었다. 공자께서는 이것이 참절(僭竊)의 시초가 되었다고 해서 본래 보고 싶지 않았는데, 태도 또한 해이하니 체제 지내는 것을 더 이상 보고 싶지 않다는 탄식을 하셨다. 《論語 八佾》

99 비궁(閟宮)……보면 : 비궁과 청묘(淸廟) 모두 주나라와 관계된 종묘의 이름으로, 청묘는 주나라 문왕(文王)의 묘이고, 비궁은 주나라 시조인 후직(后稷)의 어머니 강원

다는 것을 느끼게 되니, 여기에서 더욱 '길한 사람은 말이 적고 조급한 사람은 말이 많다.'[100]는 것을 깨닫게 된다.

〈노송〉의 위 세 편과 〈상송(商頌)〉의 아래 두 편은 명백히 풍(風) 체이다.

이상은 노송(魯頌)이다.

◯"하늘에 밝게 이름을 오래하고 오래한다."라는 구절은 성인을 잘 형용한 부분이다. 이와 같지 않다면 초나라가 포위되어 거북을 버리는 의사가 있는 것이다.

〈대명(大明)〉의 마지막 장은 상보(尙父)가 매가 날듯이 함을[101] 칭송하였고, 〈장발(長發)〉의 마지막 장은 아형(阿衡)이 좌우에서 도운 것[102]에 감탄하였으니, 그 뜻은 동일하다.

형초(荊楚)의 못된 짓이 유독 주나라에게만 있었던 것은 아니다.

(姜嫄)의 묘(廟)이다.

100 길한……많다 : 《주역》 〈계사전 하(繫辭傳下)〉에 보인다.

101 상보(尙父)가……함을 : 《시경》 〈대명(大明)〉에 "태사 상보가 때로 매가 날 듯하였다.〔維師尙父, 時維鷹揚.〕"라고 한 데에서 온 말이다. 상보는 강상(姜尙)으로, 여상(呂尙)·강태공(姜太公)·태공망(太公望)이라고 불리기도 한다. 무왕(武王)을 도와 상(商)나라를 멸망시켰으며, 훗날 제(齊)나라에 봉해져 그 시조가 되었다. 매가 날 듯 하였다는 것은 사나운 용맹을 말한 것이다.

102 아형(阿衡)이……것 : 《시경》 〈장발(長發)〉에 "진실로 아형이 상왕을 좌우에서 도왔도다.〔實惟阿衡, 實左右商王.〕"라고 한 데에서 온 말이다. 아형은 이윤(伊尹)의 관호(官號)이다.

상(商)나라 때부터 이미 그렇게 하였으니, 〈은무(殷武)〉를 읽으면 알 수 있다.[103]

이상은 상송(商頌)이다.

103 은무(殷武)……있다 : 은무는 《시경》 상송(商頌)의 편명이다. 은나라 22대 임금인 고종(高宗)을 제사하는 시로, 초(楚)나라가 배반하자 신속하게 정벌한 고종의 위엄을 칭송하였다.

지은이 **유계(兪棨)**

1607(선조40)~1664(현종5). 조선 중기의 인물로, 본관은 기계(杞溪), 자는 무중(武仲), 호는 시남(市南)이다. 1630년(인조8) 진사과에 합격하고, 1633년 식년문과에 급제하였다. 1636년 병자호란 때 시강원 설서로서 척화를 주장하다가 화의가 성립되자 임천(林川)에 유배되었다. 1639년에 풀려났으나 벼슬을 단념하고 금산(錦山)의 마하산(麻霞山)에 산천재(山泉齋)를 짓고 은거하여 학문에 전념하였다. 1646년 무안 현감이 되었다. 1649년 인조 사후에 인조의 묘호를 정하는 일에 반대하여 선왕을 욕되게 했다는 죄로 효종의 노여움을 사 1650년(효종1) 온성(穩城)에 유배되었다가 영월(寧越)로 이배되었다. 1652년 유배에서 풀려난 뒤 다시 등용되어 대사간·대사성·부제학·대사헌·이조 참판·도승지 등 여러 관직을 역임하였다. 시호는 문충(文忠)이다. 저서로는 《시남집(市南集)》, 《가례원류(家禮源流)》, 《여사제강(麗史提綱)》이 전한다. 송준길(宋浚吉)·송시열(宋時烈)·이유태(李惟泰)·윤선거(尹宣擧)와 더불어 충청오현(忠淸五賢)으로 일컬어졌다.

옮긴이

황교은(黃教殷)

1978년 충남 부여에서 태어났다. 청주대학교 한문교육과를 졸업하고, 성균관대학교에서 박사학위를 취득하였다. 현민 이종선·병주 이종락·한송 성백효·아당 이성우 선생을 사사했으며, 현재 충남대학교 한자문화연구소 책임연구원으로 재직 중이다. 공역으로 《도곡집》, 《성재유고》 등이 있다.

이재숙(李在淑)

1975년 대전에서 태어났다. 충남대학교 한문학과를 졸업하고 동 대학원에서 석사학위, 고려대학교에서 박사학위를 취득하였다. 아당 이성우 선생에게 한문을 배웠다. 현재 충남대학교 한자문화연구소 선임연구원으로 재직 중이다. 공역으로 《기려수필》, 《두타초》, 《승암시화》, 《좌계부담》, 《해동사부》, 《면불일기》, 《설봉유고》, 《잠야집》이 있고, 저서로 《호서의 큰 고을, 홍주이야기》가 있다.

오승준(吳承峻)

1979년 충북 청주에서 태어났다. 충남대학교에서 박사과정을 수료하였다. 학산 조종업 선생, 아당 이성우 선생에게 한문을 배웠다. 현재 충남대학교 한자문화연구소 선임연구원으로 재직 중이다. 공역으로 《옥오재집》, 《동주집》, 《두타초》, 《설봉유고》, 《잠야집》이 있다.

이상수(李相修)

1981년 세종에서 태어났다. 공주대학교 한문교육과를 졸업하고, 한국고전번역교육원 연수과정을 수료하였다. 성균관대학교에서 박사과정을 수료하였다. 병주 이종락, 아당 이성우 선생에게서 한문을 배웠다. 현재 충남대학교 한자문화연구소에서 연구원으로 재직 중이다. 공역으로 《면불일기》가 있다.

한국고전번역원 권역별거점연구소협동번역사업
충남대학교 한자문화연구소 연구진

연구책임자 **이향배**(충남대학교 한문학과 교수)
공동연구원 **정만호**(충남대학교 한문학과 교수)
자문위원 **이성우**(한국고전번역원 자문위원)
책임연구원 **황교은**
선임연구원 **이재숙**
오승준
연 구 원 **이상수**
임현정

시남집 3

유계 지음 | 오승준 · 이상수 · 이재숙 · 황교은 옮김
2023년 12월 29일 초판 1쇄 발행
편집 · 발행 문진 | 등록 2002. 5. 6. 제2006-000011호
주소 대전광역시 유성구 대학로 31 한진리조트오피스텔 2004호
전화 042-933-6510 | 팩스 042-367-5510

값 30,000원

ISBN 979-11-87638-94-0 94810
979-11-87638-80-3 (세트)